Matri Satsang

Gespräche mit der Glückseligen Mutter

Shri Anandamayi Ma

Mangalam Verlag S. Schang

Die Auswahl und Übersetzung aus dem Englischen besorgte
Chandrāvalī (Doris Schang)

CIP-Kurztitelaufnahme der Deutschen Bibliothek

Ānandamayī Mā:

Mātri Satsang: Gespräche mit d. Glückseligen Mutter Shrī
Ānandamayī Ma / Ānandamayī Mā. (Die Ausw. u. Übers. aus d.
Engl. besorgte Chandrāvalī (D. Schang). - STÜHLINGEN:
Mangalam Verlag S. Schang, 1985.

ISBN 3 - 922 477 - 85 - 2

© der deutschen Ausgabe 1985 beim Mangalam Verlag S.Schang,
D-7894 STÜHLINGEN, Seegarten 12, West Germany

Alle Rechte der Verbreitung auch durch Funk, Fernsehen,
Microverfilmung, Computer, fotomechanische Wiedergabe,
Tonträger jeder Art und auszugsweisen Nachdruck, sind
vorbehalten.

Computersatz: Mangalam Verlag, STÜHLINGEN
Druck: Fuldaer Verlagsanstalt
Printed in West Germany

Inhaltsverzeichnis

Über Shrī Ānandamayī Mā

	Seite
Ānandamayī Mā	7
Das ‚ungeborene' Sichtbarwerden des Göttlichen	11
Vorzeichen der Göttlichen Manifestationen	12
Göttliche Kindheitsspiele	13
Das ‚Spiel' des Sādhanā	18
Das alldurchdringende, zweitlose Wesen Mā's – ewig eins mit dem Göttlichen	27
„Vater, hier ist alles völlig offen und ungeprägt"... oder über Lachen und Weinen des Erleuchteten	36
„Auch die Krankheitsformen lieben diesen Körper"	38
„Dieser Körper kennt nur einen einzigen Āshram, der sich über das ganze Universum erstreckt"	43
„Du bist der Guru!" – Mā: „Ich bin nur ein kleines Mädchen"	45
„Ich bin immer bei euch, durch diesen Körper geschieht spontan, was für euch alle notwendig ist"	52
Steine, Pflanzen und Tiere – Mā ist mit allen im Selbst verbunden	69
Die Göttliche Mutter und Ihre Kinder	73
Bhāijī's Zwölf Regeln für Mā's Devotees	78
Devotees und Besucher beschreiben ihre Begegnung mit Mā	80
Mā's Art und Weise des Lehrens (Ātmānanda)	91
Mā's Mahāsamādhi	95

Sādhanā – Das Spirituelle Leben

Allgemeine Anweisungen	103
Der Sucher zwischen Welt und Gott	114
Die Begrenzungen des Denkens	138
Gefahren auf dem spirituellen Weg	142
Das Ziel	143
Japa (die Wiederholung des Göttlichen Namens) und Gebet	148
Meditation – Methoden, Hindernisse und Ziel	168
Schweigen	182
Bhakti – Liebende Hingabe zu Gott	184
Reinheit	195
Selbstdisziplin (Samyam)	198
Ratschläge zum Verhalten des Suchers	205
Wahrhaftigkeit	211
Dienen (Seva) und Pflichterfüllung (Dharma)	214

Seite

Selbstloses Handeln.. 220
Gnade und Bemühung.. 234
Hatha Yoga... 237
Satsang – die Göttliche Gemeinschaft........................... 242
Guru – Die Führung durch einen spirituellen Meister.......... 248
Leben im Āshram und Entsagung.................................. 272

Verschiedene Themen

Karma – unser Schicksal aufgrund früherer Handlungen..... 277
Friede.. 288
Geschichten: Wo wohnt Gott, was ißt Er, wann lacht Er und was tut Er? Māyā/Die angebundene Katze/Wir vergessen das wirkliche Ziel/Die Wirksamkeit von Prasāda................ 291
Gott lenkt, sieht und durchdringt alles........................... 296
Die Einheit der spirituellen Wege................................... 303
Die GANZHEIT jenseits von Dualität und Nichtdualität......... 312
Fremdwörterverzeichnis.. 349
Nachwort.. 373

Zur Aussprache der Sanskritworte

Kurze und lange Vokale (z.B. ‚a' und ‚ā') werden klar unterschieden.
Bei den behauchten Konsonanten wie bh, dh und th ist das ‚h' klar vernehmbar.
Sanskrit c entspricht deutschem tsch; j = dsch; ñ = nj; ṣ = ss; v = w; y = j.
Für die Sanskritbuchstaben ś und ṣ wurde, um das Lesen zu erleichtern, die auch im indischen und englischen Sprachgebiet übliche Schreibweise ‚sh' gewählt (z.B. Shiva statt Siva).
Sofern die Sanskritbegriffe nicht direkt im Text erklärt sind, wird der Leser gebeten, sie im Anhang nachzuschlagen.

Vorwort

Mit großer Freude legen wir das Buch „Matri Satsang" zu Füßen der Glückseligen Mutter Shrī Ānandamayī Mā, im Herzen dieselbe Bitte vorbringend, mit der wir Ihr den ersten fertiggestellten Band 1980 in Delhi übergaben: „Möge dieses Buch die Herzen einer wachsenden Anzahl von Menschen erreichen und sie zu größerer Gottesliebe und Selbsterkenntnis führen!"

Om Shrī Mā Arpanam Astu

Obwohl - so will es unseren materiellen Augen erscheinen - Mā's Körper inzwischen diese vergängliche Welt verlassen hat, zeigt Sie uns täglich, daß Ihr Wirken nicht auf „den Bereich von Kommen und Gehen" beschränkt ist, indem Sie unsere Aufmerksamkeit ständig in Ihrem Dienst beschäftigt. „Abwesenheit" und „Anwesenheit" sind Manifestationen ein und derselben ewigen Gegenwart, wie sie sich der inneren Öffnung des Suchers jeweils offenbart. Zurückhaltende Skepsis gegenüber der Unzulänglichkeit von Worten über „ewige Wahrheiten", wie sie von vielen Menschen der heutigen Zeit empfunden wird, hätte diese Übersetzung nicht möglich gemacht. Sie wurde vielmehr in einer Haltung gläubiger Ehrfurcht vor dem Wort des Meisters unternommen, welches die überlieferten Schriften Indiens als „mantra mulam", als den allen heiligen Worten zugrundeliegenden Ursprung verehren, und das in sich die Vollkommenheit des Erleuchteten birgt, da es nicht von Ihm verschieden ist.

Das aufmerksame Lesen der Aussagen eines Heiligen ist eine wirkungsvolle spirituelle Übung und eine machtvolle Form von Satsang, der Gemeinschaft mit dem Göttlichen selbst. Ist es uns möglich, das Gelesene im täglichen Dasein lebendig zu machen, so ist dies zweifellos ein Zeichen göttlicher Gnade.

Nach dem Buch „Worte der Glückseligen Mutter" (1980) und dem Photoalbum „Matri Darshan" (1983) finden wir in dieser Sammlung eine noch umfassendere, sorgfältig gegliederte Auswahl von Shrī Mā's Aussagen und Antworten auf verschiedene Fragen zum geistigen Weg. Auch etwas schwierigere Kapitel wurden eingeschlossen, denen sich der Leser der oben erwähnten Bücher inzwischen mit größerem Verständnis nähern kann. Lesern, denen diese beiden Bücher nicht bekannt sind, empfehlen wir die ergänzende Lektüre der „Worte" auch im Hinblick auf weitere biographische Information sowie das Photoalbum, in dem Shrī Mā sehr intensiv und direkt durch Bilder zu uns spricht.

Zum Schluß möchten wir noch all jenen Helfern danken, die die Verwirklichung dieses Buches auf ihre Weise liebevoll unterstützt haben: Brahmacārinī Ātmānanda, die durch ihren rund 40jährigen Aufenthalt bei Mā und durch ihre hervorragende Beherrschung von Englisch, Hindi, Bengali und Deutsch (als Muttersprache) optimal die korrekte Übersetzung prüfen konnte, Herrn Reinhard Richter, Markell Brooks und Wilfried Marquardt, deren großzügiger Beitrag die Herstellung ermöglichte, Richard Lannoy, Arnaud Desjardins und Shankar Pannewitz für die einmaligen Photos und Filme, die sie uns freundlicherweise zur Verfügung stellten, Shanta für die Übernahme der Auslieferung und der häuslichen Arbeiten, die uns auf diese Weise Zeit gab, am Buch zu arbeiten, und all den anderen ungenannten, früheren oder künftigen Helfern und Mitreisenden, denen Gott dadurch die freudige Möglichkeit gibt, SEIN Werk zu manifestieren.

                                                        Jai Mā

Über Shrī Ānandamayī Mā

Shrī Ānandamayī Mā

Die Glückselige Mutter Shrī Ānandamayī Mā war weithin bekannt durch die unwiderstehliche Anziehungskraft Ihres stets strahlenden glückseligen Wesens, durch Ihr grenzenloses Mitgefühl und Ihre außergewöhnliche Universalität. „Jeder hat recht von seinem eigenen Standpunkt aus" sagte Sie oft. So empfahl Sie auch nicht ein und dieselbe Methode für alle Menschen: „Wie kann man dem Unbegrenzten Begrenzungen auferlegen, indem man behauptet, ‚dies ist der einzige Weg'?" und „Warum muß es so viele verschiedene Religionen und spirituelle Richtungen geben? Durch jede von ihnen verschenkt ER Sich Selbst an Sich Selbst, sodaß jeder sich entsprechend seiner individuellen Natur entwickeln kann..." Ein großer Heiliger sagte einmal: „So wie die Erde jede Pflanze mit dem versorgt, was sie für ihr Wachstum braucht, so führt Ānandamayī Mā jeden Sucher entsprechend seiner inneren Veranlagung." Es war die Erfahrung von Tausenden, daß Sie für jeden Wahrheitssucher das rechte Wort zur rechten Zeit hatte.

Der Kern Ihrer Lehre lautete in endlosen Variationen: „Die höchste Berufung eines Menschen besteht darin, nach Selbstverwirklichung zu streben. Alle anderen Verpflichtungen sind zweitrangig." Sie verlangte nicht von jedem, dem Leben in der Welt zu entsagen. Sie lehrte, wie man inmitten der Welt ein gottbewußtes Leben führen kann.

Am 30.April 1896 in Kheorā im heutigen Bangla Desh geboren, entstammte Ānandamayī Mā einer ostbengalischen Brahmanenfamilie, die jahrhundertelang die Tradition der alten Rishis bewahrt hatte. Beide Eltern waren sehr fromm. Vom ersten Tag an war sich Nirmalā Sundarī - so hatten sie Ānandamayī Mā genannt - Ihrer Selbst voll bewußt. „Es heißt, daß Sie bereits vom Zeitpunkt Ihrer Geburt an wußte, wer Sie schon immer war und ewig sein würde, und daß Sie auch nicht einen Augenblick lang aus diesem Bewußtsein Ihrer Selbst herausfiel" (Mahamopadyaya Dr.Gopinath Kaviraj). Schon als Kind lebte Sie nach Ihrem Motto „Jo ho jaye" („Was immer geschieht, ist gleichermaßen willkommen") - d.h. völlig dem göttlichen Willen hingegeben. Sie äußerte nie einen Wunsch und war stets fröhlich und hilfsbereit. Schon damals war Sie ungewöhnlich anziehend, und jeder hatte Sie lieb. Da Ihr Vater weltlichem Erfolg sehr gleichgültig gegenüberstand und die Familie daher in äußerst dürftigen finanziellen Verhältnissen lebte, besuchte Sie nur knappe zwei Jahre lang eine Schule.

Mit zwölf Jahren wurde Sie der damaligen Sitte entsprechend verheiratet, blieb jedoch noch ein Jahr bei Ihren Eltern und dann vier Jahre bei der Familie Ihres Schwagers, wo Sie mit großem Geschick den Haushalt besorgte. Von Ihrem 18. Lebensjahr an lebte Sie schließlich mit Ihrem Ehemann zusammen, den Sie „Bholanāth" oder „Pitājī" (Vater) nannte. Bholanāth fand Mā von einer solchen Aura ehrfurchtgebietender Heiligkeit umgeben, daß eheliche Beziehungen dadurch völlig ausgeschlossen waren. Obwohl er sich anfangs durch diese Heirat in eine peinliche Lage seiner Familie gegenüber versetzt sah, hatte er einen bedingungslosen Glauben an Mā und wurde 1922 formell Ihr Schüler. Er blieb Ihr treuer Beschützer, bis er 1938 als Sannyāsī* starb, nachdem auch er ein hohes spirituelles Bewußtsein erlangt hatte.

Bereits in Mā's Kindheit und Jugend bemerkte man gelegentlich eine Geistesabwesenheit an Ihr, die Sie mitten beim Spiel, bei der Arbeit oder beim Essen überkommen konnte. Auch das Singen hingebungsvoller religiöser Lieder (Kīrtana) versetzte Sie in eine Art Trance, ohne daß Ihre Angehörigen dies richtig bemerkten. Zwischen 1917 und 1923 vollzog sich Mā's sogenanntes „Sādhanā Līlā", Ihr „Spiel spiritueller Übungen", bei dem Sie in sechs Jahren nacheinander unfaßbar schnell die verschiedensten spirituellen Pfade bis zur Vollendung meisterte. Sie nannte es ein „Spiel", weil es für Sie in Wirklichkeit nichts gab, was Sie hätte erreichen müssen: „Euer starker Wunsch, diesen Körper in Zuständen von Samādhi**zu sehen, ist der Grund, warum sich diese Zustände manchmal zeigen", hatte Sie zu Bhaījī, einem Ihrer frühesten und ergebensten Anhänger, der Ihr auch erstmals den Namen „Ānandamayī Mā" gegeben hatte, einmal gesagt. Eine Zeitlang manifestierten sich die Gestalten vieler Gottheiten durch Ihren Körper, und Mantren und Hymnen in Sanskrit strömten von Ihren Lippen, obwohl Sie vorher weder Sanskrit noch derartige Kompositionen gekannt hatte. Manchmal nahm Ihr Körper spontan sehr komplizierte Yogahaltungen ein oder Kranke begannen durch Ihre Berührung zu genesen, ohne daß Sie dies im geringsten beabsichtigt hatte. 1924 wurde Bholanāth Verwalter des Shahbag Gartens in Dakka. Dort sah man Mā während Kīrtans und auch zu anderen Zeiten in Zuständen spiritueller Ekstase, ähnlich wie Caitanya Mahāprabhu sie einst gezeigt hatte. Manchmal blieb Sie tagelang im Samādhi ohne auf äußere Stimuli zu reagieren und ohne daß irgendein Puls registriert werden konnte. Vor Ende 1922 begann Sie ein dreijähriges Schweigen und verzichtete in Dakka auch lange Zeit auf eine regelmäßige Nahrungsaufnah-

---

* Jemand, der Familie, Besitz, Stellung und allen Anhaftungen völlig entsagt hat.

** völlige meditative Versenkung

Mā und Didimā, Ihre Mutter

me, indem Sie monatelang nur eine Fingerspitze Essen täglich zu sich nahm. Ende 1924 verlor Sie die Fähigkeit, sich selbst zu essen zu geben. Um zu verhindern, daß Sie Ihren Körper verließ, wurde Sie seitdem von anderen gefüttert. Sie hätte nie selbst etwas genommen oder jemanden darum gebeten und sagte: „Ich sehe alle Hände als meine eigenen an. In Wirklichkeit esse ich immer mit meiner eigenen Hand."

Mit der Zeit kamen immer mehr Menschen zu Mā und blieben mit ihren Familien ihr ganzes Leben lang Mā's Anhänger. 1929 errichteten sie den ersten Āshram in Dakka für Sie. Bereits 1927 war Mā einmal aus Bengalen ausgereist, 1932 verließ Sie es endgültig und hielt sich zunächst eine Weile in der Nähe von Dehradun, Nordindien, auf. Wieder wurden neue Menschen von Ihr angezogen. 50 Jahre lang reiste Sie unaufhörlich durch Indien. Millionen Inder und Hunderte von westlichen Besuchern hatten Ihren Darshan*. Sie förderte Kīrtan, das Singen von Gottes Lobpreis, und Ihr eigenes Singen versetzte viele Zuhörer in Ekstase. Sie hielt nie Vorträge, antwortete jedoch auf Fragen. Mönche, Gelehrte, Philosophen, Politiker, Künstler, Ärzte, Rechtsanwälte und Geschäftsleute lauschten gebannt Ihren spontanen Antworten, die ohne Umschweife direkt den Kern des Problems trafen und gänzlich frei von metaphysischen Spitzfindigkeiten waren. Alle waren von der Tiefe Ihrer Weisheit und der Flüssigkeit Ihres Ausdrucks beeindruckt. Obwohl Sie Sich Selbst „ein kleines, ungebildetes Kind" nannte und keinerlei besondere Stellung beanspruchte, brachten Ihr die höchsten religiösen Autoritäten und einige der gelehrtesten Sannyāsīs tiefe Verehrung entgegen.

Ānandamayī Mā unterstützte die religiöse Tradition Indiens und die Anweisungen der heiligen Schriften. Verheirateten riet Sie, den alten Rishis nachzueifern und dem Mann, der Frau und den Kindern als Manifestationen des Göttlichen zu dienen. Sie bat jeden ohne Ausnahme, eine bestimmte Zeit täglich zu meditieren, selbst wenn man viel zu tun habe.

Die Shree Shree Anandamayee Sangha und Charitable Society wurden von Ihren Anhängern gegründet, um die mittlerweile 28 Āshrams, ein gemeinnütziges Krankenhaus in Benares, verschiedene Ambulanzen für arme Patienten und zwei Schulen zu verwalten. In diesen Schulen wurde das alte Gurukul**-System modernen Verhältnissen angepaßt, und es wird besonderer Wert auf das Erlernen von Sanskrit gelegt. Mehrere Mädchen erwarben dort bereits den akademischen Grad eines Āchāryas.

* Segensspendender Anblick eines Heiligen
**Die Schule, die ein Kind unter Führung des spirituellen Meisters besucht, um vedisches Wissen zu erlernen

Die Verlagsabteilung in Kalkutta veröffentlicht Bücher mit Ihren Aussagen sowie die vierteljährlich erscheinende Zeitschrift „Ānanda Varta" in Bengali, Hindi und Englisch. 1976 entstand durch Mā's Inspiration das „Institute for Puranic and Vedic Studies and Research" in Naimisharanya. Ebenso belebte Sie die vedischen Yajñas (Feuerzeremonien) neu, insbesondere durch das dreijährige Savitri Yajña* in Benares (1947-1950) und das Atirudra Yajña** in Kankhal (1981).

Mā verließ Ihren Körper im Alter von 86 Jahren im Kishenpur Āshram in Dehradun. Ihre gnadenvolle Gegenwart wird weiterhin in den Herzen all derer gespürt, die aufrichtig dem Pfad zur Gottverwirklichung folgen.

---

* Eine Feuerzeremonie, bei der das bekannte Gayatri Mantra an Savitri, den Schöpfergott, wiederholt wird

**Eine 11 Tage dauernde Feuerzeremonie, die für das Wohlergehen der ganzen Welt durchgeführt wurde (Ati=eine genau bestimmte Anzahl von Opfergaben, 2.419.758, in das Feuer; Rudra=Name Gottes, auch Beiname Shivas, ‚der Gute, der Gnädige' - eine Form der Höchsten Gottheit, die mit der Veränderung und Auflösung des Universums in Zusammenhang gebracht wird, der Zerstörer der Unwirklichkeit, auch das Höchste Sein selbst).

Das ‚ungeborene' Sichtbarwerden des Göttlichen

Beim Samyam Vrata 1981 fragte Swāmī Svatantrānanda Mā: „Bitte sag uns, wer Du in Deinem früheren Leben warst!" Mā antwortete nachdrücklich: „Ja na me". Dann klatschte Sie in Ihre Hände, lachte wie ein Kind und sagte: „Nun versuche das zu verstehen, Bābā!" Die anwesenden Devotees werden den liebevollen, aber rätselhaften Ausdruck auf Mā's Gesicht in jenem Augenblick nicht vergessen haben. Ihre Worte können bedeuten „für mich existiert keine Geburt" oder „ich bin nicht begrenzt" oder „für mich gilt keine Geburt". Mā hat oft gesagt: „Dieser Körper wurde nicht geboren, dieser Körper entstand nicht aufgrund von Prārabdha Karma*. Ihr alle habt ihn herbeigesehnt, und nun habt ihr ihn für einige Zeit."

G.S.Bhattacharya hatte gehört, Mā habe oft gesagt, Sie hätte keine früheren Leben gehabt. Daher fragte er Sie einst, ob Sie denn diesmal geboren sei. Ihre Antwort wich erwartungsgemäß seiner Frage aus, doch wies Mā deutlich darauf hin, daß Tod und Geburt Sie nicht berührten.

Bhāijī, einer der frühesten und ergebensten Anhänger Mā's, der Ihr auch den Namen „Ānandamayī Mā" gegeben hatte, komponierte viele Lieder über Mā, die spontan aus seinem Herzen kamen. Selbst wenn Mā sich nicht in Dakka aufhielt, sah er Sie häufig regungslos vor sich stehen und seinen Liedern zuhören. Viele Lieder und Gedichte zerriß er nach dem Schreiben jedoch auch wieder. Als Mā davon hörte, sagte Sie: „Nicht nur in diesem Leben, sondern auch in vielen früheren Leben hast du unzählige solche Hymnen für mich komponiert und wieder vernichtet. Aber wisse dies sicher, nach alldem ist das jetzt dein letztes Leben auf dieser Erde."

---

*Prārabdha Karma: diejenigen früheren Handlungen, welche sich im gegenwärtigen Leben auswirken müssen und nicht abgewendet werden können, das Tun, das bereits begonnen hat, jetzt Frucht zu tragen.

Vorzeichen der Göttlichen Manifestation

Bereits zwei oder drei Monate vor Mā's Geburt erschienen Ihrer Mutter (Didimā) sehr oft verschiedene Gottheiten und göttliche Inkarnationen. Unter den strahlenden Erscheinungen waren Rāma, Krishna, Buddha, Caitanya, Vishnu, Nārāyana, Shiva, Durgā, Kālī, Sarasvatī, Lakshmī und Ganesha, große Heilige, Weise und königliche Yogīs. Didimā konnte die Erhabenheit dieser Erlebnisse nicht in Worten ausdrücken, doch in allen Gestalten erschien ihr stets nur Mā... All diese Gottheiten, Seher und Weise verneigten sich mit zusammengelegten Händen. Auch viele Personen, die später bei Mā lebten, wurden Didimā sichtbar. Wenn später in Mā's Gegenwart über diese Ereignisse gesprochen wurde, veränderte sich Ihr Wesen schlagartig. Sie wurde sehr ernst, die Augen schlossen sich, Ihr Körper wurde starr wie ein Fels, dann folgte ein Schwall von Tränen. Ihre Hände streckten sich aus und ballten sich dann fest zusammen, und jeder faßte dies als ein unnachgiebiges Verbot auf, weiter über dieses Geheimnis göttlicher Manifestation zu sprechen. Auch eine ältere Frau war sehr erstaunt über die Schönheit und das Leuchten, das von Didimā ausging, bevor Mā geboren wurde.

Frage: „Mā, warum inkarniertest Du Dich in einem weiblichen Körper und nicht in einem männlichen?"
Mā: „Weil kein Kheyāla* dazu bestand. Wäre das Kheyāla dagewesen, wäre es ein männlicher Körper gewesen."

Bevor dieser Körper erschien, verließ Vater sein Heim. Eine Weile zog er sogar das Gewand des Sannyāsīs** an und verbrachte seine Zeit damit, Hari Kīrtana (Gottes Lobpreis) zu singen. Zu jener Zeit, als er so von Entsagung erfüllt war, nahm dieser Körper Geburt an.

* im Hinblick auf Mā: spontan aufkommender Willensimpuls, der göttlich und daher frei ist.
**Mönche, die Familie, Besitz, Stellung und jeglichen Anhaftungen völlig entsagt haben

Göttliche Kindheitsspiele

Viele außergewöhnliche Begebenheiten ereigneten sich in Mā's Kindheit, die von Ihren Angehörigen erst später mehr verstanden wurden.

Als Nirmalā, so hatten die Eltern Mā genannt, etwa neun oder zehn Monate alt war, erschien ein eindrucksvoll aussehender fremder Sādhu* mit einer überaus leuchtenden Ausstrahlung in Didimā's Haus in Vidyakut und entdeckte das Baby, wie Es auf dem Boden umherkrabbelte. Im Nu schloß er Freundschaft mit dem kleinen, lebhaften Geschöpf, streichelte Sie, hielt Ihre Füsse auf seinen Kopf und seine Schultern, sagte einige Mantras und verneigte sich schließlich ehrfürchtig vor Ihr. Dann sagte er zu Didimā: „Wen du hier siehst, ist MĀ und das nicht unter Männern und Frauen, sondern auch das ganze Universum durchdringend und selbst darüber hinaus. Du wirst Sie mit Sicherheit nicht in den Fesseln der Familie halten können, Sie wird auf keinen Fall darin bleiben." Mit diesen Worten wurde der Mahātmā auf der Stelle unsichtbar.

Einmal spielte ein älterer Verwandter mit dem kleinen Kind, nahm Sie in die Arme, hob Sie in die Luft und stellte Sie auf Seine Schultern. Als das Kind nur den Fuß auf seinen Kopf gesetzt hatte, sank er plötzlich zu Boden, begann nach Luft zu schnappen und rief: „Mein Gott, was für ein Mädchen!" Schnell übergab er das Kind der Mutter und spielte später nie wieder so mit Nirmalā. Man weiß nicht, was er in jenem Augenblick empfunden hatte, doch liebte er Nirmalā sehr.

Bereits früh äußerte sich Nirmalās Vorliebe für Kīrtan (das Singen von Gottes Namen). Als kleines Kind fiel Mā bereits in eine Art Bhāva Samādhi**, wenn nur Kīrtan in beträchtlicher Entfernung gesungen wurde. Sie sagte: „Dieser Körper versank in einen seltsamen Zustand. Doch der Raum war dunkel, und so bemerkten Vater und Mutter dies nicht. Darüberhinaus hatte ich das Gefühl, es solle niemandem enthüllt werden. So blieb es ein Geheimnis."

Als Ihre Mutter Sie einmal ins Nachbarhaus zum Kīrtan mitnahm, sank Nirmalās Körper zusammen, als habe er das Gleichgewicht verloren, obwohl Ihre Mutter Sie schüttelte und ermahnte, anständig zu sitzen. Als Sie als zweieinhalbjähriges

---

* Ein Pilger, der frei von den Verstrickungen von Familie und Berufsleben lebt oder umherwandert, um all seine Zeit und Energie dem spirituellen Streben zu widmen.

**Spirituelle Ekstase, zumeist gefühlsbetont, die sich für gewöhnlich auf den höheren Stufen des Bhakti-Weges einstellt.

Kind einmal ein Lied über die Sehnsucht Rādhās nach Krishna hörte, begann Sie es von selbst, als Sie später allein war, zu wiederholen und weinte dabei sehr. Auch wenn die Dorfbewohner manchmal Kīrtan singend durch das Dorf zogen, fühlte Sie sich überwältigend angezogen, mit ihnen zu gehen, und bestürmte Ihre Mutter deshalb.

Als Sie ungefähr vier Jahre alt war, pflegte Sie immer frühmorgens zu einer Großmutter zu gehen, um Dickmilch von ihr zu holen. Einmal, als Sie wieder kam, wurde die Großmutter ärgerlich, als sie Nirmalā schon wieder sah, und wollte Ihr nichts mehr geben. Im selben Augenblick brach das Gefäß, in dem sie die Dickmilch gequirlt hatte. Von da an enthielt sie dem kleinen Mädchen nie wieder Dickmilch vor.

Als Nirmalā ein Kind von vier oder fünf Jahren war, saß Sie einmal mit Ihrer Mutter draußen beim Mittagessen. Didimā sah, daß Ihre Tochter überhaupt nicht bemerkte, wie Ihr Essen serviert wurde. Sie starrte die ganze Zeit nur völlig abwesend zum Himmel empor. Didimā konnte nicht begreifen, was es damit auf sich hatte. Jahre später verriet Mā, Sie habe damals die Göttin Durgā und Ihre Dienerinnen am Himmel gesehen, die gerade aus dem Altarraum des Nachbarhauses, in dem Durgā Pūjā gefeiert wurde, aufgestiegen war.

Einmal kamen christliche Missionarinnen zu dem Haus Ihres Onkels, als Nirmalā dort war. Nirmalā fühlte sich sehr von ihren Liedern und Gebeten angezogen, lief zu ihrem Zelt, als sie ihre Abendandacht hielten und bettelte Ihre Mutter darum, Ihr eines ihrer Bücher zu kaufen. Damals hatte Sie kaum lesen gelernt, aber Sie schien ganz in das Buch vertieft zu sein. Sie kümmerte sich nicht darum, um welche Religion es sich handelte, alles, was sich auf Gott bezog, faszinierte Sie.

Einmal wurde Kheorā von einem Sturm heimgesucht, der einen Teil des Strohdachs vom Hause riß, in dem Nirmalās Familie lebte. Alle waren entsetzt, aber Nirmalā lachte, tanzte und klatschte in Ihre Hände. Sie jubelte Ihrer Mutter zu, nun könne man den Himmel mit den leuchtenden Sternen sehen, ohne extra aus dem Haus gehen zu müssen, Innen und Außen waren genau gleich geworden! Kurz darauf stürzte das Dach auf beiden Seiten des Hauses ganz zu Boden. Selbst dieses äußere Geschehen war Nirmalā ein Symbol für die Einheit des individuellen Selbst mit dem universellen Selbst, für die Einheit von eingegrenztem Raum mit dem alldurchdringenden Raum.

Als Nirmalā sieben oder acht Jahre alt war, ging Sie einmal mit Verwandten und einigen anderen Frauen zu einem nahegelegenen Dorf namens Chanla, um im Tempel den Darshan Lord

Shivas* zu erhalten. Nachher gingen die anderen ins Dorf, während Nirmalā alleine am Teich, der an den Tempel grenzte, zurückgelassen wurde. Während Sie dort saß, sah Sie geistig einen Tempelraum ohne Vigraha** darin. Als Sie zum Teich hinüberschaute, sah Sie, wie ein Shiva Lingam aus dem Teich erschien, auf der Oberfläche trieb und wieder eintauchte. Als Sie nach einer Weile in den Tempel ging, sah Sie das Shiva Lingam dort wieder. Auf dem Heimweg nach Kheorā erzählte Sie den anderen, was Sie in Ihrer Abwesenheit gesehen hatte. Alle Frauen jedoch, die den Shiva-Tempel besucht hatten, erklärten, sie hätten das Lingam die ganze Zeit über nur im Tempel gesehen, und Nirmalās Geschichte würde nicht stimmen. Als man der Sache später einmal nachging und die Leute dieser Gegend befragte, stellte es sich heraus, daß die Dorfbewohner jahrhundertelang von ihren Vorfahren gehört hatten, daß sich das Shiva Lingam des Tempels in Chanla manchmal im Tempel und manchmal im Teich aufhalte, wo es manchmal auf die Hand eines Badenden schlüpfte, doch sofort wieder herabglitt und verschwand; manchmal solle es sogar in den Wäldern umherwandeln. Der Tempelraum hatte an einer Seite stets eine Öffnung. Mā's Aussagen bekräftigten diesen alten Glauben auf seltsame Weise.

Nirmalā gehorchte Ihren Eltern stets und äußerte keinerlei eigene Wünsche. Durch Ihr Verhalten jedoch schienen sich spontan die Wünsche Ihrer Gefährten zu erfüllen. An einem bestimmten glückverheißenden Tag im Sommer war es Sitte, ein besonderes Gericht mit reifen Mangos zuzubereiten. Didimā hatte jedoch keine reife Mango. Draußen wuchsen zwar einige Mangobäume in den benachbarten Gärten, doch man durfte nur die herabgefallenen Früchte auflesen, niemals aber von den Bäumen anderer Leute pflücken. Nirmalā befolgte diese Anweisung so genau, daß Sie immer gebührenden Abstand zu den Zweigen hielt, damit auch keine Früchte durch Ihre Berührung herabfielen. Sie pflegte sich aber öfters mit den Bäumen zu unterhalten. Gerade an dem speziellen Tag, als Didimā keine Mango hatte, rannte Sie plötzlich zu Ihrer Mutter und überreichte ihr eine große, reife Mango, die „auf dem Feld gelegen habe, als hätte sie jemand eigens dorthin getan"...

Ein andermal spielte Nirmalā im Sand, machte mit Ihren Händen einen Haufen und sagte zu Ihrer Mutter, alle Gottheiten

---

* d.h. den segenbringenden Anblick der Bildgestalt Gott Shivas in Form Seiner steinernen Repräsentation (Shiva Lingam) im Tempel zu erhalten

**Konkrete äußere Gegenwart als Form; eine Statue, bildliche, steinerne oder hölzerne Repräsentation Gottes, die durch Mantren oder durch die Hingabe und Anbetung des Verehrenden zur Gottheit Selbst wird.

aus dem Altarraum und noch unzählige mehr würden sich in diesem Sandhaufen befinden. Dabei lächelte Sie und bewegte sich auf merkwürdige Weise. Wollte Sie Ihrer Mutter begreiflich machen, daß alles, was im Universum existiert oder nicht existiert, bereits ausnahmslos sogar in diesem Sandhaufen enthalten war? Sie setzte sich dann auf den Sandhaufen, machte ihn fast dem Boden gleich, streute etwas von dem Sand auf Ihren Körper und Kopf und lief dann freudestrahlend zu Ihrer Mutter, die Sie hineingerufen hatte.

Manchmal zog Nirmalā mit einem großen Zeh und der Ferse als Mittelpunkt durch eine einzige Umdrehung einen geschlossenen Kreis im Sand, während Ihr anderer Fuß in der Luft blieb. So drehte Sie sich immer wieder tanzend um sich selbst. Kein anderes Kind konnte so einen Kreis freihändig und ohne zu fallen mit dem Fuß ziehen. Sie selbst war der Mittelpunkt ständiger Bewegung und doch an nichts gebunden und brachte durch dieses Spiel eine Ganzheit zum Ausdruck, die keiner nachvollziehen konnte.

In Ihrer Kindheit pflegte Nirmalā stets, sobald Sie einen offenen Hof oder ein Feld sah, Luftsprünge zu machen und jubelnd zu tanzen und zu singen. In einer offenen Umgebung schien Sie sich weder an Sonne, noch an Regen zu stören – vielmehr waren Himmel, Luft, Licht, Wasser usw. gleichsam alle Ihre Spielgefährten. Wenn Nirmalā allein auf einer Straße ging, bewegte Sie sich sehr leicht und frei. Manchmal waren Ihre Augen emporgerichtet, und Sie hüpfte, lachte, rannte oder nahm etwas in die Hände, warf es hoch und fing es wieder auf. Manchmal tanzte Sie und sang dazu laut oder leise summend. Manchmal stand Sie ganz still oder ging langsam und unterhielt sich mit der Erde, den Bäumen usw. Manchmal sammelte Sie Zweige, Blätter und Blüten auf und schlang sie um sich. Sie behandelte sie mit solcher Zuneigung, Liebe und Zärtlichkeit, als ob sie ihre Begleiter wären. Andere Kinder schauten alldem mit einer Mischung von Neugierde und Furcht zu, denn manchmal schienen sich auch die Bäume zu bewegen, als antworteten sie Nirmalā. Wenn Sie Ihre Hände erhob oder herabhängen ließ und sich wie ein Kreisel drehte, staunten die Leute nur über die Schönheit und Anmut Ihrer Bewegungen. Wenn Sie jedoch still wurde, wurde Sie so reglos und ernst wie eine Statue. Oft schaute Ihr Gesicht unverwandt zum Himmel, sodaß Didimā Sie manchmal ‚Kamelgesicht' nannte. Nirmalā schaute sich daraufhin das Bild von einem Kamel in einem Kinderbuch an.

Auch mit Tieren schien Sie sich oft zu unterhalten, als ob Sie sich seit Ewigkeit kennen würden, und sie nickten mit ihren

Köpfen hin und her, als ob sie Nirmalā's Worte verstehen würden. Sogar mit Insekten wie z.B. mit einer Reihe Ameisen redete und lachte Sie und winkte ihnen zu wie Ihren besten Freunden. Wenn dieses liebevolle Spiel vorüber war, ging Sie jedoch völlig unangehaftet, ohne sich auch nur einmal umzuschauen, weiter.

Nirmalā äußerte nie irgendwelche Wünsche, was Essen oder Kleidung betraf. Wenn Ihr Vater vor einer Reise fragte, was er Ihr mitbringen sollte, sagte Sie entweder: „Was du willst" oder schwieg ganz. Wenn Hausierer ihre Waren anboten, bestürmten alle anderen Kinder ihre Eltern wegen diesem und jenem, doch Nirmalā zeigte niemals Interesse für so etwas. Auch konnte man nie von Ihr hören: „Ich bin hungrig." Man mußte Sie rufen und Ihr zu essen geben. Andere verlangen von ihren Müttern oft verschiedene Lieblingsspeisen, aber das kam bei Nirmalā nie vor. Sie nahm nie etwas von sich aus zu sich.

Einmal war eine Verwandte von Nirmalā initiiert worden. Da ihr Guru jedoch wieder fortgereist war und sie sehr vergeßlich war, lernte sie die Gebete und was sonst zu dem täglichen Ritual gehörte, von Didimā. Als sie wieder einmal etwas vergessen hatte und Didimā nicht nochmals belästigen wollte, fragte sie Nirmalā, die damals neun oder zehn Jahre alt war, wie sie die rituellen Handbewegungen machen solle. Nirmalā erklärte und zeigte es ihr ganz richtig, d.h. es manifestierte sich völlig spontan durch Ihren Körper, zum Erstaunen der Verwandten und Ihrer Mutter.

Die Ehrlichkeit des kleinen Mädchens war so entwaffnend, daß selbst ihre Lehrerin davon lernen mußte. Als der Schulinspektor einmal den Unterricht überprüfte und auch Nirmalā etwas fragte, die lange nicht zur Schule gekomen war, versuchte die Lehrerin, Ihr von draußen in Zeichensprache die Antwort zu zeigen. Nirmalā fragte laut: „Was? Was?" und die Lehrerin trat peinlich berührt und beschämt zurück. Dennoch gab Nirmalā dem Inspektor die richtige Antwort, und als die Lehrerin Sie auf Ihr undiplomatisches Verhalten aufmerksam machte, wies Nirmalā sie auf den Widerspruch hin, einerseits Kindern Wahrheitsliebe einzuprägen, doch andererseits selbst List anzuwenden.

Das ‚Spiel des Sādhanā'

1922 empfahl Bholānāth Mā, sich so bald wie möglich initiieren zu lassen. Eine Weile zuvor hatte seine Schwägerin ihm bereits geschrieben, er möge Mā doch raten, Mantra Dīkshā* von dem Familienguru zu nehmen, dessen Adresse sie in ihrem Brief angab. Bholānāth lud ihn schriftlich nach Bajītpur ein, erhielt aber keine Antwort. Am 3.August 1922 jedoch initiierte Mā sich selbst. Als Bholānāth zu Bett gegangen war, setzte Sie sich in einer bestimmten Haltung in die nordöstliche Ecke des Raums, nicht weit weg von Bholānāths Bett, und begann zu rezitieren „Jai Shiva Shankara Bam Bam Hara Hara, Hare Murare Rāma Rāma Hare Hare". In Ihrem Mahābhāva** errichtete Sie einen Havan Vedi (Feuerstelle) vor Ihrem Sitz und schrieb darauf ein Mantra, welches Sie zu wiederholen begann, nachdem Sie mit allem notwendigen Zubehör (Havana Sāmagri), das sich Ihr aus unsichtbarer Quelle manifestierte, Havana (ein Feueropfer) durchgeführt hatte. Nachdem Sie das Mantra ausgesprochen hatte, begann Sie Japa***, indem Sie den rechten Daumen über die Finger der rechten Hand gleiten ließ, wie es in den heiligen Schriften angegeben wird. Mā hatte vorher nie etwas über den Vorgang von Mantra Dīkshā gehört, noch hatte Sie gesehen, wie jemand von einem Guru eingeweiht wurde. Es ist bemerkenswert, daß alles, was Sie aus eigener Initiative in jener Vollmondnacht tat, genau mit den Anweisungen der heiligen Schriften übereinstimmte.

Mā selbst schilderte einmal den Beginn Ihres Sādhanā Līlās (das Spiel spiritueller Übungen): „Zuerst laßt mich euch sagen, daß dieser Körper jetzt genau der gleiche ist wie in der Kindheit. Es gibt für diesen Körper nicht so etwas wie einen Anfang, ein darauf folgendes Stadium usw. Ich sage dies am Ufer des heiligen Ganges! (Alle lachen herzlich) Dennoch ereignete sich ein Spiel des Sādhanā für diesen Körper. Eine Zeitlang nahm er die Rolle eines Sādhakas (spirituellen

---

* Einweihung in ein Mantra, ein heiliges Wort oder eine Silbe, welches die klangliche Repräsentation Gottes ist, die fortan bei der spirituellen Übung wiederholt wird.
**die höchste Stufe spiritueller Ekstase und transzendentaler Liebe
***Wiederholung des göttlichen Namens

Suchers) an, und alle Zustände und Stufen, durch die ein Sādhaka geht, offenbarten sich in diesem Körper. Sage ich nicht öfters: ‚Ich muß jetzt gehen und schauen, wie es Nani* geht'? Weiß ich nicht um ihr Befinden, während ich hier sitze, daß ich extra hinaufgehen muß, um sie zu sehen? Doch obwohl ich sehr gut weiß, wie es ihr geht, gehe ich doch immer wieder hin, um nach ihr zu sehen. Mein Sādhana ereignete sich in ähnlicher Weise.

Die Initiation dieses Körpers ereignete sich in der Nacht von Jhulan Pūrnimā (Vollmondnacht des 3. August 1922). Viele Leute hatten früh zu Abend gegessen, um danach das Jhulan - Fest zu besuchen. Auch Bholanāth hatte bereits seine Abendmahlzeit zu sich genommen. Eine Wasserpfeife wurde zubereitet und ihm gegeben. Er legte sich hin und beobachtete mich. Die Sorgfalt, mit der ich den Boden gewischt hatte und mich dann auf ein Āsana (Sitzmatte) gesetzt hatte, fiel ihm auf. Doch nachdem er eine Weile zugeschaut hatte, schlief er ein. Das Merkwürdige war dann, daß das Feueropfer und die Zeremonie (Yajña und Pūjā), die zur Initiation gehören, spontan durch diesen Körper ausgeführt wurden. Die Feuerstelle befand sich zuvorderst, und all das Zubehör für die Pūjā, d.h. Blumen, Obst, Wasser usw., war bereits da. Obwohl nicht jeder dies sehen konnte, bestand kein Zweifel über ihr tatsächliches Vorhandensein. Das Dīksha-Mantra manifestierte sich aus dem Nabel und wurde mit der Zunge ausgesprochen. Dann wurde das Mantra mit der Hand auf das Yajñasthalī (die Feuerstelle) geschrieben, und Pūjā und Yajña wurden vorschriftsmäßig durchgeführt, d.h. alle von den heiligen Schriften für eine Initiation vorgeschriebenen Rituale wurden vollzogen. Als sich dann später meine Finger bewegten, um das Japa zu zählen, erwachte Bholanāth und sah, wie ich Japa machte. Zuvor hatte dieser Körper niemals Japa gemacht, indem er an den Fingern abzählte, noch hatte mich irgendjemand gelehrt, wie man es macht - doch die Finger machten die Bewegungen des Zählens ganz von selbst. Bholanāth war äußerst erstaunt über all das. Am nächsten Morgen jedoch, als ich aus eigenem Entschluß heraus Japa machen wollte, ging alles durcheinander. Aber bald versank dieser Körper wieder in den früheren Zustand, und das Japa ergab sich von selbst. Auf diese Weise wurde dieser Körper initiiert."

Sudhir Gopal: „Das Dīksha-Mantra offenbarte sich natürlich, aber manifestierte sich der Guru ebenfalls?"

* Gattin von S.Chakravarti, die aus Kalkutta gekommen und krank geworden war.

Mā: „Ja, auch das geschah."
Sudhir Gopal: „War der Guru klar zu sehen (pratyaksha)?"
Mā: „Ja, so war es."
Sudhir Gopal: „Bitte beschreibe den Guru ein wenig."
Mā (lächelnd): „Ich sage stets, daß in der Kindheit Vater und Mutter dieses Körpers der Guru waren. Bei der Heirat sagten mir meine Eltern, nun sei mein Ehemann der Guru. Nach der Heirat wurde also der Ehemann zum Guru. Und nun sind alle, die in der Welt existieren, der Guru dieses Körpers. Von diesem Standpunkt aus kann ich sagen, daß der ĀTMĀ (das Selbst) in Wirklichkeit der Guru ist, mit anderen Worten, dieser Körper selbst ist der Guru dieses Körpers. Und was Pūjā betrifft, so sage ich stets, wenn eine bestimmte Gottheit verehrt werden soll, manifestiert sich diese spezielle Gottheit aus diesem Körper und geht nach der Verehrung wieder in diesen Körper ein. Ähnliches könnt ihr auch im Fall des Gurus schlußfolgern. So habe ich eben erklärt, wie sich bei der Initiation Blumen, Früchte usw., ja alles Zubehör für Pūjā und Yajna aus diesem Körper manifestierte; kann also der Guru nicht ebenso aus diesem Körper hervorgegangen sein? - Nun sind alle Fragen über die Initiation dieses Körpers beantwortet. Habt ihr nun verstanden, wie die Dīkshā vor sich ging?"
Sudhir Gopal: „Ja, ich habe es verstanden."
Mā: „Was hast du verstanden?"
Sudhir Gopal: „Ich habe gar nichts verstanden. (Alle lachten laut) Ich werde über das nachdenken, was ich gehört habe, und dann schlußfolgern. Später werde ich Dich nochmal darüber fragen."
Nepal Dada: „Als das Mantra aus Deinem Innern erklang, wußtest Du, auf welche Gottheit es sich bezog?"
Mā: „Nein, aber kaum hatte ich das Mantra erhalten, stieg die Frage in mir auf ‚wessen Mantra ist es?' Und dann kam ganz deutlich die Antwort von innen, daß es zu der und der Gottheit gehört. Deshalb heißt es, daß eine aufrichtige, dringende Frage aus dem Innern nicht lang auf eine Antwort zu warten braucht. Aber ihr seid nicht wirklich aufnahmebereit. Bei einer echten Frage kann die Antwort nicht auf sich warten lassen."
Sudhir Gopal: „Kusum Brahmacāri sagt, dein Sādhanā sei kein richtiges Sādhanā gewesen, da all die Hindernisse und Schwierigkeiten, die bei uns auftauchen, wenn wir Sādhanā beginnen, bei Dir nicht vorhanden waren."
Mā: „Warum sollte das der Fall sein? Lebte dieser Körper nicht mit vielen Leuten zusammen, als das Spiel des Sādhanā anfing? Dieser Körper lebte mitten in Bholānāths großer

Familie und verrichtete alle möglichen Arten von Arbeit. Doch als er die Rolle eines Sādhakas spielte, eignete er sich bis ins Detail alles an, was zu einem bestimmten Sādhanā gehört. Zum Beispiel erschienen eins nach dem anderen Zeichen auf der Stirn wie Tilak*, Svarupa und Tripundra**. Über die sich spontan formenden Yogahaltungen (Āsanas) habe ich euch bereits erzählt. Einige Menschen brauchen ein ganzes Leben, um die Kunst zu meistern, so ein Āsana vollkommen auszuführen. Doch als dieser Körper ein Sādhaka wurde, konnte man sehen, wie sich ein Āsana nach dem anderen formte, und jedes vollendet. Nun wurden all eure Fragen beantwortet.

1970 bemerkte Mā in einem Gespräch mit Shyamānanda Banerjee, Sie sei während Ihrer Selbst-Initiation 1922 in Bajītpur von einer unsichtbaren Kraft von Ihrem Sitz emporgehoben worden, während nur noch ein Finger von Ihr den Boden berührte. Sie sagte, Ihr Körper habe angefangen zu schweben und Sie hätte das Gefühl gehabt, als werde Sie von einem Magneten emporgezogen. Wie Luft sich mit dem Raum vermischt, so fühlte Sie, als ob Ihr Körper in leeren Raum aufgegangen sei. Manchmal konnte Sie nicht die Stufen einer Treppe hochgehen, weil Sie das Empfinden hatte, Sie setze Ihren Fuß ins Leere und falle. Sie sagte, Sie habe das Gefühl für eine Treppe verloren - ob sie nun hinauf oder hinuntergehen sollte... Dieses Phänomen der Levitation wird in den Upanishaden als „Laghiman" bezeichnet.

Als sich zeremonielle Verehrung (Pūjā) und ähnliche Rituale genau den Vorschriften gemäß vollzogen - die Shakti, Āsanas, Mudrās***, Gefühle und was sonst noch zur Verehrung einer bestimmten Gottheit gehört - pflegte alles aus jenem Bhāva (einer Neigung innerhalb der Ganzheit des Selbsts) heraus spontan in diesem Körper zu geschehen. Weit davon entfernt,

* Zeichen der Vaishnavas aus heiligem Ton oder Lehm, womit der Devotee zwölf Stellen des Körpers mit dem Symbol des Vishnu-Tempels zeichnet und jeweils ein bestimmtes Mantra an Vishnu dabei ausspricht
**Drei waagrechte Linien auf der Stirn, die sich die Verehrer von Shiva und Shakti auftragen.
*** Shakti: die spirituelle Energie; Āsanas: körperliche Yogastellungen; Mudrās: Haltungen des Körpers oder bestimmter Glieder wie z.B. Verschränkung der Finger u.ä., welche eine besondere göttliche Kraft (Deva Shakti) ausdrücken, ohne die jene Kraft nicht arbeiten kann

ein Spiel der Phantasie zu sein, war alles so klar, wie ihr jetzt vor mir sitzt. Jede Einzelheit war wunderschön arrangiert. Ja, alles was notwendig war, manifestierte sich von selbst aus diesem Körper heraus! Die Mūrti (Bildgestalt) des Gottes oder der Göttin wurde aus diesem Körper genommen und veranlaßt, sich davor niederzulassen, und Pūjā vollzog sich. Nach Beendigung der Pūjā ging alles ebenso da wieder in diesen Körper genau dort ein, von wo es zuerst in Erscheinung getreten war. Man muß erkennen, daß alles möglich ist.

Dieser Körper hat nicht nur ein spezielles Sādhanā geübt, sondern hat alle bekannten spirituellen Richtungen praktiziert. Er ist durch all die verschiedenen Disziplinen gegangen, die von den alten Weisen genannt werden. Er hat Nāma Sādhanā*, Hatha Yoga** mit seinen verschiedenen Āsanas und verschiedene andere Yogaarten eine nach der anderen gemeistert.
Um einen bestimmten Grad der Erleuchtung auf einem der Wege des Sādhanā zu erreichen, muß ein gewöhnlicher Mensch wieder und wieder geboren werden. Aber für diesen Körper war es nur eine Angelegenheit von Sekunden.
Übrigens waren die verschiedenen Formen von Sādhanā, die ihr diesen Körper üben saht, nicht für diesen Körper bestimmt, sondern für <u>euch alle</u>...

Was diesen Körper anbelangt, so ist alles ganz von selbst geschehen. Vielleicht kommt es einmal in Millionen oder Billionen Fällen vor, daß sich alles spontan ergibt. Wie kann ich in so einem Fall behaupten, ohne einen Sadguru*** kann nichts erreicht werden? Jedoch sollte man das Beispiel dieses Körpers lieber nicht heranziehen.

---

* spirituelle Übungen, bei denen vor allem die Wiederholung der Namen Gottes praktiziert wird
** körperliche Yogaübungen, die dem Zweck dienen, den Körper zu reinigen und zu harmonisieren und damit die geistige Kontrolle und die Höherentwicklung des Bewußtseins zu erleichtern
*** Der vollkommene Guru, der den Weg zur Verwirklichung der Wahrheit zeigt und selbst die höchste Bewußtseinsstufe erreicht hat.

Einmal betrat Bholanath mit Ma's Cousin, Shri Nishikanta Bhattacharya, Ihr Zimmer, während Sie gerade meditierte. Nishikanta war älter als Ma, und er drängte Bholanath, Ma zu fragen, was Sie da tue. Ma hob auf einmal Ihren Schleier hoch, schaute beide streng an und fragte in bestimmtem Ton: „Oh, was willst du wissen?" Nishikanta bemerkte Ihren strengen Blick und Ihre leuchtenden Augen, trat etwas zurück und fragte Sie ehrerbietig mit gefalteten Händen, wer Sie sei. Ma fragte ihn lächelnd, ob er Angst bekommen hätte, als er Sie in so einem Bhava gesehen habe. Dann sagte Sie zu beiden kaum vernehmbar, Sie sei Mahadeva und Mahadevi (Shiva und die Göttliche Mutter) zusammen. Bholanath fragte Sie, was Sie da tue. „Sandhya* und Nama Japa*", antwortete Ma. Bholanath bemerkte, Sie dürfe kein Sandhya oder Puja machen, ohne von einem Guru initiiert zu sein. Daraufhin erklärte Ma, Sie habe sich in der Nacht von Jhulan Purnima selbst Mantra Diksha gegeben.

Als Janaki Babu, ein benachbarter Astrologe und Sanskritgelehrter in Bajitpur, Ma einmal fragte, wer Sie sei, sagte Sie „Purna Brahma Narayana**." Um Sie ein wenig herauszufordern, sagte Janaki Babu zu Ihr, das sei ungehörig. Ma erwiderte ruhig, Sie sei, was Sie gesagt habe, doch stehe ihnen frei, ihre eigenen Ansichten über Sie beizubehalten. Man verlangte nach einem Beweis für Ihre Behauptung, Sie sei Purna Brahma Narayana. Sofort strömten viele Hymnen und Mantras von Ma's Lippen, und Ihr Ausdruck veränderte sich so sehr, daß Janaki Babu und Nishikanta erschrocken den Platz verließen, während Bholanath von Ma die Anweisung erhielt, sich vor Sie zu setzen. Dann berührte Sie eine bestimmte Stelle auf seinem Kopf (Brahma Talu). Bholanath sagte sofort „OM" und fiel für mehrere Stunden in tiefe Versenkung. Sein Neffe fing an zu weinen, und auch andere Familienmitglieder wurden sehr besorgt, als sie ihn scheinbar bewußtlos sahen. Janaki Babu und Nishikanta kehrten zurück und baten Ma, Bholanath wieder zu normalem Bewußtsein zurückzubringen. Daraufhin berührte Ma wieder seinen Kopf. Bholanath kam sofort wieder zu normalem Bewußtsein zurück und sagte, er habe während jener Zeit kein Körperbewußtsein gehabt und sei in unbeschreiblicher Glückseligkeit versunken gewesen.

* Sandhya: die Gebete, die ein Brahmane morgens, mittags und abends verrichtet; Nama Japa: Wiederholung der Namen Gottes

**Purna - Fülle; Brahma - die Eine Höchste Wirklichkeit, die sowohl ruhend als auch dynamisch ist und doch über beidem steht; das Ganze, das mehr ist als die Summe all seiner Teile; Narayana - einer der Namen, die die Höchste Göttliche Person bezeichnen

Einmal fragte jemand Mā, wer Sie sei, und Sie antwortete: „Pūrna Brahma Nārāyanī*". - Auf Bholanāths Frage erwiderte Sie: „Mahādevī**". Sie sagte: „Ich sage nichts absichtlich. Ich äußerte es, weil ich es sagen mußte."

Wann immer ich zur Bildgestalt irgendeines Gottes oder einer Göttin kam, hatte ich innerlich ein spontanes Gefühl von Einheit mit ihnen, ein Gefühl völligen Verschmelzens, und dann kam eine unaussprechliche Veränderung über diesen Körper.

In Mā's jungen Jahren neigte Ihr Körper dazu, beim bloßen Anblick von Feuer, Wasser oder Himmel mit diesen Elementen zu verschmelzen. Bei Sturm fühlte Sie den Impuls, Ihren Körper wie ein Stück dünnes Tuch fortfliegen zu lassen. Wenn Sie den tiefen, anhaltenden Klang eines Muschelhorns hörte, begann Ihr Körper gleichsam zu erstarren und unbeweglich wie Marmor zu werden. Wann immer irgendein Gedankenimpuls durch Ihr Bewußtsein ging, manifestierte sich sogleich ein entsprechender physischer Ausdruck durch Ihren ganzen Körper.

In jener Zeit, als Mā häufig in Ekstase fiel, fing Ihr Körper manchmal an zu tanzen, wenn Sie nur große, dunkle Wolken erblickte. Eines Tages, als Sie ein Bad in einem Teich nehmen wollte, kam das Kheyāl auf, mit dem Wasser zu verschmelzen: „Im Wasser war ‚dies' (Matājī) Wasser, wenn es Wellen sah, war es die Wellen und angesichts des Windes wurde es Wind. Wer ist es, der als Wasser und Wind erscheint? ER und niemand anders. In jener Zeit ereignete sich das Spiel verschiedener Sādhanās. Manchmal entstand während Kīrtana ein Bhāva, bei dem dieser Körper wie trockene Blätter, die vom Wind verweht werden, umherrollte.

Manchmal begannen, sobald dieser Körper in einer Yogahaltung saß, ganz von selbst yogische Kriyās***. Manchmal schwebte der ganze Körper. Dann wieder wandelte dieser Körper, ohne den Boden dabei zu berühren oder wurde sogar unsichtbar. Als Bholanāth all diese seltsamen Ereignisse sah, war er er-

* Pūrna Brahma: siehe vorhergehende Fußnote; Nārāyanī: Name der Göttlichen Mutter
**große Göttin, Göttliche Mutter
*** Jegliche Art ritueller Bewegung, Handlung zur Reinigung, meditativer Vorgang oder Yogahaltung.

Bholānāth, Mātājī und Bhāijī

schrocken. Manchmal begann sich während Kīrtana eine so intensive Kraft zu manifestieren, daß es schwierig wurde, diesen Körper zurückzuhalten, selbst wenn erhebliche, physische Kraft angewandt wurde.

Die Leute hatten vor den Kīrtans schon Angst davor, was wohl nun wieder mit diesem Körper geschehen würde. Didi fragte einmal: „Mā, bist Du die gleiche Person, die ich in Dakka sah?" In dieser Weise vergingen nicht nur einige Tage, sondern Jahr für Jahr. Die Leute können so etwas kaum glauben. In jenen Tagen trug dieser Körper einen Sārī, der den ganzen Leib bedeckte; die Frauen aus armen Familien trugen keine Blusen. Und sogar, wenn dieser Körper beim Kīrtana auf dem Boden rollte, löste sich der Sārī nie. Der HERR, durch dessen Lobgesang sich dieser Zustand einstellte, schützte diesen Körper durch SEINEN NAMEN."

Chakrapānijī Mahārāj: „1944 am Triveni Sangam in Prayag sah ich dieses Bhāva bei Mā, als Ihr Körper beim Kīrtan hin und herrollte."

Mā: „Das war das erste Mal nach längerer Zeit - viele Jahre nach Dakka - daß dieser Körper bei einem so großen Kīrtan anwesend war. Folglich wallte ein Bhāva auf. Es ist nicht so, daß dies nicht mehr passieren kann. Wenn das Kheyāla kommt, kann es sogar jetzt geschehen. Bhāijī fragte mich einst: „Warum treten die Bhāvas, die Dich früher überkamen, nicht mehr auf? Was ist passiert? All das muß während der Zeit Deines Sādhanās begonnen haben. Wenn dieses Stadium einmal vorüber ist, geschieht so etwas vielleicht nicht mehr? Wird man diese Bhāvas nie wieder sehen?"

Dieser Körper sagte zu Bhāijī: „Warum nicht?"

Bhāijī antwortete: „Das Spiel des Sādhana entwickelte sich stufenweise. Jetzt ist das nicht mehr zu bemerken. Kann es fortgesetzt werden? Durch anhaltendes Sādhana wird Siddhi (Vollendung) erlangt. Wenn das Ziel erreicht ist, indem man einen bestimmten Weg praktiziert hat, ist das Spiel des Sādhana zuende."

Frage: „Mā, warum können sich diese Zustände nicht mehr ereignen?"

Mā: „Dieser Körper spricht durcheinander, weil er verrückt ist, nicht wahr? Dieser Körper erklärt, daß ein Mensch durch ständige Anbetung einen Zustand erreichen kann, in dem keine ‚Triputi' mehr existiert, d.h. die Dreiheit von Anbetendem, dem Ziel seiner Anbetung und der Anbetung selbst hört auf zu existieren. Darüberhinaus existieren keine weiteren Stufen. Als dieser Körper das Kheyāla hatte, Sādhana zu üben, folgten verschiedene Sādhanās, eins nach dem anderen. Selbst jetzt kann sich so etwas durch eine Fügung günstiger Umstände wieder ereignen. Alles ist immer gegenwärtig. So wie ihr als kleine Kinder das ABC lernen mußtet und später zur Magisterprüfung erschienen seid und trotzdem diese Fähigkeit (für das ABC) behalten habt - selbst wenn ihr die Magisterprüfung besteht, könnt ihr noch das ABC schreiben, nicht wahr? DORT existiert so etwas wie höhere und niedrigere Ebenen nicht länger. Einige Leute sagen: ‚Früher pflegte Mā in ekstatischen Zuständen von Bhāva zu sein, heute ist das nicht mehr der Fall, so ist Mā vielleicht auf eine niedrigere Ebene gesunken?' Einige haben diese Meinung. Was auch immer jemand sagen mag, ist richtig. Doch so etwas wie ‚höhere' und ‚niedrigere' Ebenen existiert hier nicht."

Als sich dieser Körper in seiner Jugend vor jedem Geschöpf verneigte (Pranām machte) - sei es vor einem Insekt, einer Spinne, einem Hund oder einer Katze - tat er dies in vollem Gewahrsein der göttlichen Gegenwart in allem.

1927 stellte ein Professor Mā die Frage, ob Sie während Ihrer Samādhis die Gegenwart eines Gottes oder einer Göttin wahrnehme. Mā versuchte eine Weile auszuweichen, indem Sie sagte, Götter und Göttinnen könnten gesehen werden, wenn man es wünsche. Doch der Professor fragte beharrlich weiter: „Siehst Du sie?" Schließlich sagte Sie: „Sie wurden früher gesehen" - damit andeutend, daß alle Formen ins Formlose eingegangen waren.

Bhāijī fragte Mā einst, ob Sie während Ihrer Samādhis göttliche Erscheinungen sähe. Mā antwortete: „Es ist nicht notwendig, da ich kein vorgefaßtes Ziel habe - dieser Körper handelt nicht aus irgendeiner Absicht. Euer starker Wunsch, diesen Körper in Zuständen von Samādhi zu sehen, ist der Grund, warum sich diese Symptome manchmal zeigen."

In Ramna sagte ein Mann einmal zu Mā: „Du lagst in Samādhi und warst offensichtlich mit Gott vereint. Nun mußt Du Dich auf unsere Ebene herablassen und zu unserem Nutzen mit uns sprechen."

„Seid ihr denn getrennt von Gott?" lächelte Mā. „Für mich gibt es kein Aufsteigen oder Herabkommen. Mein Zustand ist immer gleich. Nur das Verhalten des Körpers scheint sich zu ändern."

Dr. Mahendra Sarkar, ein bekannter Philosoph und Aurobindo-Schüler, fragte Mā einmal: „Wenn jemand das Höchste Göttliche erkannt hat (Virāt Darshan), überlebt dann sein menschlicher Körper?"

Mā sagte: „Der Körper eines gewöhnlichen Sterblichen überlebt nicht. Aber hier (bei Mā) ist es anders. Hier findet das Spiel von Virāt (des Höchsten Göttlichen) und normales Verhalten (wie Gehen, Sprechen und Arbeiten) gleichzeitig statt."

Das alldurchdringende, zweitlose Wesen Mā's – ewig eins mit dem Göttlichen

MĀ bedeutet ĀTMĀ. Der ganze Weltenraum ist MĀ-MAYĪ (durchdrungen von Mā's Gegenwart).

Mā sagte einmal zu Didi in einfachem Bengali: „Ich habe noch nicht einmal Raum, mich umzudrehen..."

Ich bin bei jedem, ob er zwanzig, fünfzig oder hundert Jahre alt ist. Noch bevor irgendeine Schöpfung, Erhaltung oder Zerstörung der Welt in Erscheinung tritt, existiere ich.

Mein Wille würde unwiderstehlich sein, wenn ich ihn zum Ausdruck brächte.

Beim Samyam Vrata* 1981 fragte ein Mahātmā Mā, seit wann Sie die Inspiration fühle, die ewige vedische Religion (Sanātana Vaidik Dharma) zu verbreiten.
Mā erwiderte ihm schlagfertig: „Verbreitung (Prachār) setzt zwei voraus. An wen soll ich etwas verbreiten? Wo ist der Zweite?"

Ich nehme alles als **eins** wahr, ich kann von nichts als etwas getrenntem sprechen.

Mā: „Dieser Körper spricht nie zu ‚jemand anderem', deshalb redet er so durcheinander..."

* die „Woche der Selbstdisziplin", welche einmal jährlich in Form von Fasten, gemeinsamen Meditationen, Rezitationen und Kīrtan sowie religiösen Vorträgen gemeinsam von Mā's Devotees praktiziert wird.

Frage: „Betrachtest Du nie jemand als ‚anderen'?"
Mā: „Nein – niemals."

Frage: „Mā, an wen denkst Du, wenn Du Deine Augen schließt?"
Mā: „Was ich mit offenen Augen tue – genau dasselbe tue ich mit geschlossenen Augen."
Frage: „Über wen kontemplierst Du?"
Mā: „Während der Meditation tue ich genau dasselbe, was ich jetzt tue. Über jemanden zu kontemplieren – von so etwas kann nicht die Rede sein. Das Selbst ruht in Sich Selbst. Wo ist <u>da</u> ein Zweiter?"

Was diesen Körper anbelangt, so geschieht nichts unbewußt oder aus Versehen – sei es hier oder weit weg. Ob es äußerlich wahrgenommen wird oder nicht – was auch immer geschehen soll, geschieht.

Ob es das profanste oder außergewöhnlichste Ereignis betrifft – wie ihr es auch nennen mögt – was bis heute für diesen Körper galt und bisher immer so gewesen ist, ist einfach: Was immer geschehen soll, ereignet sich spontan.

Wenn jemand diesen Körper fragte: Wieviele Mütter und Väter hast Du? pflegte er zu antworten: Den Einen Einzigen Vater sowie unendlich viele Väter, die Eine Einzige Mutter sowie unendlich viele Mütter. – Dann wiederum: Wer ist jemandes Vater oder Mutter? DA geht es nicht mehr um Vater oder Mutter – Allmächtiger Herr, alle sind DEINE Erscheinungsformen!

Einmal wurde Mā gefragt, wer Ihr Guru sei oder von wem Sie initiiert worden sei. Sie sagte: „Früher lehrten mich meine Eltern und nachdem ich verheiratet wurde, mein Mann; und jetzt sind – in jeder Situation des Lebens – alle Menschen und Dinge der Welt mein Guru. Doch wisse, daß das Eine Höchste Wesen in Wirklichkeit der einzige Guru aller ist."

Dr. Sarkar fragte Mā einmal, ob Sie Philosophie studiert habe. Mā wollte wissen, warum er so eine Frage stelle. Der Professor sagte: „Die Antworten, die Du auf unsere Fragen gibst, entsprechen ausnahmslos dem, was unsere Philosophiebücher sagen. Wie ist so etwas möglich?"

Mā erwiderte: „Es gibt ein großes Buch des Lebens. Wer sich darin vertieft, dem können alle Wahrheiten eurer Wissenschaft, Philosophie und ähnlicher Fachgebiete nicht länger ein Geheimnis bleiben."

Swāmī Akhandānanda sagte einmal zu Mā: „Ich glaube, Du kannst in jeder Sprache sprechen, Mā!"

Mā antwortete darauf: „Es ist unwesentlich, ob ich es kann oder nicht. Doch es gibt eine Ebene, auf der man nach Belieben in jeder Sprache sprechen kann. Sieh - Sanskrithymnen und Gebete manifestieren sich spontan durch diesen Körper; ebenso ist es, wenn plötzlich etwas auf Hindi oder Englisch heraussprudelt."

Ein Pandit schnitt verschiedene Themen an, um Mā zum Sprechen oder Lachen zu bringen. Zwischendurch erklärte er zwei oder dreimal: „Nun, Mātājī ist in Samādhi versunken." Mā sagte darauf sehr sanft und langsam: „Für diesen Körper gilt so etwas wie in Samādhi ‚gehen' nicht. Kommen und Gehen* existieren hier nicht, Vater. Weder die Haltung von Samādhi, noch die Gemütsverfassung wird angestrebt, noch ist es ein Zustand, der erlangt wurde. Was diesen Körper betrifft, so sind Umhergehen, Sitzen, Sprechen usw. genau dasselbe, was auch Samādhi ist...Seht, so wie ihr diesen Körper lachen, sprechen und umhergehen seht, so mögt ihr ihn auch, von eurer Sicht aus, in der Haltung von Samādhi sehen. In Übereinstimmung mit dem Atemrhythmus nimmt er verschiedene Haltungen oder geistige Zustände an. Doch kann hier von Veränderung oder Unveränderlichkeit, Konzentration oder Abwesenheit von Aktivität in keinster Weise die Rede sein."

* Irgendeine Bewegung oder qualitative Veränderung, d.h. eine Phase, die durch eine ‚andere', ‚höhere' oder ‚tiefere' abgelöst wird, existiert in Mā's ununterbrochenem Seinszustand nicht, ungeachtet der Veränderungen, die der Betrachter von außen wahrnimmt.

Ein junger Gärtner hatte durch Yogaübungen in einem früheren Leben die Fähigkeit erworben, sich willentlich von einem Loka* zum anderen zu begeben. Eines Tages nahm Dr. Gopīnāth Kavirāj den jungen Mann mit zu Mā. Einige Devotees saßen bei Mā, und einer von ihnen sagte zu dem jungen Mann: „Wir haben gehört, du kannst zu anderen Welten reisen. Tue es doch bitte einmal in Mā's Gegenwart!" Der junge Mann sagte: „Mā, ich gehe jetzt nach Brahma Loka**, komm bitte mit mir!" Mā erwiderte lächelnd: „Bābā, wenn du nach Brahma Loka gehst, wirst du sehen, daß Mā dort ebenfalls ist. Für diesen Körper ist es nicht notwendig, von einem Ort zum anderen zu reisen." Als der junge Mann durch seine Yogakraft Brahma Loka erreichte, war er über alle Maßen erstaunt, Mā dort zu finden...

1959 fragte Pandit Sundarlal Mā: „Als Bhāijī damals in Benares fast im Ganges ertrank, während Du an einem ganz anderen Ort weit weg warst, und Du erschienst plötzlich, um ihn zu retten – begabst Du Dich in Deinem physischen Körper dahin? Denn es war seltsam, daß genau in jenem Augenblick jeder merkte, daß Deine Kleider vor Nässe trieften." Mā erwiderte: „Vater, alles ist möglich. Alle Körper sind im Grunde meine Körper. Hier ist Benares, der Ganges – alles. Daher mag sogar von hier aus alles geschehen. Alles kann mit diesem Körper möglich sein. Daß seine Kleider in eben jenem Augenblick durchnäßt waren, beweist diese Tatsache klar und eindeutig."

Im Januar 1953 befand sich Mā in Dwarka. Der Zug, mit dem Sie nach Rajkot weiterfahren sollte, hatte anderthalb Stunden Verspätung. Als man es Mā mitteilte, bat Sie P.N. Deogun, Sie und Didi zum Tempel zu fahren. Dann stand Sie vor der Bildgestalt Shrī Krishnas und murmelte leise etwas. Didi fragte Mā, was Sie gesagt habe. Mā sagte: „Tum hi main hun, tum ja rahe ho." Sonst pflegte Mā mit Didi in Bengali zu sprechen, doch dises Mal sprach Sie in Hindi*** Worte, die von Shrī Krishna Selbst kamen: „Du und ich sind eins. Es existiert keine Trennung."

* Loka: Welt, Planet, Schöpfungsebene
** das himmlische Reich des Gottes Brahmā
*** Hindi wird in Uttar Pradesh gesprochen, wozu auch Vrindāvan, Mathura usw. gehören, d.h. die Orte, in denen Shrī Krishna aufwuchs.

In Navadvip lebte eine fromme Frau namens Seva Dāsī. Sie hatte ihr Leben Govindajī (Krishna) geweiht, dessen Bildgestalt in dem Tempel stand, in dem sie lebte. Sie sagte: „Thākurjī (Shrī Krishna) teilte mir einmal mit, daß Er meine Tür nach außen verschlossen und all meine Bürden auf sich genommen habe. Auch ich übergab Ihm all meine Sorgen. Jegliches Essen und Trinken hörte innerhalb eines Tages auf. Auch verlasse ich den Āshram nicht ohne Anweisung Krishnajīs." Sie hatte bereits über 22 Jahre keine Ausscheidungen gehabt, und es kam vor, daß sie manchmal zwei bis drei Tage entrückt dalag. Sie vermied sorgfältig jeglichen Kontakt mit der Außenwelt und hatte keinen Wunsch nach Mā's Darshan, bis sie eines Tages das Gefühl hatte, eine Botschaft von Govindajī empfangen zu haben: „Der Körper, in dem Ich lebe, hält sich zur Zeit in Navadvip auf. Geh und bring Ihn voll Ehrerbietung hierher."

Daraufhin nahm Seva Dāsī die nächste Gelegenheit wahr, Mā aufzusuchen und lud Sie ein, Govindajīs Tempel zu besuchen. Sie sagte demütig: „Du bist Shrī Krishna in Person. Bis jetzt habe ich Deinen Darshan nur auf der feinstofflichen Ebene erhalten. Heute ist Shrī Govinda in Fleisch und Blut zu mir gekommen. Jetzt, wo Du in Ānandamayī Mā verkörpert bist, wird es Zeit, daß Du physisch in Deinem Tempel wohnen solltest, ich werde Dir nicht erlauben, von dort wegzugehen." Mā lachte wie ein Kind und sagte: „Nun, es ist mir neu, daß Govindajī in diesem Körper wohnt, könntest du mir sagen, seit wann?" Seva Dāsī erwiderte: „Von Geburt an."

Mā nahm die Einladung an und besuchte mit Ihren Begleitern Govindajīs Tempel. Als dort ein ekstatischer Kīrtan begonnen wurde, fing Seva Dāsī an zu zittern, sie näherte sich Mā und umklammerte Sie fest mit beiden Armen. Sie war entschlossen, Mā als Gottheit ihres Tempels zu installieren. Schließlich mußte Mā selbst Seva Dāsī bitten, Sie loszulassen. Als Mā anfing, rhythmisch zum Kīrtan zu tanzen und ebenfalls alle Anwesenden zum Tanzen mit erhobenen Armen aufforderte, verlor Seva Dāsī die Beherrschung über Ihren Körper und sank ohnmächtig zu Boden. In diesem Zustand blieb sie bis zum Ende des Kīrtans. Als Mā sich schließlich von ihr verabschiedete, wollte sie Sie nicht gehen lassen, doch Mā gab ihr zu verstehen: „Ich werde nicht von dir gehen, laß nur diesen Körper gehen, du weißt Bescheid", woraufhin Seva Dāsī Mā losließ.

Der Narmada-Fluß in Gujerat ist dafür bekannt, daß fast jeder seiner Steine die Form eines Lingams hat, und so pflegt man Shiva-Lingas häufig von dort zu holen. Als Mā sich im Dezember 1964 in Vrindāvan befand, wurden drei Lingas für den Tempel in Rajgir aus dem Narmada-Fluß geholt. Aus irgendeinem Grund erkannten die Pandits in Vrindāvan jene Lingas jedoch nicht als authentisch an. Auf Mā's Frage, was nun mit ihnen geschehen solle, sagten die Pandits, sie sollten im Ganges versenkt werden. Da der Ganges nicht durch Vrindāvan fließt, schlug jemand vor, man könne sie ebensogut in der Yamuna versenken. An dem Tag, an dem die Lingas in den Fluß gesenkt wurden, war es Mā außergewöhnlich kalt. Sie fühlte sich so steif, daß Sie nicht aufstehen konnte und hatte das Gefühl, als ob Shiva ertränkt würde. Sie rief die Pandits zu sich und sagte zu ihnen, sie sollten die Lingas wieder aus dem Wasser holen lassen. Nachdem ihnen dies gelungen war, ließ Mā's Schüttelfrost nach. Danach wurden die Lingas nach Benares und von dort nach Rajgir gesandt. Mā bemerkte, daß eine natürliche Beziehung zwischen Shiva und dem Ganges bestehe. Durch das Versenken in der Yamuna jedoch hätten die drei Lingas die Liebe Krishnas nach Rajgir gebracht.

Für mich breitet sich ein einziger großer Garten über das ganze Universum aus. Alle Blumen und Tiere, alle Menschen und höheren Astralwesen spielen auf verschiedene Weise in diesem Garten und sind selbst einzigartig und schön. Ihr Dasein und ihre Vielfalt machen mir große Freude. Jeder von euch steigert durch sein besonderes Wesen die Herrlichkeit des Gartens. Und so gehe ich im selben Garten nur von einer Stelle zur anderen.

Frage: „Wenn Mā völligen Frieden erlangt hat, warum befindet Sie sich dann dauernd auf Reisen?"
Mā: „Wenn ich an einem Ort bliebe, könnte man die gleiche Frage stellen, nicht wahr? Vater, weißt du nicht, daß ich ein sehr rastloses kleines Mädchen bin? Ich kann nicht an einem Ort bleiben. Das ist eine Antwort. Von einem anderen Blickwinkel gesehen, kann ich auch sagen, daß nur du mich von Ort zu Ort reisen siehst. Ich bin in Wirklichkeit völlig unbeweglich."

Weil ihr Menschen nur in Begriffen von ‚Kommen' und ‚Gehen' denken könnt, nehmt ihr an, auch ich komme und gehe auf eine Weise, die diesem Denken von euch entspricht. In Wirklichkeit bin ich stets gleichbleibend. Ich reise nicht hierhin und dorthin. Wenn ihr in eurem Haus seid, bleibt ihr nur an einer bestimmten Stelle? Natürlich geht ihr in eurem Haus von einem Zimmer ins andere. Ebenso wandle auch ich nur in meinem eigenen Haus umher – diese ganze Welt ist mein Haus.

Dieser Körper ist nicht hier, um eure Fragen zu beantworten. In Wirklichkeit wohnt dieser Körper weder bei irgendjemandem, noch ißt er oder zieht etwas an, was von einem anderen gegeben wurde, er betritt nicht das Haus eines anderen, noch unterhält er sich mit anderen. Spricht man wiederum von einem anderen Standpunkt aus, so redet dieser Körper gleichsam mit seinen eigenen Müttern, Vätern und Freunden. Einen Vortrag oder eine Ansprache zu halten, kommt diesem Körper nicht in den Sinn. Ihr hört nur den Ton, den ihr selbst anschlagt.

Für diesen Körper gibt es kein Kommen oder Gehen. Dieser Körper kommt weder ‚irgendwoher', noch geht er ‚irgendwohin'. Er ißt keine Nahrung von ‚jemandem', noch trägt er Kleider, die ‚jemand' gegeben hat. Das ganze Universum ist das Zuhause dieses Körpers. Ihr alle seid meine Väter, Mütter und Freunde. Es gibt nur ein allumfassendes Selbst (Ātmā) – Einen ohne einen Zweiten. ‚Wohin' kann dieser Körper gehen? Er hat keinen Platz, sich zu bewegen, ja nicht einmal sich umzudrehen. Selbst wenn man ihn verdrängt, ist er immer noch da.

Als Mā einmal einen entfernter gelegenen Āshram besuchte, zu dem nur eine ziemlich schlechte Straße führte, fragte Swāmī Mādhav Tīrtha Sie, ob die Reise sehr anstrengend für Sie gewesen sei. Mā sagte: „Nicht im geringsten. Wenn der Finger eines Vaters verletzt ist, hört er nicht auf, ein Vater zu sein. In Gottes Vollkommenheit ist kein Teil schlecht."

Während eines Satsangs im Bhimpura Āshram saßen drei Sādhus neben Mā. Ein Mann mit einigen Girlanden traf ein. Mā sagte zu ihm: „Lege diesen Heiligen die Girlanden um, ich bin da." Nachdem die Sādhus die Girlanden empfangen hatten, sagte Sie: „Jetzt sieht man drei Mātājīs!"

Wenn Mā sich nach einem langen Tag des abends hinlegte, ging Sie in den glückseligen Zustand von Supti Jāgara – ein Zustand, in welchem der Körper sich entspannt in leichtem Schlaf befindet, doch der Geist völlig wach auf transzendentaler Ebene ist. Mā sagte manchmal, wenn Sie sich zudeckte: „Ich begebe mich nur zu meiner Arbeit, so wie ihr ins Büro geht. Ich bewege mich in anderen Sphären und unterhalte mich mit höheren Wesen."

Vater, hier ist alles völlig offen und ungeprägt"...
oder über Lachen und Weinen des Erleuchteten

Im Bereich des begrenzten Individuums und der veränderlichen Welt (Jiva-Jagat) bleiben die Samskāras (Eindrücke aus früheren Leben, die als die heutigen Veranlagungen weiterbestehen) gleichsam in Knoten (Granthi) gebunden, welche einem bestimmten inneren Gefühl (Bhāva) im Geist entsprechen, und sie benutzen zu gegebener Zeit auch den Körper als Vehikel zum Ausdruck. So wie der Körper beim Schwitzen einen Augenblick lang auch Kälte empfindet, so kann sich durch Weinen und Lachen wirkliches Weinen und Lachen für Gott ausdrücken, wenn sich der Knoten der inneren Gefühle (Bhāva Granthi) löst. Aufgrund mangelnder Bewußtheit (Jadata) arbeitet die Energie in diesen Knoten bei gewöhnlichen Menschen nur stoßweise. Deshalb kann ihr Lachen oder Weinen nicht lange andauern, und sie können sich nicht so einfach von ihren Anhaftungen befreien. Wenn der Geist jedoch während des Sādhanās vollkommen zielgerichtet wird, so genügt irgendein Anlaß zum Lachen oder Weinen, und der Sādhaka wird mit aller Macht in eben diesem Augenblick mit dem Absoluten konfrontiert, und die ‚Knoten' der Gefühle lösen sich nach einer gewissen Zeit. Bei denen, die eine hohe Bewußtseinsebene verwirklicht haben, sind alle Knoten gelöst. Sowohl Lachen als auch Weinen kann sich in ihrem Körper auf ungewöhnliche Weise, doch mit dem gleichen inneren Gefühl, ausdrücken.

Am Abend mußte ich herzhaft lachen, als ich das Geräusch aus dem Wasserhahn im Ashramhof hörte. Sicher habt ihr schon einmal bemerkt, daß beim Aufdrehen eines Wasserhahns die Luft manchmal mit einem Zischen entweicht. Gestern Abend kam so ein Geräusch aus dem Wasserhahn auf dem Hof. Als ich es hörte, krümmte ich mich vor Lachen. Das kommt, weil eine Schraube in diesem Kopf locker ist. Als Swāmijī am Abend vorlas, stellte er nur durch eine kleine versehentliche Handbewegung das Büchergestell auf den Kopf. Das rief nur noch mehr Lachkrämpfe hervor. Aber der Vorfall selbst war nicht zum Lachen. Das zeigt, daß Lachen diesen Körper ohne offensichtlichen Grund überkommt. Alles mögliche kann einen Lachanfall hervorrufen. Jeder Versuch, ihn in so einem Moment unter Kontrolle zu bringen, hat nur die Wirkung, Öl auf Feuer zu gießen.

Im Dakka Āshram war einmal eine Kīrtangruppe zu Besuch. Der Vorsänger sang sehr inspiriert. Sein Gesicht war von Tränen überströmt. Die Zuhörer waren sichtlich bewegt. Obwohl der Sänger tiefe Gefühle besaß, war seine Bildung nicht besser als diejenige dieses Körpers. Beim Singen sprach er einmal ein Wort falsch aus. Obwohl es nur ein kleiner Fehler war und weder die Gefühle des Sängers noch die der Zuhörer beeinträchtigte, brachte er mich zum Lachen. Khukuni (Didi) bemühte sich sehr, mich zu beruhigen. Sie flüsterte mir zu, daß es die Gefühle der anderen verletzen würde. Aber es war ganz vergeblich. Sie fühlten sich dann genötigt, mich in einen anderen Raum zu bringen. Selbst da rollte ich mich vor Lachen hin und her. Das mag euch eine Vorstellung vom Wesen meines Lachens geben. Dieser Körper lacht nicht nur über etwas Komisches. Er schüttelt sich auch vor Lachen, wenn kaum oder gar kein Anlaß dazu vorhanden ist. Oft ist dieser Körper angesichts eines Kummers irgendwelcher Leute in Lachen ausgebrochen. Wer mit den Verrücktheiten dieses Körpers nicht vertraut ist, mag sich dann beleidigt fühlen und denken, daß ich ihn auslache, was jedoch ganz und gar nicht der Wahrheit entspricht. Manchmal ist der Vorfall, der diesen Körper zum Lachen gebracht hat, überhaupt nicht der wirkliche Grund. Irgendwelche Ereignisse der Vergangenheit oder Zukunft tauchen vor mir auf und bringen mich zum Lachen.

Mā fragte Bhāijī einst: „Wo liegt das Zentrum deines Lachens und Weinens?" Bhāijī erwiderte: „Obwohl alle Anregungen vom Gehirn ausgehen, ist der wirkliche Mittelpunkt bei einem vitalen Zentrum nah dem Herzen."

Mā sagte: „Wenn ein wirkliches Gefühl hinter eurem Lachen oder Weinen ist, will es sich durch jede Faser eures Körpers ausdrücken." Bhāijī verstand Sie nicht ganz und schwieg. Einige Tage später kam er frühmorgens zum Āshram und machte einen Spaziergang mit Mā. Er fragte Sie: „Mā, wie geht es Dir heute?" Sie antwortete so nachdrücklich: „Es geht mir sehr, sehr gut", daß er von Kopf bis Fuß erbebte. Sein ganzes Wesen geriet durch die Schwingung Ihrer Worte in Bewegung, sodaß er plötzlich stehenbleiben mußte, weil ihn dieses Gefühl fast überwältigte. Mā bemerkte seine Verwirrung und sagte: „Erkennst du jetzt, wo das Zentrum deines Lachens und Weinens liegt? Wenn irgendein Gedanke oder Gefühl nur von einem Teil unseres Körpers ausgedrückt wird, manifestiert es sich nicht wirklich in vollem Umfang."

„Auch die Krankheitsformen lieben diesen Körper"

Wenn ihr ein reines und hingegebenes Leben führt, werde ich gesund bleiben. Eure Reinheit ist meine Nahrung. Materielle Nahrung spielt eine ganz unbedeutende Rolle.

Gerade fiel mir Folgendes ein: Wenn sich dieser Körper in euren Augen unwohl befindet, seht ihr ihn öfter als sonst Verhaltensweisen annehmen, die eurer Welt vertraut sind. Ist dieser Körper jedoch, wie ihr es nennt, gesund, dann sagt ihr, es hat sich wieder zur anderen Seite der Dinge gekehrt. Diese Bemerkungen erklären sich aus der Tatsache, daß ihr zwischen verschiedenen Zuständen des Geistes unterscheidet. Diesem Körper jedoch ist alles, was geschieht, gleichermaßen willkommen. Er bevorzugt nicht diesen oder jenen Zustand. ‚Nicht' zu sagen, drückt es auch nicht richtig aus. Das Wort ‚du' wird benutzt, weil ihr zwischen ‚mein' und ‚dein' unterscheidet. Die Vorstellung von ‚mein' und ‚dein' ist in der Tat eure Krankheit. In der Beziehung zwischen dem Herrn und Seinem ewigen Diener jedoch existiert so etwas wie ‚mein' und ‚dein' nicht.

Im März 1938 lebte Mā bei einem alten Shiva-Tempel in Raipur bei Dehradun und hatte eine Zeitlang hohes Fieber. Seltsamerweise kam das Fieber nur abends und verschwand am nächsten Morgen wieder. Eines Morgens sagte Sie zu Naren Chowdhury: „Gestern abend, als wir uns unterhielten, saß die feinstoffliche Gestalt der Krankheit in der Ecke des Zimmers und weinte. Sie wollte in diesen Körper eintreten. Ich befahl ihr, zu warten und erst in diesen Körper einzugehen, wenn ich mit unserer Unterhaltung fertig sei." Als Naren Mā bat, ihm doch die Gestalt der Krankheit zu zeigen, damit er sie fortjagen könne, meinte Mā: „Warum solltest du sie verjagen? Ihr alle liebt diesen Körper und spielt gerne mit ihm. Auch die Krankheitsformen lieben diesen Körper und spielen gern mit ihm. Warum sollte man sie vertreiben?"

Einst wurde Dr. Debendra Nath Mukherjee, ein bedeutender Arzt aus Kalkutta, zu Mā gerufen, um Sie zu untersuchen. Er stellte fest, daß Ihr Puls rasend schnell ging. Einige Minuten später bat Mā ihn, Ihren Puls erneut zu fühlen und meinte nur: „Nun wirst du ihn normal finden." Tatsächlich hatte sich der Pulsschlag völlig normalisiert. Etwas später sagte Sie: „Fühl den Puls noch einmal, nun wirst du einen Zustand feststellen, der eurer Meinung nach alarmierend ist." Dr. Mukherjee war ziemlich verwirrt über das schnelle Auftreten und Abklingen verschiedener Symptome und von einer Patientin, die derartig die Funktionen Ihres Körpers beherrsche. Er erkannte, daß es sich hier nicht um eine Krankheit handelte, sondern um Mā's Līlā (Spiel). Mā erklärte: „Es ist einfach so, daß für diesen Körper nicht die gewöhnlichen Regeln von Gesundheit oder Krankheit gelten. Gelegentlich verlangsamen sich seine Aktivitäten, weil einfach kein Kheyāla da ist. Zu solchen Zeiten stellen Essen und Trinken nur ein Hindernis dar. Deshalb bemerkt ihr manchmal ‚Symptome' von ‚Leber- oder ‚Magenbeschwerden'. Der Grund, warum diese ‚Symptome' plötzlich wieder verschwinden, liegt darin, daß der Körper, wenn es ihm beliebt, wieder zu seinem normalen Rhythmus zurückkehrt. Dieser Körper leidet nicht an ‚Krankheiten', die durch normale Methoden ‚diagnostiziert' oder ‚geheilt' werden können."

Im August 1957 schien es Mā körperlich sehr schlecht zu gehen. Als Shrī Hari Bābājī Mahārāj Sie bat, Sie möge sich entschließen, wieder gesund zu werden, bemerkte Sie: „Für diesen Körper existiert keinerlei Einschränkung irgendwelcher Art. ‚Tue dies nicht' und ‚du wirst dies tun müssen' sind nicht für diesen Körper bestimmt. Ihr alle wißt auch, daß so etwas nicht seine Art ist. Was immer geschieht, ist wie es sein soll. Einen Entschluß zu fassen liegt nicht in der Natur dieses Körpers... Für diesen Körper verursacht nichts Unannehmlichkeiten oder Beschwerden. Dieses (Kranksein) ist auch ein schönes Spiel. Dieser Körper beobachtet bis ins kleinste Detail, was in allen Nervenfasern und Adern vor sich geht. Der Körper, das Gewahrsein und das Geschehen sind in der Tat alle eins. Zuerst setzte ein bestimmter Prozess (Kriyā) auf der linken Seite der Wirbelsäule ein. Etwas später war dasselbe auf der rechten Seite zu fühlen. Danach lief etwas sehr stark durch die ganze Wirbelsäule von unten nach oben. Das hatte zur Folge, daß dieser Körper manchmal sehr lebhaft umherschaute, sprach oder lachte. Aber auch das geschah aufgrund der gleichen Schwingung. Ein andermal wurde der Körper durch diese rhythmisch auftretenden Schwingungen zeitweilig vollkommen leblos. Was mit einem anderen Körper in so einem Zustand passieren würde, wißt ihr selbst. Für diesen Körper jedoch sind alle Zustände gleich. Manchmal legt er sich hin, und manchmal setzt er sich auf. Doch in einer solchen Verfassung kann im nächsten Moment wirklich alles geschehen. Für diesen Körper ist alles ohne Ausnahme nur ein Spiel. Ein oder zweimal wurde es so, daß - wäre das Kheyāla gekommen „Laß das Geschehen seinen Lauf nehmen" - wirklich alles hätte eintreten können. Doch das Kheyāla kam: „Nein, für diesen Körper gilt das, was sich von selbst ergibt." Zwischen diesen beiden Haltungen blieb dieser Körper sozusagen. Je nachdem, was das Kheyāla gerade ist, so kann das Geschehen verlaufen."

Im März 1939 war Mā in Hardwar an der Leber erkrankt. Dr. Pitamber Pant überredete Sie, in sein Haus zu ziehen, um Sie dort behandeln zu können. Als Hari Rām Joshi bei Ihr eintraf, teilte Dr. Pant ihm mit, Mā habe Leberkrebs. Joshi riet ihm, sofort seinen Schwager, einen namhaften Chirurgen in Delhi zu verständigen, doch Dr. Pant sagte, Mā's Krebs sei nicht mehr operierbar. Seiner Meinung nach würde Sie nicht mehr lange leben.

Der Leberkrebs hatte sich innerhalb von zwei Wochen gebildet, nachdem Mā in Hardwar angekommen war. Als Hari Rām Joshi zu Ihr kam, lag Sie flach auf dem Boden. Sie konnte nur unter größten Schwierigkeiten atmen, und Ihr ganzer Körper war vor Schmerz bläulich angelaufen. Laut Dr. Pant hatte Sie seit Ihrer Ankunft in seinem Haus nicht geschlafen, daher wollte er Ihr eine Morphiumspritze geben, damit Sie schlafen könne und dadurch die dringend erforderliche Ruhe erhalten würde. Mā fragte Dr. Pant daraufhin, was im Schlaf geschehe. Dr. Pant sagte, der Geist sei im Schlaf nicht mehr aktiv, und dadurch erhalte der Körper völlige Ruhe. Mā entgegnete ihm dann, so einen Schlaf habe Sie nie. Selbst wenn man meine, Sie würde schlafen, sei Sie sich dennoch allen Geschehens um sich herum bewußt. Dr. Pant konnte diesen Zustand nicht begreifen, und Mā bestätigte, daß die Medizin dieses Phänomen nicht erklären könne. Alle anwesenden Devotees einschließlich Dr. Pant wurden äußerst besorgt. Sie wußten, daß Mā sich keiner ärztlichen Behandlung unterziehen würde, und so betete jeder innerlich auf seine Weise zu Ihr, sich selbst zu heilen. Mā erlaubte Dr.Pant nicht, Ihr eine Morphiumspritze zu geben. So zog er sich auf sein Zimmer im Obergeschoß des Hauses zurück und lud Hari Rām Joshi ein, dort ebenfalls zu übernachten. Im Zimmer sagte Joshi zu Dr.Pant, er solle Mā am besten keine Spritzen geben, da sich Ihr Befinden dadurch möglicherweise noch verschlechtern könne, so wie es ein Jahr zuvor geschehen war, als Dr.Pant Sie gegen Malaria behandelt hatte und Mā danach Herzbeschwerden bekam. Dr.Pant wurde sehr wütend und sagte zu Joshi, er möge Mā aus seinem Haus bringen lassen, wenn ihm als Arzt nicht zugestanden werde, Sie nach bestem Wissen zu behandeln. Joshi entgegnete, Dr.Pant habe Mā doch selbst überredet, in sein Haus zu kommen. Über ähnlichen Diskussionen verging die Nacht, und Joshi verabschiedete sich mit Mā's Erlaubnis am frühen Morgen, um den 4-Uhr-Zug nach Dehradun zu nehmen. Er versicherte Mā, er würde am gleichen Abend nach Hardwar zurückkehren. Er befürchtete jedoch, noch einmal in eine nächtliche Diskussion mit Dr.Pant verwickelt zu werden, und kam daher erst am folgenden Mittag zurück. Dr.Pant erwartete ihn am Haupteingang. Er berührte Joshis Füße zu dessen großer Verwunderung, umarmte ihn und teilte ihm mit, Mā's Leberkrebs sei auf wunderbare Weise völlig verschwunden. Dies sei ganz plötzlich um 22.30 Uhr in der vorhergehenden Nacht geschehen, gerade als er beschlossen hatte, Ihr schließlich doch eine Morphiumspritze zu geben. Mā hatte ihn gefragt, ob Joshi nicht mit dem letzten Zug aus Dehradun eingetroffen sei. Im gleichen Augenblick bemerkte er, daß sich Ihr Körper, während Sie noch auf dem Boden lag, wie ein Bogen krümmte - dann saß Sie plötzlich aufrecht in einem bestimmten Āsana. Ihr Haupt war von einem strahlend hellen Licht umgeben. Dr.Pant hatte das Gefühl, er stehe direkt vor der Göttin Durgā. Nur einige Minuten zuvor schien Sie dem Tode nahe, während es jetzt so aussah, als habe Sie keinerlei Krankheit mehr. Mā bat ihn daraufhin, er möge untersuchen, wo sich der Krebs an der Leber nun befinde. Bei der folgenden Untersuchung konnte Dr.Pant keine Spur von dem Krebs mehr feststellen, der zuvor Ihre ganze Leber befallen und sich beunruhigend schnell zum Herzen hin vergrößert hatte. Dr.Pant entschuldigte sich nun bei Hari Rām Joshi für seine heftigen Worte, und beide gingen danach zu Mā, voll Freude darüber, daß Sie ohne jegliche Behandlung wieder vollkommen geheilt war.

Dr.Pant erzählte Joshi dann ausführlich, was er um Mitternacht vom Dach seines Hauses aus gesehen hatte: Eine bestimmt

1,80 m große, schwarze, affenähnliche Gestalt war von Mā's Balkon aus in den Ganges gesprungen! Am nächsten Morgen hatte er Mā gefragt, ob dies die Gestalt Ihrer Krankheit gewesen sei. Mā antwortete nicht, Sie sagte nur, er möge seine eigenen Schlußfolgerungen ziehen. Einige Zeit zuvor hatte Sie allerdings Dr.Pant gesagt, daß alle Krankheitsformen ebenso wie andere Lebewesen feinstoffliche Körper besäßen und deshalb genauso wie andere Wesen Ihre Gesellschaft suchten. Danach fragte Dr.Pant Sie nicht weiter, doch meinte er zu Joshi, wenn er irgendeinem Mediziner von dieser plötzlichen Krebsheilung erzählte, würden ihn alle für vollkommen verrückt halten.

Ein Devotee sagte zu Mā, als Sie krank war: „Bitte werde sehr schnell wieder gesund. Dieses Spiel von Dir, die Rolle einer Kranken zu spielen, gefällt uns gar nicht."

Mā lächelte: „Die Krankheit einer Tochter ist der mangelnden Fürsorge ihrer Eltern zuzuschreiben. Nur wenn die Eltern es versäumen, auf ihre Kinder aufzupassen, werden die Kinder krank. Aufgrund eurer mangelnden Pflege leidet diese Tochter. Gelegentlich hört man sogar, daß eine Mutter durch unvorsichtiges Stillen den Tod ihres Babys verursacht hat – die Milch erstickte das Kind. Natürlich, alles ist vorherbestimmt. Das Baby starb, weil es sein Schicksal war, so zu sterben. Und doch mußte irgendjemand der direkte Anlaß dafür sein. Meine Krankheit ist etwas Ähnliches."

„Wenn ihr alle glücklich und Gott hingegeben seid, dann ist dieser Körper vollkommen gesund." – Wieviele gab es, die sich dieser großen Verantwortung bewußt waren?

„Dieser Körper kennt nur einen einzigen Āshram, der sich über das ganze Universum erstreckt"

Dieser Körper gründet keinerlei Āshrams. Wo keine Anspannung (shrama) existiert, kann man von einem Āshrama sprechen. Über dieses Universum hinaus und den ganzen Kosmos erfüllend gibt es nur einen einzigen Āshram, wo es Seen und Meere gibt, doch keinerlei Unterscheidungen wie ‚Heimat' und ‚Ausland' - ja, er enthält alles, was man ihm zuschreibt.

Dieser Körper wohnt in allen Āshrams. Ihr meint, er sei auf den Āshram begrenzt, den ihr aufgebaut habt, doch dieser Körper kennt nur einen einzigen Āshram, der sich über das ganze Universum erstreckt. Wie kann da Getrenntheit existieren?

Bhupati Mitra stellte Mā einige Fragen, die den Āshram in Dakka betrafen. Mā sagte: „Ich habe nichts zu diesem Thema zu sagen. Ihr solltet euch zusammensetzen und beschließen, was zu eurem Besten ist. Wenn der Āshram mir gehören würde, würde ich euch vielleicht bestimmte Regeln und Anweisungen geben. Aber es gibt nichts, was ich mein eigen nennen kann. Ich bestimmte noch nicht einmal das Grundstück, auf dem der Āshram gebaut werden sollte. Es ist richtig, daß ich vor dem Bau des Āshrams von Zeit zu Zeit an diesen Ort zu kommen pflegte. Daher dachte Jyotish (Bhāijī), es sei mein Wunsch, hier einen Āshram zu errichten. Tatsächlich brachten mich jene Personen hierher, die in der Vergangenheit an diesem Ort Sādhanā geübt hatten. Deshalb habe ich nichts zum Thema Āshrams zu sagen. Tut, was ihr für das Beste haltet. Jene, die die Inspiration zum Aufbau des Āshrams gaben, kümmern sich um ihn und werden es auch in Zukunft tun."

Anfangs oblag die Organisation der neuen Āshrams Didi Gurupriyā Devī, doch jeder wollte natürlich nur Mā selbst gehorchen, sodaß Didi sich einmal bei einer Unstimmigkeit dazu veranlaßt fühlte, Mā um Beilegung der Meinungsverschiedenheiten zu bitten. Mā sagte zu ihr: „Ich habe nur eins zu sagen: Ihr alle zusammen solltet in Übereinstimmung miteinander nach eurem spirituellen Heil streben. Könnt ihr, die ihr nach jener großen EINHEIT trachtet, nicht auch in eurer Suche danach einig sein?"

Ende 1937 wollten einige von Mā's Anhängern unter Ihrer Schirmherrschaft eine Schule einrichten, wo Knaben sowohl die modernen Unterrichtsfächer als auch eine traditionelle spirituelle Erziehung vermittelt werden sollte. Mā sagte dazu: „Wenn ihr ein solches Unternehmen beginnen möchtet, steht es euch frei, das zu tun. Ich habe nichts dazu zu sagen. Wie ihr wißt, habe ich kein Kheyāla für derlei Vorhaben. Auch Jyotish (Bhāijī) hatte einige Ideen zur Gründung eines Schulmodells, in welchem die Grundlagen der Tradition mit der Unterweisung in allen modernen Fächern kombiniert werden sollten. Was ich sage ist, daß jede gute Arbeit, die mit einer Haltung der Pflichterfüllung und des Dienens ausgeführt wird, ihrer Mühe wert ist. Ich sage dies, weil ihr alle so sehr wünscht, diese verdienstvolle und wohltätige Arbeit zu beginnen. Alle guten und selbstlosen Unternehmungen in der ganzen Welt sind Dienst am Einen Gott. Ihr alle seid in der Regel damit beschäftigt, für euch selbst zu arbeiten, so ist es nur wünschenswert, daß ihr auch beginnt, uneigennützig für andere tätig zu sein. Man sollte jedoch darauf bedacht sein, unermüdlich die Erkenntnis der Wahrheit anzustreben. Jeder Dienst an der Menschheit oder jedes gute Werk, das diesem Ziel dient, sollte getan werden. Ebenso sollte alles, was von der Erkenntnis der Wahrheit ablenkt, verworfen werden. Nur Unternehmungen, die zur Gottverwirklichung beitragen, sind ihrer Mühe wert. Jede Arbeit sollte mit dem Ziel getan werden, Gottesbewußtsein zu fördern und zu verbreiten." Daraufhin wurde in Almora der Grundstein für eine Knabenschule (Shrī Shrī Mā Ānandamayī Vidyapīth) gelegt, die sich allmählich erfolgreich zu einer größeren Einrichtung entwickelte.

„Du bist der Guru!"
Mā: „Ich bin nur ein kleines Mädchen"

Frage: „Wie sollen wir meditieren?"
Mā: „Genau gemäß den Anweisungen eures Gurus."
Der Fragende: „Du bist der Guru!"
Mā: „Ich bin nur ein kleines Mädchen – immer und ewig ein kleines Mädchen! Ihr habt das kleine Mädchen auf ein hohes Podest gesetzt!"

Frage: „Mā, warum gibst Du nicht Dīksha (Initiation)?"
Mā: „Nun, es stimmt, daß die Beziehung zwischen Meister und Schüler auch ein Band ist, aber so empfindet es dieser Körper nicht. Als Selbst (Ātman) besteht bereits ein Bindeglied zu jedem ohne Ausnahme – warum sollte ich ein neues Band knüpfen?"

Frage: „Mā, wir wissen noch nicht einmal, wie wir Dich etwas fragen sollen", bemerkte jemand einmal.
Mā erwiderte lächelnd: „An wen möchtet ihr eure Fragen richten? Lehrer und Schüler pflegen Fragen auszutauschen. Hier gibt es weder einen Lehrer noch einen Schüler – hier ist derjenige, der Fragen stellt, auch derjenige, der sie beantwortet."

Ich verlange von niemandem, daß er meinen Rat anhört oder ihn annimmt. Dieser Körper äußert nur das, was ihr aus ihm hervorruft. Einige Menschen jedoch erhalten von diesen Worten das, was sie suchen. Andere wiederum ziehen keinen Nutzen daraus, da sie nichts nötig haben. Es ist etwa so: Angenommen, ihr habt auf eurem Weg etwas fallengelassen. Jemand, der hinter euch geht, mag es zwar bemerken, doch er geht weiter, während ein anderer es sorgfältig aufhebt und später benutzt. So ist es auch mit meinen Worten.

Im Mai 1937 übernachteten Mā und Ihre Begleiter einige Nächte im Nāt Mandir des Birla Tempels, Kalkutta. Mā wies auch Naren einen Platz, wo er sich hinlegen sollte, doch er fühlte sich etwas in Verlegenheit gebracht: Nach den Regeln der heiligen Schriften darf man niemals seine Beine in Richtung einer heiligen Bildgestalt oder des Gurus strecken. Später erzählte er: „Ich legte mich mit meinem Kopf in Richtung von Mā und Bholanāth. So lagen meine Beine jedoch zu Lord Shiva, der Gottheit dieses Tempels, gestreckt, was in jedem Fall anstößig war. Es war halb dunkel, und Mā lag mit Ihrem Rücken mir zugewandt, sodaß ich das Gefühl hatte, daß Sie nicht sah, wie meine Beine zur Gottheit hin zeigten. Aber bald mußte ich einsehen, daß ich mich geirrt hatte. Auf einmal hörte ich Ihre Stimme vorwurfsvoll sagen (obwohl Sie sich nicht umgedreht hatte): „Strecke deine Beine nicht zu meinem Thākur (Gott)." Eine Weile lang erwiderte ich nichts. Doch als Mā dreimal dieselbe Anweisung wiederholte („Strecke deine Beine nicht zu meinem Thākur"), konnte ich nicht anders als entgegnen: „Mein Kopf liegt in Richtung zu meinem Thākur" (damit meinte ich Mā selber). Aber Mā ignorierte meine Antwort und wiederholte Ihre Anweisung wieder dreimal. Da sagte ich: „Wenn du meinen Thākur anerkennst (d.h. Mā selbst), werde ich Deinen Thākur anerkennen." Nach einer kurzen Pause sagte Mā: „Gut, ich erkenne Deinen Thākur an." Sofort sagte ich: „Ich erkenne auch Deinen Thākur an, ich werde meine Beine diagonal legen." Mā sagte: „Gut." Durch dieses unerwartete Līla festigte Mā meinen Glauben an Sie als meinen einzigen Ishta*.

Im September 1961 kam Raihana Tyabji zu Mā's Darshan. Sie hegte den inneren Wunsch, Maha Mrityunjaya Japa** für die Gesundheit Nehrus und Indiras zu veranlassen und meinte, diese Inspiration gleichsam von der verstorbenen Gattin Nehrus, Kamala, erhalten zu haben. Sie sagte zu Mā: „Wenn ich die Verantwortung dafür in Deine Hände lege, fühle ich

* wörtlich „der Geliebte, Verehrte oder Liebste", der Gegenstand des Höchsten Wunsches, die Gottheit, die unser Herz am meisten anzieht.

**die Wiederholung des folgenden großen Mantras, das selbst den Tod bezwingt: Tryambakam yajamahe sugandhim pushtivardhanam urvārukamiva bandhanān mrityor mukshīya māmritat. Das Mantra soll gute Gesundheit, Erhaltung eines von Krankheit freien Körpers, ein langes und unfallfreies Leben, Gotterfahrung, Erleuchtung und Unsterblichkeit bewirken.

mich erleichtert. Du bist Kamalas wirkliche Mutter, was immer Du befiehlst, wird getan."

Mā erwiderte: „Wenn irgendjemand den Wunsch hat, zu einem guten und glückverheißenden Zweck irgendeine spirituelle Übung durchzuführen, so unterstützt dieser Körper es immer. Von ‚Anweisung geben' kann hier nicht die Rede sein."

Frage: „Was ist Mā's Botschaft?"
Mā: „Meine Botschaft ist nicht für jeden gleich."

Ein Devotee sagte einmal: „Mā, Du sprichst von einer zu hohen Ebene aus."
Mā: „Stimm das Instrument tiefer und lausche ihm dann. Was du spielst, wirst du hören. Ja, du wirst dein eigenes Selbst sprechen hören."

Sehr oft offenbart sich dieser Körper sowohl in seinem Verhalten als auch in seinen Worten nicht klar. Das ist eine Tatsache. Es ist sicher notwendig und ergibt sich deshalb so.

Frage: „Mā, einige Leute halten Dich für absolut vollkommen, doch sie können es nicht verstehen, warum Du ihre Fragen nicht immer zu ihrer Zufriedenheit beantwortest. Warum ist das so?"
Mā (lachend): „Schau, du willst damit sagen, warum jemand, der vollkommen ist, nicht fähig sein sollte, jederzeit auch alle Fragen zu beantworten. Wenn jemand tatsächlich in jeder Hinsicht vollkommen ist, kann er alle Wahrheiten enthüllen, egal wie man dazu steht. Aber es ist auch möglich, daß er nicht die Gefühle irgendeines Anwesenden verletzen möchte. Ein andermal kann es sein, daß er sich mit seinen Worten auf die Bewußtseinsebene der anwesenden Personen einstellt. Es gibt ganz verschiedene Gesichtspunkte zu diesem Problem. Aber für diesen Körper gibt es keine Verwirrung: Was immer geschehen soll, geschieht. Dieser Körper hat kein bestimmtes Bhāva (festgelegte Einstellung). Manchmal werden bestimmte Wahrheiten durch diesen Körper verkündet, aber er kümmert

sich in keiner Weise darum, ob er die Leute damit zufriedenstellt oder nicht. Andere Male möchte dieser Körper nicht in irgendeiner Weise sprechen, wodurch die Gefühle anderer verletzt werden könnten. Was immer geschehen soll, geschieht durch diesen Körper. Was ist da verwirrend?"

Der Fragende: „Alles ist verwirrend." (Alle brechen in Gelächter aus.)

Mā: „Wenn jemand glaubt, daß ich manchmal nicht fähig bin, eine Antwort zu geben, warum sollte es mir etwas ausmachen? Was auch immer ihr über mich sagen mögt, ich habe gegen nichts etwas einzuwenden."

A.D.Gupta: „Nun Mā, was ist schlimm daran, wenn in der Vollkommenheit auch noch ein wenig Unwissenheit enthalten ist? Besteht Ganzheit nicht sowohl aus Wissen wie auch aus Unwissenheit?"

Mā: „Sicher, es kann noch ein klein wenig Unwissenheit innerhalb der Vollkommenheit existieren, aber wißt ihr, wie es sich damit verhält? Dieses bißchen Unwissenheit befindet sich völlig unter der Kontrolle des Vollkommenen, während ein gewöhnlicher Mensch der Unwissenheit als solcher unterworfen ist. Ein Vollendeter jedoch unterliegt nichts und niemandem."

Frage: „Durch was für ein Studium hast Du all diese Weisheit erworben?"

Mā: „Laß diesen Körper aus dem Spiel."

Abhaya: „Du bist so groß, daß niemand mit Dir vergleichbar ist."

Mā: „Ich bat euch nicht, diesen Körper aus dem Spiel zu lassen, weil er so groß ist. Ihr könnt zu diesem Körper sagen: „Scher dich zum Teufel!"(Alle brechen in lautes Gelächter aus). Nennt ihr nicht oft jemanden einen Dummkopf? Ihr könnt diesen Körper als Dummkopf ignorieren."

Abhaya sagte einmal in unzufriedener Laune und bewußt Mā's Lächeln mißdeutend: „Es wäre viel besser gewesen, wenn Du ein Geschöpf (Jīva) wie wir wärst. Dann würdest Du unsere Not verstehen können und Dich nicht über unsere Schwierigkeiten amüsieren. Shrī Rāmakrishnadeva und Shrī Caitanyadeva waren viel besser als Du, sie hatten Mitleid mit dem Elend der Menschen."

Mā fiel in Abhayas schmollende Art ein und sagte: „Du kannst nicht erwarten, daß jeder gleich ist. Es gibt zahllose Manifestationen des Unendlichen, es muß bessere und schlechtere geben."

Abhaya beharrte: „Wenn wir doch nichts von Dir bekommen können, warum solltest Du dann höher stehen als wir?"

Mā: „Wer sagt, daß ich höher bin? Bloß weil sie mich auf einem Bett sitzen lassen und euch auf dem Boden? Ich bin genau wie einer von euch."

Frage: „Mā, liegt größeres Glück in Samādhi oder im gesellschaftlichen Leben mit den Angehörigen in der äußeren Welt?"

Mā: „Deshalb, weil größere Glückseligkeit in Samādhi liegt, suchen die Menschen ja Heilige auf! Außerdem kann man sehen, daß die, die in der äußeren Welt leben, kein dauerhaftes Glück erleben, vielmehr erfahren sie wesentlich größere Unruhe. Und die Heiligen und Weisen, die einmal Samādhi verwirklicht haben, sind immer von tiefer Freude durchdrungen. Ihre Glückseligkeit ist so groß, daß die Menschen schon Freude spüren, wenn sie sie nur anschauen."

Frage: „Mā, warum bleibst Du dann nicht ständig in Samdhi?"

Mā fing schallend an zu lachen und sagte: „Weil ich eben deine Tochter bin."

Swāmi Akhandānandajī (Didis Vater), der in der Nähe saß, sagte: „Mā befindet sich in Wirklichkeit immer in Samādhi, ob Sie mit dir spricht oder reglos daliegt oder umhergeht - Mā ist immer im Zustand von Samādhi."

Mā sagte lächelnd: „Nun - was ist der Beweis dafür? Ich bin ein Mensch wie ihr alle auch." Der Mann, der die Frage gestellt hatte, sagte: „Nein, allein Dein Gesichtsausdruck beweist, daß das nicht stimmt." Mā meinte erneut lächelnd: „Wie kannst du das sagen? Auch ich habe ein Gesicht und Hände und Füße wie ihr alle." Doch der Mann war damit nicht einverstanden und schüttelte seinen Kopf.

Als Mā und Mahātmā Gandhi sich 1942 trafen, sagte Gandhi zu den anderen Anwesenden: „Kamala Nehru betrachtete Mā als ihren Guru." Mā unterbrach ihn sofort und sagte: „Vater, ich bin niemandes Guru. Wie könnte ich es sein, wo ich doch jedermanns kleines Mädchen bin!" Gandhi erwiderte mit großer Freude: „Ja, ja, Du bist mein kleines Mädchen. Aus Versehen nannte ich Dich am Anfang ‚Mutter'..."

Bei einem Satsang sagte Pandit Sundarlal einst: „Dr.Pannalal versteht alles. Er stellt nur Fragen, damit Du überhaupt etwas sagst."
Mā: „Ihr interessiert euch dafür, deshalb hört ihr gerne zu. Wenn das Kind spielt, sind die Eltern zufrieden. Wer ist in dem Kind? Das Selbst, das Glückseligkeit in sich selbst findet. Panditjī, bitte berichtige mich, wenn ich etwas Falsches sage. Ich bin kein Redner. Diese kleine Tochter wird von allen geliebt. Ich bin nur eine Puppe, die jedem gehört."
Pandit Sundarlal: „All diese Leute sind zu Deinem Samyam Saptah* gekommen und sitzen nun vor Dir. Du allein beherrscht und verzauberst sie alle."
Mā: „Ach, dieses kleine Mädchen weiß gar nichts. Ihr selbst seid für alles verantwortlich."
Pandit Sundarlal: „Wir sind nicht hier, um mit Dir zu streiten. Bitte sag diesen Leuten nun, wie sie leben sollen. Gib ihnen größere Kraft (Shakti). Wenn Du ihnen nur einen kleinen Teil Deiner Kraft gibst, werden sie ungemeinen Nutzen daraus ziehen."
Ein anderer Teilnehmer: „Gibt Mā uns nicht genügend Kraft?"
Pandit Sundarlal: „Nun, ich merke es nicht, ich spreche von Sādhanā."
Mā: „Panditjī spricht euch zuliebe so. Gott allein existiert. Um IHN zu erkennen, ist Samyam (Selbstbeherrschung) sicher eine Hilfe."
Pandit Sundarlal: „Wenn Du selbst nicht anwesend wärst, würde ich gern sehen, wer zu dieser ‚Woche der Selbstbeherrschung' käme..."(Alle lachen.)

P.N.Deogun war einmal während der Kumbha Mela** in Hardwar zu Mā gekommen. Mā stand am Ufer des Ganges und trug einen teuren Sārī. Deogun, der etwa 20 Meter von Ihr

* der alljährlichen Woche der Selbstdisziplin mit gemeinsamen Meditationen, Kīrtana, Vorträgen u.ä. S.266
**eines der größten religiösen Feste Indiens, das alle zwölf Jahre am Zusammenfluß von Ganges, Yamuna und Sarasvati gefeiert wird und bei dem sich Millionen von Pilgern und viele Yogīs und Heilige aus allen Teilen des Landes zusammenfinden.

entfernt war, ging der Gedanke durch den Kopf, daß selbst die meisten Reichen sich nicht so einen prachtvollen Sārī leisten könnten. Mā hatte seine Gedanken gelesen. Sobald er zu Ihr kam, war das erste, was Sie sagte: „Vater, es ist nicht mein Fehler. Diese Leute haben mir diesen Sārī angezogen." Deogun schämte sich über seine Gedanken.

1952 war Mā zum Āshram des großen Weisen Ramana Maharshi gekommen, um den Grundstein für den Bau zu legen, der über seinem Grabmal errichtet werden solte. Als Sie vor dem Samādhi-Schrein stand, sagte Sie spontan: „Hier ist die Sonne. Wir alle sind Sterne am Tageshimmel." Sehr sorgfältig und gemessen reichte Sie Stein für Stein zur Grundsteinlegung. Selbst als man Ihr am Eingang des Āshrams das traditionelle Purna Kumbha* darbrachte, bemerkte Sie liebevoll: „Wozu all dies? Tut ihr das alles, wenn eine Tochter zum Haus ihres Vaters kommt?"

---

* Zeremonie zum Empfang eines Heiligen, bei der eine Reisplatte, auf der sich ein geschmücktes, mit einer Kokosnuß bedecktes Wassergefäß befindet, dargebracht wird.

„Ich bin immer bei euch, durch diesen Körper geschieht spontan, was für euch alle notwendig ist"

Es gibt nur einen Ātmā*. Du bist der Ātmā, ich bin dieser Ātmā, jeder ist dieser Ātmā. So bin ich bei dir, wo immer du auch sein magst.

Merke dir: Wann immer du an diesen Körper denkst, wird er bei dir sein.

Ihr mögt mich brauchen oder nicht, doch ich kann keinen einzigen Augenblick lang auch nur ohne den Ärmsten oder Geringsten jener sein, die hilfesuchend zu mir kommen.

Durch diesen Körper geschieht spontan, was für euch alle notwendig ist.

Einmal begann Mā über Personen zu sprechen, bei deren Sterben Sie anwesend war. Naren Chowdhuri fragte Sie: „Mā, ich habe gehört, daß Du beim Tod von Kshitish anwesend warst. Würdest Du uns etwas darüber erzählen?"
Mā sagte: „Zu jener Zeit befand ich mich im Hause Sachi Babus in Entally, Kalkutta. Als ich bemerkte, daß Kshitish im Sterben lag, trat aus meinem Körper ein zweiter Körper hervor, der sich nach Ballygunge begab und sich dort an Kshitish's Bett stellte. Kshitish's verehrte Gottheit (Ishta) war Krishna als Kind. So manifestierte sich aus meinem Körper die Gestalt seines Ishta und gab ihm Darshan." Nach diesen Worten wurde Mā plötzlich zurückhaltend und meinte: „Dies habe ich bis jetzt niemandem erzählt. Ich hatte es nur seiner Frau angedeutet."- Es stellte sich heraus, daß Mā damals zu seiner Frau gesagt hatte: „Sei nicht traurig, dein Mann hat Sadgati (einen Zustand der Glückseligkeit) erreicht."

* Das wahre Selbst. Höchstes Sein, das die Natur von Selbst-Bewußtheit und Glückseligkeit besitzt und hinter allen Manifestationen der Schöpfung liegt.

Jemand sagte: „Mā, warum sagst Du nicht ‚ich werde bei euch sein'?"

Mā: „Wenn das nicht immer der Fall wäre, müßte es eigens erwähnt werden. Doch wo ist ER nicht? Dieses kleine Kind ist immer bei euch, selbst wenn ihr meint, da sei <u>nichts</u> – selbst dann!"

Dieser Körper ist immer im gleichen unveränderlichen Zustand – nur eure eigene geistige Haltung läßt euch bestimmte Phasen als gewöhnlich oder außergewöhnlich erscheinen. Das Universum ist ein göttliches Spiel. Ihr habt den Wunsch zu spielen, und daher deutet ihr all die spielerischen Aktivitäten dieses physischen Körpers – sein Lächeln, seine Ausgelassenheit und sein Verhalten – eurem eigenen Bewußtsein entsprechend. Hätte dieser Körper eine ernste, unbewegliche Haltung, so wärt ihr mir ferngeblieben. Lernt, in der Göttlichen Freude in all ihren Manifestationen aufzugehen, und ihr werdet das endgültige Ziel allen Spiels erreichen.

Viele Menschen sehnen sich auf verschiedene Weise nach meiner Gegenwart. Um ihretwillen muß dieser Körper von Ort zu Ort reisen. Natürlich ist es etwas anderes für Personen, die Japa und Dhyāna (Meditation) in der Stille ihrer eigenen Wohnung üben können, deren ruheloser Geist zu einem gewissen Grad beherrscht ist und die ruhig und gefestigt sind. Doch Menschen mit unstetem Bewußtsein erhalten zumindest eine Möglichkeit, geistigen Frieden zu erfahren, wenn dieser Körper physisch bei ihnen ist. Das erklärt ihren Eifer, persönlichen Kontakt mit diesem Körper zu haben.

Obwohl es von außen so aussah, als ob Mā ständig unterwegs war, wiederholte Sie oft: „Ich bin nur in einem Haus, in einem Garten umhergewandelt." Jemand beklagte sich: „Aber wir können Dich nicht mit unseren Augen sehen. Wenn Du wirklich bei uns gewesen wärst, hätten wir Dich sicher gesehen. Mit so einer Erklärung bin ich nicht zufrieden." Mā antwortete: „Wenn man an jemanden denkt, kann man ihm nahekommen. In Wirklichkeit gibt es keinen Unterschied zwischen dem Sehen der Augen und geistigem Sehen."

Fast überall, wo Mā sich aufhielt, sammelten sich sofort zahlreiche Menschen um Sie und nutzten jede Gelegenheit, zu Ihr zu kommen. Viele, die sich wieder von Ihr trennen mußten, gingen mit Tränen in den Augen fort. Als ein Devotee Mā einmal nach dem Geheimnis dieser Anziehungskraft fragte, lachte Sie und sagte: „Ich stehe euch allen so nah und bin euch so lieb wie niemand sonst, auch wenn ihr es vielleicht nicht wißt."

Frage: „Selbst wenn man sich Dir nur ein wenig nähert, hat es doch schon eine positive Wirkung, nicht wahr?"
Mā: „Selbst ihr nur ein wenig zu eurem Selbst kommt, ist es zu eurem Vorteil. Man sucht deshalb häufig Erleuchtete auf, um Befreiung aus dem Kreislauf von Geburt und Tod, von Entstehen und Vergehen zu erlangen. <u>Wirklich</u> zu kommen, bedeutet: nicht wieder fortzugehen."

Als Mā einmal außergewöhnlich lange – zweieinhalb Monate – in Ihrem Āshram in Almora geblieben war und der letzte Abend Ihres Aufenthaltes gekommen war, konnte ein Devotee seine Gefühle nicht mehr verbergen. „Matājī, Du verläßt uns nun, wir werden uns so einsam fühlen, unser Leben wird leer ohne Dich sein!" rief er aus.
Mā tröstete ihn: „Warum sagst du, ich verlasse euch? Warum willst du mich wegdrängen? Ich bin immer bei euch!"
Frage: „Lebst du dann in unseren Herzen?"
Mā: „In euren Herzen? Warum wollt ihr mich auf einen bestimmten Ort begrenzen? Als Blut von eurem Blut – bis ins Mark – durchdringe ich euch!"

Abhayada fragte einst Didi, die viele Jahre hindurch als engste Dienerin für Mā sorgte, ob es in all den Jahren einmal vorgekommen sei, daß Mā während eines langen Satsangs von Schlaf übermannt wurde. Didi erwiderte sehr überrascht, sie habe Mā niemals schläfrig gesehen, selbst wenn Sie schon mehr als zwei oder drei Tage und Nächte hintereinander wach gewesen sei. „Ich jedoch muß zugeben", sagte sie, „daß ich einnicke, sobald ich an einem Satsang teilnehme. Ich möchte, daß Mā sieht, wie ich am Satsang teilnehme, ohne dabei mit anderen Dingen beschäftigt zu sein, aber leider sieht Sie mich immer nur schlafen! Was soll ich tun? Solange ich gerade sitze und dem Vortrag zuhöre, fällt Ihr Blick einfach nicht auf mich, aber kaum bin ich eingenickt, zucke ich wieder auf und merke, daß Mā's Augen unverwandt auf mich gerichtet sind."

Die Anwesenden stimmten in Didis Lachen ein. Auch Mā lächelte und sagte: „Seht, im allgemeinen ist ihre zielgerichtete Aufmerksamkeit immer auf diesen Körper (Mā) gelenkt. Doch wenn Schlaf sie überkommt, reißt das Band, und mein Kheyāl wird sofort zu ihr hingezogen."

Du fragst dich, ob deine Gedankenschwingungen diesen Körper erreichen. Ja, ja, ja!

Habt Vertrauen zu diesem Körper. Glaube aus tiefstem Herzen wird eure Augen öffnen.

Frage: „Wir wissen, daß Mā auf der feinstofflichen Ebene immer bei uns ist, wo wir auch sein mögen. Ist es jedoch möglich, in besonderen Fällen wie bei einem Unfall oder plötzlicher Krankheit Mā's unmittelbare Gegenwart und Ihren Schutz herbeizurufen? Hat das Guru-Mantra die Kraft, das zu bewirken?"

Mā: „Ja. Das Mantra hat die nötige Kraft."

Eines Tages sagte Bhāijī zu Mā: „Sogar ein Stein hätte sich durch Deine heilige Berührung schon in Gold verwandelt, doch mein Leben ist trostlos gescheitert."

Sie erwiderte: „Was lange braucht, um sich zu entwickeln, reift nach ebenso langer Zeit zu dauerhafter Schönheit heran. Warum machst du dir deshalb solche Sorgen? Halte wie ein Kind vertrauensvoll an der Hand fest, die dich führt."

„Mā, wann darf ich Dich wieder einmal mit meinen Liedern erfreuen?" fragte der Musiker Dilip Kumar Roy. Mā antwortete liebevoll: „Bābā, wo auch immer du singen magst, werde ich als Kind auf deinem Schoß sitzen und Freude an deiner Musik haben."

Jār jeman bhāva tār temni lābha – unsere Einstellung bestimmt das Ergebnis. Mā sagt, daß Gott alle Arten von Bhāvas (Gefühle, Einstellungen, Annäherungen), die Ihm entgegengebracht werden, versteht und annimmt, und daß ER mit unparteiischer Gerechtigkeit jedem gibt, was er verdient. Sie sagt auch, daß es Gott manchmal gefällt, Ahetuki Kripā (grundlose Barmherzigkeit) zu erweisen, und fügt hinzu, daß immer, wenn ein Sucher aufrichtig versucht, einen Schritt zu Gott zu tun, Gott ihm zehn Schritte entgegenkommt. Worauf es wirklich ankommt, betont Mā, ist die aufrichtige Absicht des Suchers, sein Bhāva. Das Resultat (Lābha) wird dementsprechend ausfallen. Diese Tatsache gilt auch sehr für unsere Beziehung zu Mā – Sie offenbart sich uns gemäß unserem jeweiligen Bhāva.

Einmal weinte ein Devotee bitterlich vor Mā, doch Sie ging gleichgültig vorüber. Auf die Frage, warum Sie sich so merkwürdig verhalte, sagte Mā: „Was soll man machen? Ich kann nichts aus eigenem Entschluß heraus tun. Es mögen hundert Leute weinen, und doch mag kein Kheyāla da sein, es zur Kenntnis zu nehmen, wohingegen ein anderer vielleicht kein einziges Wort sagt, und ich setze mich zu ihm. Dieser Körper verhält sich so, wie es sich spontan ergibt, er kann nichts aus vorgefaßter Absicht tun."

Der Wunsch, zu diesem Körper zu kommen und bei ihm zu bleiben, ist sicherlich gut, doch muß man auch den Anweisungen dieses Körpers gehorchen oder nicht? Wenn man die Anweisungen dieses Körpers befolgt, wird man Fortschritte im eigenen Sādhanā machen. Wenn jemand fortgeschickt wird, sollte man verstehen, daß er einfach eine bestimmte Aufgabe zu erfüllen hat. Dann wiederum kann es vorkommen, daß dieser Körper jemanden auf längere Zeit zu sich ruft. Anweisungen müssen befolgt werden. Es ist nur zu eurem spirituellen Heil, wenn ihr ihnen Folge leistet...Es gibt einige hier, die meinen, sie könnten alles tun, was ihnen beliebt, weil dieser Körper ihre Mutter ist. Das ist nicht gut, es wird euren Fortschritt behindern.

Frage: „Mā, warum kommen so viele Menschen zu Dir?"
Mā (lachend): „Weißt du, warum? Alle Väter zusammen sind mein Vater - so erlebe ich es. Da ich alle als meine Väter ansehe, liebst auch du diesen Körper als deine Tochter, und deshalb kommst du hierher. Ich mache gar nichts - ich esse, trinke und wandele einfach so herum."

Frage: „Wer das Selbst verwirklicht, erlangt so viele übernatürliche Kräfte. Du kannst dem Regen gebieten, ja Du weißt bereits von vorneherein, was ich denke. Wozu soll man Dir dann überhaupt noch Fragen stellen?"
Mā: „Rede nicht über mich, ich bin nur deine Tochter. Doch Regen aufzuhalten oder die Gedanken anderer zu kennen, dazu braucht man keine Selbsterkenntnis. Und was deinen Wunsch betrifft, daß ich auf die Fragen eingehe, die du innerlich hast: Wenn jemand extravertiert ist, so findet mit ihm ein äußeres Gespräch statt. Doch wer die innere Sprache versteht, mit ihm wird der Dialog im Innern in Form von Fragen und Antworten geführt. Es ist nichts Besonderes daran - so wie ein Telefon: Ein Telefon ist hier angebracht, das andere dort, wo die Botschaft hingeht, und dann ist die Kommunikation da."

Eine ältere Frau sagte zu Mā: „Sobald ich hörte, daß Du kommst, sagte ich: ‚Warum kommt Sie schon wieder? Kommt Sie nur, damit wir uns verbrennen?' Wirklich Mā, wann immer Du kommst, entzündest Du nur die Flamme und gehst dann wieder!"
Mā (lachend): „Aber das Feuer brennt nicht hell genug, Mutter. Würde es gut brennen, so würde es alles zu Asche werden lassen, und es bliebe nichts übrig, was noch brennen könnte."

Was diesen Körper betrifft, so kann niemand ihn beleidigen oder ihm etwas Übles zufügen, und deshalb braucht dieser

Körper nicht um Vergebung gebeten werden. Dennoch wirst du bestimmt die Folgen deiner Handlung ernten. Aber dieser Körper empfindet nicht die geringste Spur von Ärger deshalb.

Wenn jemand etwas Schlechtes getan hat, kann er diesem Körper mitteilen, was geschehen ist. Um Herz und Geist wieder zu reinigen, sollte man sein Vergehen bereuen und eine entsprechende Strafe akzeptieren. Wenn der Betreffende die Strafe nicht annehmen will, so nimmt manchmal dieser Körper - wenn das Kheyāla da ist - die Strafe liebevoll auf sich selbst.

Frage: „Ist Mā jemals ärgerlich mit Ihrem Kind?"
Mā: „Mā wird nicht ärgerlich. Aber im Hinblick auf das Wohl Ihres Kindes verhält Sie sich manchmal so, als sei Sie ärgerlich. Das geschieht nur zum Guten des Kindes und schadet ihm nie."

Obwohl Mā von Natur aus zart wie eine Blume war, gab es auch Fälle, in denen Sie sehr hart sein konnte. Einmal hatte Bhāijī irgendetwas Unüberlegtes gesagt, und Mā befahl ihm: „Geh, geh mir aus den Augen!" Ein andermal folgte er nicht Ihren Anweisungen. Das Ergebnis war, daß Mā einige Tage lang völlig schwieg. Einmal stellte sich Bholanāth auf Bhāijis Seite und verteidigte ihn, aber Mā sagte: „Nur wer es vertragen kann, wird hart bestraft. Wenn ihr einen Baum fällen wollt, müßt ihr zuerst eine Axt benutzen, dann kann man ein Beil und ein Messer nehmen, um die Äste und kleinen Zweige zu entfernen. Je nachdem wie es der Fall erfordert, wird die Strafe hart oder mild sein."

Vor einigen Jahrzehnten lebte ein junger Mann in einem von Mā's Āshrams. Er war etwa 20 Jahre alt, launisch, impulsiv und egozentrisch. Er litt unter Hysterie und neigte zu Missetaten. Bei einer Gelegenheit benahm er sich so schändlich, daß sich alle Āshrambewohner davon abgestoßen fühlten. Voll Entrüstung verlangten sie erregt, der Junge solle aus dem

Āshram gewiesen werden. Einige begannen sogar aus Protest gegen sein Benehmen einen Hungerstreik und baten Mā, unverzüglich einzugreifen. Mā reagierte prompt: Sie ließ jeden einzelnen Kläger zu sich kommen und fragte ihn, ob er den Sünder im Āshram behalten wolle. Jeder sagte: „Nein, Mā, er sollte nicht hier bleiben." Den Āshramregeln und dem allgemeinen Sittengesetz nach verdiente der Jugendliche vielleicht Ausschluß und Bestrafung - doch Mā entschied anders. Gelassen, heiter und gütig dreinblickend sagte Sie mitfühlend: „Wenn niemand so einen armen, unglücklichen Jungen behalten will, meint ihr nicht, daß er mich dann am meisten braucht? Kann eine Mutter ihr krankes Kind in seiner Not im Stich lassen? Wird es euch und der Welt zum Heil gereichen, wenn man zuläßt, daß dieser kranke, junge Mann im Sumpf verkommt?"

Diese Worte wurden von Mā mit so viel Zärtlichkeit und Liebe gesprochen, daß die Herzen aller Ankläger sichtlich gerührt waren. Sie wußten keine Antwort. Ihre Einstellung und ihre Betrachtungsweise des Lebens hatte sich unerklärlich gewandelt. Still fügten sie sich Mā's Entscheidung, und der junge Mann durfte im Āshram bleiben. Inzwischen ist er aufgewachsen und einer von Mā's glühendsten Devotees. Alle staunen über seine wunderbare Veränderung!

1948 wurde Mā's Geburtstag in einem Privatgarten in New Delhi gefeiert. Eines Morgens betrat ein sonderbar aussehender Mann während eines Satsangs den Garten. Er war merkwürdig angezogen und hatte einen geisteskranken Gesichtsausdruck. Er ging geradewegs auf die Seite, wo die Frauen saßen, und sagte zu jeder Frau, die ihren Kopf nicht bedeckt hatte: „Bedecke deinen Kopf!" Niemand beachtete ihn. Das schien ihn sehr zu stören, und er wurde immer verzweifelter. Schließlich näherte er sich Mā und wiederholte seine Forderung auch an Sie. Sofort befolgte Sie seinen Wunsch und wies die Mädchen, die bei Ihr saßen, durch eine Geste an, es ebenso zu tun. Alle anderen Frauen folgten dem Beispiel. Der Fremde schien sichtlich erfreut über seinen plötzlichen Erfolg. Mit triumphierendem Lächeln ging er zur Seite der Männer und setzte sich ruhig hin. Nach einer Weile jedoch stand er wieder auf und verkündete mit lauter Stimme, daß er gehen wolle. Mā gab jemandem eine Orange, die man ihm geben sollte. Das erboste den Mann aus irgendeinem unerklärlichen Grund, und er warf die Frucht mit Gewalt auf Mā. Er hatte gut gezielt und Sie getroffen. Eine Welle der Entrüstung ging durch die Menge. Zwei von Mā's Devotees ergriffen den Missetäter und versuchten, ihn aus dem Garten zu bringen. Am Tor befreite er sich jedoch und versuchte, wieder zum Satsang zurückzukehren. Einer der Devotees versetzte ihm einen Schlag, und mit Mühe konnte der Eindringling schließlich hinaus auf die Straße befördert werden.

Nach dem Satsang rief Mā die betreffenden zwei Männer zu sich. Sie wollte alle Einzelheiten wissen. Dann sagte Sie: „Ihr dürft niemanden daran hindern, zu diesem Körper zu kommen. Außerdem dürft ihr niemanden schlagen. Um eure Handlung wiedergutzumachen, fastet morgen, und du, der du den Fremden geschlagen hast, darfst auch kein Wasser trinken." - „Aber wie sollten wir ihm erlauben, die Orange auf Dich zu werfen?" protestierte der junge Mann, „man konnte doch wirklich nicht wissen, was er als nächstes im Sinn haben würde!" Mā erwiderte bestimmt: „Es hat nichts zu sagen...er wollte zu mir zurückkehren, und ihr hättet ihn nicht daran hindern sollen." So wurden die beiden Freiwilligen, die in bester Absicht und auf ihre eigene Gefahr hin die peinliche Situation gerettet hatten, getadelt, während der aufdringliche Missetäter, der nur Unheil im Schilde führte, unverdientes Wohlwollen empfing.

Am nächsten Morgen kam der Fremde wieder. Diesmal war er anständig gekleidet und sah ganz normal aus. Er kümmerte sich nicht um die unbedeckten Köpfe der Frauen, sondern setzte sich, wie es sich gehört, zu den Männern und blieb während des ganzen Satsangs ruhig. Am Ende ging er zu Mā und sprach mit Ihr. Sie lud ihn zum Mittagessen ein, und er blieb bis nach der Mahlzeit. Es stellte sich heraus, daß er ein gebildeter, kultivierter und freundlicher Mann war. Später wurde bekannt, daß der Mann, nachdem er die Orange auf Mā geworfen hatte, eine solche Reue gefühlt hatte, daß er von seiner Geisteskrankheit geheilt wurde. Mā's Gnade hatte seine Krankheit kuriert!

Mā sagt manchmal: „Wenn du zornig sein mußt, so sei zornig auf mich. Dann kann deine Stimmung nicht lang anhalten. Wenn du deinen Ärger auf mich lenkst, wird er bald verfliegen."

1972 wurde Krishnas Geburtstag in Mā's Anwesenheit im Āshram in Poona gefeiert. Tags darauf war Nandotsava, ein Fest im Gedenken an die Freude Nandas (Krishnas Pflegevater) und der Kuhhirten über die Geburt des göttlichen Kindes. In der Meditationshalle hatten die Mädchen begonnen, Kīrtana zu singen. Plötzlich stand eine Frau auf und begann, mit erhobenen Armen, wie man es auf den Bildern Shrī Caitanyas sieht, zum Rhythmus der Musik zu tanzen. Sie schien dabei völlig ihre Umgebung vergessen zu haben, und es lag eine wunderbare Schönheit in ihren Bewegungen. Es war, als ob ihr ganzer Körper von einer unsichtbaren Kraft bewegt wurde. Alle schauten fragend zu Mā. Mā zeigte auf die verzückte Frau, die immer noch so wundervoll tanzte und sagte nur: „Bhagavān!" (Gott). Die Anwesenden faßten es so auf, daß Gott tatsächlich von dieser Frau Besitz ergriffen hatte und durch sie handelte... – Mā stand auf, ging ruhig auf sie zu und nahm ihre Hand. In dem Moment wurde das Gesicht der Frau von einem so himmlisch strahlenden Lächeln erleuchtet, daß man das Gefühl hatte, sie sei am Höhepunkt ihres Erlebnisses angelangt. Mā drehte sie noch einmal herum und führte sie dann sehr sanft zum Altar Shrī Krishnas und legte sie behutsam davor zu Boden. Die Frau blieb danach geraume Zeit völlig reglos liegen. Es war ein faszinierender Anblick, vor allem weil Mā sonst jegliches ‚unnormale' Verhalten in Ihrer Umgebung mißbilligte.

Ein Beispiel dafür war eine Französin in Kankhal, die kühn von sich behauptete, manchmal würden sich ihr spontan göttliche Mudrās* offenbaren. Sobald sie mit anderen vor Mā saß, begann sie, ihren Körper hin- und herzuwiegen und bewegte dabei ihre Arme und Hände sehr merkwürdig. Nach einer Weile schaute Mā ein- oder zweimal völlig unbeeindruckt zu ihr herüber. Dann hörte man, wie Sie zweimal mit ‚eiskalter' Stimme nur „Hör auf!" sagte. Die Frau hörte nicht auf, verließ den Āshram jedoch nach kurzer Zeit ganz. Die Inder lächelten nur über das Ganze.

Ende 1938 verbrachte Mā einige Zeit am heiligen Fluß Narmada in Gujrat. Bei diesem Aufenthalt lernte Sie eine alte Frau, Phalahari Mā, kennen. Sie war sehr fromm und stand

* Rituelle Haltung der Hände bzw. Verschränkung der Finger, die eine bestimmte Bewußtseinsebene ausdrückt, bestimmte Körperhaltung, welche eine besondere göttliche Kraft (Deva Shakti) ausdrückt, ohne die jene Kraft nicht wirken kann.

daher bei den übrigen Dorfbewohnern in hohem Ansehen. Mā begann, sie öfters zu besuchen. Anfangs widerstrebte es der alten Frau offensichtlich, wenn ihre tägliche Routine nur im geringsten unterbrochen wurde. Nach einer Weile jedoch fing sie von selber an, Mā ebenfalls zu besuchen. Mit der Zeit entwickelte sie so eine Zuneigung zu Mā, daß es sie störte, wenn Mā nur einen Tag fort war und die Dörfer am anderen Ufer des Flusses besuchte. Abhaya warf Mā vor: „Warum beunruhigst Du diese arme Seele, die ein so hartes Leben spiritueller Disziplin gewählt hat? Wenn Du weggehst, wird sie überhaupt keinen Frieden mehr finden." Mā lächelte, doch Sie sagte nichts.

Eines Tages erzählte die alte Frau Mā ihre Lebensgeschichte. Ihre einzige Tochter, die Freude ihres Lebens, war mit 20 Jahren gestorben. Danach hatte Phalahari Mā jedes Interesse am weltlichen Leben verloren und sich an diesen entlegenen Ort zurückgezogen, um Sādhanā zu üben. Sie gestand auch, daß Mā sie irgendwie an ihre Tochter erinnere und sie vielleicht deshalb so von Ihr angezogen war.

Bei Ihrem nächsten Besuch sagte Mā zu der alten Frau: „Mutter, du hast gesagt, ich bin wie deine Tochter, so bist du meine Mutter, nicht wahr?"

„Ja, ja."

Mā: „Dann würde es dir nichts ausmachen, wenn ich dich ‚Mā' nenne?"

„Nein, natürlich nicht."

Wie ein weinendes Kind nach seiner Mutter fing Mā aufeinmal an zu rufen: „Mā, Mā, Mā..." Phalahari Mā wurde sehr aufgeregt, und ihre Augen füllten sich langsam mit Tränen. Mā sagte zu ihr sanft: „Mutter, du hast in all den Jahren so oft bitterlich geweint. Heute habe ich meine Tränen mit deinen vereinigt."

Abhaya konnte Mā's Verhalten wieder nicht verstehen und fragte Sie: „Warum hast Du sie an all das erinnert, was sie so sehr versucht zu vergessen? Nun hast Du ihr wirklich allen Frieden geraubt!"

Mā sagte: „Es ist nicht richtig, seine Probleme und Sorgen zu verdrängen und zu vertuschen. Am besten, man deckt sie auf, sodaß sie gelöst und überwunden werden können."

Danach wurde Phalahari Mā mit der Zeit zugänglicher und entspannter. Vielleicht war die stumme Not dieser alten Frau der Grund für Mā's Reise zum Narmadafluß gewesen?

Ein Ehepaar wünschte sich Mā's Darshan und reiste zu diesem Zweck nach Vyasji, einer Insel am heiligen Fluß Narmada, wo Mā sich angeblich aufhielt. Man mußte ein Boot mieten, um dorthin zu gelangen, und da sie nicht sicher waren, in Vyasji eine Unterkunft zu finden, bestellten sie das Boot auch gleich wieder für ihre Rückfahrt. Als sie eintrafen, erfuhren sie, daß Mā sich zu einem anderen Ort begeben hatte. Das erforderte einen längeren Fußmarsch in sengender Hitze. Nachdem sie den Ort schließlich erreicht hatten, sagte man ihnen, daß sich Mā in Ihr Zimmer zurückgezogen habe und man vorläufig nicht Darshan erhalten könne. Stunden des Wartens vergingen, und die Türen gingen nicht auf. Überraschenderweise war der Fährmann dem Ehepaar gefolgt und forderte sie auf, unverzüglich mit ihm zu kommen, da man vor Einbruch der Dunkelheit von der Insel übersetzen müsse. Wenn sie nicht sofort mit ihm kommen würden, verlange er die Bezahlung für die ursprünglich vereinbarte Rückfahrt. Das Paar entschloß sich, nicht ohne Mā's Darshan fortzugehen und bezahlte den Fährmann. Als er gegangen war, öffnete sich die Tür zu Mā's Darshan. Mit Tränen in den Augen setzten sie sich zu Mā. Mā sah sie unendlich liebevoll an und sagte: „Da seid ihr nun gekommen. Wißt ihr, warum ich euch so lange warten ließ? Ihr kamt mit einer Rückfahrkarte. Diese Angewohnheit, eine Rückfahrkarte zu nehmen, muß man aufgeben. Selbst wenn eine Person stirbt, geht sie mit einer Rückfahrkarte in der Erwartung, bald wieder zur Welt zurückzukehren.

Oft sagt Mā, daß alles, was wir um uns erblicken, nur Caitanya Līlā (das Spiel Höchsten Bewußtseins) ist. In diesem Līlā sind selbst Zeit und Raum spontane Ausdrücke der Cit Shakti*. – Einem Bhakta gab Mā einst einen praktischen Einblick in das Wirken der Mahāshakti**: Mā hielt sich gerade in Sion, einem Vorort von Bombay auf. Der Devotee ging um Mitternacht zu Ihr und bat Sie um Erlaubnis, nach Khar zu fahren, wo er bei einem Freund wohnte. Der Ort war ihm sehr vertraut, weil er sich häufig dort aufhielt. Der Strom der Besucher hatte sich verlaufen, und Mā meinte lachend zu dem Devotee: „Ich werde nicht vor 2 Uhr zur Ruhe gehen. Warum willst du nicht solange bleiben?" Der Bhakta verstand die wirkliche Bedeutung Ihrer Worte nicht und fuhr fort. – Khar liegt nur einige Meilen von Sion entfernt, und das Auto war in

* transzendentale Bewußtseinsenergie
**Energie, Wille des Göttlichen

wenigen Minuten dort. Doch zu seiner Überraschung konnte der Bhakta die Wohnung seines Freundes nicht finden. Vergeblich suchte er einige Zeit und fuhr dann zur Polizeistation, um Auskunft zu holen. Man sagte ihm, die Straße sei ganz in der Nähe. So suchte er weiter, doch all seine Bemühungen waren vergeblich. Anderthalb Stunden vergingen, bis er auf einen Hausbesitzer stieß, der gerade eine Lampe an einem Eingang anzündete. Sobald Licht war, entdeckte er, daß gerade dies das Haus war, nach dem er suchte. Beim Eintreten schaute er auf seine Uhr und stellte fest, daß es 2 Uhr war.

Am nächsten Morgen ging er zu Ma's Darshan. Ma lachte und sagte: „Weißt du, wie Maya wirkt? Sie bedeckt das Wissen, das du besitzt, mit einem Schleier der Unwissenheit und läßt dich um das Ziel kreisen, welches dir sehr vertraut ist, doch sie erlaubt dir nicht vor der von ihr bestimmten Zeit, dieses Ziel, nach dem du suchst, zu erkennen, auch wenn du dich noch so darum bemühst."

Das Samyam Saptah in Ahmedabad war außergewöhnlich gut vorbereitet worden. Auf dem Grundstück der Munshaw-Familie war eigens ein kleines Haus für Ma errichtet worden, sowie ein großes, schönes Zelt, das mit Ventilatoren, elektrischem Licht und Lautsprechern ausgestattet war. Viele Devotees waren wie immer von weit her angereist gekommen. Diesmal fehlten die Härten und Unbequemlichkeiten, welche die Teilnehmer früher, z.B. in Naimisharanya, Sukhtal, Rishikesh usw. durch das Leben in Zelten in Kauf nehmen mußten, gänzlich. Die Vratis* waren in Privathäusern in der Umgebung untergebracht, und die, die etwas weiter weg wohnten, wurden regelmäßig mit Autos hin und zurückgebracht. Als ob dieser Mangel an Entbehrungen ausgeglichen werden müßte, brach plötzlich am dritten Tag der Veranstaltung völlig unvorhergesehen ein schweres Gewitter aus, und zwar genau einige Minuten, nachdem die morgendliche Gemeinschaftsmeditation, die eine Stunde dauert, begonnen hatte. Der Regen strömte in Sturzbächen auf das Zeltdach, und an den Stellen, wo er sich sammelte, stürzte er wie ein Wasserfall durch das Dach hinein. Am meisten schien der Sturm die Bühne, auf der Ma und die Mahatmas saßen, zu bedrohen. Eine große Folie mußte von zwei Männern über Ma gehalten werden, um Sie vor dem eindringenden Wasser zu schützen, und als nach einer Weile das Dach

* Teilnehmer am Samyam Vrata; jemand, der ein religiöses Gelübde abgelegt hat

selbst einzubrechen drohte, wurde noch ein großer Stützbalken gebracht, um es abzustützen. Große Behälter waren im Nu voll und mußten ständig mit Eimern wieder ausgeleert werden. All das geschah jedoch in völliger Stille. Mā selbst saß da wie eine Statue, bis die Meditationszeit zuende war. Viele Teilnehmer folgten Ihrem Beispiel, verharrten regungslos auf ihren Plätzen und setzten trotz ihrer durchnäßten Kleider ihr Japa und ihre Meditation fort. Andere waren gezwungen, ihre Plätze zu verlassen und aufzustehen, doch jeder blieb völlig ruhig. Sechzehn Ventilatoren und viele Neonröhren waren am Dach des Zeltes befestigt, und jeder kann sich leicht vorstellen, was passiert wäre, wenn auch nur ein Teil des Daches zusammengebrochen und auf die Teilnehmer gestürzt wäre. Nachdem der kurze Kīrtan, der stets auf die Meditation folgt, zuende gesungen war, forderte der Ansager die Anwesenden auf, das Zelt sofort zu verlassen, da Mā nicht eher hinausgehen werde, bis auch die letzte Person draußen in Sicherheit sei. Sobald der letzte das Zelt verlassen hatte und Mā ebenfalls herausgekommen war, brach das riesige Zelt in einem Augenblick zusammen!

Es war wirklich ein Wunder, daß niemand verletzt wurde. Shrī Krishna soll den Govardhana-Berg über die Kuhhirten gehalten haben, um sie vor strömendem Regen zu schützen. Auch hier schien offensichtlich nur Mā's göttliche Gnade die Ursache unserer Rettung gewesen zu sein. Das Programm lief ohne Unterbrechung auf der Veranda des Hauses weiter, und am nächsten Morgen war ein neues Zelt aufgebaut! Was normalerweise zu Panik und Katastrophe geführt hätte, wurde eine Quelle der Inspiration. Der ganze Vorfall schien sich in eine ideale Lektion verwandelt zu haben, wie man mit Schwierigkeiten und Notsituationen umgehen sollte. Ein spiritueller Sucher muß jede Schwierigkeit als Gelegenheit ansehen, Initiative, Mut und Kraft zu entwickeln, als etwas, das ihn anregt, seinen Pfad nur noch entschlossener und tatkräftiger zu gehen!

Anfang 1955 war Mā zu Ihrem Āshram in Vindhyachal gekommen. Eines Abends zeigte Sie von der Veranda herunter auf einen Fleck Land und sagte: „Schau, unter der Erde dort befinden sich zahlreiche Bildgestalten von Göttern und Göttinnen. Sie sind zu mir gekommen und haben mir gesagt: ‚Es ist sehr unangenehm für uns, hier unten zu bleiben. Bitte veranlasse, daß man uns herausholt'." - Mā wandte sich an Narsingh Chatterji, einen gerade anwesenden Regierungsbeamten: „Könntest Du nicht etwas diesbezüglich unternehmen?" Narsingh Babu war ein ergebener Anhänger von Mā und versprach, sein Bestes zu versuchen, obwohl es schwierig sein würde, da der Boden sehr steinig war und man erfahrene Ingenieure und gutes Werkzeug brauchte. Bald wurde das Unternehmen mit 20 Arbeitern begonnen. Nach einem Tag schwerer Arbeit hatte man eine Fläche von etwa 29 Quadratmetern einen Meter tief ausgeschachtet, doch wurden keine Statuen entdeckt. Die Arbeiter waren ziemlich entmutigt. Doch am zweiten Tag gab Mā die Anweisung, unbeirrt weiter zu graben. Die Grube wurde tiefer und tiefer, Felsblöcke wurden ausgehoben, doch keine einzige Statue tauchte auf. Mā sagte: „Sucht weiter!" Die Arbeiter gruben weiter, doch es schien hoffnungslos. Auf einmal klingelte das Telefon in Narsingh's Büro. Ein Ingenieur berichtete ihm aufgeregt: „Sahib, kommen Sie sofort, wir sind auf viele Statuen gestoßen!" Narsingh fuhr eiligst zum Āshram und stellte dort fest, daß etwa 200 guterhaltene Bildgestalten von seltener Schönheit ausgegraben worden waren. Die sensationelle Nachricht verbreitete sich im Nu. Von nah und fern trafen Archäologen, Historiker, Zeitungsredakteure und Neugierige, ja sogar Spezialisten aus dem Ausland, ein. Doch Sie, die all dies veranlaßt hatte, schaute die Bildgestalten nur einmal an und ging dann ruhig fort, als ob nichts Besonderes geschehen wäre. Und doch war ein Wunder passiert!

Als sich Mā 1936 zusammen mit einigen Begleitern auf einer Zugreise durch Bengalen befand, kamen ein paar Schulkinder in Ihr Abteil. Mā schloß gleich Freundschaft mit ihnen. Sie sagte zu ihnen: „Wollt ihr nicht jeden Tag ein wenig an den lieben Gott denken? Sagt, welchen Seiner vielen Namen mögt ihr am liebsten?" Einige antworteten „Hari", einige „Lakshmī", einige sagten „Shiva" und andere „Sarasvatī". Zwei Jungen meinten „Allah".

Dann sagte Mā zu allen: „Sobald ihr morgens aufsteht, müßt ihr euch waschen. Danach nehmt euch ein neues Schreibheft und schreibt den Namen Gottes, den ihr am liebsten habt, sieben-, zehn- oder zwölfmal, je nach eurem Alter, und danach könnt ihr frühstücken. Dann setzt euch an eure Lektionen. Wenn das Heft voll ist, übergebt es einem Fluß und sagt dabei ein Gebet an Gott. Dann beginnt ein neues Heft. Was meint ihr – könnt ihr das tun?" Die Kinder sagten begeistert: „Ja!" Mā gab ihnen alle Früchte und Süßigkeiten, die Sie bei sich hatte.

Eifrig schrieben sie sich genau Ihre Adresse auf und mußten dann bald aussteigen.

1941 erzählte Mā einmal über die Ereignisse, die zu Bhāijī's Sannyāsa (Eintritt in den Lebensstand der Entsagung) geführt hatten und was geschehen war, nachdem er seinen Körper verlassen hatte. Bhāijī war auf ihrer gemeinsamen Pilgerfahrt 1937 damals am Manasarovar-See am Fuße des Kailashberges so von völliger Entsagung (Vairāgya) ergriffen worden, daß es sein einziger Gedanke war, sich in die Berge zurückzuziehen und dort in einer einsamen Höhle zu leben. Er zögerte absolut nicht, Mā zu verlassen, weil er vollkommen davon überzeugt war: „Mā ist nicht auf irgendeinen besonderen Körper begrenzt, sondern ist im ganzen Universum allgegenwärtig. Deshalb ist es unmöglich, Mā jemals zu verlassen." Mā ließ ihn damals nicht gehen, aber Sie sagte später, er habe in jenem Zustand nicht mehr die geringste Anziehung zu irgendetwas verspürt, und da der Körper in so einer Verfassung nicht länger existieren würde, weil absolut nichts mehr zu tun übrig ist, sei seine darauffolgende letzte Krankheit nur noch ein Vorwand gewesen.

Mā sah Bhāijī dreimal, nachdem er seinen Körper verlassen hatte: einmal nackt im Zustand völliger Entsagung auf dem Weg in die fernen Berge, wobei er völlig von Entsagung überwältigt war und überhaupt nicht auf Mā oder irgendetwas anderes achtete; das zweite Mal in einem Lichtkörper und das dritte Mal in einer Erscheinung, die einer Art Rauchwolke glich. Er bewegte sich sehr langsam auf Mā zu, um in Ihren Körper zu verschmelzen, doch Sie hielt ihn davon ab und sagte: „Das ist ein Kheyala, daß man – solange dieser Körper existiert – in Getrenntheit mit ihm kommuniziert." Bhāijī nickte stumm. Später verschmolz er ganz allmählich mit den feinen Atomen Ihres Körpers. So erfüllte sich sein tiefster Wunsch.

Als er Mā zum ersten Mal gesehen hatte, pflegte Sie dicht verschleiert zu sein und nur sehr selten zu sprechen, nachdem sie einen Kreis um sich gezogen hatte. Bei ihrer ersten Begegnung saß Mā vollverschleiert in Siddhāsana (einer bestimmten Yogahaltung), und Bhāijī konnte Ihr Gesicht nicht sehen, nur ein bißchen von Ihren Händen und Füßen. Dennoch beschloß er bereits damals: „Unter diesen Lotosfüßen werde ich mein Leben beenden." Und so geschah es auch.

Eine junge Sādhika aus dem Shrī Aurobindo Āshram, Pondicherry, hatte Mā zum ersten Mal im Mai 1982 gesehen und fühlte sich außerordentlich von Ihr angezogen. Im Juni 1984 hatte sie einen sehr klaren Traum, in dem Mā mit Ihren Begleitern den Āshram besuchte, Darshan gab und sich mit allen unterhielt, so wie Sie es tat, als Sie noch im Körper lebte. Alle Einzelheiten waren völlig klar und zusammenhängend. Gegen Ende der Vision fragte das Mädchen Mā: „Ich weiß, daß Du den Körper verlassen hast. Wie ist es möglich, daß Du noch in Gesellschaft derer reist, die sich noch immer im Körper befinden, mit der Ausnahme von Swāmī Paramānandajī?" Nach dieser Frage veränderte sich die Atmosphäre schlagartig. Mā sagte: „Was soll man tun? Werden sie mich jemals gehen lassen? Selbst wenn sie es tun würden – kann dieser Körper sie verlassen? Sein Versprechen wurde gegeben. Es ist nicht möglich, auch nur einen Augenblick von ihnen fern zu sein." Dann sah das Mädchen ein göttliches Licht von Mā's Körper ausgehen, die Atmosphäre war voller Glückseligkeit, ein wunderbarer Wohlgeruch durchströmte die Luft, und sie wachte auf.

Steine, Pflanzen und Tiere –
Mā ist mit allen im Selbst verbunden

Vrindāvan ist der Ort, wo Shrī Krishna Seine Kindheit verbrachte und das Rāsalīlā mit den Gopīs* stattfand. Jeder Baum und jeder Stein ist mit heiligen Erinnerungen verknüpft. Man sagt, daß viele Mahātmās in Vrindāvan als Steine, Bäume, Blumen, Vögel oder andere Tiere leben, nur um in der Atmosphäre dieser heiligen Stadt zu sein.

In der Nähe von Mā's Āshram befindet sich ein großer, weißer Stein. Im Frühjahr 1955 ereignete sich etwas Seltsames: Bei einem von Mā's abendlichen Spaziergängen sah ein Devotee aus Gujerat, wie ein Mann erschien und vor Mā Pranām machte. Sie hielt an und grüßte mit gefalteten Händen, wie Sie es immer tut, und der Devotee hörte, wie Sie sagte: „Oh, in Gestalt eines Steins!" Sie ging weiter, und der Devotee konnte deutlich sehen, wie die menschliche Gestalt wieder in den Stein verschwand. Als er Mā später danach fragte, sagte Sie: „Du hast ihn auch gesehen?"

Als man sich mit Mā einmal darüber unterhielt, wie Sie bereits als Kind mit Bäumen kommuniziert hatte, sagte Sie: „Seht, es gibt sie fürwahr in zahllosen Formen, und denkt daran, daß sie auch in Form von Bäumen ihr letztes Leben erfüllen können."

Als die Bauarbeiten für Mā's Āshram in Benares im Gang waren, hatte man Backsteine und anderes Baumaterial in einer Ecke des Hofes gelagert. Eines Nachmittags um drei oder vier Uhr kam Mā sehr eilig aus ihrem Zimmer, ging geradewegs auf den Steinhaufen zu und rief: „Schnell, entfernt das Ganze, einige Pflanzen werden darunter erdrückt!" Sofort machten sich die Anwesenden an die Arbeit. Man fand fünf Granatapfelpflanzen unter den Steinen. Niemand hatte sich daran erinnert, daß sie dort wuchsen. Mā erklärte: „Als ich auf meinem Bett ruhte, kamen diese Pflanzen zu mir, sie baten um ihr Leben und machten mich darauf aufmerksam, daß sie fast erstickten."

* Krishnas transzendentales Liebesspiel mit den Hirtenmädchen von Vrindāvan, das auch nicht eine Spur mit irdischer menschlicher Liebe gemeinsam hat. Es symbolisiert die Vereinigung mit dem Höchsten im Zustand von Mahābhāva, der höchsten Form ekstatischer Liebe.

Im Juni 1937 war Mā mit mehreren Begleitern in Nainital und hatte plötzlich das Kheyāla, einen Spaziergang am Talli Talao, dem bekannten und sehr tiefen See bei Nainital, zu machen, obwohl es dem Abend zuging und die Frauen bereits zu kochen angefangen hatten. Als sie einen langen Weg zurückgelegt hatten, sagte Mā: „Laßt uns nun umkehren." Aus Ihren unruhigen Bewegungen und erwartungsvollen Blicken ging hervor, daß Sie sich nach etwas umsah. Als man sich der Pilgerherberge näherte, fiel plötzlich ein kleiner Sperling von einem Baum zu Mā's Füssen herab und flatterte unruhig mit seinen Flügeln. Mā bat einen Jungen aus Kaschmir, der neben Ihr stand, den Vogel aufzuheben. Der Junge nahm ihn auf seine Hand und zeigte ihn Mā. Der Sperling schaute mit seinen winzigen Augen in Mā's Gesicht, und Mā betrachtete ihn mit offensichtlicher Zuneigung. Die Flügel des Vogels bebten. Allmählich verlangsamte sich das Flattern, und der Vogel wurde reglos. Auch seine Augen schlossen sich. Er war tot. Der Junge legte ihn auf Mā's Anweisung vosichtig ans Seeufer.

Am Abend fragte man Mā nach dem Sperling, der in Ihrer Gegenwart gestorben war, nachdem er Mā und Ma ihn angeschaut hatte. Mā erwiderte nur: „Er sehnte sich nach Darshan."

Enthüllte dies das Geheimnis von Mā's ständigem Reisen von Ort zu Ort? Wollte Sie überall einfach den sich danach sehnenden Wesen Darshan geben und dadurch Hunderte Ihrer Devotees - seien es Menschen, Tiere oder Bäume - aus dem Kreislauf von Geburt und Tod befreien?

Im Oktober 1965 wurde Nārāyana Pūjā bei einem Devotee Mā's in Benares gefeiert. Mā saß im Hof und schaute der Pūjā zu. Eins der Mädchen sah ein kleines Insekt auf Mā's Sitz und wollte es entfernen, doch Mā hielt Ihre Hand fest und sagte ihr, sie solle das Insekt an seinem Platz lassen. Nach einer kleinen Weile kam ein anderes Mädchen. Als sie das Insekt sah, versuchte auch sie, es zu verscheuchen, doch Mātājī hinderte sie daran. Als sich dasselbe ein drittes Mal wiederholte, nahm Mā das Tuch, das Ihren Kopf bedeckt hatte, setzte das Insekt sorgfältig darauf und legte es auf ein Sims in der Höhe Ihres Kopfes. Das Insekt war inzwischen völlig still geworden, und Mā bemerkte zu jemandem, es sei gleichsam tief in Samādhi versunken. Nach der Pūjā, die drei Stunden dauerte, nahm Mā das Tuch von dem Sims, betrachtete das Insekt sehr aufmerksam und sagte, es hätte seinen Körper verlassen. Sie zeigte es mehreren Anwesenden. Nachdem Sie es vorsichtig in ein Handtuch eingewickelt hatte, ließ Sie Nārāyan Swāmī rufen, der das kleine Geschöpf in dem selben Tuch, das Mā über Ihrem Kopf getragen hatte, zum Ganges bringen sollte, um ihm Jal-Samādhi* zu geben. Wer weiß, wer in welcher Verkleidung zu Mā kommt? Dies ist nur eine von tausend geheimnisvollen Begebenheiten, die sich ständig um Sie herum ereigneten.

Während eines Satsangs im Benares-Āshram wurde aus den heiligen Schriften vorgelesen. Es waren nicht besonders viele Leute da. Plötzlich kam ein ziemlich großer Hund in die Halle gerannt. Zwei oder drei Männer standen auf und versuchten ihr Bestes, ihn fortzujagen. Aber der Hund kümmerte sich nicht um sie, hörte nicht auf, durch die Halle zu rennen und verursachte eine ziemliche Unruhe. Mā machte den Männern Zeichen, sie sollten sich hinsetzen und sich nicht um das Tier kümmern, doch sie merkten es nicht. Schnell winkte Sie einen jungen Mann, der bei Ihr saß, heran, nahm eine frische Blumengirlande von Ihrem Hals und gab sie ihm mit den Worten: „Für den Hund!" Dem Jungen gelang es sofort, dem Hund die Girlande umzuwerfen. Der Hund zerrte begeistert daran und verließ schnurstracks die Halle. Alle lächelten erleichtert.

Einmal schlug Mā leicht mit einem Bambusstab auf den Boden, und eine Fliege kam dabei ums Leben. Sehr sorgfältig hob Mā sie auf und hielt sie in Ihrer geschlossenen Hand. Viele Leute waren dabei, und es vergingen etwa vier bis fünf Stunden im Gespräch. Dann öffnete Mā Ihre Hand und sagte zu Bhāijī: „Kannst du etwas für diese Fliege tun, die soeben gestorben ist?" Bhāijī sagte: „Ich habe gehört, daß man sagt, im Körper des Menschen sei es wie im Himmel." Mit diesen Worten schluckte er die Fliege! Mā fing an zu lachen und sagte: „Was hast du getan? Wird ein Mensch nicht krank, wenn er eine Fliege ißt?" Bhāijī antwortete: „Wenn die Fliege durch Dein Wohlwollen ein besseres Leben erhält, wird mir nichts geschehen." Und er wurde nicht krank. Mā bemerkte zu dieser Begebenheit: „Insekten, Fliegen, Spinnen und Menschen gehö-

* Versenkung des toten Körpers in heiligen Gewässern

ren alle zu ein und derselben Familie - niemand weiß, was sie früher waren, was sie jetzt sind, was sie einst werden und wodurch sie miteinander verbunden sind.

Einmal saß Mā mit einer Gruppe Devotees zusammen. Eine Ameise krabbelte eifrig auf Ihrem Gewand herum, und jemand versuchte, sie abzuschütteln. Mit einem Ausdruck unendlicher Zärtlichkeit betrachtete Mā das winzige Geschöpf und sagte: „Warum soll man es verjagen? Es ist aus Liebe gekommen."

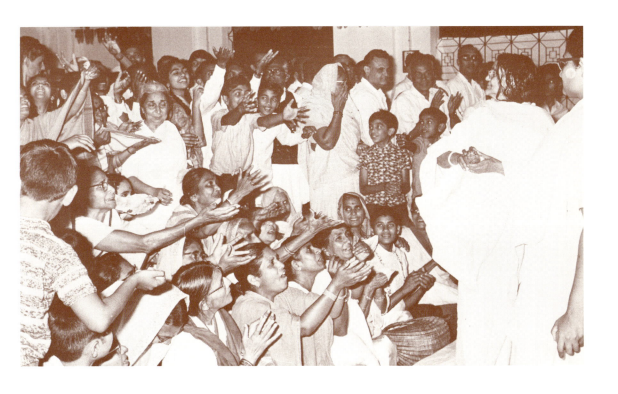

Die Göttliche Mutter und Ihre Kinder

‚Mā' bedeutet ‚mayi' (alldurchdringend) und auch das Wesen, welches jedem genau gibt, was er nötig hat. Sie teilt jedem im richtigen Ausmaß Stärke oder Schwäche, Verwirklichung oder Nicht-Verwirklichung – alles – zu.

Die Mutter möchte ihren Kindern alles geben. Es ist ihr einziger Wunsch, daß alles, was sie besitzt, ihren Kindern gehören soll.

Bevor nicht der Glaube in dir erwacht, daß alles, was die MUTTER tut, zum Besten Ihres Kindes ist, kannst du die MUTTER nicht finden.

Frage: „Ich habe Zuflucht zur MUTTER genommen. Warum nimmt Sie mich nicht in Ihre Arme?"
Mā: „Das Gefühl von Zweiheit ist noch da, du fühlst dich von Ihr getrennt – deshalb. Ein wenig zu geben, ist nicht genug, du mußt dich gänzlich ausliefern – ergib dich völlig."

Die Beziehung zur Mutter ist keine Beziehung des Gebens und Nehmens. Die Mutter gibt dem Kind seinen Bedürfnissen entsprechend. Man sollte sich seiner MUTTER anvertrauen wie ein Kätzchen (das sich passiv von seiner Mutter tragen läßt) – nicht wie ein Affenbaby (welches sich aktiv an seiner Mutter festhält und daher manchmal herunterfällt). Die MUTTER kennt das rechte Maß, etwas zu geben. Mā bedeutet ‚mayi' (alldurchdringend). Die MUTTER allein und niemand sonst schenkt beides – weltliche Erfahrung und Befreiung.

Wenn ein Kind schläft, weckt die MUTTER es auf, um es zu füttern. Setze all dein Vertrauen auf SIE. Die MUTTER schenkt Ihrem Kind stets volle Beachtung...Wenn das Kind klein ist, achtet die MUTTER darauf, daß es nicht hinfällt. Wenn das Kind größer wird, braucht es nicht mehr so viel Aufmerksamkeit.*

Wenn das Kind einmal an der Hand seiner Mutter ist, besteht keine Gefahr mehr, daß es fällt. Es mag sein, daß die Göttliche Shakti in Ihrem unendlichen Spiel das Kind einmal fallen läßt, doch in so einem Fall bereitet Sie stets den Boden dafür und läßt niemals zu, daß das Kind Schaden davonträgt.

Jemand fragte Mā: „Warum reagiert die MUTTER nicht auf das Schreien Ihrer Kinder?" Sofort, ohne auch nur einen Moment zu überlegen, erscholl Mā's Stimme: „Vater, Vater!" Niemand erwiderte Ihren Ruf. Noch einmal rief Sie, da erhob sich jemand und antwortete. Mā lachte sehr und sagte triumphierend: „Ihr habt nicht geantwortet, weil ihr dachtet, mein Rufen sei nicht ernstgemeint. Doch als ihr erkanntet, daß ich euch rief, da habt ihr geantwortet. Ebenso weiß auch die Große Mutter, ob Ihre Kinder am Spielen sind oder ob sie Sie wirklich brauchen. Oft rufen sie Sie, ohne Sie wirklich zu brauchen. Aber wenn sie fallen und sich verletzen, antwortet Sie sofort."

Frage: „Im Candi** wird die Große Mutter manchmal als gütig und wohlwollend, an anderen Stellen jedoch als zornig dargestellt. Ist Sie dann manchmal barmherzig und manchmal voll Zorn?"
Mā: „Als Zerstörerin der bösen Kräfte erscheint Sie zornig, und als Erhalterin des Guten erscheint Sie voller Gnade. Ihre Erscheinung entspricht dem individuellen Karma. Erwartet von diesem Körper keinen Kommentar zu den Shāstras. Es ist möglich, Sie als gütig zu erkennen; wo jedoch Gier, Wut, Verblendung usw. vorherrschen, wird Sie als zornig wahrge-

---

* Ein Gleichnis über die Göttliche Mutter und Ihr Kind, den Menschen, der erst in Unwissenheit „schläft", um schließlich von Ihr zur Erleuchtung erweckt zu werden.
**Heiliger Text aus dem Markandeya Purāna, in dem die Herabkunft der Höchsten Kraft (Mahāshakti oder die Göttliche Mutter) geschildert wird, die die bösen Mächte besiegt.

nommen. Auch in der Welt muß eine Mutter Schläge gebrauchen, wenn sie ihren Sohn nicht durch Herzensgüte erziehen kann. Es gibt Mütter, die Zorn vortäuschen, damit sich ihre Kinder ängstigen; andere regieren durch Liebe und Zuneigung. Was auch immer sie tut, eine Mutter verhält sich so, wie es für ihr Kind nötig ist. So wie ein mutwilliger Junge manchmal durch Strafen eine Lektion bekommen muß, ebenso müssen dämonische Menschen gebessert werden, indem man ihnen Angst macht. Eine Mutter tut genau das Beste für ihre Kinder. Die Große Mutter manifestiert sich in allen Gestalten und Erscheinungsweisen. Sie besitzt Eigenschaften (saguna) und ist auch jenseits aller Eigenschaften (nirguna)."

Frage: „Mā, tut es Dir nicht weh, mitanzuschauen, wieviele Fehler wir begehen und dann an ihren Folgen leiden? Du bist doch unsere Mutter, wie ist es daher möglich, daß Du nicht zu uns schaust und gleichgültig gegenüber unserem Mißgeschick bist?"

Mā antwortete lächelnd: „Ich habe manchmal gesehen, wenn ein Kind nach einer Lampe greift, wie seine Mutter seine Hand nimmt und sie leicht oben an die Lampe hält, damit es die Hitze spürt. Das lehrt das Kind, in Zukunft nie wieder so nah an die Lampe zu fassen. Indem ihm die Mutter auf diese Weise einen kleinen Schmerz zufügt, bewahrt sie es vor viel größerem Leid. Vielleicht hätte es sich die Hand verbrannt, wenn es unwissentlich nach der Lampe gegriffen hätte, doch die Mutter nimmt dieses Unheil vorweg, indem sie es sich nur ein bißchen verbrennen läßt."

Pramatha: „Mā, ich möchte Dich etwas fragen. Außer der Mutter, die uns geboren hat, sagt man uns, hätten wir noch eine andere Mutter, die unsere Freuden und Nöte versteht, zu der wir selbst mit unzumutbaren Beschwerden kommen können, die unberührt von unserem Egoismus ist und uns in Zeiten der Not und Gefahr hilft - existiert so eine Mutter wirklich oder nicht?"

Mā: „Sie existiert."

Pramatha: „Warum ist diese Mutter dann so unangehaftet und ohne Zuneigung?"

Mā: „In welcher Weise?"

Pramatha: „Gerade hast Du Rajkumar mit der Bemerkung

getröstet, daß man im Familienleben Kummer und Tod der Angehörigen ertragen lernen muß. Wenn jemand zwischen Dornen lebe, müsse er Kratzer in Kauf nehmen. Was für eine Mutter ist Sie, wenn Sie uns nicht vor Kratzern bewahren kann?"

Mā: „Wißt ihr es nicht? Ihr seid doch auch Eltern von Kindern. Ihr laßt eure Kinder spielen, weil ihr wißt, daß es gut für sie ist. Beim Spielen verletzen sie sich manchmal, wenn sie hinfallen oder machen sich völlig schmutzig. Wenn ihr sie dann wascht und bürstet, fangen sie laut an zu weinen. Ebenso denkt daran: Wenn ihr in eurem Familienleben Unglück und Kummer erleidet, so ist das niemand anders als eure MUTTER, die euch von Schmutz reinigt!"

Pramatha: „Aber begreifen wir das? Wenn eine Mutter ihr Kind schlägt, wissen sie, daß es ihre Mutter ist, die sie schlägt. Deshalb rufen sie selbst weinend noch ‚Mutter'!"

Mā: „Nein, das ist nicht richtig. Wenn Kinder weinen, während sie saubergemacht werden, sträuben sie sich gegen das unangenehme Gefühl dabei. Später lernen sie zu verstehen, daß ihre Mutter ihnen die Unannehmlichkeiten nur bereitet hat, um sie vom Schmutz zu befreien.

Wenn wir schon einmal den Vergleich der Kindererziehung herangezogen haben, kann ich auch darauf hinweisen, daß die MUTTER ihren Kindern nicht alle Dinge anvertraut, obwohl sie sie liebt. Wertvolle Dinge legt sie sorgsam beiseite, ansonsten könnten ihre Kinder sie beschädigen. Wenn die Zeit reif ist, vertraut sie ihren Söhnen und Töchtern auch diese Dinge an. Somit gibt es keinen Anlaß zur Verzweiflung. Bemühe dich weiter, und wenn du nicht sofort Ergebnisse siehst, denk daran, daß deine Mühe nicht vergeblich ist. Die MUTTER bewahrt alles auf und wird es dir im rechten Augenblick geben."

Pramatha: „So können wir also auf die MUTTER vertrauen?"

Mā: „Ich versichere euch, ihr könnt absolut unbesorgt sein. Macht einfach weiter mit eurem Japa oder den anderen spirituellen Übungen, die ihr sonst praktiziert."

Rajkumar: „Warum legst Du soviel Wert auf Nāma Japa und ähnliche Übungen? Unsere weltliche Mutter verlangt nichts dafür, daß sie für das Wohlergehen ihrer Kinder sorgt."

Mā: „Diese MUTTER ist etwas anders als eure weltliche Mutter. Diese MUTTER möchte, daß Ihre Söhne und Töchter alle guten Eigenschaften entwickeln. Sie sollten mit IHREN Eigenschaften ausgestattet und wie SIE werden. Deshalb bittet Sie Ihre Kinder, Zuflucht zum NAMEN zu nehmen. Außerdem kann man beobachten, wie eine weltliche Mutter ihre Kinder dazu drängt, ernsthaft zu studieren, sodaß sie nach ihrer Ausbildung entsprechend für ihre Eltern sorgen können. Aber diese MUTTER möchte Ihre Kinder nach Ihrem Ebenbild formen. Sie möchte Ihren Kindern all IHRE Tugenden und Eigenschaften einprägen, sodaß diese sich ihnen durch eigene Erfahrung erschließen. Deshalb ist diese MUTTER etwas anders als eure weltliche Mutter."

Bhāijī's Zwölf Regeln für Mā's Devotees
(Bhāijīr Dvadash Vānī)

Devotees der Heiligen Mutter sollten sich stets die folgenden Regeln vergegenwärtigen, welche von Mātājīs ‚Dharmaputra' (spirituellem Sohn) Bhāijī niedergeschrieben wurden:

1. Die Heilige Mutter ist die verkörperte Manifestation all dessen, was wir uns überhaupt unter Gott oder Göttlichkeit vorstellen können. Ihre physische Gestalt, Ihre Handlungen und spielerischen Stimmungen sind sämtlichst übernatürlich und außergewöhnlich. Wenn wir - in dieser Überzeugung gegründet - erkennen, daß Sie in all unseren Handlungen, in unserer Meditation und unserem Wissen das einzige und höchste Ziel der Verehrung ist, und wenn wir schließlich unsere gesammelte Aufmerksamkeit auf Ihre Heiligen Lotosfüsse richten, dann werden wir keine andere Zuflucht auf unserer Reise zur endgültigen spirituellen Erleuchtung und Befreiung benötigen.

2. Wenn wir Sie nicht als transzendentale Persönlichkeit verstehen können, die frei von allen körperlichen Fesseln ist, dann sollten wir uns eine Ihrer vielen guten Eigenschaften als Ideal vergegenwärtigen, sei es Ihr großes Pflichtgefühl, Ihre vollkommene Glückseligkeit, Ihre heitere Ruhe, Ihre Weitherzigkeit, Ihren Gleichmut u.ä.

3. Wenn man das Glück hat, in näheren Kontakt mit Ihr zu kommen und Ihre Gesten und Bemerkungen, Ihr Lächeln, Ihre Scherze, Bewegungen, Essens- und Ankleidegewohnheiten sieht, so sollte man sich nicht darin verlieren, sie nach seinen eigenen gewöhnlichen Maßstäben zu beurteilen, noch sollte man sich durch Ihre Worte und Ihre Art verwirren lassen. Vielmehr sollte man stets geduldig in seinem Herzen die überweltliche Gnade und Einzigartigkeit, welche sich darin verbirgt, zu erfassen suchen.

4. Sie ist frei. Nur gewöhnliche und begrenzte Sterbliche schwanken ständig zwischen widerstreitenden Gefühlen wie Wünschen einerseits und Gleichgültigkeit andererseits. Was Sie jedoch betrifft, so entspringt nichts, was Sie tut oder sagt, einem Verlangen. Ihr edler Wille manifestiert sich als Antwort auf unsere individuellen Bedürfnisse und Erfordernisse.

5. Wir sollten fest davon überzeugt sein, daß jede Begebenheit, die sich aufgrund Ihrer Anregung oder in Ihrem Gesichtskreis ereignet, von einem tiefen Geheimnis umgeben ist - ob wir sie als glückverheißend betrachten oder auch nicht. Durch so eine Überzeugung gestärkt sollten wir diese Geschehnisse ohne Einwände ruhig und gefaßt akzeptieren.

6. Wenn als Ergebnis der eigenen guten Taten eine klare Anweisung von der Heiligen Mutter kommt, so muß man ohne zu fragen und zu zögern alles daransetzen, sie von ganzem Herzen zu erfüllen. Unter keinen Umständen, nicht einmal unbedacht, darf man es seinen eigenen Wünschen erlauben, sich gegen Ihren Willen durchzusetzen.

7. Ob es unangenehm ist oder nicht, je mehr man Sie Ihrer jeweiligen Stimmung überläßt, desto besser ist es für das Wohlergehen der Welt. Jeder muß unbedingt darauf achten, niemals von diesem Prinzip abzuweichen. Es steht uns nicht zu, irgendeine Ihrer Handlungen, ja nicht einmal etwas, das mit Ihrem physischen Wohlbefinden, Krankheit oder Beschwerden zusammenhängt, mit unserem Verstand zu beurteilen. Wenn man irgendeinen Hinweis von Ihr erhält, so sollte er unverzüglich ohne Vorbehalt ausgeführt werden. Ist dies nicht möglich, so ist es besser, zu beobachten und zuzuhören.

8. Sie bittet jeden, über Gott zu meditieren. Es ist leichter, Ihre Gnade zu erlangen, indem man genau die Prinzipien seines eigenen Wegs des Gebets und der Hingabe befolgt, als dadurch, daß man Ihr persönlichen, physischen Dienst darbringt.

9. Wenn wir uns Ihr nähern möchten, wenn ein Wunsch in uns aufsteigt, Ihre Füße zu berühren, zumindest dann sollte unser Herz so klar wie ein strahlender Spiegel sein. Je hungriger und durstiger wir sind, je mehr Verehrung und Hingabe wir empfinden, desto mehr Nutzen und Befriedigung werden wir aus Ihrer Unsterblichkeit spendenden Berührung gewinnen.

10. Sie ist über alle Unterscheidungen erhaben. Unsere geistige Haltung, mit der wir uns Ihr nähern, bestimmt es, ob wir uns von Ihr angezogen oder abgestoßen fühlen. Unsere Einstellung bestimmt den ‚Lohn'. Je leerer und reiner man Körper und Geist hält und sich seiner Hilflosigkeit bewußt ist, während man sich Ihr nähert, desto größere Fortschritte zur Vollendung wird man ganz natürlich machen.

11. Es ist unsere Pflicht zu bedenken, daß kein Wort von Ihren heiligen Lippen vergebens ist, und daß die Erinnerung an Sie nicht der Herrschaft der Zeit unterliegt, ja selbst die Zeit transzendiert und besiegt.

12. Strengste Buße und Entsagung sind notwendig, um die Auswirkungen unseres Prārabdhas (d.h. des Schicksals, das wir jetzt aufgrund vergangener Handlungen ernten) zu tilgen. Wir sollten davon überzeugt sein, daß Todesfälle, Not und Schicksalsschläge unvermeidliche Folgen unseres Prārabdhas sind, und immer – sei es in Wohlstand oder in Bedrängnis – in bedingungslosem Glauben an Ihre unbegrenzt fließende Gnade weitergehen.

Devotees und Besucher beschreiben ihre Begegnung mit Mā

Mā wiederholt oft „Jo ho jai". Dieser Satz faßt wirklich die Art und Weise Ihres ganzen Daseins in der Welt zusammen. Er bedeutet: „Was auch immer geschieht, ist richtig" oder „was immer passiert (oder auch fehlschlägt!), ist gleichermaßen willkommen" oder „was auch immer geschieht, ist so, wie es sein sollte und nicht anders". Das heißt nicht, daß Mātājī gar kein Programm anregte, doch das geschah nur so andeutungsweise, daß es nicht in die Kategorie festgelegter Pläne paßt. Mā's ganze Lebensweise war durch diesen Einklang mit allem, was sich spontan ergab, charakterisiert. Das war jedoch nicht gleichbedeutend mit Standhaftigkeit in Bedrängnis oder Gefaßtheit in unwillkommenen Lebenslagen, sondern drückte einfach Ihre anmutige Souveränität in allen Situationen aus.

Selbst einige Ihrer einsichtsvollen und scharfsichtigen Begleiter brauchten viele Jahre, um zu erkennen, daß Mā - obwohl Sie in Wirklichkeit völlig frei von allen weltlichen Bedürfnissen war - offensichtlich einen Anschein normalen Verhaltens bewahrte, um andere in Ihrer Gegenwart nicht in Verlegenheit zu bringen. Das geschah nicht absichtlich, sondern war der natürliche Ausdruck Ihres Mitgefühls mit Menschen, die innerhalb der Gesetzmäßigkeiten der relativen Welt leben und deren schwierige Lage Sie völlig verstand. Für die, die Ihre Hilfe suchten, war Sie Güte in Person. Wenn sich jedoch jemand Ihr gegenüber gleichgültig fühlte, so unterließ Sie es, sich selbst verständlich zu machen. Sie lud niemanden zu sich, noch wies Sie jene ab, die zu Ihr kamen. So eine Freiheit von allen Begrenzungen und Erwartungen, die sonst nirgendwo existiert, war natürlich schwer zu verstehen. Sie reiste von Ort zu Ort und bewirkte auf Ihre eigene, völlig unaufdringliche Weise ungeheure Veränderungen in den Herzen und Leben zahlloser Männer, Frauen und sogar Kinder. Es stimmte, wie Sie selbst sagte, daß Sie keine Mission zu erfüllen oder Botschaft für die Welt zu geben hatte, nein, Sie hatte sich nur eine Wohnstätte in den Herzen derer zu bereiten, die sich nach göttlicher Gnade sehnten, und das bezog sich in Wirklichkeit vielleicht auf jeden.

Dr. Bithika Mukherji

Mā, rechts neben Ihr Dayā Mātā und Swāmī Kriyānanda

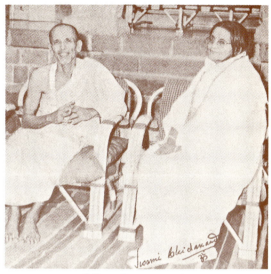
Swāmī Chidānanda und Mātājī

Mahārishi Mahesh Yogi besucht Mātājī

Indira Gandhi mit Mā und Pandit Nehru

Der kanadische Premierminister Trudeau und Mātājī

Manche fühlen, daß Mā ihnen näher ist, wenn Sie räumlich weiter von Ihr entfernt sind. Das scheint paradox zu klingen, aber wir können es folgendermaßen erklären: Wenn wir in Mā's physischer Nähe sind, lassen uns Ihre liebevolle Güte und Ihre kindliche Einfachheit manchmal Ihre Göttlichkeit vergessen. Ist man jedoch weiter von Ihr entfernt, kann sich das Bewußtsein über den physischen Aspekt erheben, und wir haben vielleicht eine größere Möglichkeit, die Wirklichkeit im Herzen zu erfassen.

Vijayānanda

Eines Abends saß ich während eines Satsangs sehr nah bei Mā. Obwohl ich mich direkt vor Ihr befand und gar nicht näher hätte sein können, konnte ich Ihr Gesicht trotzdem nicht sehen. Sie lag und hatte Ihre Arme verschränkt und etwas angehoben, sodaß Ihr Gesicht gänzlich verborgen war. Natürlich hatte ich nur einen Wunsch (der denen, die nicht dieselbe intensive Sehnsucht spüren, einfach dazusitzen und Ihren erhabenen Gesichtsausdruck zu betrachten, schwer verständlich sein wird...) - nämlich Ihre Augen zu sehen, die ständig in die Herrlichkeit des Ewigen zu blicken scheinen. Doch hatte ich das Gefühl, als ob Sie dies absichtlich verhinderte. Dann wurde mir inerlich klar, daß Gott sich auf ebensolche Weise auch in Seinem Universum vor uns verbirgt: Mit den Gliedern Seines eigenen Körpers bleibt er unserem Blick verhüllt. Ich ließ Mā nicht einen Augenblick aus den Augen und sah Sie weder Ihren Arm bewegen, noch Ihren Kopf heben. *Dennoch - kaum war mir dieser Gedanke gekommen, blickte ich auf einmal direkt in Mā's Augen und Sie in meine, und jener stille, glückselige Blick hüllte mich ein - als ob er sagen wollte: "Endlich hast du ein bißchen verstanden."*

Gaurīdāsī

Melita Maschmann sagte einmal zu Mā: „Ich bin so extravertiert, daß ich Gott nicht in mir selbst finden kann, aber manchmal sehe ich Ihn in Deinem Gesicht." Sie berichtet weiter: „Beim Abenddarshan sah Mā mich an. Plötzlich wurde

Ihr Gesicht, das vorher Müdigkeit und ein gewisses Unwohlsein auszudrücken schien, über alle Maßen schön und von einem inneren Licht erhellt. Eine Stunde lang saß Sie schweigend und regungslos auf Ihrem Sofa, niemand wagte zu sprechen. Jede Zelle Ihres Körpers schien in der Freude einer geheimnisvollen Gegenwart zu schwingen. Darf man versuchen, so eine Begebenheit zu deuten? Als Sie mich anschaute, erinnerte Sie sich vielleicht an meine Bemerkung am Morgen: ‚Manchmal sehe ich Gott in Deinem Gesicht'...Und da war ER, hervorgerufen durch meine Sehnsucht, IHN zu sehen!"

Meine Besuche bei der Glückseligen Mutter

(Dayā Mātā, Schülerin von Paramahansa Yogananda und Präsidentin in der Gemeinschaft der Selbstverwirklichung/-SRF,USA, und der Yogoda Satsanga Society, Indien)

Der 12.Februar 1959 war ein wunderbarer Tag in meinem Leben, denn an diesem Tag traf ich ein heiliges Wesen, die glückselige Ānandamayī Mā. Viele Jahre zuvor hatte mein gesegneter Meister Paramahansa Yogānanda mir in Los Angeles ein Photo von Ānandamayī Mā gezeigt und zu mir gesagt: „Strebe danach, wie Sie zu werden."

...Als meine Augen zum ersten Mal auf die Glückselige Mutter fielen, kam es mir vor, als ob ein Pfeil großer Liebe von Ihr ausging, mein Herz traf und mich erstarren ließ. Eine Weile verharrte ich in diesem Zustand. Meine Augen ließen nicht von der Mutter ab, und ich fühlte große Wellen von Liebe in mir aufsteigen...Die Mutter hing mir eine Girlande aus gelben Blumen um den Hals, und ich versank in einen ekstatischen Zustand. Als ich meine Augen öffnete, schaute Sie mir lange liebevoll in die Augen. Welch eine Süße - welch ein Segen! Ich kann nichts weiter sagen. Sie ist ein göttliches Wesen...

Man gab uns Prasād, während sich die Mutter in Ihrem Zimmer ausruhte. Dann sagte man uns, wir solten zur Veranda gehen, wo Sie uns sehen wollte. Ich berührte Sie mit tiefster Ehrfurcht und Liebe, einfach um die segnende Berührung Ihrer heiligen Hand zu spüren. Sie legte Ihre Hand auf meine Hand und streichelte sie sanft. Mir schien, mein Herz würde überströmen vor Liebe und Freude. In dieser heiligen Gegenwart, die uns so fühlbar an unsere gemeinsame Große Universelle Mutter erinnert, konnte ich meine Tränen nicht zurückhalten.

...Am nächsten Nachmittag ging Ānandamayī Mā auf dem Rasen am Ganges spazieren. Einige aus unserer Gruppe photographierten Sie. Ich blieb im Hintergrund und war tief in innere Glückseligkeit versunken. Als unsere Gruppe sich verabschieden wollte, kniete ich schweigend auf dem Gras nieder und bat das Göttliche in Ānandamayī Mā innerlich um einen Segen. Ich öffnete meine Augen und sah Ihre gesegneten, kleinen Füße neben mir stehen. Wie fest bewahrten mein Herz und meine Gedanken den Anblick dieser Füße! Ich konnte meinen Blick nicht von ihnen abwenden, denn monatelang hatte ich die Göttliche Mutter innerlich darum gebeten, mir Ihre Blauen Lotusfüsse* zu zeigen.

...Am 21. Februar ließ die Mutter mich nach einem Kīrtan in Ihr Zimmer rufen. Nach einer Weile kam Sie, und als ich meine Augen öffnete, sah ich, wie Sie in Ihren ausgestreckten Händen einen Sārī hielt. Wie dankbar nahm ich diese Segnung von Ihr an - eins Ihrer eigenen Kleidungsstücke. Sie sah mich liebevoll an, während ich Ihr sagte, ich suche keinen Rat, sondern wünsche mir nur Liebe zur Göttlichen Mutter und Ihr und meinem Meister bis zum letzten Atemzug zu dienen. Sie lächelte lieb und erwiderte: „Denke an die Göttliche Mutter am Morgen, den ganzen Tag über und als letztes am Abend."

Ich sagte, ich würde mich für selbstsüchtig halten, da sie mir soviel Liebe und Aufmerksamkeit geschenkt habe. Sie antwortete sanft: „Nein, das ist keineswegs Selbstsucht. Es ist Selbstsucht, wenn man die Aufmerksamkeit auf den Körper richtet, doch deine Aufmerksamkeit richtet sich auf dieses Selbst. Das ist keineswegs Selbstsucht!" Welch tiefsten Frieden fühlte meine Seele in Ihrer Gegenwart!

Der 23. Februar war Mā's letzter Tag in Kalkutta. Mā hatte unsere Gruppe zum Haus eines Devotees eingeladen. Wir gingen hin und setzten uns vor Ihr in Meditation. In Ihrer heiligen, liebevollen Gegenwart ging mein Bewußtsein sofort nach innen und konzentrierte sich auf die Geliebte Göttliche Mutter. Als ich so versunken auf dem Rasen saß, hatte ich plötzlich eine überwältigende spirituelle Erfahrung in meiner Wirbelsäule mit dem Herzcakra als Mittelpunkt. Ein Gefühl von großem, sich ausweitendem Frieden hüllte mich ein. Auch schien mir, als ob mein Herz überströmen würde angesichts der Wellen von Liebe, die mich durchflossen und deren Süßigkeit meine Augen mit Tränen füllten. Nach einer Weile kam Chitra zu mir und sagte, ich könne Mā nun meine Geschenke übergeben - rote und rosa Rosen und ein seidenes Schultertuch. Als ich sie Ihr zu Füssen

---

* Ein bekanntes Lied Yogānandas besingt die „blauen Lotusfüße" der Göttlichen Mutter.

legte, nahm Sie eine Kette mit kleinen Rudrākshas* von Ihrem Hals und sagte sehr zärtlich: „Diese Tochter von dir lebt für immer in deinem Herzen."

Im Frühjahr suchten wir Ānandamayī Mā erneut in Rishikesh während des Samyam Saptahs, der gemeinsamen Woche der Selbstdisziplin, auf, und ich hatte die Gelegenheit, tief in Ihrer Anwesenheit zu meditieren. Bei einem dieser Besuche sagte ich zu Ihr: „Du hast mein Herz erobert." Wie süß war Ihre Antwort, als Sie wie ein kleines Kind sagte: „Und ich werde es nicht zurückgeben!"

Am nächsten Morgen, nach der Meditation mit der Mutter und Ihren Devotees in der großen Halle, legte Sie eine wunderschöne Rosengirlande um meinen Hals. Als Sie mich mit der Zärtlichkeit, die Sie allen schenkt, ansah, füllten sich meine Augen mit Tränen. Ich brannte vor göttlicher Sehnsucht nach der Göttlichen Mutter und dem Wunsch, dem Werk meines Meisters immer besser zu dienen, mit immer größerer Demut, Liebe und Weisheit. Alle anderen Gedanken waren wie weggeblasen, und meine Seele stand in Flammen. Wie kann ich jemals jene heiligen Augenblicke mit der Mutter vergessen und die Worte, die Sie bei unseren Begegnungen sprach und die meinem Bewußtsein ewig eingeprägt bleiben? Nie werde ich Ihre Worte bei unserer letzten Begegnung vergessen: „Dasselbe Bhāva, das ich in eurem Meister sah, sehe ich in euch. Mit euch allen, die ihr Devotees von Pītajī Yogānanda seid, fühlt man sich hier, als kämt ihr aus seinem eigenen Āshram." Wie tief bewegt war ich, als Sie Ihre Achtung vor meinem Meister ausdrückte.

Als wir den Āshram verließen und das letzte Mal Mā's sanften, liebevollen Blick aufnahmen, dachte ich an meinen gesegneten Guru, der als ewiges Beispiel für uns diese Blume der Göttlichkeit, Ānandamayī Mā, erwählte, durch die wir den Geist des alten heiligen Indiens spürten, welches Er so geliebt hatte und welches auch wir so zu lieben gelernt haben.

---

* wörtlich ‚Augen Rudras (Shivas)', getrocknete, rötliche Beeren des Baumes Elaeocarpus Ganitrus, die auf eine Kette aufgezogen werden, welche häufig als Rosenkranz zur Wiederholung von Gottes Namen benutzt wird.

Meine ersten Begegnungen mit Ānandamayī Mā
(Auszug eines Briefes von Swāmī Kriyānanda, vormals SRF, später Gründer der spirituellen Gemeinschaft Ananda Village, USA)

Im Februar 1959 hatten Swāmī Kriyānanda, Dayā Mātā und einige andere Schüler Yogānandas Shri Yukteshvars Einsiedelei in Purī besucht und waren danach nach Kalkutta zurückgekehrt. Dort erfuhren sie, daß sich Mā gerade in Ihrem dortigen Āshram aufhalte. Jeder war mit dem Wunsch nach Indien gekommen, Ihr, die in Yogānandas Autobiographie so wunderbar beschrieben wird, einmal zu begegnen. In Begleitung von Mohini Chakravarty machte sich Swāmi Kriyānanda am 11. Februar zu Ihrem Āshram auf. Etwa 150 Leute waren versammelt. Swāmī Kriyānanda fühlte sofort, obwohl er Mā nur im Halbdunkel sah, die Gegenwart Ihres wahrhaft göttlichen Wesens. Mā redete und lachte mit den Leuten, und Ihre Stimme war so rein und hell wie die eines kleinen Mädchens. Er versank in Meditation, bis das Treffen endete. Mā hatte den Raum offensichtlich verlassen, und Kriyānanda dachte etwas bedauernd: „Es wäre doch schön gewesen, einen Blick auszutauschen oder auch nur ein liebevolles Lächeln zu erhalten..." Als ob Mohini diese Gedanken gespürt hätte, fragte er - Kriyānandas Protest zum Trotz - einen von Mā's Devotees, ob es möglich sei, Sie noch einmal privat zu treffen. Sofort kam die Antwort „Ja", und kurz darauf kam Mā heraus.

„Liebevoll fragte Sie, wo ich herkomme, wielange ich schon in Indien sei usw. Ich erzählte Ihr, ich sei ein Schüler Paramahansa Yogānandas und fügte hinzu, daß alle Schüler in Seinen amerikanischen Āshrams Ihm ihre große Liebe zu Mā verdanken würden. Sie lächelte verständisvoll und sagte ruhig: „Es gibt keine Liebe außer der Liebe zu Gott. Ohne Seine Liebe ist es nicht möglich, die Menschen zu lieben." Diese Antwort und die Art und Weise, wie Sie sie gab, elektrisierten mich so, daß ich nichts antworten konnte, sondern nur glücklich lächelte. Dann fragte Sie mich, wann ich beabsichtige, nach Amerika zurückzukehren. Ich sagte: „Wir werden alle im April zu unserem Āshram zurückkehren." - „Unserem Āshram? Kannst du mir sagen, wo dein Āshram ist, daß du dorthin zurückkehren mußt?" - Ich korrigierte mich lächelnd: „Dieser Körper ist mein Āshram, weil ich darin meditiere." - Mā: „Nein. Weshalb dein Körper? Dein Körper ist vergänglich. Āshram ist überall. Er kann nicht begrenzt sein. Im spirituellen Sinn bedeutet das Wort Āshram ‚ār shram noy'

- das Ende aller zwanghaften Tätigkeit. In diesem mühelosen göttlichen Zustand wird alles als eins erkannt. - In seiner anderen Bedeutung bezieht sich Āshram auf die vier Lebensstadien (enthaltsam lebender Schüler, Haushälter, Waldeinsiedler und Mönch, der allem entsagt hat). Aber das Göttliche kann in jedem dieser vier Lebensabschnitte erkannt werden. So sind auch diese alle eins. Alles ist eins - alles ‚one'" (das letzte Wort sagte Sie auf Englisch und lachte dabei fröhlich über Ihren eigenen Gebrauch eines Fremdwortes).

Mohini sagte: „Bruder Kriyānanda bat mich auf unserem Weg hierher, ich solle nicht sagen, wer er ist, er wolle nur still hereinkommen und meditieren." Mā sah mich ruhig und liebevoll an und erwiderte: „Aber ich sah, wie er hereinkam, obwohl er nicht angekündigt war. Ich sah, wie er meditierte...was meinst du jedoch mit den Worten ‚wer er ist'? Wer ist er tatsächlich? Wer ist irgendjemand? Dieses kleine Mädchen vergißt sich so sehr, daß sie sich noch nicht einmal daran erinnern kann, wer sie eigentlich sein sollte. Es kann vorkommen, daß jemand jahrelang bei diesem Körper war und neben ihm sitzt, und ich frage ‚wo ist der und der?' und nenne den Namen eben dieser Person. Manchmal sind die Leute enttäuscht, wenn ich sie nicht erkenne. Das kommt daher, weil ich diesen Verstand nicht so anwende wie andere. Ich werde von Kheyāla bestimmt - von ‚moods'." (Wieder benutzte Sie das englische Wort - ‚moods' heißt Stimmungen, Launen, wunderliche Einfälle - und lachte freudig. Mit ‚moods' meinte Sie jedoch nicht Launenhaftigkeit in der gewöhnlichen menschlichen Bedeutung. Doch so wie menschliche Launen irrational und unvorhersehbar sind, so ist Kheyāla jenseits von Vernunft und bedarf zu seinen Erkenntnissen und Entscheidungen nicht der Logik. Kheyāla mag dem begrenzten Verstand manchmal launenhaft scheinen, ist es jedoch niemals.)

Am Donnerstag, dem 12.Februar, wurde Sarasvatī Pūjā in Mā's Āshram gefeiert, und Dayā Mā, Kriyānanda und die anderen Devotees fuhren zusammen zu Ihrem Āshram. Bald erfuhren die anwesenden Inder, wer die westlichen Besucher waren, und Dayā Mātā wurde mit den anderen gebeten, sich neben Mā auf die Bühne zu setzen. Mā segnete jeden und gab Dayā Mā eine Girlande und den anderen Rosen. Dann bat Sie Kriyānanda, einige Lieder vorzusingen. Er sang in Bengali Rām Prasād's Lied „Wird der Tag kommen, Mā, an dem ich rufe ‚Mutter!' und meine Augen sich mit Tränen füllen?" Danach sang er auf Englisch „In the Valley of Sorrows" und in Bengali „Blue Lotus Feet" und „Take me on Thy Lap, oh Mother!"

Mā: „Es liegt soviel Süße in deinem Gesang!"

Kriyānanda: „Es macht mir große Freude, für Dich singen zu dürfen!"

Mā: „Freude kann nicht in Begriffen von ‚viel' oder ‚wenig' gemessen werden. Sie ist absolut."

Dann sang eine Frau ein religiöses Lied auf Hindi. Währenddessen betrachtete Mā lange und intensiv Dayā Matā. Danach bemerkte Sie zu der Menge: „Schaut, hier seht ihr ein Beispiel, wie unwichtig es ist, den Text wörtlich zu verstehen. Diese Amerikaner haben kein einziges Wort Hindi verstanden, doch seht, die Kraft des Liedes hat sie so überwältigt, daß Tränen ihre Wangen herabfließen." Sie warf Dayā Matā eine Girlande zu und gab dann allen Girlanden. Über Dayā Mā sagte Sie: „Sie ist einen langen Weg gekommen, um diese Verbindung zu knüpfen. Ihr meditativer Zustand ist wunderbar."

Beim Abschied benutzte Kriyānanda den bengalischen Ausdruck für „Auf Wiedersehen" - „Tabe asi" (wörtlich „dann komme ich" wieder). „Zu sagen, du kommst wieder", entgegnete Sie sanft lächelnd, „beinhaltet, daß wir eine Zeitlang getrennt sein werden. Aber es kann keine Trennung zwischen uns geben."

Freitag, den 13. Februar, fuhren Kriyānanda und Mohini wieder zu Mā. Mā bat Kriyānanda wieder, vorzusingen, und er sang „Blue Lotus Feet" und „Will that day come to me, Mā?"

„Dann fragte Mā, ob ich ein privates Gespräch mit Ihr wünsche. Zuerst lehnte ich ab, weil ich Ihre Zeit nicht beanspruchen wollte, berichtigte mich jedoch sofort wieder und sagte: „Ja!" In Ihrem Zimmer aber fiel mir nichts mehr ein, was ich zu sagen hätte! Dann erinnerte ich mich daran, daß mir Bruder Turiyānanda in Amerika gesagt hatte, das Einzige, was er sich aus Indien wünsche, sei der Segen Ānandamayī Mā's und irgendetwas, was Sie persönlich benutzt habe. So trug ich Mā seine Bitte vor.

„Gut", erwiderte Sie. Dann fiel mir ein Problem ein, das mich belastete, und ich sagte: „Mein Sādhana war in den letzten Wochen etwas schwierig. Könnte ich Deinen Segen bekommen und vielleicht einen Rat?"

Mā: „Denke stets daran, daß die Göttliche Gnade dich begleitet. Verlasse dich auf sie, und du wirst sehen, sie wird nie ausbleiben." Nach einer Pause fuhr sie fort: „So, jetzt sage mir, was ich dir von meinen Habseligkeiten geben soll."

Kriyānanda: „Mā, das mußt Du bestimmen."

Mā: „Nein, nimm irgendetwas - ein Bettuch, einen Schal - irgendetwas." Ich zögerte. Mā: „Bist du zu scheu, etwas von deiner eigenen Mutter zu erbitten?"

Kriyānanda: „Aber bitte, ich weiß doch nicht, was Du am meisten brauchst!"

Mā: „Ich brauche gar nichts!"

Kriyānanda: „Bitte laß zumindest einen Deiner Devotees die Auswahl für Dich treffen."

Mā entgegnete bestimmt: „Nein, du mußt es aussuchen, bist du nicht mein Kind?" Ich wollte so wenig wie möglich erbitten und sagte schließlich: „Dann, Mā - darf ich ein Taschentuch haben?" Sofort erhob sich eine Dienerin, um mir eins zu holen. Plötzlich fiel mir ein, wie schön es wäre, ein eigenes Andenken zu haben, und ich sagte schnell: „Mā...könnte ich zwei Taschentücher haben?" Alle lachten. Mā nahm Ihr Schultertuch ab und gab es mir: „Hier, das ist für dich. Ich habe es fünf Jahre lang getragen." Sie schaute mich liebevoll an. Dann befahl Sie ihrer Dienerin - in Ihrer Stimmung, noch mehr zu geben - mir noch ein Blumenbukett zu bringen. Zu dem Schultertuch sagte Sie: „Hülle deinen Körper mit diesem Tuch ein, aber denke immer daran, daß Nāma, Gottes Name, das Beste ist, worin man sich einhüllt." Innerlich tief bewegt hielt ich das Tuch einige Augenblicke an mein Herz. Dann sagte ich zu Ihr: „Wir alle haben das Gefühl, daß wir Dir nicht zum ersten Mal begegnen."

Mā: „Je mehr Fortschritte ihr in eurer Meditation macht, desto mehr werdet ihr eure Einheit mit mir erkennen."

Kriyānanda: „Mā, würdest Du mir eine persönliche Anweisung für meine spirituelle Übung geben?"

Mā: „Übe stets Japa. Laß dein Denken fortwährend mit Gottes Namen beschäftigt sein, und du wirst keine Zeit mehr haben, an irgendetwas anderes zu denken. Sag: Hari! Hari!" - dabei klatschte Sie einmal fröhlich in die Hände, als ob Sie damit zeigen wollte, daß alles, was zu dieser Welt gehört, bei dem Gedanken an Gott verschwindet - „oder irgendein anderes Mantra, das dir lieb ist. Von SEINER Freude erfüllt, wirst du alle Gefahren lachend abtun."

Kriyānanda: „Ich möchte den Namen meines Gurus nehmen."

Mā: „Das ist gut. Alles, was du erreicht hast, wurde dir durch Seinen Segen zuteil."

Ich war von einer solchen inneren Freude erfüllt, daß ich nur noch die Augen schließen und meditieren konnte. Während ich meditierte, sprach Mā kurz mit Mohini, der Ihr erzählte, daß ich und meine amerikanischen Begleiter fünf bis sechs Stunden täglich meditierten.

Mā: „Das merke ich. Deine amerikanischen Brüder und Schwestern sind weit fortgeschritten auf dem geistigen Weg. Vor allem Dayā Mā hat eine vollkommene innere Ruhe, innerlich und äußerlich."

Kriyānanda: „Mā, Du bist so gut!"

Mā (sehr liebevoll): „Man muß selber gut sein, um Gutes sehen zu können."

Sie gab mir die Blumen, das Taschentuch und noch ein großes Handtuch. Mein Herz wurde von Liebe durchströmt. „Tomar chhele khub kushi", sagte ich beim Abschied – „Dein Kind ist sehr glücklich!"

Am Samstagabend, dem 14. Februar, fuhren wir wieder zu Mā's Āshram. Mā bat mich erneut „Blue Lotus Feet" zu singen und bemerkte nach dem Lied: „Wie oft habe ich ihn schon dieses Lied singen lassen, und trotzdem verliert es nie seinen Reiz."

...Ich hatte Ihr ein Tuch mitgebracht und überreichte es Ihr schließlich zögernd. Sie sagte scherzend: „Ich wollte es mir schon nehmen, aber ich habe abgewartet, ob du es mir gibst." Dann ließ Sie mich das Tuch um Ihre Schultern legen und wiederholte danach zehnmal ernst: „Tomar ghare ami thaki" – „Ich wohne in deinem Herzen„ (wörtlich: Raum).

„Ich weiß", sagte ich und dachte dabei an die Gnade, die ich von Ihr bei der Morgenmeditation gespürt hatte. „Ami tomar chhele", fügte ich hinzu, „ich bin Dein Kind."

Mā: „Das ist keine neue Beziehung, sie ist ewig."

„Ich weiß", sagte ich. Dabei dachte ich sowohl an die Bedeutung im menschlichen Sinn, wie auch an Mā als Manifestation der Göttlichen Mutter.

Und mit der Zeit wurde ich unter dem Kosenamen „chhoto chhele, kleines Kind oder kleiner Junge" bekannt. All die Monate und Jahre danach kam es zu vielen Begegnungen. Stets überschüttete mich Mā mit Ihrer Gnade. Einmal sagte Sie: „Viele Tausende sind zu diesem Körper gekommen. Keiner hat mich so angezogen wie du." Die Übersetzer betonten mehrmals, Sie habe ‚keiner' gesagt.

Ein anderes Mal sagte Sie: „Es gibt Leute, die 25 Jahre und länger bei mir waren, doch haben sie nicht das von mir aufgenommen, was du aufnahmst." – Zu anderen soll Sie einmal gesagt haben: „Hier wächst ein Lotus in einem Teich. Viele Frösche sitzen unter dem Lotus und quaken. Da kommt eine Biene angeflogen, saugt den Honig auf und fliegt wieder fort. Kriyānanda ist diese Biene."

Einmal überraschte Sie mich mit der Frage: „Was würdest du dazu sagen, wenn ich dich bäte, hierzubleiben?" Warum stellte Sie mir diese Frage? Vielleicht sah Sie voraus, wie ich unter der Organisation meines Gurus leiden würde. Doch auch wenn ich gewußt hätte, was die Zukunft bringt, hätte ich mich eher diesem Leid gestellt, als meine Hingabe an Ihn aufzugeben. Vielleicht wollte Sie nicht, daß ich mein Leben dem Dienen widme, sondern mich völlig auf Sādhanā konzentriere. Auch in Ihrem Āshram würde ich Meister treu bleiben können. Sie würde mich keineswegs aufgefordert haben, Ihn aufzugeben, das ist nicht Ihre Art. Aber ich konnte nicht die Worte übergehen, die Er an mich gerichtet hatte: „Dein Leben ist ein Leben <u>intensiver Aktivität</u> – und Meditation'. Deine Aufgabe ist es, Vorträge zu halten und zu schreiben...Du hast eine große Aufgabe zu erfüllen." Darüberhinaus hatte ich dieses Leben völlig der Verbreitung von Yogānandas Werk geweiht – ich lebe für nichts anderes.

Nach meiner Trennung von der SRF sagte Ānandamayī Mā später zu mir, Sie würde mich gern aufgenommen haben. Aber Meister scheint diese Gelegenheit gewissermaßen selbst verhindert zu haben, denn ich erhielt zehn Jahre lang kein indisches Visum.

Dennoch nimmt Ānandamayī Mā einen mehr als besonderen Platz in meinem Herzen ein. Ich betrachte Sie als die Göttliche Mutter Selbst. Nach meinem Meister empfing ich durch Sie die größten Segnungen meines Lebens. Ja, ich konnte zu Ihr eine Beziehung haben, die mir mit meinem Meister zu Seinen Lebzeiten durch meine geistige Unreife verwehrt war. Weit davon entfernt, mich von meinem Guru abzubringen, diente dieses Beziehung dazu, meine Beziehung zu Ihm sogar zu vertiefen."

Mā's Art und Weise des Lehrens*

Es ist faszinierend und sehr aufschlußreich zu sehen, wie unterschiedlich Mātājī mit verschiedenen Personen und ein und derselben Person in verschiedenen Zeiten und Entwicklungsphasen umgeht. Der ideale Lehrer hat keine Methode – er ist eins mit dem Schüler und mit dem, was er lehrt, und ist daher Meister jeder Situation. So ist es auch mit Shrī Mā. Man kann nur über die unendliche Vielfalt an Methoden staunen, die sie völlig mühelos zu beherrschen scheint. Mātājī übt niemals Zwang aus. Sie gibt jedem die äußerste Freiheit, auf seine eigene Weise voranzugehen, solange seine Aufmerksamkeit ständig auf Gott oder die Wahrheit gerichtet ist. „Sei auch nicht einen Augenblick ohne IHN, denke mit jedem Atemzug an IHN." Das ist Ihr immer wiederkehrendes Leitmotiv, das Sie jedoch auf endlos verschiedene Weisen vermittelt. Sie verlangt von niemandem, sein Sādhanā zu verändern, es sei denn, er ist vom Weg abgekommen oder hat das Gefühl, er kann einfach keinen Fortschritt machen. Sie führt und unterstützt jeden aktiv auf seinem eigenen Weg. Was zählt, ist weniger, was für einen Weg man praktiziert, als vielmehr die Aufrichtigkeit, das intensive Streben und die rückhaltlose Hingabe des Suchers. „Weine nach Gott", sagt Mātājī, „doch nie wegen irgendetwas anderem!"

Shrī Mā gibt keine Initiation, und Sie protestiert dagegen, ein Guru genannt zu werden (die letzten Jahre nach Didimās Mahasamādhi 1970 jedoch gab Sie auf Ihre eigene besondere Weise Initiation). Trotzdem ermutigt Sie einige, doch keineswegs jeden, sich von einem Guru initiieren zu lassen. Sobald man einen Guru angenommen hat, muß man ihm rückhaltlos folgen, es sei denn, er ist einer jener falschen Meister, die ihre Schüler tiefer in den Sumpf der Täuschung locken, anstatt sie zum Ziel menschlichen Lebens zu führen. In so einem Fall rät Sie dazu, die Verbindung unwiderruflich zu lösen und neu zu beginnen.

Die Art und Weise, wie Mātājī Konflikte und Zweifel zerstreut, die viele hinsichtlich ihrer eigenen Meister empfinden, ist fürwahr erstaunlich. So wie ein ganzes Haus durch das bloße Drücken eines Schalters erhellt werden kann, ebenso kann Shrī Mā gleichsam eine Flut von Licht auf die Schwierigkeiten des Schülers werfen, sodaß ihm ein neues Verständnis der Anweisungen seines Meisters aufgeht und er wieder geistigen Frieden erlangt. Mātājī tut dies entweder durch

---

* Dieser Aufsatz wurde etwa Mitte der 60iger Jahre verfaßt; wir haben die Gegenwartszeitform beibehalten.

Worte oder in der Stille - wie der jeweilige Fall es erfordert - manchmal während eines einzigen Interviews und in besonders schwierigen Fällen allmählich durch das Wunder Ihrer heilenden, erleuchtenden Gegenwart. Diejenigen, die solche Beispiele selbst erfahren oder gesehen haben, wissen besonders, welch unermeßlicher Segen Shrī Mā ist. „Ich habe keinen besonderen Weg", sagt Sie, „alle Wege sind meine Wege." Das übertrifft alle Toleranz und hat eine ungeheure Tragweite: In Shrī Mā's Person finden wir alle Glaubensrichtungen, Philosophien, Lehren und Yogamethoden tatsächlich vereint.

Mātājī hat Ihre eigene einmalige Art, Fragen zu beantworten. Sie beleuchtet jedes Problem aus der Sicht des Fragenden und meistens auch aus vielen anderen Perspektiven. Ihre Antworten sind manchmal sehr kurz und inhaltsschwer, gelegentlich sogar verwirrend, aber stets geben sie Anstoß zum Nachdenken. Wenn man über Ihre Worte nachsinnt, erschließt sich mit der Zeit ihre ungeheure Tiefe und Bedeutsamkeit. Man bekommt den Eindruck, daß Sie selbst das Problem, die Lösung und die Unendlichkeit jenseits von Problemen und Lösungen gleichzeitig ist. Es geschieht immer wieder, daß Leute, die ihre Fragen nicht vorbringen können, selbst wenn keine ähnliche Frage von anderen gestellt wird, ihre Antwort auf genau die richtige Art und Weise erhalten, indem sie nur an Mātri Satsang (Mātājī's „Frage- und Antwortstunde") teilnehmen. Überrascht es da noch, wenn sie benommen und sprachlos vor Staunen und Freude aus dem Satsang kommen?

Shrī Mā besiegt die Zeit. Tausende erwarten Hilfe und Führung von Ihr, und ich weiß nicht, ob Sie irgendeinen jemals enttäuscht. Nicht nur das: Sie scheint es so gut wie nie eilig zu haben. Sie diskutiert und geht dabei manchmal bis ins kleinste Detail. Sie scherzt, lacht, singt und hört Kīrtana, langen Vorträgen und der Lesung heiliger Schriften zu. Sie erzählt Begebenheiten aus Ihrem Leben. Gelegentlich gibt Sie Anweisungen, wie gekocht werden soll, wie ein Zimmer zu säubern und einzurichten ist, wie eine Halle für eine religiöse Veranstaltung oder Zeremonie geschmückt werden soll, wie Gäste auf angemessene und höfliche Weise zu empfangen sind oder wie ein Kranker gepflegt werden soll. Sie findet Zeit für diese und hunderte von anderen Dingen, durch welche Sie auf unendlich verschiedene Weise lehrt, wie man unter allen Umständen ein hingegebenes Leben führen kann, und daß für jedes Temperament ein Weg gefunden werden kann und muß, der zu Gott führt.

Tag und Nacht sind für Shrī Mā gleich. Während Ihrer meisten sogenannten ‚Ruhepausen' am Tag oder in der Nacht

hat Sie private Interviews mit jemandem oder es werden Ihr Briefe vorgelesen, und Sie diktiert Antworten.

Es gibt Menschen, die regelmäßig in kritischen Perioden ihres Lebens Trost und Rat von Mātājī in ihren Träumen bekommen. Manche Menschen hatten keine Gelegenheit zu Ihr zu kommen, wenn Sie ihre Stadt besuchte, oder ihr Interview wurde unterbrochen. Traurig und niedergeschlagen über ihr Mißgeschick gehen sie schlafen und träumen genau in jener Nacht ganz lebhaft von Shrī Mā, sodaß auf diese Weise die ersehnte Verbindung hergestellt wird und einen dauerhaften Eindruck hinterläßt. Manche haben sogar ein Mantra von Ihr im Traum erhalten, und das Mantra, von dem sie zuvor nicht wußten, stellte sich als richtig heraus. Soweit ich weiß, sagt Mātājī nichts zu solchen Vorfällen. Doch wenn Sie gefragt wird, ob Initiation im Traum von Initiation im Wachzustand bekräftigt werden muß, antwortet Sie meistens: „Wenn du an die im Traum empfangene Dīkshā glaubst, so genügt das. Wenn nicht, mußt du sie im Wachzustand wiederholen. Alles hängt vom Glauben, vom Denken, ab."

Mātājī gibt selten Befehle und wahrscheinlich nur denen, die in sich durch Intuition, Unterscheidungskraft und Erfahrung vorbehaltloses Vertrauen an Ihre unfehlbare Weisheit entwickelt haben. Doch wenn Sie befiehlt, ist Gehorsam, ohne zu fragen ‚warum?' der einzige Weg. Zusammen mit der erteilten Aufgabe überträgt Sie die Kraft, sie auch auszuführen. Oft ist es jedoch nicht leicht. Es ist eine allgemein bekannte Erfahrung, daß die Befolgung von Shrī Mā's Anweisungen unser Verstehen beschleunigt und unsere Initiative fördert. Dazu sind große Wachsamkeit und Konzentration notwendig, ja, die Anweisungen scheinen ganz offensichtlich darauf angelegt zu sein, ein Maximum an Können, Mut, Geduld und Ausdauer zu entwickeln, und gleichzeitig enthüllen sie gezielt die eigenen Schwächen und Fehler, sodaß sie ausgemerzt werden können.

Sein Leben Shrī Mā's Führung anzuvertrauen bedeutet, nach und nach die Abhängigkeit von Menschen, Dingen und Vorstellungen zu verlieren und von allen Ängsten befreit zu werden, sei es die Angst vor Unsicherheit, vor der Meinung anderer, vor Fehlschlag, Schmerzen oder Tod. Alles kann verloren gehen, doch Mātājī bleibt.

Shrī Mā's Liebe und Mitgefühl sind viel zu tief, als daß sie auch nur eine Spur falschen Mitleids enthalten könnten. Mātājī verzärtelt Ihre Kinder nicht. Zu wachsen, zu lernen und geheilt zu werden, verursacht Leid, und das ist ein notwendiger Bestandteil des Lebens. Wer meint, in engem Kontakt mit Mātājī zu leben, bedeute, sich bequem zurückzulehnen und sich an Ihrer Erhabenheit zu ergötzen oder vor Glück und Frieden ständig im siebten Himmel zu schweben und dabei alles Leid zu vergessen und gegen alle Störungen gefeit zu sein, der irrt sich gewaltig. Shrī Mā kann sehr bestimmt, ja, unnachgiebig sein, und hätte man nicht Ihre grenzenlose und unbegreifliche Liebe auf so überwältigende Weise erfahren, könnte man Ihre meisterhaften Operationen sogar als grausam empfinden. Manchmal tut Mā etwas, das eine langgehegte Ansicht, einen Glauben oder ein Vorurteil erschüttert, und so etwas ist natürlich sehr schmerzhaft. Bei einer solchen Gelegenheit hörte ich Sie sagen: „Was auch immer notwendig ist, füge ich mir selbst zu (- für Sie gibt es keine ‚anderen'). Wenn ihr euch kratzt und blutet, macht ihr eure Hand dafür verantwortlich? Wenn ihr noch nicht einmal das ertragen könnt, wie könnt ihr jemals die Glückseligkeit des Selbst erfahren?" Wenn man Shrī Mā's strahlendes Gesicht betrachtet, erkennt man, daß Sie nie verletzen kann. Unser eigener Irrtum, unser eigenes Ego, das um sein Überleben kämpft, verursacht Schmerz, aber nicht Mātājī.

Ein bekannter Mahātmā sagte einst über Shrī Mā: „Mātājī ist der Ozean selbst. Alle Flüsse strömen ins Meer, und doch wird das Meer nie voll oder leer. Ebenso bleibt Mātājī's Zustand stets eins, vollkommen und unveränderlich. Von mehr oder weniger kann keine Rede sein. So sehe ich es. Das Verständnis gewöhnlicher Menschen ist wie ein Fluß, Mataji's Bewußtsein ist das Meer. Die Bhagavad Gītā ist von gleicher Natur.

Ātmānanda

Mā's Mahāsamādhi*

Nachdem Mā am 10.April 1982 von Ihrer anstrengenden Reise nach Kalkutta und Agartala wieder nach Kankhal zurückgekehrt war, schien Ihr Körper sehr geschwächt zu sein. Niemand konnte Ihre Krankheit diagnostizieren. Sie nahm weder feste Nahrung, noch Milch oder Milchprodukte zu sich und Flüssigkeiten nur in winzigen Mengen, die jedoch fast täglich wieder erbrochen wurden. Zum ersten Mal nahm Sie dieses Jahr weder an Didimā's Sannyāsa Utsava (dem jährlichen Fest im Gedenken an die Sannyāsa-Einweihung Ihrer Mutter) am 14.April teil, noch verließ Sie Ihr Haus bei den Feierlichkeiten anläßlich Ihres Geburtstages vom 3.-11.Mai, die in einem großen Zelt (Pandāl) auf dem Hof begangen wurden. Abends konnte man Darshan vor Ihrem Haus erhalten, während Sie meistens auf Ihrem Bett auf der Veranda lag und sich nur manchmal kurz aufsetzte, um einen Mahātmā zu begrüßen.

Mā's Devotees wissen, daß Ihr Körper von jeher jegliche Medizin verweigerte. Vor vielen Jahren hatte Mā einmal aus irgendeinem Grund zugestimmt, Dr.Pants Arznei einzunehmen. Dadurch wurde Ihr hohes Fieber zwar sofort kuriert, doch es traten solch ernstliche Herzbeschwerden ein, daß man sich monatelang große Sorgen machte. Man wußte also seit vielen Jahren, daß nur Mā's Kheyāla selbst Sie von irgendeiner Krankheit heilen konnte. Bei früheren Anlässen hatte Sie auch oft zu verstehen gegeben, daß wir durch Japa und Konzentration auf Gott zur Heilung beitragen könnten. So wurde immer, wenn es Ihr körperlich nicht gut zu gehen schien, mehr Japa und Kīrtan als gewöhnlich gemacht, und man betete zu Ihr, sich selbst zu heilen. Diesmal jedoch erwiderte Sie immer, wenn jemand Sie bat, gesund zu werden, nur: „Kheyāla nahīn, jo Bhagavān kare" - „Es ist kein Kheyāla da. Was auch immer Gott tut, ist richtig." Am 26.Juni kam Mā von Kankhal zum Kishenpur Āshram, Dehradun. Als Seine Heiligkeit, der Shankarācārya von Shringeri Māth, Sie dort bei seinem Besuch am 1.Juli ernstlich bat, gesund zu werden, sagte Sie: „Bābā, ye sharir ka koi bimari nahin hai. Yeh Avyakt ka taraf khinch raha hai. Jo kutch dekh rahe ho usiki anukul Kriyā. - Bābā, dieser Körper hat gar keine Krankheit. Es ist die Anziehungskraft des Unmanifestierten, die all dies verursacht (dabei hob Sie Ihre Hände empor) - alles, was Du siehst, erklärt sich dadurch." Auch der 92jährige Heilige Bābā Sītārām Dās

* Endgültiges Eingehen in die Transzendenz; wenn eine erleuchtete Seele ihren Körper verläßt, sagt man, sie ist in Mahāsamādhi gegangen

Omkārnāth kam eigens aus Cape Comorin, Südindien, geflogen, um Mā davon zu überzeugen, daß Ihre Gegenwart für das spirituelle Wohl der Menschheit dringend nötig sei. Doch auch seine Bemühungen konnten nichts ausrichten. Mā's Körper weigerte sich, irgendwelche Nahrung zu sich zu nehmen. Als Sie hörte, daß Babā Omkārnāth auf seiner Rückkehr nach Kanyākumārī ebenfalls aufgehört hatte, Wasser zu sich zu nehmen, trank Sie einen oder zwei Löffel voll Wasser, welche jedoch wieder ausgebrochen wurden.

Am 5.Juli siedelte Mā in Ihr ruhiges, einsames Haus auf dem Grundstück der Familie M.L.Khaitan um. Am 6.Juli wurde Guru Pūrnimā (der Vollmond, der dem spirituellen Meister geweiht ist) sehr festlich gefeiert. Nach dem Fest gab Mā die Anweisung, daß es von nun an nur noch jeden Sonntagabend eine halbe Stunde lang Darshan gebe. Āshrambewohner und Besucher, die nur für kurz und von weither kamen, durften Sie manchmal auch in der Woche einige Minuten abends sehen. Bereits mehrere Monate zuvor hatte Mā aufgehört, sich Briefe von Devotees vorlesen zu lassen. Manchmal wurden Ihr ganz dringende Botschaften mitgeteilt, wenn sich z.B. Unfälle oder Todesfälle ereignet hatten, und Sie sagte einige Worte oder wies den Überbringer des Briefes an, selbst zu antworten. Meistens sagte Sie auf jeden Brief nur „Bhagavat Smaran" - „Besinne dich stets auf Gott". Schon in Kankhal war es für Besucher nicht mehr möglich gewesen, Gelegenheit zu Einzelgesprächen mit Mā zu erhalten. So verstand Sie es in Ihrer Barmerzigkeit, Ihre Kinder allmählich an Ihre physische Abwesenheit zu gewöhnen, auf daß jeder Ihren Darshan und Ihre Führung im eigenen Herzen suche. Am Sonntag, dem 11.Juli besuchte Indira Gandhi mit ihrer Familie Mā, nachdem sie von Ihrem bedenklichen Befinden gehört hatte. Dieser Besuch war das letzte Mal, wo Mā sich von selber einige Minuten lang aufsetzte.

Am 24.Juli gab Sie die Anweisung, Sie wieder zum Kishenpur Āshram zu bringen. Vom Hof aus wurde Sie direkt auf Ihr Zimmer getragen, ohne vorher die Āshramtempel zu besuchen, wie Sie es früher immer zu tun pflegte. Von dem Zeitpunkt an verließ Sie Ihren Raum nicht mehr.

Nach Mā's Ankunft im Āshram begann eine unaufhörliche Reihe religiöser Veranstaltungen. Vom 26.-27.Juli wurde ununterbrochen Tulsidas' Rāmāyana rezitiert. Am 30.Juli fing Jhulān, Rādhā-Krishnas Schaukelfest, an. Auf den 2.August fiel Bhāijīs Todestag mit spezieller Pūjā und Sādhu-Speisung. Am 4.August war Jhulān Pūrnimā (Vollmond). Vier Devotees waren unter beträchtlichen Schwierigkeiten aus Bangla Desh

gekommen, um Dīkshā (Initiation) zu erhalten. Zuerst teilte man ihnen mit, dies sei in Anbetracht von Mā's Gesundheitszustand unmöglich, doch zu guter Letzt wurde ihr Wunsch einen Tag vor Vollmond erfüllt. Die Schwiegertochter eines hohen Richters aus Allahabad hatte das große Glück, am Vollmondtag selbst Initiation zu erhalten. Mā sagte zu ihr: „Dieser Körper hat sich am selben Tag Dīkshā gegeben" (am August-Vollmond 1922). Dies war die letzte Dīkshā in Mā's physischer Anwesenheit. Am 12. August wurde Janmāshtami (Shrī Krishnas Geburtstag) mit mitternächtlicher Pūjā und Kīrtan gefeiert. Mā lag die ganze Zeit über und schien zeitweilig fern, zeitweilig ganz aufmerksam beobachtend.

Am 29. Juli traf Dr. Udupa, ein berühmter Arzt des Medical College der Benares Hindu Universität, ein. Swāmī Chidānanda, das Oberhaupt der Divine Life Society, Rishikesh, hatte ihn in Frankreich getroffen und zu Mā gesandt, da er sich über Ihr Befinden Sorgen machte. Dr. Udupa untersuchte Mā und gab einige Ernährungsratschläge, da Medikamente nicht in Frage kamen. Mā trank die von ihm verschriebenen Säfte bis auf ein oder zwei Ausnahmen regelmäßig bis zuletzt. Dr. S.C.-Seth, ein bekannter Mediziner aus Bombay, kam ebenfalls zweimal. Das erste Mal, als Mā noch in Kankhal war, erklärte er nach der Untersuchung, daß kein Organ in Mā's Körper erkrankt sei. Damit bestätigte er, was Mā später zum Shankarācārya sagte. Als er am 23. August das zweite Mal kam, war Ihr Zustand jedoch ernst. Er fragte Mā, ob Sie sehr leide. Mā erwiderte: „Ganz und gar nicht." Sie hatte nicht die geringste Identifikation mit Ihrem Körper und beobachtete ihn wie ein unbeteiligter Zuschauer. Einige Personen, die Sie in Ihren letzten Tagen sahen, hatten das Gefühl, daß Sie litt...doch angesichts jenes Bewußtseins der Einheit, in dem Mā immer lebte, kann alles und nichts über Sie gesagt werden...

Bereits seit Mā in den Kishenpur Āshram übergesiedelt war, lief ununterbrochen Japa. Vom 9. bis 27. August wurde außerdem ununterbrochen das Rāmāyana rezitiert. Keiner der Teilnehmer konnte zu Mā hinaufgehen, doch jeder fühlte Ihre gnadenvolle Anwesenheit. Je schwächer Ihr Körper wurde, desto machtvoller und fühlbarer wurde Ihre Gegenwart. „Darshan geschieht nicht durch die Augen" sagte einst ein großer Mahātmā. Vor Ihrem Mahāsamādhi lehrte Mā diese Wahrheit äußerst eindringlich, ohne ein einziges Wort zu sagen. – Die Āshramhalle blieb Tag und Nacht geöffnet, und mehrere indische und westliche Devotees nutzten die Gelegenheit, um stundenlang in dieser heiligen Atmosphäre zu meditieren. Verschiedene religiöse Zeremonien wie Mahā Rudrābhisheka, Satchandi, Mrityunjaya Japa u.ä. wurden für Mā's Gesundheit nicht nur in Kishenpur, sondern selbst in Kankhal, Benares usw. und sogar in Madras durchgeführt - aber es schien einfach Mā's Kheyāla zu sein, Ihren Körper aufzugeben. Mitte August hatten zwei langjährige Devotees von Ma, der Gouverneur von Uttar Pradesh, Shrī C.P.N.Singh, und der Gesundheitsminister, Shrī Lokpathi Tripathi, ein Team hochqualifizierter ayurvedischer Ärzte aus verschiedenen Teilen Uttar Pradeshs zu Mā gesandt, um Ihren Zustand zu untersuchen und einige Kräutersäfte zu verschreiben, gegen die Sie nichts einwenden würde.

Am 19.August kam Dr.Channa Reddy, der Gouverneur der Punjab-Provinz, um Mā zu sehen, nachdem er von Ihrem kritischen Befinden gehört hatte. Bevor er am 20.August wegfuhr, sagte Mā zu ihm: „So wie Du bisher hierher kamst, komme weiterhin und betrachte dies (den Āshram und seine Bewohner) als zu dir gehörig." Mit diesen Worten schien Mā alle Devotees anzuweisen, die Aktivitäten fortzusetzen, die begonnen wurden, als Sie noch sichtbar unter ihnen weilte. Ansonsten hinterließ Sie keinerlei Hinweise, wie die Āshrams weitergeführt werden sollten, da Sie sich nie mit deren Organisation beschäftigt hatte.

Am Nachmittag des 23.Augusts kam Shrī Swāmī Krishnānandajī, der Generalsekretär der Divine Life Society, Rishikesh, zu Mā. Er und seine Begleiter mußten eine ganze Stunde warten, bevor es überhaupt möglich war, sie in Ihr Zimmer eintreten zu lassen. Swāmī Krishnānandajī hatte den inneren Wunsch, Mā an Rādhāshtami (Shrī Rādhās Geburtstag, der in diesem Jahr auf den 26.August fiel) als Rādhā zu verehren. Er machte persönlich Āratī, was er sonst nie tut, und brachte Mā einen kostbaren blauen Seidensārī, einen großen Korb mit Früchten usw. dar. Mehrere Male fragte er: „Ma, was für einen Dienst können wir Dir erweisen?" Mā sagte dreimal „Nārāyana" und dann „Jo andar se āye" - „Was immer von innen kommt". Daraufhin wurden am nächsten Morgen im Shivānanda Āshram, Rishikesh, religiöse Zeremonien für Mā's Gesundheit begonnen. Als Swāmī Krishnānandajī ging, hatte er das Gefühl, daß dies sein letzter Besuch war. Seine Pūjā war die letzte Pūjā, die Mā dargebracht wurde.

Die letzten vier oder fünf Tage hatte Mā zwar kein Erbrechen mehr, doch in den letzten drei Nächten traten ernstliche Atembeschwerden auf. Am 25.August um Mitternacht sagte Sie zu einem der Ihr aufwartenden Mädchen: „Sag allen, sie sollen sich zu Japa und Meditation hinsetzen, wo sie auch sein mögen." Alle befolgten Mā's Anweisung. Nach Mitternacht sagte

vor vielen Jahren hatte Sie einmal gesagt, Sie würde Ihren Körper auf „die gewöhnlichste der gewöhnlichsten Weisen" (sadhāran se sadhāran) aufgeben, und so geschah es.

Um drei Uhr morgens fand die zeremonielle Waschung mit Milch, Dickmilch, Honig, Ghee und Gangeswasser (Panchāmrita Snāna) statt. Danach kleidete man Mā's Körper neu an und brachte ihm Āratī* dar. Am Mittag des 29.August traf Indira Gandhi mit verschiedenen Vertretern der Regierung ein. Um 13.30 Uhr wurde Mā's Körper so hoch gehoben, daß jeder in der Halle den letzten Darshan erhalten konnte. Dann wurde er von Mahātmās zum Samādhi (Grab) gebracht, welches sich auf dem Innenhof des Āshramgeländes neben dem Sādhu-Gebäude genau dort befindet, wo vor einem Jahr noch ein riesiger Banyanbaum stand. Seine Äste hatten sich damals so sehr zu einer Seite geneigt, daß die angrenzenden Gebäude gefährdet waren, daher mußten große Äste abgesägt werden. Dann hatte Mā das Kheyāl, daß der Baum gefällt und entwurzelt werden solle. Das Holz sollte für Havana (vedische Feueropfer) und der Hof für religiöse Veranstaltungen benutzt werden. – Die letzte Pūjā und Āratī wurden gleichzeitig zu Kīrtan und Vedenrezitation vollzogen, bevor Mā's Körper eingesenkt und das Grab mit einer Marmorplatte abgedeckt wurde. Hunderte von Devotees, unter ihnen selbst Indira Gandhi, konnten ihre Tränen nicht zurückhalten. Als die Zeremonien beendet waren, brachte Frau Gandhi ihr letztes Pranām dar, und andere folgten ihr. Das dauerte einige Stunden. Dann wurde das Samādhi abgesperrt und mit einer gemauerten Einfriedung und einem Dach versehen.

Die meisten Āshrambewohner und einige Devotees hatten seit dem 27.August gefastet. Am 30.August begannen Mā's Mädchen spontan mit einem ausführlichen ununterbrochenen Programm religiöser Zeremonien, ähnlich wie Mā sie nach dem Mahasamādhi Ihrer Mutter 1970 angeordnet hatte. Von 5 Uhr morgens bis 21 Uhr wurde Satsang am Samādhi abgehalten, beginnend mit Mangal Āratī und Usha Kīrtan. Um 10 Uhr morgens wurde die Gītā, das Candi und Vishnu Sahasranāma rezitiert, am Nachmittag Stava und Rāmayana-Lesung. Am Abend folgte eine lange Āratī und wunderbarer Kīrtan. In den Pausen wurde „Om Mā Shrī Mā Jai Mā Jai Jai Mā" gesungen. Gleichzeitig wurde in der Halle das Shiva Purāna und das Rāmāyana Tag und Nacht von verschiedenen Personen rezitiert, die einander ablösten.

* Zeremonie zur Begrüßung der Bildgestalt Gottes oder eines Heiligen, während der Weihrauch, Lichter, Wasser, Tücher, Fächern mit einem Wedel etc. zu musikalischer Begleitung dargebracht werden. Sie wird gewöhnlich bei Tagesanbruch und am Abend in den Tempeln vollzogen und bildet auch den Beginn und das Ende der meisten religiösen Zeremonien.

Sie auf einmal „Namo Shivāya" und wiederholte dann dreimal „Brihaspativār" (Donnerstag). Am 26. August sah Sie etwas besser aus. Doch nachts wurden die Atembeschwerden bedenklich; um 2.30 Uhr wurde Ihr Zustand alarmierend. Der ayurvedische Arzt wurde gerufen und riet zu Massagen, die am 27. den ganzen Tag lang fortgesetzt wurden. Mā's Hände und Füße wurden wärmer und Ihr Atem etwas ruhiger. Am Freitagmorgen, den 27.August, hörten die Mädchen, wie Sie mehrere Male, fast flüsternd, wiederholte „Nārāyan Hari". Das waren Ihre letzten Worte. Um 15.30 Uhr öffnete Sie plötzlich etwa eine Minute lang Ihre Augen in vollem Bewußtsein. Um 19.45 Uhr* öffnete Sie Ihre Augen nochmals und blickte nach oben. Innerhalb weniger Minuten tat Sie Ihren letzten Atemzug.

Sofort wurde Kīrtan begonnen und die ganze Nacht hindurch gesungen, sowie die gesamte Bhagavad Gitā rezitiert. Als die Mädchen Mā nach einer Weile in einen Seidendhoti kleideten, den Sie immer zur Pūjā zu tragen pflegte, und ein heiliges Zeichen auf Ihre Stirn auftrugen, wurde Ihr Gesicht so jung und strahlend wie früher.

Bereits um 21.15 Uhr strahlte das Fernsehen in New Delhi die erschütternde Nachricht aus, ebenso der BBC am nächsten Morgen. Am 28.August wurde Mā's Körper nach Kankhal gebracht, nachdem zuvor alle auf der Veranda Darshan erhalten und Pranām machen konnten. In Hardwar säumten zahlreiche Menschen die Straßen und Dächer, und die Prozession mußte häufig anhalten, weil sich Leute verneigen wollten. Vom 28. bis zum 29.August wurde Ihr Körper in der großen Halle des Kankhal-Āshrams vor Ādi Shankarācāryas Tempel auf ein Bett gelegt, sodaß man die ganze Nacht hindurch Darshan haben und meditieren konnte. Samstag Mitternacht wurde Mā's Körper aufgerichtet, um ihm in Sitzhaltung - entsprechend den Anweisungen der Shāstras hinsichtlich der Bestattung von Sannyāsīs - Samādhi zu geben. Obwohl Mā kein Sannyāsī war, wünschten die Oberhäupter der verschiedenen Orden, Ihren Körper auf diese Weise zu bestatten.

Mā hatte im übrigen nie Anweisungen oder auch nur Hinweise gegeben, wie man mit Ihrem Körper nach dem Tod verfahren solle. Auch hier folgte Sie Ihrer Maxime „Jo hoye joy" - „Was auch immer geschieht, ist gleichermaßen willkommen". Einige Devotees hatten gedacht, Mā würde Ihren göttlichen Körper nicht wie ein normaler Sterblicher verlassen, sondern sich auf geheimnisvolle Weise einfach auflösen, doch das wäre nicht Ihre Art gewesen. Ihr ganzes Leben lang hatte Sie soweit wie möglich Ihre göttlichen Fähigkeiten verborgen gehalten. Ja,

* MEZ viereinhalb Stunden früher

Nach dem Shiva Purāna wurden die anderen Purānas eins nach dem anderen gelesen, und ununterbrochenes Japa lief Tag und Nacht. Das ganze Programm dauerte bis zum 22.September. Abends wurden an mehreren Tagen Video-Filme von Mā's Mahāsamādhi, den Geburtstagsfeierlichkeiten 1981, dem Ati Rudra Mahāyajña u.ä. gezeigt. Vom 11. bis 12.September wurde ein 24stündiges Nāma Yajña mit dem Mantra „Om Mā Shrī Mā Jai Jai Mā" um das Samādhi herum veranstaltet. Die Frauen sangen die ganze Nacht hindurch und die Männer am Tage. Mā's glückselige Gegenwart war so fühlbar, daß man es nicht leugnen konnte.

Am 13.September wurde morgens von 7 bis 10 Uhr eine lange Pūjā dargebracht, worauf kurze Ansprachen von Mahātmas folgten. Den Anweisungen der Shāstras entsprechend wurde 16 führenden Mahātmās eine spezielle Pūjā dargebracht, wobei jeder Silbergeräte, seidene Gewänder, eine Rudrākshakette und einen Korb mit Obst und Geld erhielt. 41 speziellen Mahātmās wurden ebenfalls Sandelholzgirlanden, Seidengewänder und Früchte dargebracht. Um 13 Uhr wurde den Mahātmās ein Festessen in der Halle serviert, danach auch allen anderen Devotees und Gästen, etwa 600 an der Zahl. Auch in Mā's anderen Āshrams wurden am 13.September ausführliche Pūjas dargebracht, sowie Kumarī Pūjā und Speisung von Sādhus, Brahmanen, Armen und anwesenden Devotees. In Benares dauerten diese Festlichkeiten vier Tage lang. In Kalkutta kamen bis zu 20.000 Menschen zum Āshram. Im Kankhal-Āshram wurde vom 14. bis zum 23.September jeden Tag ein anderer Orden geehrt und gespeist, ebenfalls 108 Kumārīs (kleine Mädchen als Repräsentationen der Göttlichen Mutter), 150 Brahmanen und über 250 Daridra Nārāyanas (Nārāyana in den Armen und Notleidenden).

Mā lebt nicht mehr in Ihrem physischen Körper. Doch ist und bleibt Sie in alle Ewigkeit unsere Göttliche Mutter, die in unseren Herzen wohnt, stets auf unser höchstes Wohl bedacht und unser aufrichtiges Gebet erhörend. Alles, was wir zu tun haben, ist, Ihre Anweisungen zu befolgen und unsere Aufmerksamkeit nach innen zu lenken.

„Bemühe dich mit aller Kraft, wie gering sie auch sein mag.
ER ist da, um zu erfüllen, was ungetan blieb."

Jeder, der wirklich Mā's Führung sucht, wird sie erhalten, wo er auch sein mag, und wer sich Ihrer Gnade öffnen kann, wird gesegnet werden im Überfluß - daran besteht nicht der geringste Zweifel.

Sādhanā – Das Spirituelle Leben

Allgemeine Anweisungen

Die von deiner wahren Natur (Svabhāva) ausgehenden Bemühungen, deinen wirklichen Reichtum (Svadhana) zu entdecken, nennt man Sādhanā. Potentiell ist jede Handlung ein Sādhanā, jedes Individuum ein Sādhaka, und Gott, der wirkliche Schatz des Menschen, ist das einzige Ziel allen Sādhanās. Solange ein Mensch weltlich lebt, tut er sein Sādhanā durch Arbeit, die von persönlichen Motiven bestimmt ist und materiellen Erfolg anstrebt; dennoch sucht er unbewußt selbst dadurch nach Gott, denn nichts existiert außerhalb des EINEN. Was auch immer irgendjemand tut, unternimmt er letztlich, um das Höchste zu erreichen – es ist wirklich so. Das Sādhanā eines weltlichen Menschen richtet sich auf die Befriedigung seiner Bedürfnisse. Es ist das Besitzgefühl, welches bei ihm dominiert, und äußere Aktivität und Genuß sind das Ziel. Solange Leid, Elend, Erniedrigung, Schmach, Kummer und Unglück den Menschen heimsuchen, wird stets ein mächtiger Ansporn für diese Art von Sādhanā bestehen. In gewisser Weise wird auch dieses Sādhanā von der wahren Natur des Menschen gelenkt, denn solange man den stechenden Schmerz unaufhörlicher Wünsche nicht heftig spürt, fühlt man auch nicht die Dringlichkeit, sein Selbst zu finden. Wenn sich eine Person danach zu sehnen beginnt, in ihrem wahren Wesen gegründet zu sein, ihren wahren Schatz zu finden, so kennzeichnet das den Beginn spirituellen Sādhanās, und sie lernt, wunschlos ohne persönliche Motive zu handeln. Damit wird die Grundlage für Loslösung, Entsagung und allumfassende Liebe geschaffen. Junge und unreife Menschen begehren das, was andere besitzen, und sind auf unbedeutende Vergnügen aus. Wenn ein Mensch aufgrund seiner religiösen Übungen und guten Werke inmitten seines Wohlstands an seinen wirklichen Schatz erinnert wird, beginnt er sich eifrig darum zu bemühen, ihn wiederzuerlangen. Je mehr er sich diesem Streben, das von seiner wahren Natur ausgeht, hingibt, desto umfassender wird das Wissen über seinen inneren Reichtum. Wenn in einem Haus Feuer ausbricht, wird es solange nicht erlöschen, bis alles Verbrennbare zu Asche geworden ist. Ebenso verhält es sich, wenn einmal wirkliches Sādhanā begonnen hat: es ist nicht möglich, wieder damit aufzuhören – im Gegenteil, es wird jeden Tag neuen Antrieb und größere Intensität gewinnen und den Sādhaka in die mächtige Strömung seines eigenen Pfades zur Erleuchtung stoßen.

Zuallererst hört der Sādhakā auf, sich selbst mit seinem Körper und seinen Gedanken zu identifizieren. Sodann schwinden seine Begierden und Wünsche bis aufs letzte. Dann erreicht er einen Zustand vollkommenen Gleichmuts, und schließlich wird das Selbst, das jenseits von Körper und Geist ist, durch direkte Erfahrung erkannt. Das ist das endgültige Ziel allen Sādhanās. Zielstrebigkeit ist das Herz und die Seele dieses Sādhanās, Glaube, Vertrauen und Geduld sind seine Kräfte.

Weil dieser Körper nur ein Kind ist, nennt er jeden Vater oder Mutter. Ihr wart so gütig, ihm Darshan zu geben. Ihr müßt alle versuchen, euer Selbst zu verwirklichen. Dieser Körper fordert euch nicht auf, euer Heim und eure Familie aufzugeben, um im Wald zu leben. Wo auch immer ihr wohnt, da ist Gottes Wohnsitz. Betrachtet euch nicht als Herr eures Hauses, sondern nur als seinen Verwalter. Man kann nie wissen, wann der Verwalter abberufen wird. Gott ist in jedem Wesen gegenwärtig. Wir alle sind Seine Diener, die Verwalter Seiner Tempel. Übe unbedingt weiter hingebungsvollen Dienst im Haushälter-Āshrama. Diene deinem Sohn als Gopāl, und betrachte deine Frau als Verkörperung der Göttlichen Mutter. Wiederhole ständig Gottes Namen im Innern, nichts anderes wird dir vollkommenen Frieden schenken. Arbeite an der Offenbarung deines Selbstes.

Es ist die Pflicht des Menschen, das zu wählen und sich damit zu umgeben, was das Bewußtsein auf Gott lenkt.

Wo immer du dich befindest, sei da in der Haltung eines Gottsuchenden.

Nimm alle Aufgaben, die dir im Leben auf natürliche Weise zufallen, als von Gott gegeben an, und erfülle sie freudig. Durch Willenskraft wird fürwahr alles auf der Welt erreicht. Wenn jemand durch Ausdauer und Zielstrebigkeit sein Ideal verwirklichen kann, werden all seine Handlungen inspiriert sein. Ein Mensch, der auf solche Weise handelt, wird von der Göttlichen Kraft unterstützt. Folge einem Ideal, und gewöhne dir an, alles auf Gott zu beziehen. Wenn du konsequent das Höchste anstrebst, so wird diese Übung zu deiner zweiten Natur, und selbst wenn alle möglichen unwillkommenen Gedanken aufkommen, werden sie dich nicht stören können. Die Entwicklung guter Gewohnheiten ist das einzige Mittel, um Trägheit und Nachlässigkeit in der Erfüllung seiner Pflichten entgegenzuwirken, denn der Mensch ist Sklave seiner Gewohnheiten. Das große Interesse, das jeder am Wohlergehen der ganzen Welt zeigt, resultiert ebenfalls aus Bemühungen in vergangenen Leben. Obwohl es eine Weile dauert, eine gute Gewohnheit zu entwickeln, darf man niemals den Mut verlieren, sondern sollte beharrlich bleiben. Tatsächlich erzeugen spirituelle Übungen, die regelmäßig und sei es auch nur für kurze Zeit täglich praktiziert werden, allmählich eine heftige Sehnsucht nach Gott. Die Entwicklung von Aufrichtigkeit und Reinheit ist eine unerläßliche Voraussetzung zur Selbstverwirklichung.

Welches Sādhanā du auch übst, das deinem Temperament und deinen Fähigkeiten entspricht – die Kraft deines Innern wird sich entfalten und ausdehnen. Gott ist die Seele allen Lebens, das Selbst. Um dies zu erkennen, solltest du dich der spirituellen Übung hingeben, die dich tief innerlich am meisten anzieht.

Ein Mensch fühlt sich gelähmt, wenn er nicht die Freiheit hat, in seinen Handlungen auf eine ihm gemäße Art und Weise vorzugehen. Das gleiche Prinzip gilt auch im religiösen Bereich. Wenn der Sucher nicht seinem individuellen Temperament entsprechend weitangelegten Freiraum für die Entfaltung seines Strebens findet, so werden seine Bemühungen in gewohnten Gleisen stagnieren. Der einmal erwählte Pfad muß mit großer Zielstrebigkeit weiterverfolgt werden, damit Herz und Geist gereinigt werden. Wenn man das Ziel stets als lebendige Realität vor Augen hat, wird sich alles Notwendige von selbst ergeben.

Laßt niemals in euren Anstrengungen nach, bis Erleuchtung erlangt ist. Keine Lücken dürfen eure Bemühung unterbrechen, denn eine Lücke erzeugt einen Strudel, während euer Streben kontinuierlich wie das Fließen von Öl sein muß – unaufhörlich und beständig, ein ununterbrochener Strom. Es macht nichts, daß ihr keine Kontrolle über das physische Bedürfnis nach Nahrung und Schlaf habt; euer Ziel sollte darin bestehen, keine Unterbrechung in der Ausübung eures Sādhanās zuzulassen. Seht ihr nicht, daß alles, was ihr an Nahrung und Schlaf zu festgesetzter Zeit benötigt, ausnahmslos ein immer wiederkehrendes Bedürfnis ist? Ebenso müßt ihr Stetigkeit in der Suche nach Wahrheit anstreben.

Erfolglosigkeit beruht im wesentlichen auf deinem Mangel an aufrichtigem Glauben. Was man erreicht, hängt von der Tiefe und Intensität des Glaubens ab. Natürlich kannst du einwenden, daß Feuer einen verbrennt, selbst wenn man unwissentlich seine Hand hineinstreckt. Darauf kann man aber auch antworten, daß innen eine solche Kälte herrscht, daß die Wärme eine gewisse Zeit braucht, um einzudringen. Dennoch wird man bestimmt ein Ergebnis erzielen. Nichts ist vergeblich, deshalb braucht man die Gemeinschaft der Heiligen und ähnliche Hilfen.

Versuche soviel wie möglich Japa und Meditation zu üben. Kontempliere das, was du am meisten liebst, und lese alle heiligen Schriften, die dich interessieren. Wähle deinen Neigungen entsprechend Bücher über Leben und Lehren von Heiligen aus Ost und West. In Bezug auf weltliche Dinge solltest du keine Vorlieben oder Abneigungen haben - so wirst du nicht verwirrt, niedergeschlagen oder ärgerlich werden. Schenke so unwichtigen Dingen keine Beachtung.

Selbst wenn du keine Neigung dazu verspürst, sei bestrebt, dein Bewußtsein immer auf Gott zu richten: Gottverwirklichung muß das Ziel des Lebens sein! Es gibt keinen anderen Begleiter, keinen Freund, nichts - einzig und allein das, was dich zu Gott bringt, das und nur das.

Arbeite mit deinen Händen, richte den Geist auf dein Mantra, und sprich nur, wenn es notwendig ist.

Um Selbstverwirklichung zu erlangen, ist es für den geistigen Sucher absolut notwendig, ständig voll innerer Sehnsucht nach seinem höchsten Ziel zu streben. Regelmäßig sollte er Sādhanā üben, ob er sich dazu aufgelegt fühlt oder nicht. So wie eine verheiratete Frau bei ihrer Hausarbeit immer darauf achtet, daß ihre weißen Armreife und der rote Punkt auf ihrer Stirn stets in Ordnung sind, so muß der Sādhaka ununterbrochen an seinen Ishtadeva denken, ebenso wie eine Mutter sich selbst bei ihrer Hausarbeit immer der Bedürfnisse ihres Kindes auf ihrem Schoß bewußt ist. Während der Sucher seinen normalen weltlichen Pflichten nachgeht, muß er besonders darauf bedacht sein, daß seine Aufmerksamkeit in jedem Augenblick seines Lebens auf Gott gerichtet ist. In dieser Vergegenwärtigung Gottes sollte der Sādhaka immer mehr aufgehen und sich stets daran erinnern, daß sie seine höchste Pflicht darstellt.

Ein Sucher sollte sich nicht auf unnütze Gespräche oder Plaudereien einlassen, sondern nur sprechen, wenn es wirklich notwendig ist. Seine Rede sollte sparsam, aber sanft sein. Er muß äußerst darauf achten, sich von allen weltlichen Anhaftungen fernzuhalten. Er muß nicht nur seine eigene Rede beherrschen, sondern auch aufhören, allen müssigen Unterhaltungen zuzuhören. Daher sollte er seine Gemeinschaft mit weltlichen Menschen und weltliche Betätigungen auf ein Minimum beschränken. Reden und Gespräche über spirituelle Themen (Hari Katha) sind jedoch hilfreich und sollten gefördert werden. Alles andere ist sinnlos und leidvoll. Wo Rāma (Gott) ist, da ist Arāma (Ruhe und Frieden), wo Rāma nicht ist, da ist Vyarāma (Beschwerlichkeit und Leid).

Wer ist denn wirklich reich? Nur wer den HÖCHSTEN SCHATZ besitzt, ist tatsächlich reich und lebt im Überfluß. Arm und elend muß ein Mensch genannt werden, in dessen Herz nicht die ständige Erinnerung an Gott wohnt. Sich einzig und allein auf IHN zu verlassen, ist die höchste und einzige Pflicht des Menschen.

Das Geld, das ihr verdient, hat die Angewohnheit, sich immer wieder zu verbrauchen. Was ewig unerschöpflich ist – das ist „Besitz". Deshalb ist nur Sādhanā wirklicher Besitz, wirklicher Reichtum.

Sobald Körper und Geist einmal unter Kontrolle gebracht worden sind, wird der Wunsch nach Selbsterkenntnis spontan erweckt. Wenn man nicht lau bleibt, sondern sich mit Herz und Seele der HÖCHSTEN SUCHE widmet, wird es leicht, das Selbst zu finden. Solange deine Aufmerksamkeit primär auf den Körper gerichtet ist, ist es unmöglich, überhaupt etwas ohne Handlung zu erreichen. Du solltest dir unbedingt immer vor Augen halten, daß kein Fortschritt auf dem spirituellen Pfad möglich ist, wenn man nicht streng und zäh mit sich ist wie ein Geizhals, der Reichtum anhäuft oder wie die Biene, die Honig sammelt.

Aufrichtiger und fester Glaube führt dich direkt zum Göttlichen. Aber intellektuelle Diskussionen werden dich nur weiter von IHM entfernen. Gott ist der Ewige Klang, der das Höchste Brahman symbolisiert. Hältst du an IHM fest, wirst du nicht mehr von IHM loskommen können. Natürlich bestimmt letzten Endes ER Selbst auch die Intensität deiner Zielgerichtetheit. Trotzdem versuche, dich IHM immer hinzugeben – sei dein Glaube auch noch so gering.

Wenn du Lust hast zu reden, rede über IHN, wenn du etwas hören möchtest, so höre etwas über SEINE Herrlichkeit, wenn du dich zur Arbeit hingezogen fühlst, so bringe all deine Werke IHM dar. Betrachte deinen Körper als SEINEN Tempel, und halte ihn ebenso rein und sauber wie deinen Altar. Beschäftige dich mit positiven Gedanken, die deinen Geist und deine Seele läutern. Versuche, im makellosen Spiegel deines Bewußtseins die Widerspiegelung deines wahren Selbst, dein Ich, zu finden. Entdecke, wer dieses „Ich" ist. Dein ganzes Streben sollte darauf gerichtet sein, es zu erkennen. So oft hört man die Leute sagen: „Halte den Spiegel deines Geistes rein." Tu es! ER wird Sich Selbst offenbaren und zwar zur rechten Zeit. Du brauchst dir um SEINE Offenbarung keine Sorgen zu machen. Sei zufrieden mit dem wenigen, das ER dir vielleicht in diesem Leben gegeben hat, verbringe frohgemut damit deine Tage und sei in lebendigem Kontakt mit IHM.

Je mehr deine Zweifel schwinden, desto näher wirst du IHM sein. Eine Zeit wird kommen, wo du IHN überall erkennen und ganz eins mit IHM werden wirst.

Ein Devotee fragte Mā 1985 einmal: „Was ist das Ziel des Lebens?"
Mā: „Ātmā-Lābha - Selbstverwirklichung."
Frage: „Wie kann man sie erreichen, Ma?"
Mā: „Machst du Japa?"
Der Fragende: „Ja."
Mā: „Dann tue es ohne Unterbrechung, beim Sitzen, Gehen, überall und bei all deinen Aktivitäten. - Zweitens betrachte alles, was geschieht, als gottgewollt und deshalb förderlich für deinen spirituellen Fortschritt. - Drittens, lese täglich im Rāmāyana, und wenn du es ganz durchgelesen hast, beginne wieder von vorn. Wiederhole das zehnmal hintereinander."

Zwei Mahlzeiten am Tag sind notwendig, um den Körper gesund zu erhalten. Ebenso unabänderlich müssen die Besinnung auf Gott und spirituelle Übungen jeden Morgen und Abend mit großer Regelmäßigkeit praktiziert werden. Und so wie ihr außerdem noch Wasser oder Obst zwischendurch zu euch nehmt, ist es darüberhinaus notwendig, so oft wie möglich an Gott zu denken oder Seinen Namen zu wiederholen. Das wird euch ebenfalls auf dem spirituellen Weg weiterhelfen.

Alles kann durch den NAMEN erreicht werden! Widmet IHM soviel Zeit wie möglich. Wenn ihr den NAMEN nicht lange wiederholen könnt, sprecht über IHN oder singt Kīrtan oder lest spirituell erhebende Bücher - versucht auf jede Art und Weise eure Aufmerksamkeit so lange wie möglich auf IHN zu lenken.

Die wunderbaren Aussagen, die dich der Selbstverwirklichung näherbringen, ja alles, was in diese Richtung weist, solltest du annehmen. So wie ein Durstiger unmöglich den Gedanken an Wasser vergessen kann, ebenso sollte man bestrebt sein, das ZIEL stets innerlich vor Augen zu behalten.

Nach dem Satsang saßen alle Teilnehmer einige Zeit still da. Dann fragte jemand: „Mā, soll ich Kīrtan singen?"
Mā: „Ja, es ist besser, etwas zu tun, als müßig herumzusitzen."

Ein Zuhörer: „Der Geist kann sowieso nicht müßig sein!"
Mā: „Solange er nicht damit beschäftigt ist, über IHN zu sprechen oder IHN zu kontemplieren, kann man sagen, daß der Geist müssig ist, und so ein Zustand ist sinnlos und leidvoll. Der Geist kann nicht völlig untätig bleiben, er wird von selbst immer mit irgendetwas beschäftigt sein. Deshalb laßt euch nicht auf leeres Geschwätz ein. Der Geist muß sowieso immer auf etwas gerichtet sein, dies oder jenes hält ihn zwangsläufig dauernd fest. Deshalb sollte man den Geist IHM zuwenden, der allen Zuflucht gibt, die ohne Halt sind – ER, das Selbst, ist der Anker, an dem man festhalten sollte. ER ist fürwahr in jedem und allem. So manifestiert sich selbst in der jeweiligen geistigen Methode nur ER. Mit anderen Worten, ER ist in allen Übungen gegenwärtig, die Selbstverwirklichung anstreben, sei es Japa, Meditation, Kīrtan usw. Der Geist schweift umher ohne Frieden zu finden. Mal ist er hier, mal dort, wie ein kleines Kind. Erst, wenn ‚hier', ‚dort' und ‚überall' zum EINEN werden, hat sein Wandern ein Ende. Auf der Suche nach Nahrung wendet er sich mal hierhin, mal dorthin und findet doch nichts. Wenn der Geist die richtige Nahrung erhält, die ihn an einer Stelle festhält, wenn du ihm so eine volle und ausgewogene Mahlzeit gibst, wird er von selbst erfüllt werden -- ein vollkommenes Kind, das im Schoß seiner Mutter ruht. Ob ihr sagt – es ruht bei seiner Mutter oder im Selbst – wie ihr es auch nennen mögt – sie (das Kind und die Mutter/das Selbst) sind ungeteilt, obwohl jeder für sich existiert, und obwohl sie getrennt sind, sind sie doch unauflöslich eins. Das heißt, wenn man ganz in Meditation oder Samādhi vertieft ist, ist man versunken in IHM, der Essenz (Svarūpa) aller Freude, allen Glücks, aller Seligkeit – egal, wie ihr es nennt: man ist im Wesen der Wirklichkeit (Svarūpa), im Selbst, aufgegangen."

Sitz nicht müßig herum, sondern tue etwas Nützliches. Wiederhole still Gottes Namen oder lies ein gutes Buch oder spreche über ein gutes Thema. Aber vergeude deine kostbare Zeit nicht mit leerem Gerede.

Wer den wirklichen und immerwährenden „Rausch" anstrebt, benötigt keine künstlichen Rauschmittel. Sich mit Trügerischem abzugeben, wird nur die Illusion verstärken, denn jede

Handlung setzt sich ins Unendliche fort. Wer das Echte sucht, arbeitet von selbst intensiv daran, Fortschritt in seinem Sādhanā zu machen.

Ein einziges Ziel mit konzentrierter Aufmerksamkeit und reinem Herzen anzustreben, hat fürwahr magische Wirkung. Hat es dich einmal erfaßt, so wird es dich nicht mehr loslassen.

Nārāyan Swāmī sagte u.a. bei einem Gespräch mit Mā: „Um Sādhanā zu üben, muß ein spezieller feinstofflicher Körper geschaffen werden."
Mā: „Der feinstoffliche Körper, der Sādhanā üben kann, wird während der Dīkshā geschaffen, in dem Augenblick, wo der Guru Kraft auf den Schüler überträgt. „Mein ganzes Wesen ruft nach IHM, der ganz mein eigen ist", sagt Rādhā. Echtes Sādhanā wird mit jedem Teil unseres ganzen Wesens gleichzeitig geübt".

Auch Wesen in feinstofflichen Körpern helfen euch bei eurer Aufgabe. Was für einen Weg ihr auch geht, auf diesem Weg kommen sie euch zur Hilfe. Sie helfen euch ständig, ihr könnt sie nur nicht sehen, das ist es...

An eine Frau, die ein bestimmtes Anliegen vorgebracht hatte, ließ Mā Folgendes diktieren: „Dieser Körper ist stets bei ihr, wo sie auch sein mag. Bitte sie, zu schreiben und ihre Zweifel und Fragen klar darzulegen. Man sollte seine kostbare Zeit nicht mit müssigem Gerede und unnützer Aktivität vergeuden. Tue, was für den Lebensunterhalt erforderlich ist, und sprich nur, wenn es notwendig ist. Verbringe deine Zeit mit Japa, Meditation, inspirierender Lektüre, Kīrtan und ähnlichem.
Wie kann man Fortschritte auf dem geistigen Pfad machen, solange es noch äußere, persönliche Probleme gibt? Man sollte sich stets Gott weihen, der im Innern wohnt, um IHN zu verwirklichen.

Was Mā sagt, ist in jeder Hinsicht förderlich. Auch wenn man keine Lust hat und sich dazu zwingt, spirituelle Übungen zu praktizieren, auch dann wird Gott einem ganz sicher aufgrund dieser Bemühungen die Kraft schenken, Fortschritte auf dem Weg zu IHM zu machen... Es ist die Pflicht des Menschen, so beständig in sein Sādhanā vertieft zu sein, daß es ihm zur zweiten Natur wird.

Auch wenn du das Gefühl hast, deine spirituelle Übung sei bloß eine ständige langweilige Wiederholung, so ist es dennoch genau diese Übung, die dir innerlich den Weg öffnen wird.

Welchen spirituellen Weg man auch geht - zuerst ist man bedrückt und verwirrt, da man das Ziel nicht erreicht. Dann folgt ein Schwebezustand, eine Art Leere: man kommt nicht weiter nach innen, doch auch weltliches Vergnügen befriedigt einen nicht.

Ob man den ersten Schritt auf dem Pfad zur Erleuchtung aufgrund der Lektüre eines Buches oder aufgrund der Annahme direkter mündlicher Unterweisung tut - der erste Schritt besteht darin, ständige Ausdauer und unendliche Geduld zu entwickeln.

Gehe diesen Weg (des Sādhanās), auf dem du viele Weggefährten treffen wirst, die sich von selbst nach deinem Ziel erkundigen werden. Oft werden sie dir den richtigen Weg zeigen, wenn du den falschen eingeschlagen hast.

Zuerst solltet _ihr_ euer Bestes tun - den Rest wird ER tun. Wenn ihr das Eu_ri_ge tut, wird das Ergebnis automatisch folgen.

Dienen und Wiederholung eines Mantras sind das geeignete Sādhanā für Hausvater und Hausmutter.

So wie ein Kind am Rockzipfel seiner Mutter hängt, obwohl sie mit anderweitiger Arbeit beschäftigt ist, und so wie es sie immer wieder plagt, selbst wenn es einen Klaps bekommt – ebenso darf man niemals in seinen Bemühungen nachlassen, Selbstverwirklichung zu erlangen. Das ist das Kennzeichen eines Devotees: Immer wieder und immer wieder zu beten. Man kann nie wissen, wann sich der EINE als Erfüllung offenbaren wird.

–„Ich wäre gern eine Zeitlang bei Dir geblieben, doch mein Baby plagt mich so, daß ich jetzt gehen muß." Mit diesen Worten verabschiedete sich eine Frau von Mā und verneigte sich vor Ihr. Nachdem sie gegangen war, bemerkte Mā lächelnd: „So solltet ihr euch alle verhalten, denn auch ihr seid kleine Kinder. Warum könnt ihr eure MUTTER (Gott) nicht ebenso belästigen? Warum könnt ihr nicht laut rufen: Oh Herr, wenn Du uns nicht Deine Glückseligkeit gibst, werden wir Dir keine Ruhe lassen! Wir sind doch Kinder – was wissen wir schon von Dienen? Wir werden Dich quälen, nur um dieses Geschenk der Glückseligkeit zu bekommen!"

Durch Rezitation des Gāyatrī-Mantras*, durch Feuerzeremonien, Japa, Meditation und ähnliche Übungen wird man von Karma und Unreinheiten, die in zahllosen früheren und auch in diesem Leben angesammelt wurden, gereinigt und geläutert. All dies beschleunigt die unverhüllte Offenbarung jener herrlich leuchtenden Wirklichkeit, die tief im Innern wie ein strahlendes Licht glänzt und die das ZIEL ist.

Shrī Mā's letzte Unterweisung lautete: „Jeder, egal wo er sich gerade befindet, solte sich auf seine spirituelle Übung konzentrieren."

* Heiliges Mantra aus dem Rig Veda, welches täglich von allen Hindus der drei oberen Kasten wiederholt wird, nachdem sie die heilige Schnur erhalten haben: Om bhur bhuvah svah om tat savitur varenyam bhargo devasya dhimahi dhiyo yo nah pracodayat.

Der Sucher zwischen Welt und Gott

Das ganze Universum ist DAS. Auch die Welt der Tiere hat ihre Schönheit – die Tiere essen und trinken wie wir, sie paaren und vermehren sich, doch der Unterschied ist: Wir können unsere wahre Natur, den Ātman, erkennen. Da wir als menschliche Wesen geboren wurden, sollten wir diese Gelegenheit nicht vergeuden. Zumindest einige Augenblicke täglich müssen wir uns fragen: Wer bin ich? Es ist unsinnig, immer wieder eine Rückfahrkarte zu nehmen. Von Geburt zum Tod und von Tod zu Geburt herrscht der Kreislauf des Samsāra. Doch in Wirklichkeit gehören wir nicht zum Bereich von Geburt und Tod. Das müssen wir erkennen."

Frage: „Was ist der beste Weg zur Selbstverwirklichung?"

Mā: „Alle Wege sind gut. Es hängt von den Samskāras des Menschen ab – den Eindrücken, Neigungen und seelischen Prägungen, die nach jeder Erfahrung im Bewußtsein bleiben und aus früheren Leben mitgebracht wurden. So wie man den gleichen Ort mit dem Flugzeug, der Eisenbahn, dem Auto oder dem Fahrrad erreichen kann, so gibt es auch für verschiedene Menschen unterschiedliche Mittel der Annäherung. Der beste Weg ist jedoch der, den der Guru zeigt."

Habt ihr einmal Kindern beim Spielen zugeschaut? Sie beginnen ihr Spiel so begeistert und lebhaft, wie lieb und freundlich sie sind! Doch noch vor Spielschluß hat eine Meinungsverschiedenheit über Sieger und Verlierer sie in solch bitteren Streit verwickelt, daß sie zuerst einander beschimpfen, dann zu schlagen anfangen und schließlich weinend nach Hause laufen. Die weltlichen Menschen benehmen sich – obwohl sie erwachsen sind – sehr ähnlich. Kaum haben sie etwas Geld verdient, so beginnen sie ein luxuriöses Leben mit Parties, Festen und gesellschaftlichen Vergnügungen zu führen. Eine Weile genießen sie dies ausgiebig. Doch mit fortschreitendem Alter müssen sie nach und nach alle möglichen harten Prüfungen und Trauerfälle durchmachen und werden schließlich so von Verzweiflung übermannt, daß ihnen das Leben unerträglich scheint.

Jene hingegen, die ihr Leben dem Willen des Allmächtigen hingeben und zu Seinen Füßen Zuflucht nehmen, werden friedlich und gelassen bleiben, egal wieviel Not und Unglück ihnen zustößt. In dieser stets veränderlichen Welt wird der Wechsel von Glück und Leid immer das Schicksal des Menschen

sein, wie das ewige Wechselspiel von Ebbe und Flut, Regen und Sonnenschein.

Wenn man sein Leben nach weltlichen Anziehungen (Moha) ausrichtet, wird man ständig mehr darin verstrickt. Wird jedoch das göttliche Streben zur Antriebskraft allen Handelns, so wird der Pilger – auch wenn zuweilen alle möglichen Schwierigkeiten und Leiden als Ergebnis früherer Handlungen eintreten – durch sein ständiges Vertieftsein in spirituelle Übungen im Bewußtsein der heiligen Gegenwart Bhagavāns durch eben diese Gemeinschaft mit dem Göttlichen auf den Höchsten Pfad geleitet.

Solange ihr diese Welt als ein (von euch getrenntes) Objekt betrachtet, ist die Schöpfung für euch real. Solange Unterscheidungen wie ‚ich' und ‚du', ‚Glück' und ‚Leid', ‚Licht' und ‚Dunkelheit' existieren, gibt es Konflikte. Konzentriert euch auf Handlungen, die ein Ausdruck eures wahren Wesens und eurer inneren Berufung als Mensch sind. Sobald ihr die durch die Sinne und äußere Impulse bedingten Handlungen aufgegeben habt, wird euer inneres Selbst (Anterātmā) erwachen. Dann werdet ihr fähig, eure Aufmerksamkeit auf das Höchste zu lenken und werdet frei von der begrenzten Sicht, die die Welt der Dualität wahrnimmt.

Wende dich entschlossen dem Weg zu, der zur Offenbarung des Selbstes (Svarūpa Prakāsha) führt. Das Sehen, Hören, Berühren, Schmecken und Riechen der materiellen Welt sind für die Pilgerreise des Lebens nicht förderlich. Was es in dieser Welt zu erfahren gibt, hast du bereits zu Genüge gekostet. Erlaube deinem Geist nicht mehr, sich in diese Richtung zu wenden.
In dieser schemenhaften Welt ständigen Entstehens und Vergehens gehört niemand einem anderen – und doch begehrst du es immer wieder?

Frage: „An manchen Tagen kann sich der Geist sehr gut beim Japa und bei der Meditation konzentrieren, an anderen Tagen jedoch kann man ihn einfach nicht unter Kontrolle bringen. Warum ist das so?"

Mā: „Es kann verschiedene Gründe haben. Bestimmt gibt es da etwas in deiner Lebensweise, das den Geist ablenkt und ihn während der für Japa bestimmten Zeit bei der Konzentration hindert. Beispielsweise etwas, das du gegessen oder gesehen hast oder jemanden, den du berührt hast oder mit dem du dich unterhalten hast - irgendetwas davon mag eine Bewegung in deinem Geist hervorgerufen haben, ohne daß du dir dessen bewußt bist. Deshalb sage ich, wenn jemand Fortschritte in dieser Richtung machen will, ist es unbedingt erforderlich für ihn, sich von der Gesellschaft fernzuhalten und in Einsamkeit zu leben.

Zu Anfang muß man ständig darauf achten, alles zu vermeiden, was die Aufmerksamkeit von Gott ablenken kann. Natürlich ist es für diejenigen, die ein Familienleben führen, nicht möglich, der Gesellschaft anderer auszuweichen. Sie sollten, wann immer es geht, Satsang aufsuchen und über religiöse Themen sprechen. Wenn man mit Heiligen und Weisen zusammenkommt und über sie liest, wird das Bewußtsein gereinigt, und das hilft, sich Gott zu nähern.

Auch die Handlungen früherer Leben haben ihren Einfluß, aufgrunddessen verschiedene Stimmungen oder Tendenzen zu verschiedenen Zeiten Oberhand gewinnen. Wenn man sich darin übt, Gott stets durch die Haltung ‚jegliche Arbeit, die ich tue, ist Dienst für IHN' zu vergegenwärtigen, dann werden weltliche Anhaftungen verschwinden, und die Sehnsucht nach Gott wird stärker, so wie neue Blätter an einem Baum treiben und alte abfallen - äußere Interessen werden nachlassen und der inneren Suche stattgeben. Das ist der natürliche Lauf der Dinge. Die alten Blätter wiederum, die abgefallen sind, dienen dem Baum als Dünger. Seht, so wird nichts im göttlichen Plan verschwendet."

Wenn man sich tief im Herzen, sei es auch nur unbewußt, nach dem Ewigen sehnt, ist es nur natürlich, daß das weltliche Leben einem öde vorkommt und daß höfliche, gesellschaftliche Unterhaltung den Ohren wehtut. Warte jedoch ein wenig ab und schau, ob diese Gefühle dauerhaft oder nur zeitweilig sind. Wie kann Zweifel in jemandem aufkommen, der festen Glauben hat? Die Übungen, die Gottes Gegenwart anrufen, wie Japa, Meditation und das Studium heiliger Schriften, werden dich mit der Zeit immer mehr anziehen.

Wo auch immer man sich aufhält, wird es verschiedene Arten von extravertierten Menschen geben, die einen stören. So wie man trotz der unaufhörlichen Wellen des Meeres unbekümmert darin badet, sollte dies das Ideal jedes menschlichen Wesens sein: Gott ist überall, in jedem. Um das zu erkennen, sollte man sich bemühen, soviel wie möglich Japa, Meditation usw. zu üben. Worauf man seine Gedanken richtet, damit beschäftigt sich der Geist. Wenn man also wieder und wieder versucht, sich in Gott zu versenken, besteht die Hoffnung, daß das Bewußtsein schließlich SEINE Berührung erfährt.

Warum sollte man sich von weltlichen Sorgen verrückt machen lassen? Vielmehr sollte man ‚verrückt' danach sein, über das höchste Ziel des menschlichen Daseins zu kontemplieren. Auch wenn man nicht immer besondere Inspiration verspürt, sollte man auf dem Weg bleiben, auf dem diese Inspiration jeden Augenblick einströmen kann. Warum sollte man im verworrenen und aufreibenden Getriebe der Welt untergehen? Im Gegenteil, die Flut der Höchsten Suche muß dich hinwegtragen!

Durch die Gespräche und Aktivitäten der Menschen in deiner Umgebung prallen alle möglichen Schwingungen aufeinander, die Zerstreuung und Ruhelosigkeit in deinem Bewußtsein erzeugen. Schon mit Menschen zu verkehren, die nicht nach innen gerichtet sind, lenkt dich vom Pfad ab. Wenn man in die Wellen des Meeres eintaucht, muß man auch wieder hochkommen – diese Einstellung sollte ein Mensch in allen Lebenslagen entwickeln. Um Ablenkung auf dem Pfad zu vermeiden, wird empfohlen, reine (sattvische) Nahrung zu sich zu nehmen, göttliche Bestrebungen zu hegen, sich sanftmütig und gütig zu verhalten und Bücher der Weisheit zu studieren. Gib dich dem Strom hin, der zu IHM führt, der dich geschaffen hat. Von dort wirst du die Kraft erhalten, mit allen Umständen zurechtzukommen.

Frage: „Ich weiß, daß bestimmte Leute einen schlechten Einfluß auf mich haben, trotzdem falle ich ihnen zum Opfer. Kann ich mich irgendwie davor schützen?"
Mā: „Beschränke die Zeit, die du in ihrer Gesellschaft

verbringst, auf ein Minimum."

Die Fragestellerin war eine amerikanische Filmschauspielerin. Sie sagte: „Aber wie soll ich das machen? Meine Arbeit zwingt mich nicht nur dazu, bei ihnen zu sein, sondern auch mit ihnen zu essen und zu leben."

Mā: „Wie kannst du dich dann vor ihrem Einfluß schützen? Wenn du dich Feuer näherst, wirst du etwa nicht seine Hitze spüren? Oder wenn du Eis auf deine Hand legst, wird sie etwa nicht frieren?"

Gottes Schöpfung besteht aus beidem: Menschen, die die Natur der Welt begreifen und solchen, die sie nicht verstehen. Die letzten müssen eben mit den Spielsachen zufriedengestellt werden, nach denen sie verlangen.

Frage: „Mā, wenn es stimmt, daß Gott allein alles tut, warum heißt es, daß wir für Fehler verantwortlich sind?"

Mā: „Bis jetzt habt ihr noch kein Recht zu sagen, daß Gott alles tut, denn ihr kennt IHN ja gar nicht wirklich. Eben deshalb muß man sich ständig bemühen. Wenn man kontinuierlich weiterarbeitet, erwirbt man das Recht, die innere Befähigung, IHN kennenzulernen. Es ist genauso, als ob du einem Kind das Magisterstudium erklärst, es wird nichts verstehen und höchstens einige Worte wiederholen können, die es von anderen gehört hat."

Die Zeit vergeht sehr schnell. Wer mit einem menschlichen Körper gesegnet wurde – nach dem sogar die Götter trachten – sollte immer sein Höchstes Ziel vor Augen haben. Nährt keine Tendenzen, wieder und wieder geboren zu werden, indem ihr eure Gedanken einer Welt zuwendet, die im ständigen Kreislauf von Geburt und Tod befangen ist.

Frage: „Der Körper wird alt, doch warum bleibt der Geist nicht jung und kindlich?"

Mā: „Wünsche dir nicht, wie ein gewöhnliches Kind der Welt zu sein. Sei ein Kind, das nie erwachsen wird. Der einzige

Grund, warum der kindliche Zustand nicht andauert, ist Begehren."

Frage: „Wie erlangt man den kindlichen Zustand?"

Mā: „Suche die Gemeinschaft mit reinen und heiligen Menschen, und gehorche den Anweisungen des Gurus. Das wird zur spontanen Entfaltung des wahren kindlichen Zustands führen."

Nur wenn das Leid des verstrickten Daseins unerträglich wird, entdeckt man den Weg zur Befreiung. Wie wollt ihr Frieden erlangen, solange ihr von Sinnesobjekten gefesselt seid? Ich sage nicht, daß ihr euch alle in den Wald zurückziehen solltet. Selbst innerhalb des Familienlebens kann Frieden erlangt werden. Nur für den, der seine Rolle in der Komödie des Lebens fälschlich für Wirklichkeit hält, ist die Welt voller Leid. Und für jene, die wissen, daß sie sich nur verkleidet haben, um eine Rolle zu spielen, die jedoch nicht ihr wahres Wesen ist, kann die Welt nicht verzehrendes Leid sein. Nur ihre Bindungen werden vernichtet, und danach fällt alles von ihnen ab.

Wenn du weinen mußt, weine nach Gott.

Was ist mit ‚Schöpfung' gemeint? Wenn Sich der EINE als ‚viele' manifestiert, so nennt man das ‚Schöpfung'. So wie du zuerst alleinstehend warst, dann durch Heirat zwei wurdest und danach mehrere Kinder zeugtest und zu ‚vielen' wurdest – ebenso wurde der EINE und Einzige Gott unendlich ‚viele'. Alles, was du in der Welt um dich erblickst, ist SEINE Nachkommenschaft, SEINE eigene Familie. Das gilt für Gott und ebenso für die Menschen. Deshalb hast du dich in das Netz trügerischer irdischer Liebe verstrickt, indem du aus Einem viele werden ließest. Wenn du diese Bewegung umkehren und in die entgegengesetzte Richtung gehen kannst, so ist das der Weg zur Befreiung (Mukti). Immer wenn du sagst, ‚mein Sohn, meine Tochter, mein Hab, mein Gut', so zeigt das, daß du aus EINEM zu ‚vielen' geworden bist. Vom ‚Vielen' zum EINEN zurückzukehren, bedeutet Befreiung (Mukti). Den Angewohnheiten von Herz und Verstand, die dich herabziehen und binden, mußt du Einhalt gebieten und sie emporlenken. Was auf dem abwärtsführenden Pfad ‚Leidenschaft' ist, kann auf dem höherführenden Pfad in reine Liebe verwandelt werden. Deshalb lautet die Anweisung, sich ständig nach oben auszurichten. Dieselben Dinge, die dich an die Welt binden, können umgelenkt werden und dich zu deinem Ursprung zurückführen. Diesen anderen Lebensweg, dieses aufwärtsgerichtete Streben, vermittelt der Guru Seinem Schüler. Der Strom, der dich zu deiner wahren Natur bringt, wird durch den Guru erweckt. Deshalb muß eine stabile Beziehung zwischen Guru und Schüler hergestellt werden.

Natürlich sind auch alle weltlichen Bande der Zuneigung SEINE Manifestationen auf einer niedrigeren Ebene. Auch in ihnen liegt Glück. Wenn es nicht so wäre, würde die Welt mit ihrem Familienleben nicht weitergehen. Doch ohne IHN kann Höchste Glückseligkeit nicht erlangt werden. Die Welt ist sicher SEINE Manifestation, SEIN Schatten. Doch um vollkommene, dauerhafte Glückseligkeit zu kosten, muß man den Schatten aufgeben und nach dem Wesentlichen streben.

Man muß mit allen möglichen Umständen fertigwerden. Immer gut und bequem zu leben, ist nicht heilsam.

Eine junge verheiratete Frau sagte zu Mā: „Ich bin sehr unglücklich in meinem Familienleben."
Mā: „Es ist töricht zu glauben, daß es im weltlichen Leben Glück gibt."

Wenn jemand sagt: „Wie sollen meine Angehörigen ohne mich auskommen?" so zeigt es nur, daß seine Anhaftung an seine Familie so stark wie eh und je ist. In Wirklichkeit ist keine Person unentbehrlich für jemand anderen. Es stimmt einfach nicht, daß es einem nur gut gehen kann, wenn eine bestimmte Person bei einem ist und man ohne sie oder ihn hilflos wird. In so einer Situation sollte man nicht unnötig andere um Beistand bitten, sondern durch Selbsterforschung den Grund seiner Schwäche herausfinden und eigene innere Stärke entwickeln. Niemand mag Elend und Leid, doch sich zu bemühen, ihrem Einfluß zu entrinnen, scheint dem Menschen nicht einzufallen. Von der Wiege bis ins Grab lebt der Mensch so aufs Geratewohl dahin. Aus Angst vor der Verantwortung eines Familienlebens meiden viele die Heirat, doch ob sie das letztendlich befriedigt, ist schwer zu beurteilen. In dieser unvollkommenen Welt gibt es nichts, was vollkommenen Frieden schenken kann. Deshalb ist es auf der Reise deines Lebens absolut notwendig, bei IHM allein Zuflucht zu suchen. Das sollte das einzige Streben des Menschen sein – sein höchstes und endgültiges Ziel.

Frage: „Oft sagst Du, wir sollten ständig an Gott denken und in IHM versunken sein. Aber wenn wir das versuchen, werden die täglichen Pflichten im Haushalt vernachlässigt werden. Angenommen, ein Kind kommt und fragt nach etwas, und man antwortet ihm nur hastig, oder Gäste treffen ein, und man behandelt sie nicht so aufmerksam, wie sie es wünschen. Was soll man tun, während man als Haushälter lebt?"

Mā: „Wenn du in Gott versunken bist, warum kümmerst du dich um die Welt? Laß geschehen, was will, du bist in Gott vertieft."

Frage: „Aber meine Familie wird mich tadeln. Sie sagen, ich bin halb hier, halb dort und deshalb in keinem Bereich wirklich erfolgreich."

Mā: „Oh nein, du bist nicht halb ‚dort', viel weniger als halb, und mit dem bißchen Jenseitigkeit kannst du deine Haushaltspflichten fürwahr sehr gut erfüllen, besser als sonst. Reserviere dir einige Stunden täglich für Meditation, und ansonsten tu deine Arbeit als Dienst an Gott. Wenn du deine Aufmerksamkeit die ganze Zeit auf Gott richtest und jeden als SEINE Manifestation siehst, wird deine Arbeit ausgezeichnet bewältigt und für jeden zufriedenstellend sein.

Wenn ein Mensch Reichtum anhäufen will, verbirgt er das bißchen, was er bereits hat, und selbst wenn sich sein Besitz vergrößert, so muß er sorgfältig bewacht werden. Ebenso bewahre den kleinen, inneren Schatz, den du bereits erworben hast, in deinem Herzen, und diene in der äußeren Aktivität deiner Familie. Du brauchst das Wenige, das du bereits verwirklicht hast, nicht zur Schau stellen.

Wenn du einst wirklich im EINEN versunken bist, sodaß du unmöglich arbeiten kannst, wird niemand dich tadeln. Im Gegenteil, die Menschen werden die göttliche Gegenwart in dir spüren und sich sehr darum bemühen, dir zu dienen. Wenn Gäste nicht bewirtet werden, werden sie dir nicht böse sein, denn allein deine Gegenwart wird sie bereits glücklich machen.

Doch jener Zustand unterscheidet sich sehr von der Ebene, auf der du dich jetzt befindest. Dann wird die Welt für dich nicht mehr existieren."

Eine Frau aus Dakka sagte zu Mā einmal: „Mā, ich habe soviel Leid durchzumachen."
Mā: „Das ist sehr gut!"
Frage: „Wünscht Du, daß es so sein soll?"
Mā: „In einem Körper zu leben, beinhaltet, sowohl das Gute als auch das Schlechte zu ertragen. Wann immer sich also Krankheiten, Unglücks- oder Todesfälle ereignen, solltest du daran denken, daß du von Samskāras gereinigt wirst. Leid ist untrennbar vom materiellen Leben. Es ist notwendig zu brennen, um geläutert zu werden. Wenn etwas brennt, wird es erst zu Feuer, und danach wird selbst das zu Asche. Wenn du Asche auf deinen Körper reibst, wird sie eins mit dem Körper, streust du sie auf Wasser, verbindet sie sich mit dem Wasser und geht darin auf. Es gibt keine Spannung mehr, kein Verlangen nach unzuträglichen Dingen. Wenn das Bewußtsein mit der Welt eins ist, ist man in Frieden gegründet. Was auch immer geschieht, ist willkommen, ohne irgendeine heftige Reaktion darauf. Deshalb sage ich, daß Leiden gut ist.
Dann schaute Sie eine junge Lehrerin (Aruna) an und fragte: „Wieviel Geld verdienst du mit deiner Arbeit an der Schule? Wieviel hast du gespart?" Zur Erklärung dieser sehr persönlichen Fragen meinte Sie lächelnd zu den anderen: „Ich frage deshalb, weil sie auch mich versorgen muß."
Aruna sagte: „Ich verstehe nicht, was Du meinst."
Mā: „Das Wissen und das Geld, das du erwirbst, vermehren nur das Gefühl, daß es dir an etwas mangelt. Was nutzt dieses Wissen und das Geld?"
Aruna: „Soll ich meine Arbeit aufgeben?"
Mā: „Du setzt Zeit und Energie für diese Arbeit ein. Du solltest auch etwas davon für dein inneres Leben nutzen. Die Zeit, die du damit verbringst, den Namen des Herrn zu wiederholen, wird nicht vergeblich sein. Solcher Besitz kann ebenfalls angesammelt werden. Da es notwendig ist, für den Unterhalt des Körpers zu sorgen, hat die Arbeit schon ihren Sinn. Aber was ich dir sagen möchte ist, daß du auch für eine gute Entwicklung des spirituellen Lebens arbeiten mußt. Auch der Geist bedarf der Nahrung, dafür solltest du dich ebenso einsetzen. Deshalb sage ich, daß du auch für mich sorgen mußt."

Immerwährendes Glück liegt darin, dem Geheiß seiner wahren Natur (Svabhāva) Folge zu leisten... Jede Tätigkeit, die man im Zusammenhang mit weltlichen Dingen ausführt, entsteht aus einem Bedürfnis (Abhāva) heraus. Natürlich fühlt man sich glücklich, wenn dieses Bedürfnis befriedigt worden ist. Doch denk daran: Das Glück, das dir aus weltlichen Erfolgen und Befriedigungen zuteil wird, hält nur weiter das Gefühl in dir wach, daß dir noch irgendetwas fehlt. Angenommen, du hast das Bedürfnis, etwas zu erwerben, und um dieses Bedürfnis zu erfüllen, beginnst du, etwas Bestimmtes zu unternehmen. Aufgrund deiner Bemühungen hast du das Bedürfnis dann nicht mehr und bist sehr froh darüber. Doch zusammen mit dieser Freude wird sich irgendein anderes Bedürfnis melden. Deshalb betone ich, daß jede Handlung, die mit weltlichen Dingen zusammenhängt, zum Bereich des Mangels (Abhāva) gehört. Folgt man jedoch dem Geheiß seiner eigenen wahren Natur (Svabhāva), so ist das Ergebnis immerwährende Freude...Nun magst du entgegnen: ‚Was nützt Glückseligkeit für mich allein, wenn sich die ganze übrige Welt in Dunkelheit befindet?' Die Antwort darauf lautet: Wenn immerwährende Glückseligkeit erlangt wurde, wird sie sich auch anderen mitteilen.

Ihr alle befindet euch momentan in einem Zustand endloser Bedürfnisse, ja diese Bedürfnisse sind gleichsam zu eurer zweiten Natur geworden. Wenn ihr hungrig seid, benötigt ihr Essen, und danach seid ihr satt. Dann wollt ihr schlafen. Nach dem Aufwachen habt ihr das Bedürfnis, spazierenzugehen oder euch mit jemandem zu unterhalten. Auf diese Weise wollt ihr ständig das eine oder andere. Dieser Zustand nie endender Bedürfnisse kennzeichnet euer derzeitiges Wesen. Das nennt dieser Körper den Zustand ständigen Mangels, der zu eurer zweiten Natur geworden ist. Doch schlummert im Menschen auch die Fähigkeit, in seinem <u>wahren</u> Wesen, in seinem Selbst, in seinem eigenen <u>Seinszustand</u> gegründet zu sein. Der Schleier der Unwissenheit ist da, doch gibt es auch ein Tor zur Erkenntnis. Indem er durch das Tor der Erkenntnis geht, kehrt der Mensch zu seinem eigenen wahren Wesen zurück und wird in seinem eigenen Sein gegründet.

...Diese Art Körper (d.h. der menschliche Körper) wird ‚Bhogadeho' genannt: ein Körper, um Freuden und Leiden zu erfahren. ‚Deho' (Körper) bedeutet ‚deo, deo' (gib, gib!), mit anderen Worten ständiger Mangel. Solange man sich mit dem Körper identifiziert, ist kein Ende der Bedürfnisse abzusehen. Doch wenn Gott offenbar ist, werden alle Bedürfnisse verschwinden.

Frage: „Es kommt sehr oft vor, daß wir bestimmte Dinge nicht tun möchten und sie gegen unseren Willen doch tun, als seien wir gelähmt. Was können wir dagegen tun?"

Mā: „Gelähmtheit liegt fürwahr in der Natur des Individuums (Jīva). Alles, was die Menschen tun, tun sie wie unter Zwang. Schau, wenn ein Staubkorn ins Auge kommt, kann man nicht sehen. Selbst wenn es entfernt wurde, sind die Augen noch voll Tränen. Ebenso macht schon geringe Beschäftigung mit weltlichen Dingen den Geist ruhelos. Die Eindrücke zahlloser vergangener Leben haben ihre Prägungen in eurem Bewußtsein hinterlassen. Kann man sie so leicht auslöschen? Neigungen, die wir in der Vergangenheit entwickelt haben, zwingen uns jetzt zu bestimmten Handlungen, als seien wir machtlos. Deshalb ist anhaltende Bemühung notwendig. So eine ständige Bemühung könnte sogar zu einer anderen Art Lähmung führen! Wenn wir unsere weltlichen Aufgaben gegen unseren eigentlichen Willen tun, wie gelähmt durch Tendenzen und Neigungen, die wir in der Vergangenheit entwickelt haben, weshalb sollte es nicht auch möglich sein, aufgrund anhaltender Übung spontan spirituelle Aktivität auszuführen?"

Vollkommene Schau bedeutet Allwissenheit, während sich Glück, das von irgendetwas abhängig ist, unausweichlich in Leid verwandelt. Wird ein Kind geboren, so freut sich jeder, doch wenn es stirbt, grämt man sich. Solange das Glück von der Frau, dem Sohn, dem Heim oder irgendetwas Weltlichem abhängt, wird ausnahmslos Kummer folgen. Nur wo man völlig unabhängig von allen Umständen ist, kann es vollkommenes Glück geben. Wenn die Beziehung eines Dieners zum HERRN einmal hergestellt wurde, kann man in der Tat von Glück sprechen. Vigraha* bedeutet: Man akzeptiert Gott in einer bestimmten Form. Dem Wesen nach sind Gott (Hari) und das

---

* Gestalt, konkrete äußere Gegenwart als Form, die durch Mantras oder durch die Hingabe und Anbetung des Verehrenden zur Gottheit Selbst wird.

Lebewesen (Jīva) nicht voneinander getrennt. Von einem bestimmten Standpunkt aus betrachtet - wer ist es, der geboren wird? In Wirklichkeit gibt es keine Geburt. Geburt anzuerkennen bedeutet, sich der Unwissenheit zu beugen. Alle weltlichen Beziehungen, ob freundschaftlich oder feindlich, basieren nur auf der eigenen geistigen Einstellung.

Frage: „Warum solte man nicht weltliches Glück genießen?"
Mā: „Vergängliches ist nicht begehrenswert."
Frage: „Was ist Sünde (pāpa) und Tugend (punya)?"
Mā: „Gott zu vergessen ist die größte Sünde. Sich immer an IHN zu erinnern ist die größte Tugend."

Wenn Kinder Lesen und Schreiben lernen, müssen sie Tadel und Verweise hinnehmen. Auch Gott erteilt dem Menschen gelegentlich milde Schläge, doch ist das nur ein Zeichen Seiner Barmherzigkeit. Vom weltlichen Standpunkt aus betrachtet, werden solche Schicksalsschläge als äußerst schmerzlich empfunden, doch in Wirklichkeit rufen sie eine Wandlung im Herzen hervor, und zeigen uns den Weg zum Frieden: Indem sie das weltliche Glück des Menschen stören, bewegen sie ihn dazu, den Pfad zur Höchsten Glückseligkeit zu suchen.

Natürlich ist es wahr, daß die Existenz des menschlichen Körpers durch Atmung bedingt ist, und das beinhaltet Leid*. Es gibt zweierlei Pilger auf der Reise des Lebens: Der eine ist wie ein Tourist auf Sehenswürdigkeiten erpicht, wandert von Ort zu Ort und stürzt sich von einem Erlebnis ins nächste, nur um des Vergnügens willen. Der andere beschreitet den Pfad, der im Einklang mit der wahren Natur des Menschen ist und zu seiner wirklichen Heimat führt, zur Selbsterkenntnis. Auf der Reise, wo man Attraktionen und Vergnügen sucht, wird man mit Sicherheit Kummer erfahren. Solange das wirkliche Zuhause nicht gefunden wurde, ist Leid unvermeidlich. Das Gefühl der

---

* Das menschliche und tierische Leben ist durch Atmung bedingt, die ein Merkmal der Störung des universellen Gleichgewichts darstellt. Die ganze Schöpfung ist von dieser Störung gekennzeichnet. Der Vorgang des Atmens beinhaltet eine zweifache Bewegung, nach innen und nach außen, und eine periodische Ruhepause zwischen beiden Atemzügen. Ein Zustand der Harmonie kann erreicht werden, indem man sich von diesem Drang zur Bewegung befreit und Gelassenheit, Ruhe und Frieden verwirklicht. Das ist möglich durch Yoga. Befindet man sich in einem Zustand völligen inneren Gleichgewichts, so braucht man nicht länger zu atmen.

Getrenntheit ist die Wurzel des Leids, da es auf Irrtum beruht, auf der Vorstellung von Dualität. Aus diesem Grunde wird die Welt ‚Du-niyā' (auf Dualität basierend) genannt.

Der Glaube eines Menschen wird sehr durch seine Umgebung beeinflußt, deshalb sollte er die Gemeinschaft mit Heiligen und Weisen bevorzugen. Glaube bedeutet, seinem Selbst zu vertrauen, Unglaube hingegen hält das Nicht-Selbst für das eigene Selbst.

In einigen Fällen tritt Selbstverwirklichung durch die Gnade Gottes ein, während man andere Male sehen kann, wie ER in manchen Suchern eine fieberhafte Sehnsucht nach Wahrheit erweckt. Im ersten Fall wird das Ziel spontan erlangt, im letzteren erreicht man es durch Bemühung. In allem wirkt jedoch allein SEINE Barmherzigkeit.

Der Mensch meint, er sei der Handelnde, während in Wirklichkeit alles von ‚dort' gelenkt wird; von ‚dort' kommt der Anschluß, und ‚dort' ist auch die Schaltzentrale - dennoch sagen die Menschen ‚ich tue'. Wie wundersam ist es! Wenn ihr trotz aller Anstrengungen den Zug verpaßt, wird euch nicht klar, von wo all euer Handeln gesteuert wird? Was auch immer mit irgendjemandem geschehen soll, wo und wann auch immer, alles ist von IHM bestimmt, SEINE Vorkehrungen sind perfekt.

Eine ewige Beziehung besteht zwischen Gott und dem Menschen, doch ist sie innerhalb SEINES Spiels manchmal da und manchmal abgebrochen, vielmehr sie scheint abgebrochen zu sein - in Wirklichkeit ist dem nicht so, denn die Beziehung ist ewig. Von einem anderen Standpunkt wiederum gibt es so etwas wie Beziehung gar nicht. Eine Person, die diesen Körper einst besuchte, sagte: „Ich bin ein Neuling für Dich." Sie bekam zur Antwort: „Ewig neu und ewig alt, fürwahr."

Das Licht der Welt kommt und geht, es ist unbeständig. Das ewige Licht jedoch kann niemals erlöschen. Durch dieses Licht nehmt ihr das äußere Licht und alles im Universum wahr. Nur weil ES immer in eurem Innern erstrahlt, könnt ihr das äußere Licht wahrnehmen. Alle Erscheinungen im Universum verdanken ihre Sichtbarkeit nur jenem großen Licht in euch, und nur weil das Höchste Wissen um das Wesen der Dinge in den Tiefen eures Seins verborgen liegt, ist es euch möglich, überhaupt irgendein Wissen zu erwerben.

Ein junger englischer Sādhaka, der an der Benares Hindu Universität studiert hatte, sprach vor seiner Rückreise noch mit Mā. Mā sagte unter anderem zu ihm: „Was immer du tun magst und wo immer du bist, meditiere ständig über Gott. Denk daran, daß alles, was du siehst und hörst, eine Erscheinungsform Seiner Selbst ist. Leid existiert, weil du dich als getrennt empfindest. Betrachte niemanden als getrennt von dir. Sieh jeden als deinen Freund. Betrachte dich als Gottes Werkzeug (Yantra), und fühle, daß ER dich benutzt. Weihe dich IHM völlig und fühle immer, daß ER alles tut. Selbst wenn du gehst, fühle, daß ER deine Beine bewegt.

Was für eine Arbeit du auch tust, bringe sie IHM dar, dann wirst du nichts Böses tun können, denn wie kannst du deinem Geliebten etwas Schlechtes anbieten? Das bißchen Wissen, das du hast, mußt du IHM geben, und ER wird dir dafür - weil nichts übriggeblieben ist - alles geben.

Das Mantra, das du wiederholst, ist die Klangschwingung Brahmans, SEINE wesenseigene Form (Svarūpa). Wenn du also Japa machst, bist du bei IHM - das ist Satsang. Deshalb solltest du stets entweder Japa oder Meditation üben. Meditiere über die Einheit aller Wesen und Dinge. Nichts kann außerhalb von IHM existieren. Alles Existierende ist ein unentbehrlicher Bestandteil der Welt. Wenn nur ein Finger fehlt, nennt ihr schon jemanden einen Krüppel! So sieh also nichts als getrennt von IHM, deinem SELBST. Dann wirst du dich nicht ärgern können. Wie kannst du auf deinen Geliebten, dein eigenes Selbst, böse sein? Fühle, daß du während deiner Meditation bei Gott warst, auch wenn du dir dessen nicht bewußt bist. Reserviere einen abgetrennten Winkel für dein Sādhanā. Wie sich der Duft einer Blume verbreitet, so wird deine tägliche Meditation göttlichen Wohlgeruch erzeugen, und man weiß nicht, wohin der Wind ihn wehen wird."

Frage: „Ich kehre nach England zurück, weil meine Eltern über mein Fortbleiben bekümmert sind. Aber inwieweit sollte ich ihre Wünsche erfüllen? Sie erwarten von mir, daß ich mich niederlasse und heirate."

Mā: „Wenn du heiraten willst, kannst du es tun, obwohl es dich in den endlosen Kreislauf der Welt verstrickt. Aber denke daran, daß auch die alten Rishis verheiratet waren. Strebe zusammen mit deiner Frau nach dem Göttlichen. Doch wenn du nicht heiraten möchtest, kann niemand dich dazu zwingen. Wenn dein Denken rein bleiben kann ohne zu heiraten, umso besser."

Frage: „Sollte ich für das Gut und die Liegenschaften meines Vaters arbeiten oder für die Wohlfahrtspflege von Indern und Afrikanern?"

Mā: „Warum solltest du nicht arbeiten, wenn du dorthin gehst - aber nimm keine Arbeit an, die dich verstrickt."

Mā: „Wie ein Hungriger, der auf Nahrung bedacht ist, sollte man nach all dem suchen, was sich auf die Transzendenz bezieht."

Frage: „Aber wir haben keinen ‚Hunger' auf die ‚andere Welt' – was sollen wir da tun?"

Mā: „Das stimmt, du hast wirklich das Problem beim Namen genannt. Wenn du keinen Hunger hast, mußt du etwas gegen deinen Appetitmangel unternehmen. Zu diesem Zweck werden Medikamente verschrieben sowie unterstützende Diät."

Frage: „Was ist die Medizin und die Diät gegen dieses Leiden?"

Mā: „Wiederholung Seines NAMENS ist die Medizin, und Selbstdisziplin ist die Diät. Wenn du dieser gesunden Lebensweise folgst, wirst du feststellen, wie dein Hunger geweckt wird und allmählich immer mehr zunimmt. Zu Beginn ist Selbstdisziplin erforderlich. Entsagung und Krankheit (d.h. Gleichgültigkeit gegenüber spirituellen Bemühungen) bedingen sich gewissermaßen gegenseitig, denn solange man an Appetitmangel leidet, muß man die strengen Regeln vorgeschriebener Ernährung und Medizin befolgen.

Habt ihr nicht bemerkt, daß ein Patient – selbst wenn er sich auf dem Weg der Besserung befindet – noch eine Weile geschwächt bleibt? In dieser Phase bekommt er besonders nahrhaftes Essen. Und was ist dieses nahrhafte Essen für den ehemals Kranken? Sādhanā!

Die Welt ist eine Welt der Dualität und daher eine Quelle des Leids. Wenn man nach weltlichen Zielen trachtet, ist Leid unvermeidlich. Es ist so, als ob man absichtlich auf eine schon bestehende Wunde schlägt, so daß sich der Schmerz verdoppelt. Wendet man sich jedoch Gott zu, so ist dies wie lindernder Balsam für die Wunde. Es gibt kein anderes Mittel, das Leid zu mildern.

Seht, wenn jemand etwas Schmackhaftes kostet, empfiehlt er es seinem Sohn, seinem Vater oder seinen Freunden: „Probier einmal, wie gut dies schmeckt!" Ebenso bittet dieser Körper euch alle, Seinen NAMEN zu wiederholen. Er ist die einzige Quelle des Friedens.

Trennt euch einen Raum oder einen Teil eines Raumes ab, wo ihr euch hinsetzen könnt, um Gottes Namen zu wiederholen (Japa) und zu meditieren. Haltet diesen Raum makellos sauber, zündet Räucherstäbchen darin an und gestaltet ihn so schön wie möglich. So wird eine Atmosphäre entstehen, in der sich eure Aufmerksamkeit ganz natürlich Gott zuwendet, sobald ihr den Raum betretet. Macht euch keine Gedanken, ob ihr auf dem richtigen Weg seid, denn zu Beginn mag die Verschiedenheit der Wege verwirrend erscheinen. Müssig herumzusitzen und über verschiedene Pfade nachzugrübeln, führt zu nichts. Man muß losgehen! Sobald ihr einmal auf dem Weg seid, trefft ihr andere Wanderer, die euch weitere Information über die Reise geben.

Vater, jeder muß nach Hause zurückkehren. Der physische Körper ist ein Haus des Atems*. Schon oft habe ich euch gesagt, man muß ihn als vorübergehende Herberge betrachten. Legt ihr nicht alles zusammen und trefft die notwendigen Vorkehrungen, bevor ihr euch auf eine Reise begebt? Um von diesem ‚Gasthaus' aus heimzukehren, solltet auch ihr bemüht sein, alles Notwendige für eure Pilgerreise zusammenzusuchen!"

Einige Studenten der Universität von Dakka hatten 1937 ein Gespräch mit Mā. Einer von ihnen fragte: „Wozu ist Religion notwendig? Warum sollten wir uns so sehr mit Fragen des Dharma beschäftigen?"

Mā: „Was wollt ihr alle sonst tun?"

Der Fragesteller: „Wir möchten studieren und Wissen erwerben, Geld verdienen und versuchen, die Situation der Menschheit zu verbessern."

Mā: „Die Bildung, die ihr euch aneignet, ist kein wirkliches Wissen, denn sie beantwortet nicht die grundlegenden Fragen nach eurer wirklichen Identität, nach dem Ursprung eures Seins und dem Geheimnis eurer Bestimmung. Diese Bildung mag euch zwar befähigen, Geld zu verdienen, doch sie gibt euch nicht das Wissen, wie man in das noch Unbekannte, aber Erkennbare, vordringt. So viele Dinge wissen wir nicht. Wir sind uns nicht sicher, was am nächsten Tag, in der nächsten Stunde oder sogar in einer Minute passieren kann. Es kann kein Wissen geben, das losgelöst von Dharma (Religion) ist. Dharma ist das, was die ganze Welt aufrechterhält. Solange ihr das nicht begreift, kann von Wissen nicht die Rede sein. Doch kann man auch aus dieser weltlichen Bildung Wissen erhalten, vorausgesetzt wir nutzen sie zu einem dharmischen Zweck.

Du sagst, ihr wollt für das Wohl der Menschheit arbeiten. Hast du schon einmal überlegt, wie du das im einzelnen tun kannst? Wahrscheinlich wirst du so von deinen eigenen Angelegenheiten beansprucht sein, daß du überhaupt nicht in solchen Dimensionen denken kannst. Zuerst einmal wird es um

* siehe auch S. 125

deine Familie gehen. Wenn du anfängst, Geld zu verdienen, wird dein erster Gedanke sein, etwas davon zu sparen. Ich spreche einfach darüber, wie es in den meisten Fällen aussieht. Wenn du ein wenig darüber nachdenkst, wirst du erkennen, daß stets ein Spannungsverhältnis zwischen dem eigenen Willen (Icchāshakti) und der Göttlichen Vorsehung (Mahāshakti) besteht. So oft kannst du einfach nicht das verwirklichen, was du tun möchtest, und manches geschieht, obwohl du dein Bestes getan hast, um es zu verhindern. Du möchtest für andere arbeiten, doch in Wirklichkeit kann es dir passieren, daß du letztlich nur für deine eigenen Interessen arbeitest. Deswegen sage ich: Solange du Gott nicht erfährst und dich nicht mit dem Göttlichen Plan der Dinge in Übereinstimmung bringst, kannst du nicht für andere arbeiten.

Und noch ein Punkt: Alle Geschöpfe, von den Tieren bis zu den Menschen, suchen Frieden und Glück. Freude ist die wahre Natur aller Lebewesen, und deshalb suchen sie ständig danach. Wäre es nicht so, so würden sie sich nie danach sehnen. Der Mensch gibt sich nicht mit unvollkommenen Freuden zufrieden. Er sehnt sich ständig nach einem Glück, das kein Ende kennt. Deshalb können die Dinge der Welt unsere Aufmerksamkeit nicht dauernd festhalten. Sie schenken kurzlebiges Vergnügen, doch sind sie niemals eine Quelle dauerhafter Freude. Ja, anstatt uns zufriedenzustellen, wecken sie nur noch mehr Bedürfnisse. Gott zu finden, bedeutet Frieden zu finden. Warum sollten wir ‚finden' sagen? Alles ist ja bereits in euch enthalten. Die Menschen können keine Unwahrheit gutheißen, weil WAHRHEIT in ihnen ist. Ebenso verhält es sich mit Bewußtsein - Bewußtlosigkeit ist keineswegs angenehm. Wenn ein Mensch ohnmächtig ist, versucht jeder, ihn so schnell wie möglich wieder zu sich zu bringen. Und auch was Glückseligkeit anbelangt, so sucht ihr überall außen danach, weil sie bereits inwendig in euch ist. ‚Finden' bedeutet also im Grunde, euch bewußt zu werden, daß ihr Glückseligkeit, Wissen und Frieden bereits in Fülle besitzt."

Frage: „Nun gut, wozu sind dann jedoch äußere Formen der Religion notwendig?"

„Zumindest stellst du jetzt nur noch die äußeren Formen und nicht Religion selbst in Frage", meinte Mā lächelnd. „Religion ist notwendig, deshalb stellst du diese Fragen - sonst würden sie überhaupt nicht auftauchen.

Es gibt nur EINE Religion auf der Welt, doch die Menschen versuchen, diese Religion auf verschiedene Weisen kennenzulernen. Einige bevorzugen den Weg zeremonieller Verehrung, andere zieht es mehr zur Mediation, während wieder andere ganz darin aufgehen, den Namen und Lobpreis des Herrn zu singen. Jeder Mensch ist anders veranlagt und auf andere Weise empfänglich. Deshalb kann es keine allgemein und universell gültige Form religiöser Übung geben. Wirklich notwenig ist einfach, daß das Ziel des Menschen Gott ist. Ebenso gibt es auch nur ein Sādhanā, doch aufgrund der Verschiedenartigkeit der Menschen scheint es verschiedene Sādhanās zu geben. Alles hat seinen Platz im Plan der Dinge, und alles - Zeremonien, Kīrtan, Meditation, Yoga - ist gleich wichtig.

Oft beklagen sich Eltern bei mir, daß die jüngere Generation kein Interesse an Religion habe. Sie glauben nicht mehr an die Formen religiöser Verehrung, die unsere Tradition und unser Erbe ausmacht. Ich sage zu den Eltern dann, daß es ihr eigener Fehler ist, daß die Kinder das Interesse an Religion verloren haben. Wenn man den Kindern beibringt, weltlichem Wissen großen Wert beizumessen, werden sie die wirklich wichtigen Dinge vernachlässigen. Eltern sind äußerst bemüht, ihre Kinder für die Welt mit allem ‚Notwendigem' auszurüsten, aber sie prägen ihnen kein Gefühl für Werte ein, die darüber hinausgehen. Deshalb sage ich, daß alle Kinder zusätzlich zu ihrer Ausbildung auch über Religion und ihren Wert im Leben unterrichtet werden sollten."

Frage: „Kann man Gott sehen?"

Mā lächelte und sagte eindringlich: „Ja, man kann IHN sehen. So wie ich euch sehe und mit euch spreche, ebenso kann man auch Gott sehen und mit IHM sprechen."

Frage: „Wie sieht Gott aus? Bitte beschreibe uns, wie ER aussieht!"

Mā zeigte auf die Studenten und sagte: „Jeder von euch, ihr alle seid Erscheinungsformen Gottes. So sieht ER aus."

Am Ende des Treffens sagte Prafulla zu Mā: „Du mußt von Zeit zu Zeit wiederkommen, um uns anzuspornen!"

Mā: „Wann immer ihr mich herbringt, werde ich kommen."

Der Student: „Du bist stets von so vielen Frauen umgeben, daß wir nicht an Dich herankommen können. Und wir haben auch bemerkt, daß Du Frauen mehr liebst als uns."

Mā lachte: „Du hast recht, aber ist nicht jeder weiblich? Es gibt nur Einen Mann, und das ist Gott. ER allein genügt sich selbst. Alle anderen suchen den Herrn. In diesem Sinn sind wir alle Frauen, und ich liebe die Frauen."

Im August 1939 reiste Mā mit dem Zug von Kalkutta nach Dakka. In Dakka wurde Sie von einer großen Menschenmenge empfangen. Lächelnd setzte Sie sich unter einen blühenden Baum am Ende des Bahnsteigs. Dann wandte Sie sich einigen älteren Leuten zu und sagte: „Der Weg ist lang, die Zeit ist kurz, geht voran, ohne Zeit zu vergeuden. Momentan lebt ihr von der Pension, die ihr durch eure weltliche Arbeit verdient habt – nun aber versucht, euch auch eine Pension für die spirituelle Welt zu verdienen, sonst werdet ihr immer wieder zurückkommen müssen. Wenn ihr euch sehr anstrengt, könnt ihr schon in diesem Leben eine Pension erhalten oder zumindest die Wahrscheinlichkeit, mehrmals zurückkehren zu müssen, sehr herabsetzen. Doch wenn ihr nicht arbeitet, werdet ihr erneut eine Rückfahrkarte nehmen müssen, und ihr habt bereits so viele Rückfahrkarten genommen, oh ja, so viele!"

Manmohan Babu: „Wir wissen, wie man im weltlichen Leben eine Pension verdient. Bitte sage uns, wie wir es im spirituellen Leben machen sollen."

Mā: „Wenn ihr vertrauensvoll befolgt, was ihr von eurem Guru gelernt habt, erhaltet ihr auch eine Pension."

Ein alter Mann: „Ich wollte bei Dir bleiben, aber Du ließest es nicht zu!"

Mā: „Hättest du bleiben können, bloß weil ich dich darum gebeten hätte? Du hättest begonnen, dich um deinen Sohn, deine Tochter und die Enkel zu sorgen. (Alle lachen). Es ist besser für dich, daheim zu bleiben und deine Arbeit dort zu erfüllen. Angenommen, deine Kinder hätten das Zuhause verlassen wollen, um ein religiöses Leben zu führen – bestimmt hättest du sie darauf hingewiesen, daß sie ihr spirituelles Ziel nicht erreichen, wenn ihr religiöser Weg darin besteht, dich im Stich zu lassen. Ebenso können sie dir entgegnen, daß du, der sie schließlich zur Welt gebracht hat, sie jetzt nicht verlassen solltest." (Erneutes Gelächter).

Der alte Mann: „So sag mir bitte, was ich nun tun soll!"

Mā: „Bleib in deinem Heim hinter geschlossenen Türen. Das wird ebenso gut sein, wie wenn du nicht zuhause wärst, doch deine Kinder werden sich damit zufriedengeben, dich im Hause zu wissen."

Der alte Mann: „Ist es möglich, in einem Haushalt hinter verschlossenen Türen zu leben?"

Mā: „Kannst du in einer Pilgerherberge (Dharmashālā) leben?"

Der alte Mann: „Nein."

Mā: „Kannst du dein Haus nicht in eine Pilgerherberge verwandeln? Ich rate dir sehr dazu!"

Der alte Mann: „Was nützt es, etwas zu versprechen, von dem

ich weiß, daß ich es nicht halten kann?"

Mā: „Damit willst du sagen, du kannst dein Haus nicht zu einer Pilgerherberge machen? Was ist es jedoch anderes als das? Du gehst davon aus, daß du das Haus besitzt und daß dein Sohn und deine Tochter dir gehören - aber wenn dein letzter Atemzug naht, wirst du alles hinter dir lassen müssen. Was geschieht dann mit deinem Haus, deinem Sohn und deiner Tochter? Deshalb sollte jeder verstehen, daß er in einer Pilgerherberge weilt. ‚Unser wirkliches Heim ist nicht von dieser Welt. Mein Sohn und meine Tochter gehören mir nicht, noch gehöre ich zu ihnen'. Was hältst du von dieser Auffassung?"

Der alte Mann: „Wenn man so denkt, kann man kein Familienleben führen."

Mā: „Warum kannst du nicht einfach loslassen, wie ein Zuschauer abseits stehen und abwarten, ob dein Haushalt weiterläuft. ER, dem dein Haus und deine Familie in Wirklichkeit gehören, wird für alles sorgen. Sobald du dein Vertrauen von ganzem Herzen auf IHN setzt, wird ER dir deinen Haushalt mit Sicherheit bestens führen.

Darüberhinaus bist du nicht zu dem einzigen Zweck geboren, ein Familienleben zu führen. Sieh, was du bisher dadurch erreicht hast. Dein schwarzes Haar ist weiß geworden, und deine Zähne sind ausgefallen. Wie lange willst du deine Rolle in der Komödie des Lebens noch für Wirklichkeit halten? Hör zu, es ist nicht gut, sein ganzes Leben lang in äußerster Armut zu verbringen. Der allgemeine Zustand heutzutage ist so, daß wir ständig Bedürfnisse haben. Sobald wir ein Bedürfnis befriedigen, entsteht schon wieder ein neues. Wenn ihr ein Haus gebaut habt, verlangt ihr nach dem nächsten, oder ihr wollt euer altes Auto durch ein neues ersetzen. Auf diese Weise verbringt ihr ein Leben nach dem anderen mit der Bemühung, eure irdischen Wünsche zu erfüllen. Es ist heilsam, diesen unaufhörlichen Wünschen Einhalt zu gebieten. Deshalb sage ich, man sollte nicht ständig arm bleiben, d.h. ständiger Mangel, ständige Wünsche sollten nicht zu eurer zweiten Natur werden. Vielmehr solltet ihr danach streben, euer wahres Leben (Prāna) zu verwirklichen".

Der alte Mann: „Meinst Du mit Prāna das Ein- und Ausatmen?"

Mā: „Ja. Als Atem (Prāna) wohnt ER in jedem Lebewesen. ER ist das Leben allen Lebens (Prāner Prāna), das Höchste Leben (Mahāprāna). Sei immer in Seiner Gegenwart. Wiederhole Seinen NAMEN mit jedem Atemzug. Dadurch wirst du letztlich alles erkennen, Schöpfung, Erhaltung und Zerstörung. Der

Pfad geistiger Erforschung, der Pfad des Handelns und der Pfad der Hingabe sind alle in diesem Vorgang inbegriffen. Die Sinneswahrnehmungen wie Sehen, Schmecken, Riechen usw., das Individuum, die Welt, die Götter, das EINE, das sowohl Eigenschaften besitzt als auch eigenschaftslos ist, alle sind in diesem Vorgang enthalten.

Die Welt ist in Schwingung versetzte Lebensenergie (Prāna). Das ist Prakriti (die Natur). Man muß sich über diese Natur erheben. So wie man stilles Wasser erreicht, wenn man den fließenden Wellen folgt, so kann das Höchste Leben (Mahāprāna) verwirklicht werden, indem man bei jedem Atemzug Sādhanā übt. Diese Art von Sādhanā kann man unter allen Umständen tun. Gott Selbst ist als Lebensatem gegenwärtig. Nichts kann ohne Atemkontrolle erreicht werden. Als ich sagte, man solle hinter verschlossenen Türen in seinem Haus sitzen, war dies damit gemeint, d.h. die Sinne von den Objekten der Sinnesfreude zurückzuziehen. Das bedeutet ‚die Türen zu schließen'. Warum sollte man sonst hinter geschlossenen Türen in seinem Zimmer sitzen? (Lächelnd:) Du solltest verschiedene Zubereitungen essen, wenn du deine Mahlzeit einnimmst, nur so kann die Menge deiner Nahrung vergrößert werden...Was bedeutet, mehrere verschiedene Zubereitungen essen? Japa, Meditation, das Lesen heiliger Schriften oder religiöser Bücher eins nach dem anderen, sodaß du all dem mehr und mehr Zeit widmen kannst. Solltest du Japa nicht über eine bestimmte Zeit hinaus üben können, so wende dich dem Lesen spiritueller Bücher zu oder höre Vorträge über spirituelle Themen oder Kīrtan. Das bedeutet ‚verschiedene Zubereitungen zu sich zu nehmen'."

Der alte Mann: „Das scheint sehr schwierig zu sein."

Mā: „Willst du mit der Arbeit beginnen oder willst du nur essen, trinken und müssig herumsitzen? Kannst du es dir leisten, dich so zu verhalten? Wie kannst du deine Pension verdienen, wenn du gar nicht arbeitest?"

Pramatha Babu: „Warum bereitet die Mutter nicht das Essen zu und füttert die Kinder?"

Mā: „Wann wird Sie das tun? Wenn die Kinder Sie wirklich bitten, das Essen für sie zuzubereiten. Verlasse dich wie ein kleines Kind völlig auf Sie, und du wirst sehen, daß Sie alle nötigen Vorkehrungen treffen wird.

Wenn erwachsene Kinder ihre Mutter bitten: Mutter, bitte koche unsere Mahlzeiten und füttere uns! mag die Mutter sich umdrehen und sagen: Wie komme ich dazu? Könnt ihr nicht selbst kochen? Oder wenn nicht - heiratet doch, damit eure Frau für euch kocht!" (Alle lachen laut).

Frage: „Was ist der Beweis dafür, daß Gott alldurchdringend ist?"

Mā: „Ein Lehrer oder Professor prüft seine Schüler. Und warum? Die Prüfungen dienen dem Nutzen der Schüler, aber nicht dem Prüfer. Der Lehrer vergewissert sich nur, wieviel seine Schüler gelernt haben. Der Zweck der Prüfungen besteht darin, die Schüler merken zu lassen, wo es ihnen noch an Wissen mangelt. Bevor man Gott prüfen will, muß man sich zuerst selbst genauestens prüfen. Ihr müßt eure Übungen regelmäßig machen, und Gott ist derjenige, der prüft. Der Prüfer selbst steht über allen Prüfungen! Die Prüfung wird um euretwillen vorgenommen, damit ihr euch selbst erkennt. Viele Menschen üben zwar Sādhanā mit Gottverwirklichung als ihrem einzigen Ziel, aber sie kümmern sich nicht um ihre Fehler wie Zorn, Egoismus, Lust und Gier. Dadurch werden sie jedoch von ihrem Ziel abgelenkt. Daher sind Prüfungen und das Erproben von Erkenntnissen für den Schüler bestimmt und nicht für den Lehrer."

Frage: „Wieviele verschiedene Arten von Glauben gibt es?"

Mā: „Sehr viele. Jedoch kann man hauptsächlich zwischen vier Arten unterscheiden:
1. der Glaube eines Jñāni (eines Wissenden) – fest, stabil und auf eigener Erfahrung gründend
sowie drei Arten blinden Glaubens:
2. blinder Glaube – der erschüttert werden kann, wenn er sehr verletzt wird
3. blinder Glaube – ein lebendiger Glaube, der nicht zerstört werden kann, selbst wenn er hart getroffen wird. Der Glaube an eine Person mag schwanken, doch der Glaube an die Realität, die jene Person repräsentiert, ist unerschütterlich
4. blinder Glaube, der so blind ist, daß – obwohl er sich auf ein unwürdiges Objekt richtet – der Glaube selbst erlösend wirkt. ‚Selbst wenn mein Guru anfangen sollte zu trinken, schenkt er doch ewige Glückseligkeit': Ein Schüler mit so einer Einstellung entwickelt sich kraft seines Glaubens über die Ebene seines Meisters hinaus und rettet sogar den Guru."

Frage: „In der ganzen Welt machen die Wissenschaftler ständig neue Entdeckungen. Zum Beispiel wurde nach intensiver Forschung das Telefon erfunden, und die ganze Welt hat aus dieser Errungenschaft ihren Nutzen gezogen. Warum kann ein Gottverwirklichter nicht ebenso seine Erkenntnis jedem übertragen?"

Mā: „Warum sollten die Menschen Heiligen zu Füßen sitzen, wenn dies nicht möglich wäre? Wissenschaftler erforschen Mittel und Wege, wie die Energiequellen der Welt nutzbar gemacht werden können. Doch der Tod wird durch ihre Entdeckungen nicht besiegt. Ihre Forschungen gipfeln in dem Motto: ‚Handle und genieße.' Dabei wird nicht gefragt: ‚Wer bin ich? Was bin ich in Wirklichkeit?' Das Kernproblem ist: ‚Woher bist du gekommen? Wie bist du erschaffen worden?'

Wo liegt in Wirklichkeit der Ursprung der Elektrizität? Wieviele andere Kräfte sind noch in der Natur verborgen? Ein Devotee aber, der tief über Gott nachsinnt, forscht: Was ist das Lebewesen (Jīva)? Gibt es etwas jenseits des Lebewesens oder nicht?

Gewiß hat die Wissenschaft von heute Telefone, Motoren, Flugzeuge, Dampfschiffe usw. erfunden. Ich habe gehört, daß früher der Pushpaka-Wagen durch die Lüfte flog*, heute fliegt das Flugzeug. Was es früher gab, wird heute überall in anderer Form wiederentdeckt. Alles ist in dir enthalten, und alles existiert in allem anderen – d.h. ob du IHN Gott oder das Selbst nennst, was du auch sagen magst – es ist nur der EINE Selbst. ER ist unbegrenzt, un-endlich, ohne Ende. Gott sagt: „Geh zum Ursprung aller Dinge. Wie du säst (handelst), so wirst du ernten (d.h. entsprechende Ergebnisse bekommen)."

Ein Mensch mag soviel Reichtum besitzen, und doch weiß er nicht, wie er ihn nutzen soll. Er mag über Elektrizität, Telefone und was auch immer verfügen und doch nicht dazu imstande sein, Nutzen daraus zu ziehen. Das Leid dieser Welt dauert nur einige Tage. Der Weg zu höchster Glückseligkeit ist der wirkliche Pfad, den du einschlagen solltest.

Ein Rechtsanwalt sagte: „Wie können wir Rechtsanwälte das endgültige Heil erreichen? Ständig verhüllen wir doch Wahrheit durch Unwahrheit."

Mā (lächelnd): „Nein, das ist keine Unwahrheit. Angenommen, jemand eignet sich das Haus eines anderen durch einen betrügerischen Prozeß an, so sollte man begreifen, daß derjenige, der den Prozeß verloren hat, dem Gewinner in der Vergangenheit einmal eine Ungerechtigkeit zugefügt haben muß. Was passiert ist, hat darin seine Ursache. Alles, was

* im Rāmāyana erwähnt

man getan hat, wird seine Auswirkung haben. So liegt selbst in dieser Falschheit Wahrheit. Das Problem ist, daß wir überhaupt Sünde und Falschheit wahrnehmen. Die Unterscheidung zwischen Wahrheit und Falschheit hat die Begriffe von Tugend und Laster geprägt. Aber wenn diese Auffassung wirklich schwindet, wird die Unterscheidung zwischen Lüge und Wahrheit keine Rolle mehr spielen, dann wird diese Seite des Flusses genauso aussehen wie die gegenüberliegende."

Dann lachte Sie herzlich und fügte hinzu: „Bābā, wie lange hast du dich nun schon mit so vielen Prozessen beschäftigt, nun widme dich deinem eigenen umfangreichen Prozeß. Deine Haare sind grau geworden, und deine Zähne sind auch ausgefallen. Du hast soviel Geld verdient – wo Reichtum (dhana) ist, da ist auch nidhana (Zerstörung). Aber was niemals verloren gehen kann, wahrlich, das ist Svadhana, Reichtum, der einem wirklich gehört. Sādhanā selbst ist Svadhana."

Die Begrenzungen des Denkens

Frage: „Kann ein Kind seine Mutter verstehen?"

Mā: „Dieser Körper hat gehört, daß ein Kind es fühlen kann, wenn eine andere Frau als seine eigene Mutter es auf ihren Schoß nimmt. So wie wir ein Kind fest in den Armen halten, muß auch das Denken gezügelt werden. Wenn ein Kind weint, kommt die Mutter, wo auch immer sie gerade sein mag, und nimmt es auf den Schoß, und dann beruhigt sich das Kind. Im Schoß der Mutter zu sein, bedeutet Samadhi. Das Denken ist wie ein Kind immer mit sich selbst beschäftigt. Mit seiner eigenen Mutter ist der Ātmā, das Selbst, gemeint. Solange das Kind seine Muttermilch nicht bekommt, kann es nicht beruhigt werden. Wer ist das Denken? Wer bin ich? Erforsche das genau. Dein Denken ist wie ein Kind, das ständig auf der Suche nach Glückseligkeit (Ānanda) ist. Solange es nicht ununterbrochene, ewige Glückseligkeit gefunden hat, geht seine Suche weiter. Ständig nach Vergänglichem und Flüchtigem strebend, spielen die Gedanken auf diese Weise mit sich selbst.. Durch die Jagd nach Vergänglichem kann niemals geistiger Friede erlangt werden, man wird niemals Samādhi erreichen. Wenn du wirklichen Frieden ersehnst, solltest du deinem Geist stets die richtige Nahrung geben. Ständig mangelt es dem Menschen an irgend etwas. Er ist hungrig, er braucht Nahrung, er braucht Kleidung. Er ist dauernd damit beschäftigt, all diese Bedürfnisse zu befriedigen. Wer ist das Individuum (Jīva)? Das Wesen, das sich in Bindung befindet, ist der Jīva, und was in ständiger Bewegung ist, ist die Welt (Jagat). Die Beziehung zwischen Individuum und Welt macht das Spiel des Bewußtseins aus. Wenn du dem Geist reine Nahrung gibst, wird sich der deinem Wesen entsprechende Pfad, dein eigenes wahres Sein, du selbst ruhend in dir selbst, offenbaren. Richte dich nach deinem wesensgemäßen Rhythmus, d.h. strebe nach deiner wahren Natur. Solange dir das Bewußtsein deiner wahren Natur fehlt, leidest du. Du kannst keinen geistigen Frieden erlangen, indem du den Vergnügungen dieser Welt frönst, ißt, trinkst und einfach nur den Sinnen des Sehens, Hörens, Schmeckens, Riechens usw. dienst. Wenn du dein Denken, das einem Kind gleicht, beruhigen möchtest, suche Satsang auf. Die Mahātmās geben dir Ratschläge, wie du dein wahres Selbst erkennen kannst. Mach dich mit IHM als einzigem Begleiter auf den Weg, sonst wird kein Friede möglich sein. Wenn du den Rat dieses kleinen Mädchens beachtest, daß das Trachten nach weltlichen Dingen niemals zu Frieden führen kann, was solltest du dann tun? Komm in Einklang mit dem Rhythmus deiner wahren Natur. Wenn du damit fortfährst, nur deine Bedürfnisse zu befriedigen, werden sie stets weiter wachsen. Angenommen, du willst ein Auto. Es liegt in der Natur eines Autos zu vergehen. Die Offenbarung des Höchsten Geliebten (Parama Ishta) kann niemals durch die Jagd nach vergänglichen Dingen erreicht werden. Wenn du das ‚Kind' deines Denkens auf Gott richtest, wirst du in deiner wahren Natur gegründet werden. Täglich wirst du neue und vielfältige göttliche Freuden kosten. Wann? Nur dann, wenn du den rechten Weg einschlägst. Gehe nicht langsam voran - die guten Wirkungen werden sich genau dem Tempo deines Fortschritts entsprechend einstellen. Den Höchsten zu erkennen ist unser Ziel. Es liegt in SEINER Natur, im Überfluß zu geben. Zuerst mag ER nur flüchtig Darshan gewähren, später jedoch kann man Seine immerwährende göttliche Gegenwart erfahren. Durch diese vorübergehenden Visionen entflammt ER eure Sehnsucht nach IHM immer mehr. Wie ihr sät, genauso werdet ihr ernten. Um Gott zu verwirklichen, müßt ihr euch spirituellen Übungen zuwenden. Entsprechend euren Bemühungen werdet ihr Fortschritte machen. Strebt danach, IHN ganz und unverhüllt zu schauen. Ob mit Form oder formlos - ER ist eins, so wie Wasser und Eis. Brahman ist eins ohne ein Zweites.

Shrī Birlajī nahm Mā einst zum Birla Haus mit, wo Gandhi gestorben war. Man zeigte Ihr die Worte „He Rāma", die an der Stelle geschrieben standen, wo er seinen Tod fand. Dann wurde darüber gesprochen, wie die Gruppe, die Gandhi als ihren Feind ansah, über seinen Tod frohlockte, während die anderen, die Gandhi als Freund, Philosophen und Führer hochschätzten, völlig niedergeschlagen waren, ja einige starben sogar an dem Schock, den diese traurige Nachricht ihnen versetzte. Auf diese Weise löste ein und dassselbe Ereignis bei verschiedenen Menschen völlig unterschiedliche Reaktionen aus, entsprechend ihrer jeweiligen Einstellung. Was ist der Grund dafür?

Mā sagte: „Alles hängt davon ab, wie das Denken den Vorfall interpretiert. Einige Leute betrachteten Gandhi als ihren Feind und andere wiederum als einen teuren Freund. Das ist etwas, was sich auf der Ebene des Denkens abspielt. Wenn du dieses Denken fest auf das Ewige richtest, wird es still, ja ausgeschaltet, und du wirst keine weiteren Fragen mehr haben. Dann existiert einfach nichts mehr, wohin sich der Geist wenden könnte. Wenn der Geist still geworden ist, wird dein wahres Selbst aufleuchten. Solange man sich in den Begrenzungen des Denkens befindet, wird man die Gegensätze von Glück und Leid, Freude und Kummer, erfahren, da die Welt (Duniyā) auf Dualität beruht. Solange man in der Welt lebt und vergängliche Freuden genießt – einige sind glücklich mit ihrem Ehemann, andere mit ihrem Geld – solange wird der Geist ruhelos bleiben. Man mag sich zur Meditation hinsetzen, doch das Denken wird immer wieder von diesen Dingen angezogen werden und unstet umherschweifen.

Denkt daran, das Denken ist wie ein Kind. Gelehrte mögen komplizierte Vorträge über den Geist halten – und doch ist er wie ein Kind. Wie ein Kind, das vom Schlaf erwachend weint, weil es seine Mutter nicht findet, und das sie so sehr sucht, daß es selbst, wenn eine andere Frau es auf den Arm nimmt, weiß, daß sie nicht seine wirkliche Mutter ist und nicht Ruhe gibt, ehe diese kommt – ebenso sucht auch der Geist Ānanda, Glückseligkeit. Er kann einfach nicht ohne Ānanda sein und fährt daher fort, hierhin und dorthin zu wandern. Auf diese Weise nimmt seine Unruhe ständig zu.

Ein weiterer wichtiger Punkt ist: Wie ein Kind nicht zwischen Gut und Schlecht unterscheiden kann, sondern seinen Körper sowohl mit Kot als auch mit Sandelpaste beschmiert, ebenso nimmt der wie ein Kind handelnde Geist alles auf, was man ihm gibt. Ihr sorgt gut für ein kleines Kind, ihr belehrt es und gebt ihm reine, gesunde Nahrung – ebenso solltet ihr eurem Geist, der sich in dieser Hinsicht noch auf der Entwicklungsstufe eines Kindes befindet, nur die beste Nahrung zukommen lassen. Die beste Nahrung für ihn ist Satsang, das Studium heiliger Schriften, Meditation, Japa und dergleichen.

Durch euer Denken könnt ihr Dinge überhaupt getrennt wahrnehmen. Die Natur des Denkens besteht darin, eine Sache anzunehmen, die andere abzulehnen. Alles, was ihr seht und erfahrt, all eure Wünsche und Verlangen gehören zur Ebene des begrenzten Denkens: ein reines Spiel des Verstandes.

Mā zu Mahāmopādhyāya Gopīnāth Kavirāj: „Bābā, hier (bei Mā) ist alles völlig offen und ungeprägt. Normalerweise jedoch wird der Rhythmus der Lebensenergie von einem Motiv im Bereich des Sādhanā bestimt und einem anderen Motiv im weltlichen Leben. Vom weltlichen Standpunkt aus denkt man

‚mein Heim', ‚meine Frau', ‚mein Sohn', ‚mein Feind', ‚mein Freund'. Das heißt, das ‚Ich'-Bewußtsein schränkt den Fluß der Lebensenergie ein. Im Bereich des Sādhanās wiederum ist sie vom Streben nach Verwirklichung geprägt. Der Sādhaka ist ständig auf sein Ziel konzentriert und achtet daher nicht auf die Einzelheiten des Pfades, während er voranschreitet. Wenn er nur einmal das Ziel erreichen könnte, wäre er imstande, den Pfad zu erklären, denn dann erhellt das EINE LICHT auch alles andere. Bābā, in Wirklichkeit existiert nur EINES. Der Weg, das Ziel - wie du es auch nennen willst - nichts ist vom Selbst getrennt."

Man selbst ist die Ursache dafür, ob etwas als freud- oder leidvoll erfahren wird. Wo kein Gefühl von ‚mir' und ‚mein' ist, kann auch kein Leid oder Vergnügen erfahren werden. ‚Mein Haus', ‚meine Frau', ‚mein Sohn', ‚mein Feind', ‚mein Freund' - der Rhythmus des Lebens wird völlig von diesem ‚Ich'-Gefühl bestimmt.

Frage: „Was ist das Ego?"
Mā: „Du hältst dich selbst für den Handelnden, der all deine Taten ausführt - das weist darauf hin, daß ein Ego in dir existiert. Duniyā (die Welt) bedeutet du-niyā (auf Dualität beruhend). Dabei liegt die Ursache des Konflikts in der Auffassung, das Ego sei der Handelnde. Dualität ruft Konflikte, Probleme und das abgesonderte „Ich" und seine Handlungen hervor. Im unvollkommenen Ich herrscht das Ego, während das vervollkommnete Ich erkennt „Ich bin das SELBST (Ātmā)". Die Folge von Egoismus ist Blindheit. Auch in der Haltung „ich bin der ewige Diener des Herrn" scheint noch Dualität zu bestehen, doch das weltliche Ich existiert nicht mehr. Erst wenn das Ich vervollkommnet ist, d.h. erst wenn man erkennt „aham brahmāsmi" - „Ich bin Brahman", wird das Ego von Grund auf beseitigt sein."

Frage: „Was ist die Natur des Denkens?"
Mā: „Dem Menschen seine Unvollkommenheit bewußt zu machen."

Gefahren auf dem spirituellen Weg

Siddhis bewußt anzuwenden ist etwas sehr anderes, als wenn sie sich spontan und von selbst ergeben. Wenn eine Kraft bewußt eingesetzt wird, bleibt noch ein ‚Ich', was dich zu Fall bringen kann - wo sie sich jedoch spontan manifestiert, ist das nicht der Fall.

Mā sagt, wenn jemand - ohne Verwirklichung, nur aufgrund einiger Beschäftigung mit den heiligen Schriften - nach Schülern, Devotees und Geld trachte, würden ihm mit Sicherheit leidvolle Erfahrungen zuteil. Allein der Gedanke „Ich verkünde den Leuten spirituelle Wahrheit" und Handlungen, die dazu dienen, das Interesse der Öffentlichkeit auf die eigene Person zu lenken, gefährden den Fortschritt auf dem Weg zur Verwirklichung erheblich. Wo Sünde unter einer schönen Maske erscheine, könne man nie wissen, wohin das im nächsten Augenblick führt.

Solange du nach den Früchten (deines Sādhanās) verlangst, ist es offensichtlich, daß du nicht Unsterblichkeit suchst.

Das Ziel

Was bedeutet Ātmā Darshana, direkte Erkenntnis des Absoluten? Wenn der Erkennende, der Vorgang des Erkennens und das Objekt der Erkenntnis nur als Erscheinungsweisen erkannt werden, die vom Denken geschaffen wurden und die das eine alldurchdringende Bewußtsein überlagert haben, so wird diese Erkenntnis Brahmasthiti genannt. Ātmasthiti, Gegründetsein im Selbst, liegt jenseits von Handeln oder Nicht-Handeln. Und für jene, die Gott als Person verehren, bedeutet direktes Sehen des Absoluten, IHN überall wahrzunehmen. So wie es heißt: „Wohin mein Blick auch fällt, da erscheint Shrī Krishna". Solange noch irgendetwas wahrgenommen wird, was nicht Krishna ist, kann man nicht von wirklicher Schau sprechen. Vollkommene, allumfassende Sicht bedeutet die unverhüllte Gegenwart des GELIEBTEN.

Wie wunderbar ist das Spiel in Gottes Königreich! Das Selbst, der Ātmā, ist natürlich eins . Dennoch gibt es ‚du', ‚mein', ‚dein' usw. Wenn du ‚dein' und ‚mein' nicht aufgeben kannst, dann sei der ewige Diener des HERRN. Wieviele Leben hast du nicht bereits in der Welt, im Familienleben, in der falschen Vorstellung von ‚das ist mein' und ‚das gehört mir' gelebt? Sage dir: „Ich bin das unsterbliche Selbst. Es gibt nur ein Brahman ohne ein Zweites. Ich gehöre IHM und IHM allein." Wenn die Unterscheidung zwischen ‚dir' und ‚mir' bleibt, dann laß das ‚Du' Gott (Bhagavān) sein. Was ist Eis? Nichts als Wasser. Somit existiert ER sowohl mit Form als auch formlos.

„Es gibt so viele verschiedene Stufen und Zustände auf dem Weg des Sādhanā, daß die Leute etliche Fehler in ihrer Bewertung machen. Zum Beispiel bei den Bhāvas, die sich bei Kīrtan manifestieren, gibt es so eine Vielfalt. Manchmal geschieht es, daß der Klang des heiligen Namens eine machtvolle Welle im Körper hervorruft, danach stellt sich eine Art Müdigkeit oder Erschöpfung ein, und der Sādhaka liegt eine Weile reglos da. Seht, es gibt unendlich viele Zustände. Zuerst ist der Sādhaka unfaßbar berauscht von der wunderbaren Gestalt seines geliebten Gottes - so wie man sich ganz in der Kontemplation von Krishnas Gestalt vergißt. Er taumelt in

Ekstase, während er Krishna verehrt oder Seinen Namen anruft. In einem höheren Zustand sieht er Krishna, beispielsweise wenn er eine dunkle Wolke sieht, oder was immer er sieht, hält er für die Gestalt seines eigenen Krishna. „Krishna gehört mir!" - das Gefühl ist immer noch da. Sobald Herz und Verstand gereinigt sind, ist man völlig zielgerichtet und versinkt im EINEN.

In einem anderen Zustand ist man außer sich angesichts der berauschenden Schönheit der göttlichen Gestalt. Die Stimmung vergeht, und man beginnt zu weinen. In wieder einem anderen Zustand erhascht man einen Abglanz des Geliebten - auf jener Ebene ist das Bewußtsein noch auf die Form gerichtet. In einem weiteren Zustand liegt der Körper die meiste Zeit über reglos da. Wenn er kurz aufsteht, legt er sich bald wieder hin, ohne sich zu bewegen. Dann gibt es das Aufgehen im Brahman, wo der Sādhaka und das Sadhya, der Sucher und das Ziel der Suche eines werden. Da ist die Aufmerksamkeit nicht von einer bestimmten Form angezogen, es gibt nichts als die EINE WIRKLICHKEIT - dieses Bewußtsein ist erwacht.

Ein anderer Zustand ist Savikalpa Samādhi, in dem man sich Eines Wesens, Einer Existenz und nichts anderem bewußt ist. Ein weiterer Zustand ist Nirvikalpa Samādhi, wo es gar nichts mehr gibt, mit anderen Worten: Was existiert und was existiert nicht? Man kann weder sagen, „das gibt es nicht", noch „das gibt es". Wieviele Stufen und Zustände gibt es, und was wird alles enthüllt? Alles, was ausgesagt wird, behandelt nur einen Bruchteil des Ganzen."

Frage: „Folgen diese Zustände immer aufeinander?"

Mā: „Wenn man nicht hängenbleibt und sich an einem Zustand festhält, folgen sie einander mit Sicherheit, doch wenn man sich von einem bestimmten Zustand einnehmen läßt, bleibt man dort stehen. Wenn man auf einer bestimmten Ebene festgegründet wird, so wird die vorhergehende Ebene, die man hinter sich gelassen hat, hier ebenfalls ihre Wirkung haben und die noch bevorstehende Ebene wirft auf der jetzigen Ebene auch bereits ihre Schatten voraus, weil sich schon auf einer Ebene alle drei Zeiten - Vergangenheit, Gegenwart und Zukunft begegnen. Es gibt Merkmale, die zeigen, wer sich auf welcher Ebene befindet. Nach der Erlangung von Nirvikalpa Samādhi ist es möglich, daß man seinen Körper verläßt.

Schaut, die Papaya-Frucht dort ist gelb geworden. Ebenso ist es, wenn innere Reife da ist: es zeigt sich auch in der äußeren Erscheinung.

Volle und endgültige Verwirklichung des Unverhüllten LICHTS ist eine Sache, doch eine Verwirklichung, die von irgendetwas abhängt, ist etwas ganz anderes und kann unter Umständen wieder vergehen. Als sich das Spiel des Sādhanā durch diesen Körper manifestierte, konnte er all diese verschiedenen Möglichkeiten deutlich wahrnehmen.

Ihr müßt es so verstehen, daß das Bewußtsein des Suchers - sobald ein Schleier der Unwissenheit gleichsam verbrannt oder aufgelöst ist - eine Zeitlang uneingeschränkte Schau besitzt. Später wird diese jedoch wieder überschattet. Dennoch - was wird das Ergebnis so eines flüchtigen Lichtblicks sein? Die Unwissenheit hat etwas abgenommen, und wahre Erkenntnis ist in den Vordergrund getreten, mit anderen Worten, durch das vorübergehende Lüften des Schleiers haben sich die Fesseln des Individuums gelockert. Dieser Zustand scheint fast wie der Zustand wirklicher Erkenntnis zu sein, ja, man hat tatsächlich eine bestimmte Ebene damit erreicht, obwohl sie sich völlig vom Zustand endgültiger Selbstverwirklichung unterscheidet. Durch die Macht des Gurus wurde der Schleier plötzlich aufgelöst oder vernichtet - wie in der Geschichte von den zehn Männern, wo der Mahātmā sagte: „Du selbst bist der Zehnte!"* Doch gibt es eine Verwirklichung, nach der eine Überschattung durch den Schleier der Unwissenheit einfach nicht mehr möglich ist, und das ist echte, endgültige Selbsterkenntnis. Ein Blitz zuckt nur kurz auf, das Tageslicht jedoch dauert stetig an."

Frage: „Wie kann etwas geschehen, was nicht in den Shāstras** steht?"

Mā: „Die Aufgabe der Shāstras besteht hauptsächlich darin, die Lehren über Wiedergeburt, Karma usw. zu erklären. Wenn ihr fragt, ob nun etwas geschehen kann, was nicht in den heiligen Schriften erwähnt wird, so bedenkt, daß ER unendlich

---

* Mā bezieht sich hier auf ein bekanntes Gleichnis aus dem Vedānta: Zehn Männer mußten einen Fluß überqueren. Um sich zu vergewissern, ob alle wohlbehalten das gegenüberliegende Ufer erreicht hatten, zählte einer von ihnen die Gruppe, mußte jedoch zu seiner Bestürzung feststellen, daß er nur neun zählte. Nun versuchte ein anderer Gefährte, sie zu zählen, doch mit dem gleichen Ergebnis. Schließlich hatte ein jeder die anderen durchgezählt, und es blieb dabei, daß jeder nur auf neun kam, obwohl sie nicht herausfinden konnten, wer denn nun eigentlich fehlte. Als ein Mahātmā vorbeikam, erzählten sie ihm, was sich zugetragen hatte. Er befahl ihnen, sich in einer Reihe aufzustellen, versetzte jedem mit seinem Stab einen Schlag und forderte sie auf, sich dabei mit einer Zahl zu melden. Zur Freude und Verwunderung aller erkannten sie, daß niemand ertrunken war! „Jeder von euch vergaß, sich selbst mitzuzählen!" erklärte der Mahātmā.

**die offenbarten und überlieferten heiligen Schriften des Hinduismus

ist! Aus eurer Verbindung mit dieser Unendlichkeit entspringen eure Gedanken, Gefühle und Handlungen, sei es jetzt oder in Zukunft, in welcher Weise es IHM auch immer beliebt, sich zu manifestieren. Dies mögt ihr vielleicht nicht aus den Shāstras erfahren. Dennoch sind auch die Shāstras unendlich. Oh wie wundervoll ist das Gesetz in Gottes Schöpfung! Kennt ihr nicht das Gefühl des Entzückens, der tiefen Glückseligkeit, wenn ihr IHN, der ewig neu bleibt, auf neue Weise erlebt!

Seht, das Unbegrenzte ist im Begrenzten enthalten und das Begrenzte im Unbegrenzten, das Ganze liegt im Teil, und das Teilchen ist wiederum im Ganzen enthalten. So offenbart es sich, wenn man in den GROSSEN STROM getaucht ist. Derjenige, der (das Ziel) erreicht und DAS, was erreicht wird, sind ein und dasselbe. Das ist keineswegs bloße Einbildung: Auf ewig neue Weise wird ER in ewig neuen Erscheinungsformen geschaut. Wenn man sich jenem unaufhörlichen STROM angeschlossen hat, so ist es ganz natürlich, daß Yoga, die verborgene Einheit des Individuums mit der Gesamtheit allen Seins, zu Mahāyoga* wird.

Schaut, alles ist in den heiligen Schriften enthalten, und doch wieder nicht alles. Angenommen, ihr reist mit dem Zug nach Dehradun. Eure Reise führt euch an großen Bahnhöfen, Städten und Dörfern vorbei. Sie alle stehen im Reiseführer. Aber kann all das, was man noch zwischen den verschiedenen Stationen sieht, detailliert geschildert werden? Können all die Bäume und Blumen, die Tiere, die kleinen Ameisen, denen man auf dem Weg begegnet, beschrieben werden? Von diesem Standpunkt aus gesehen wurde nicht alles in den Shāstras niedergelegt. Unendlich ist die Vielfalt der Schöpfung, unendlich sind ihre Zustände von Ruhe und Aktivität, wie sie sich in jedem Augenblick offenbaren. Außerdem ist es unmöglich, all das niederzuschreiben, was ein Wahrheitssucher erfährt, und es steht fest, daß die WIRKLICHKEIT jenseits von Gedanken und Worten liegt. Es wird nur das wiedergegeben, was man mit Worten ausdrücken kann. Doch was nicht durch Sprache vermittelt werden kann, ist fürwahr DAS, was IST.

Die Erkenntnisse, die ihr in bestimmten Stadien habt, beschränken sich natürlich auf die Reichweite eures eigenen spirituellen Weges. Kann im Falle vollständiger Verwirklichung ein Gedanke wie ‚es steht nicht in den Shāstras' überhaupt einen Sinn haben? Die wichtigen Stufen auf dem Weg, von denen ihr meint, daß sie ausführlich erklärt werden können, werden

---

* Höchste Vereinigung - Vereinigung jedes Lebewesens mit jedem anderen Lebewesen, jedes Objekts mit jedem anderen Objekt und aller Lebewesen und Dinge mit dem Universalen Selbst.

zweifellos in den heiligen Schriften behandelt, doch sind selbst die zahlreichen Dinge, die ihr nicht darin enthalten glaubt, eingeschlossen! Entsprechend dem Fortschritt des Sādhakas werden spirituelle Erfahrungen ganz von selbst auftreten. Vollständige Erleuchtung jedoch unterscheidet nicht mehr wichtige oder weniger wichtige Erlebnisse. Am Ende der Reise muß zwangsläufig volle Erleuchtung eintreten. Wenn jemand etwas anzweifelt, weil es nicht in den Shāstras steht, kann er dann wirklich das Ziel seiner Pilgerschaft erreicht haben? Akzeptieren und Ablehnen sind nur von Bedeutung, solange man sich auf dem Weg befindet, denn es gibt zahllose Wege, und sie können nicht auf das begrenzt werden, was in den heiligen Schriften niedergelegt wurde. Wo es um das Unendliche geht, da ist auch die Vielfalt der Wege gleichermaßen unendlich, und auch die Erfahrungen auf all diesen Wegen sind unendlich verschieden. Heißt es nicht: ‚Es gibt so viele Lehren, wie es Weise gibt'? Wenn man nicht einen eigenen Standpunkt vertritt, zählt man nicht zu den Weisen...

Gut - das ist eine Seite dieser Sache. Nun zu einer anderen: Auf der Ebene, von der aus man sagen kann, daß alles möglich ist, wäre es unsinnig zu behaupten, etwas würde sich jetzt und in Zukunft niemals ereignen, weil es nicht in den Shāstras oder irgendwelchen anderen heiligen Schriften zu finden ist. All dieses eifrige Suchen zielt doch nur auf die Offenbarung DESSEN, das bereits aus sich selbst offenbar ist. Könnte es so ein heftiges Verlangen und so eine Sehnsucht nach etwas geben, das es nicht gibt, das es nie geben kann oder geben wird?"

Was einen Sādhaka betrifft, der einem bestimmten spirituellen Weg folgt, so erwartet ihn das Ziel dieses jeweiligen Weges. Doch nur einer unter vielen Millionen erfährt eine Verwirklichung, welche die Gesamtheit <u>aller</u> spirituellen Wege einschließt. Das ist Svakriya Svaras-Amrita*.

* Svakriyā - Bewegung aus Sich Selbst durch Sich Selbst in Sich Selbst, in der keine Trennung zwischen Handelndem und Handlung besteht; Svaras - der süße Geschmack des Selbst; Amrita - die dem Selbst innewohnende Unveränderlichkeit.

Japa (die Wiederholung des Göttlichen Namens) und Gebet

Der Meditation und dem heiligen Namen, der dich am meisten anzieht, solltest du dich hingeben, um höchsten Frieden und Glückseligkeit zu erlangen. Was immer das Wort oder der Name ist, den du am meisten liebst und welcher für dich Gott ausdrückt, dieses Wort oder Mantra wird dich zu IHM führen.

Sei ständig in die Wiederholung von Gottes Namen vertieft. Durch Wiederholung Seines Namens wird dir Freude, Befreiung, Friede, all dies zuteil. Gib Stolz auf und wiederhole den NAMEN mit unerschütterlichem Glauben, vorbehaltlosem Vertrauen und Hingabe, und du wirst merken, daß sich all deine Arbeit wie von selbst erledigt. Als dieser Körper in das Spiel des Sādhana vertieft war, geschah genau das, und deshalb wird es so betont.

Das unwandelbare Brahman, der uranfängliche Klang, das OM, sind ein und dasselbe wie das Wort „Mā": dem Wesen nach Glückseligkeit. Sagt ihr nicht zu Gott: „Du bist Mutter, Du bist Vater, Du bist Freund, Geliebter und Herr"? ER ist fürwahr die MUTTER, alldurchdringend (mayī), die jedem genau das gibt, was er braucht - Sie Selbst schenkt Sich Selbst an Sich Selbst.

Der göttliche NAME und DAS, was er benennt, sind identisch, denn ER Selbst offenbart sich als NAME. Die Lautsilbe (Akshara) ist fürwahr Gottes eigene Gestalt. Wenn der NAME, den man wiederholt, zu einer lebendigen Realität wird, ist es so, als ob aus dem Samen, den man gesät hat, ein Baum wächst. Wenn der Name, der eine bestimmte Person am meisten anzieht, ständig wiederholt wird, erkennt man schließlich, daß alle Namen SEINE Namen und alle Erscheinungsformen Ausdruck von IHM sind. Ebenso wird man zu gegebener Zeit erkennen, daß ER auch jenseits von Namen und Formen ist.

Wenn man Kandiszucker im Mund hat, schmilzt er ganz langsam, und man hat dabei immer einen süßen Geschmack im Mund. Ebenso wird durch die ständige Wiederholung von Gottes Namen alles süß.

Wann immer es dir möglich ist, wiederhole einen heiligen Namen. SEINEN Namen zu wiederholen bedeutet, in SEINER Gegenwart zu sein. So wie dir ein menschlicher Freund sein Herz öffnet und dir alles über sich erzählt, wenn du zu ihm kommst, ebenso wird dir der Höchste Freund Sein wahres Wesen offenbaren, wenn du dich mit IHM verbindest. Unterläßt du ein Bad im Meer, bloß weil Wellen aufkommen? Sicher springst du doch mitten hinein und badest! Ebenso bemühe dich inmitten all der Bedrängnisse und Schwierigkeiten des weltlichen Lebens, stets an IHN zu denken, Seinen NAMEN zu wiederholen.

Frage: „Welcher Pfad ist besser, der Pfad der Hingabe oder der des Wissens?"
Mā: „Halte dich an Gottes Namen. Wiederhole Seinen Namen Tag und Nacht, und versinke in seinem Nektar."

Sei niemals ohne die Gegenwart und den Namen der Gottheit, die du verehrst. Sei ständig in den Fluß Seines heiligen Namens vertieft, auch während du aktiv bist, ißt und schläfst. Je nachdem wie man eine Pflanze düngt und bewässert, wird sie schneller oder langsamer wachsen. Wenn du keine merklichen Fortschritte machst, solltest du einsehen, daß der Fehler ganz bei dir liegt. Werde dir bewußt, daß du dich einfach nicht von Denkweisen lösen konntest, die du bereits viele Leben lang hattest, und gib dich gänzlich zu Seinen Füssen hin. Der Fehler liegt allein bei dir.

Nichts Böses kann den Menschen besiegen, der an Gottes Namen festhält. Was man erleidet, sind die Folgen der eigenen Handlungen. Wo der Fluß des Gottesnamens ständig aufrechterhalten wird, wird jede Handlung Gutes bewirken.

Ein Mann fragte, wie man Leidenschaft und Zorn (Kāma Krodha) überwinden könne. Mā erwiderte: „Indem man Gottes Namen wiederholt." „Auch wenn man nicht rein ist?" fragte der Mann. „Ja", sagte Mā, „Gott reinigt alles."

Die Bedeutung des Pranava (OM) ist ‚unzerstörbares Brahman', und auch ‚der Buchstabe oder die Silbe, die Brahman ausdrückt'. Es ist in allen anderen Buchstaben des Alphabets enthalten, es ist das, was unvergänglich ist: das ist Shabda Brahman*.

Shrī Shrī Mā's Erklärung des Gāyatrī Mantras*: „Laßt uns über das strahlende Höchste Brahman meditieren, das allwissend im Herzen wohnt, über IHN, der ständig schafft, erhält und zerstört, der in allen Formen gegenwärtig ist und unseren Geist erleuchtet.

Frage: „Mā, kann durch bloße Wiederholung von Gottes Namen alles erreicht werden?"
Mā: „Solange Name und Form (Nāma und Rūpa) existieren, ist der Name fürwahr das Wichtigste für dich. Schau, sobald du einmal in den Fluß eintauchst, trägt dich die Strömung von selbst zum Meer. Danach brauchst du nichts weiter zu tun. Bis dahin jedoch sollte man die Wiederholung des NAMENS fortsetzen."

Wie ein Papierdrache mit einer Schnur festgehalten werden muß, so solltest auch du versuchen, deinen Geist immer mit einem göttlichen NAMEN zu verbinden. Auf diese Weise befestigt, wirst du eines Tages dein Denken beherrschen. Obwohl das Denken von Natur aus ruhelos ist, besteht sein Dharma (seine wahre Aufgabe, sein wirkliches Ziel) dennoch darin, still zu werden. Um die gedankliche Aktivität zu beruhigen,

* Heiliges Mantra aus dem Rig Veda, welches täglich von allen Hindus der drei oberen Kasten wiederholt wird, nachdem sie die heilige Schnur erhalten haben: Om bhur bhuvah svah om tat savitur varenyam bhargo devasya dhimahi dhiyo yo nah pracodayat.

muß die Aufmerksamkeit auf irgendeinen Punkt konzentriert sein. Um eine Arbeit zu finden, wendest du dich an bestimmte Personen um Hilfe und suchst einen bestimmten Ort auf. Ebenso nimm deine Zuflucht zum NAMEN Gottes, um Befreiung zu erlangen.

Frage: „Führt Mantra Japa zu irgendeiner Verwirklichung?"
Mā: „Gib dich nicht mit ‚irgendeiner Verwirklichung' zufrieden. Zuerst laß Gottes transzendentale Form offenbar werden, und die Erkenntnis des Einen Brahmans wird folgen. Welche besondere Form Gottes offenbart wird, hängt davon ab, welchen NAMEN du ständig anrufst."
Frage: „Kann man durch Wiederholung von Mantras Zugang zu anderen Welten oder Bewußtseinsebenen erhalten?"
Mā: „Sicher! Dein Ziel sollte jedoch DAS sein, was - sich selbst offenbarend - jenseits aller Welten und Bewußtseinsebenen liegt."

Frage: „Gott ist formlos. Wenn man an etwas denkt, muß es jedoch Name und Form besitzen. Da Gott formlos ist, kann man also überhaupt nicht an IHN denken!"
Mā: „Ja, ER ist fürwahr gestalt- und namenlos, unveränderlich und unergründlich. Trotzdem ist ER euch in der Form von Shabda Brahman (Brahman symbolisiert durch Klänge wie AUM) und als Avatār (physische Inkarnation des Göttlichen) erschienen. Auch diese sind ER Selbst. Wenn ihr also stets SEINEN Namen wiederholt und SEINE Gestalt kontempliert, wird der Schleier eures ‚Ich' fallen, und dann wird ER, der jenseits von Denken und Form ist, offenbar."

Frage: „Mā, es ist einfach unmöglich, den Geist zur Ruhe zur bringen. Wie kann man ihn beruhigen?"
Ma (lachend): „Angenommen, ein Gefäß ist mit Wasser gefüllt. Solange man es umherträgt, wird das Wasser auch in Bewegung bleiben. Wird das Gefäß jedoch einige Zeitlang an einem Ort gelassen, wirst du bemerken, daß das Wasser nunmehr unbewegt ist. Ebenso versuche deinen Körper eine gewisse Zeit ganz still zu halten. Je länger der Körper völlig still in einer Haltung verharren kann, desto mehr wird sich

der Geist beruhigen. Wenn es die Natur des Denkens ist, rastlos umherzuwandern, so entsprechen Ruhe und Sammlung ebenso seiner Natur. Versuche solange wie möglich absolut still zu sitzen, und wiederhole Gottes Namen. Und selbst wenn dein Geist hierhin und dorthin wandert, laß nicht in deinen Bemühungen nach. Wenn das Denken sein Dharma nicht aufgibt, warum solltest du auf deins verzichten?"

Eine Frau aus Kaschmir sang häufig Kīrtan mit den Worten „Mā, Mā". Einige Leute fragten sie: „Warum wiederholst Du ‚Mā, Mā', du verehrst doch sonst nicht die Göttliche Mutter (Shakti)?" Das machte sie unsicher, und sie ließ Mā durch eine andere Frau fragen, ob das, was sie tue, falsch sei.

Mā ließ sie zu sich holen und sagte zu ihr: „Schau her, wenn du fest davon überzeugt bist, daß du keinen anderen Namen wiederholen darfst, weil du mit einem Mantra von Rāma oder Krishna eingeweiht wurdest, dann solltest du das auch befolgen. Alles ist darin enthalten. Von einem anderen Standpunkt ausgesehen ist es jedoch auch eine Tatsache, daß Gott von einigen ‚Vater', von anderen ‚Mutter' und von wieder anderen ‚Geliebter' genannt wird. Jeder kann Gott auf die Weise anrufen, die ihn am meisten anzieht. Wenn du daher ‚Mā' rufst, rufst du damit auch nur den EINEN an. Deshalb ist nichts verkehrt daran." Das befreite die Frau von ihren Zweifeln.

Fahre damit fort, den NAMEN zu wiederholen, den du am meisten liebst. Gehorche den Anweisungen des Gurus ohne Widerrede. Gib dich völlig seinem Willen anheim. Miß deinen Wünschen keinerlei Bedeutung zu, und du wirst sehen, wie sich alles von selbst entfalten wird. Es heißt, im Kali Yuga (dem gegenwärtigen Zeitalter des Streites) kann alles durch das einfache Wiederholen von Gottes Namen erreicht werden. Denk nicht, du könntest Gott nicht anrufen, weil du nicht mit einem Sanskritmantra eingeweiht wurdest und meinst, deshalb nichts erreichen zu können. Siehst du nicht auch diesen Körper und hörst seinen Worten zu? Ist das alles, was man sagen kann? Alles Notwendige wird sich von selbst ergeben. Ich sagte, um ins Register eingetragen zu werden, ist der richtige Name erforderlich. Fahre einfach damit fort, den NAMEN zu wiederholen, den du am meisten liebst, alles wird kommen, wenn es notwendig ist. Bīja (Same, Keimmantra)* bedeutet besonders vertraute Bekanntschaft. Es ist so, als wenn erst nur dein Name, aber sonst nichts weiter über dich bekannt ist. Doch wenn man dich beim Namen ruft und du näherkommst, dann erfährt man alles über dich.

Frage: „Mā, was ist besser – ein Bīja-Mantra oder ein Name Gottes?"
Mā: „Schau, man kann nicht sagen, was besser ist. Wenn du natürlich angewiesen würdest, den NAMEN zu wiederholen, wird aus ihm von selbst das Bīja (Keimmantra) hervorgehen, um deine Samskāras zu vernichten. Aber ebenso wie man unmöglich sagen kann, ob nun der Same oder der Baum das erste war, verhält es sich auch hier ähnlich. Deshalb kann man nicht sagen: ‚Dies ist besser, und das ist weniger wichtig' – so wie die Essenz des Baumes im Samen enthalten ist. Da der ganze Baum potentiell im Samen enthalten ist, entwickelt sich der Baum aus ihm und bringt erneut vielerlei Früchte und Tausende von Samen hervor. Deshalb heißt es, der NAME und der EINE, Dessen Name es ist, sind identisch."

Frage: „Bitte sage uns, wie wir uns von unseren Zweifeln befreien können!"
Mā: „Sagte ich euch nicht schon mal, ihr sollt mit dem beginnen, was euer Guru euch lehrt? Oft hört man die Frage: Wie kann das Denken durch Japa zur Ruhe kommen? Jeder sehnt sich nach geistigem Frieden, doch ohne den Geist zu beruhigen, kann Glückseligkeit nicht erfahren werden. Hier ist ein Weg, das Bewußtsein ruhig werden zu lassen: Ich erklärte euch bereits, daß der Meister, das Mantra und Gott dem Wesen nach eins sind. Somit läuft es auf dasselbe hinaus, ob ihr über den Guru meditiert oder über die von euch verehrte Gottheit oder ob ihr Mantra-Japa macht, denn der NAME und DAS, was er benennt, sind identisch. Also beginnt damit, das Mantra zu wiederholen, das ihr von eurem Guru erhalten habt. Während ihr Japa macht, meditiert vor einem Bild, das euer Guru euch angegeben hat oder vor dem Photo des Gurus. Wo solltet ihr euch beim Meditieren konzentrieren? Es ist gut, sich auf das Herz zu konzentrieren, denn dort befindet sich der

---

* Bīja: Same, Keim; Bīja Mantra: mystische Silbe, die wie ein Same ein ungeheures spirituelles Kraftpotential enthält.

Ausgangspunkt für Gefühle wie Freude und Schmerz. Wenn euch der Guru jedoch angewiesen hat, auf eines der sechs Cakras zu meditieren, ist es etwas anderes. Konzentriert euch auf die Stelle, die euch der Guru angegeben hat. Vielleicht habt ihr etwas über Cakras gelesen – daß sie sich an verschiedenen Stellen des Körpers befinden, daß jedes Cakra anders aussieht und einer bestimmten Gottheit zugeordnet ist. Dieser Körper hat nichts gelernt, aber er spricht darüber, da er all dies ganz klar und wirklich erfahren hat. Durch Meditation auf diese verschiedenen Cakras können sich verschiedene Zustände und spirituelle Erfahrungen einstellen. Aber wir wollen dies jetzt einmal außer Acht lassen.

Ihr beginnt eure Meditation, indem ihr euch vorstellt, wie sich euer Guru oder die von euch verehrte Gottheit auf einem Thron sitzend in eurem Herzen befindet. Es gibt einen weiteren Grund, warum man sich auf das Herz konzentrieren sollte. Wollt ihr aus einem Samen einen Baum heranziehen, so sät ihr ihn in die Erde und bewässert ihn regelmäßig. Eure Pflege und die gute Bodenbeschaffenheit lassen den Samen zu einem Baum gedeihen, denn gute Erde ist notwendig, damit aus dem Samen ein Baum wird. Obwohl der Baum nach oben wächst, bleiben seine Wurzeln unter der Erde, und es sind diese Wurzeln, die das Leben des Baumes ausmachen. Man sieht nämlich, daß der Baum solange lebt, wie er seine Wurzeln behält, egal wieviele Äste und Zweige man abschneidet. Außerdem bewässert ihr den Baum regelmäßig, damit er wachsen kann. Dieses Wasser gießt ihr auf den unteren Teil des Stamms und nicht direkt auf die Wurzeln. Doch das Wasser dringt bis zu den Wurzeln und fördert das Wachstum des Baumes. Ebenso befinden sich die Wurzeln eures Lebensbaumes an eurem Kopf, während seine Äste tiefer unten liegen. Das Herz ist die Grundlage, auf der dieser Baum wächst, und jede Nahrung, die ihr ihm hier gebt, wird die Wurzeln erreichen. Deshalb sollte man mit der Aufmerksamkeit im Herzen meditieren."

Frage: „Genau wo befindet sich das Herz?"

Mā: „Das Herz ist überall, in den Händen, in den Füssen, in jedem Teil des Körpers. Doch wenn wir vom Herzen sprechen, meinen wir normalerweise diese Stelle (an der Brust). Darauf sollte man sich während der Meditation konzentrieren. Was sollte man nun tun, wenn man sich zur Meditation setzt? Sei es der Guru oder euer geliebter Gott (Ishta), den ihr auf den Thron eures Herzens gebetet habt – meditiert nun über Seine Gestalt. Während dieser Meditation bemerkt ihr, daß euer Geist unruhig wird. Er kann kaum eine Minute bei einem Gedanken bleiben. Deshalb habe ich euch geraten, die Bewegung des

Atems zu beobachten, nachdem ihr innerlich den Guru auf Seinem Sitz vergegenwärtigt habt. Der Atem ist es, der uns am Leben erhält. Wie verschieden alle Menschen und Tiere der Art nach und auch untereinander sein mögen, in dieser Hinsicht, d.h. was Prāna oder die Lebensenergie betrifft, sind sie einander gleich, denn alle leben durch den Atem. So vergegenwärtige dir nun deinen Guru im Herzen, und meditiere darüber, wie Er das ganze Universum durch Prāna, den Atem des Lebens, durchdringt. Der Guru ist alldurchdringend. Während man also das Mantra wiederholt, das man vom Guru bekommen hat, sollte man gleichzeitig seinen Atem beobachten. Jeder kann das tun. Japa im Einklang mit dem Atem sollte jedoch auf Anweisung des Gurus geübt werden. Wenn man es nur tut, weil man es in einem Buch gelesen hat, kann das Gehirn überanstrengt werden. Doch stellt man häufig fest, daß sich das Japa ganz natürlich und von selbst in den Atemrhythmus einfügt - in solchen Fällen besteht keine Gefahr.

Ihr wißt, wie die Leute eine Bildgestalt aus Ton formen und ihr dann gleichsam Leben einhauchen, um sie in dieser Form verehren zu können. Bewußtsein (Caitanya Satta) existiert überall. Es ist gleichermaßen in jedem Lebewesen (Jīva) und auch in der Erde gegenwärtig. Doch weil wir nicht erkennen, daß sogar Lehm lebendiges Bewußtsein enthält, formen wir eine Bildgestalt daraus und beleben die innewohnende göttliche Kraft durch bestimmte Zeremonien. Ebenso vergegenwärtigt euch, wenn ihr den Guru auf einen Thron in eurem Herzen gebeten habt, wie Er alles als Lebenskraft (Prāna) durchdringt, und wiederholt dann Gottes Namen, während ihr das Ein- und Ausströmen des Atems beobachtet.

Wenn man sich während Japa des Atemrhythmus' bewußt ist, so hat das den Vorteil, daß sich das Denken etwas beruhigt. Sei es ein Photo oder eine Bildgestalt, der Geist kann nicht unbegrenzt lange darauf verweilen. Da Atmen jedoch Bewegung beinhaltet, ist es etwas leichter, den ruhelosen Geist damit zu verbinden. Wenn man will, daß ein unruhiges Kind still in einem Zimmer bleibt, muß man ihm ein Spielzeug geben.

Nun zu einem anderen Punkt: Wellen, die sich im Wasser erheben, sind selbst nichts anderes als Wasser. Dennoch scheinen sie aufgrund ihrer Bewegung voneinander getrennt zu sein. Dasselbe Sein ist gleichzeitig Ruhe und Bewegung - es erscheint abgesondert und ist doch auch ungeteilt. Darin besteht das unaufhörliche Spiel des Universums! Jenseits dessen existiert ein Zustand, in dem es weder Wasser, noch Wellen gibt. Das ist das Unmanifestierte (Avyakta).

Wenn ihr euch eine Weile auf die Wellen konzentriert, werdet ihr merken, daß sie nichts als Wasser sind. Dasselbe geschieht, wenn ihr eine gewisse Zeit Japa macht, während ihr euren unruhigen Geist auf den Atem konzentriert oder auf euren Guru in Form von Prāna: Ihr werdet merken, daß sich euer Denken beruhigt hat und daß das Bewußtsein (Caitanya Satta), das schon immer in euch gegenwärtig ist, von selbst offenbar wird. Hat diese Offenbarung einmal stattgefunden, so enden alle Zweifel.

Ein anderer Vorteil, Japa mit dem Atem zu verbinden, besteht darin, daß dies überall und jederzeit geübt werden kann. Ein- und Ausatmen ist ein unaufhörlicher Vorgang - alles, was ihr also zu tun braucht, ist, das Mantra im Einklang mit eurem Atem zu wiederholen. Es ist nicht notwendig, immer ein Bild oder ein Photo vor sich zu haben. Außerdem kann diese Übung von allen praktiziert werden, ob sie nun den Weg der Hingabe, den Weg selbstlosen Handelns oder den Weg des Wissens gehen. Sich den Guru als Lebenskraft (Prāna) in allen Geschöpfen zu vergegenwärtigen, ist förderlich auf dem Pfad des Wissens. Seinen Guru oder geliebten Gott auf dem Thron seines Herzens zu verehren, hilft euch auf dem Pfad der Hingabe, und Japa und ähnliche Übungen unterstützen euch auf dem Pfad selbstlosen Handelns. So seht ihr, daß sich diese Art von Sādhanā für alle Sucher eignet, egal welchen Weg sie gehen.

Frage: „Da ich nicht lange in einer meditativen Haltung sitzen kann, während ich Japa mache, sitze ich dabei auf einem Stuhl. Ist das falsch?"

Mā: „Warum nur auf einem Stuhl sitzend? Ich würde sogar so weit gehen zu sagen: Selbst wenn du dich gerade ausgestreckt hinlegst oder den heiligen Namen in einer beliebigen anderen Haltung wiederholst, so ist das in Ordnung. Doch mußt du dich auf den Namen konzentrieren, nicht darauf, wie bequem die Haltung ist. Denk daran, wie Kinder Ihre Lektionen für die Prüfungen auswendig lernen müssen. Ob sie es beim Liegen, Laufen oder Spielen tun, sie bestehen gewiß. Es ist nicht zwingend notwendig, die ganze Zeit sitzen zu bleiben, während man sich die Hausaufgaben einprägt. Ganz ähnlich verhält es sich mit der Wiederholung von Gottes Namen. Was auch immer wir tun, ohne an den Namen des Herrn zu denken, läuft darauf hinaus, eine Rückfahrkarte zu nehmen. Du wirst dahin zurückkehren, von wo du begannst, d.h. immer wieder zurückkommen, um die gleiche Aufgabe zu erfüllen. Deshalb betone ich stets, daß man keine Aufgabe unerledigt lassen sollte. Man sagt, man kann sich nicht mal seines nächsten Atemzuges sicher sein. Was für eine Garantie besteht, daß du die Arbeit, die du auf morgen verschiebst, vollenden kannst? Ist es dir nicht möglich, so wird der Same des Wunsches, der gesät wurde, dich nötigen, zu einer weiteren Geburt zurückzukehren. Deshalb muß man nach besten Kräften versuchen, jede Aufgabe zu Ende zu führen, welche einem zugeteilt wurde. Verschwende nicht deine Zeit mit Überlegungen, ob sie erstklassig ausgeführt wurde oder nicht. Du mußt immer denken: Ich habe meine Pflicht nach besten Kräften erfüllt, nun möge kommen, was will."

Frage: „Was ist Mantra Caitanya?"
Mā: „Ein Mantra, welches mit Leben erfüllt wurde, d.h. das, was das Mantra repräsentiert, wird offenbar. Der Same wird vom Guru gesät, doch ohne den Boden richtig zu kultivieren, wird der Baum nicht wachsen. Ein gewöhnlicher Same mag verkümmern, wenn er nicht gepflegt wird, aber der Same, den der Guru sät, ist unsterblich. Dennoch muß die Erde umgegraben und weich und aufnahmefähig gemacht werden, dann müssen die Steine entfernt und die Erde durchsiebt werden usw. Wenn der Same nicht bewässert wird, kann er sich nicht entwickeln. Regelmäßige Übung gemäß den Anweisungen des Gurus ist der Nährstoff, der den Samen zu einem Baum wachsen läßt.

Frage: „Wie kommt es, daß selbst das vom Guru erhaltene Mantra ohne Wirkung ist? Wir scheinen überhaupt nichts zu erreichen."
Mā: „Nun, es ist so, als ob ihr Medizin einnehmt und dann etwas eßt, was ihre Wirkung wieder zunichte macht. Wie kann ein Kranker wieder gesund werden, wenn er die Medizin nicht durch richtige Ernährung ergänzt? Wir lassen uns so von weltlichen Angelegenheiten beanspruchen, daß die Wirkung des Mantras gar nicht gespürt wird. Alle Aspekte eures Lebens müssen so verändert werden, daß sie zum Wirken des Mantras beitragen."

Ein Same muß durch das Säen eines anderen Samens vernichtet werden, das bedeutet, durch ständige Wiederholung des Bīja-Mantras wird der Same des Karmas zerstört, und dann wird kein neues Karma mehr erzeugt.

Schau, wenn man einen Samen sät, muß man ihn mit Erde bedecken. Wenn du ihn immer wieder herausnimmst, um ihn anzuschauen, kann er nicht zu einem Baum heranwachsen. Egal, von wem du ein Keimmantra bekommen hast - wenn du es in deinem Herzen verwahrst und es der Anweisung nach regelmäßig benutzt, wird es mit der Zeit zu einem Baum heranwachsen und Blüten und Früchte tragen. Verbirg es wie den Samen einer Pflanze und begieße es. Zur rechten Zeit wird es sich mit Sicherheit zu einem Baum entwickeln. Wie auch immer der Guru sein mag, der dir das Mantra gegeben hat, es ist schließlich Gottes Name selbst, den du erhieltest. Warum sollte er daher nicht seinen Zweck erfüllen? So wie ein kleines Kind noch nicht einen Samen vom anderen unterscheiden kann, weißt du vielleicht nicht, was für einen besonderen Samen du erhalten hast. Aber wenn du ihn ernsthaft hegst, wirst du ganz bestimmt herausfinden, was es für ein Same war, nachdem er zu einem Baum herangewachsen ist und Blüten und Früchte hervorgebracht hat. Selbst wenn man gar nicht weiß, was für ein Same in die Erde gesät wurde - warum sollte er nicht gedeihen und zu einem Baum werden, wenn man ihn mit all der notwendigen Nahrung versorgt? Ebenso hängt es nicht davon ab, wer der Guru ist: Wenn du den Keim den vorgeschriebenen Regeln gemäß heranziehst, wirst du mit Sicherheit die Früchte ernten.

Das Keimmantra sollte anderen nicht enthüllt werden, da es sonst seine Kraft verliert. Wenn man es im Herzen hegt und wohlverwahrt, wird die dem NAMEN oder Mantra innewohnende WIRKLICHKEIT offenbar. Dann wird ER, der Unzerstörbare* als NAME erkannt. Durch entsprechende Übungen muß das Wachstum des Bīja-Mantras oder des heiligen NAMENS gefördert werden. Indem man es im Herzen verwahrt, sollte man das Mantra jeden Tag regelmäßig den vorgeschriebenen Regeln gemäß wiederholen. Dadurch wird der EINE schließlich in allen Formen erkannt werden."

* Akshara bedeutet sowohl unzerstörbar, als auch Buchstabe, d.h. das Unzerstörbare und der heilige NAME sind eins.

Frage: „Darf man das Mantra auch nicht einem Erleuchteten sagen?"

Mā: „Warum sollte man es tun – würde man doch durch Aussprechen des Mantras sein Guru. Wenn es jedoch notwendig ist, das Mantra zu korrigieren oder Zweifel zu klären, ist es gelegentlich angebracht."

Frage: „Wird die Wiederholung des Mantras (Japa) erfolgreich sein, wenn man die Bedeutung des Mantras nicht weiß?"

Mā: „Man wird schon das Ergebnis des Japa erhalten, doch nicht das Ergebnis, welches durch das Verständnis seiner Bedeutung bewirkt wird. Wenn man die Bedeutung versteht, wird das Ergebnis noch besser sein."

Frage: „Japa sollte an einem heiligen Ort geübt werden, doch wo findet man so einen Ort?"

Mā: „Wo man den Namen des Herrn wiederholt, wird von selbst eine heilige Atmosphäre entstehen. Tempel und Stellen, die durch die Anwesenheit von Mahātmās gesegnet wurden, sind heilig, ebenso alle Pilgerorte. Einige behaupten, daß Japa sehr wirkungsvoll sein wird, wenn man es bei bestimmten Pilgerreisen verrichtet. Gottes Name ist ewig heilig. Wo immer das Bhāgavatam gelesen wird, wird die Atmosphäre des Ortes gereinigt. Wenn man an solchen Orten weilt, wird der Geist geläutert."

Frage: „Warum wird Japa in einem bestimmten Rhythmus geübt?"

Mā (sich an Swāmī Mādhava Tīrtha wendend): „Vater, würdest Du bitte antworten! Während der Wiederholung des Mantras ist es ratsam, über seine Bedeutung zu meditieren. Dadurch können die besten Ergebnisse erzielt werden, wie die Yoga Sutras* sagen."

Frage: „Angenommen, die Aussprache des Mantras ist fehlerhaft – wie kann ich richtig über seine Bedeutung kontemplieren?"

Swāmī Mādhava Tīrtha: „Wenn ein Keimmantra wiederholt wird, braucht man nicht über seine Bedeutung zu meditieren."

Mā: „Eine Art, Japa zu üben, besteht darin, gleichzeitig über die Bedeutung zu meditieren, bei einem anderen Weg wiederum läßt man die gedankliche Aktivität ganz zum Stillstand kommen. Das Shabda Brahman, das Akshara Brahman** ist unzerstörbar. Wo Brahman ist, ist Ewigkeit, Unvergäng-

---

* Yoga Sutras: klassisches Werk des Weisen Patanjali über Yoga
**Die absolute Wahrheit als ewiger Klang oder Lautsilbe.

lichkeit. Shabda schwingt ebenso nach wie ein Musikinstrument. Wenn Japa durch die ständig wiederholte Schwingung des Wortes automatisch wird, d.h. sich mühelos von selbst ereignet, werden die Knoten, die unser Ego bilden, gelockert, und der Weg zur gänzlichen Lösung dieser Knoten öffnet sich. Die heilige Silbe OM, das Shabda Brahman, erklingt ständig - Yogis können dies hören. Auch das Keimmantra erklingt ununterbrochen. Durch ständiges Üben von Japa offenbart sich die Bedeutung des Mantras von selbst. So wie durch Aneinanderreiben zweier Hölzer Funken erzeugt werden, so wird durch dauerndes Japa die Bedeutung offenbar.

Ein unwissender Mann hörte einst der Rezitation des Shrīmad Bhāgavatam zu. Der Sanskrittext enthielt das Wort ‚jagat hitāya' (zum Heil der Welt). Der einfältige Mann jedoch meinte, es hieße ‚jagat dhipāya'! Er begann ‚jagat dhipāya' zu wiederholen, während Tränen aus seinen Augen strömten. Jemand fragte ihn: „Warum rezitierst du ‚jagat dhipāya'? Was bedeutet das?" Er erwiderte: „Es bedeutet, daß das ganze Universum in Gott eingeht." Bei diesen Worten strömten Tränen aus seinen Augen, und ihm wurde die Vision Shrī Krishnas zuteil."

Swāmī Mādhava Tīrtha: „So etwas geschieht, wenn das Herz geläutert wurde."

Mā: „Wenn Herz und Verstand rein sind, offenbart sich die Bedeutung des Wortes. Dieser Körper sagt: Wenn ihr könnt, so liegt ausgestreckt an des HERRN Tür und ruft flehentlich nach IHM. Solange die Tür sich nicht öffnet, hört nicht auf zu weinen und nach IHM zu rufen. Kümmert euch nicht darum, ob euer Körper leben oder sterben wird. Wenn euer Flehen intensiv genug ist, wird das Tor zum HERRN aufspringen.

Vater sagte, man solle Japa machen, indem man über seine Bedeutung meditiert. Andere wiederum sagen, man brauche nicht über die Bedeutung nachzudenken. Übt euer Japa weiterhin voll Vertrauen. Es heißt: ‚Gott kann durch aufrichtigen Glauben verwirklicht werden - doch ist ER ewig fern, wenn man intellektuell über Seine Existenz debattiert'. Dieser Körper drückt sich immer so seltsam aus. Angenommen, ihr habt ein wenig Asche. Solange sie noch glüht, wird sie wieder Feuer fangen, wenn man etwas hineinhält. Auch wenn man unwissentlich Gift schluckt, stirbt man. Ob Gottes Name also mit vorbehaltlosem Glauben oder ungläubig wiederholt wird, ob man über seine Bedeutung kontempliert oder nicht - in jedem Fall hat er eine gute Wirkung. Gottes Name zerstört alle Sünden. Einige erklären sogar, der Name des Herrn habe so ein. Macht, alles Böse zu vernichten, daß ein Mensch überhaupt nicht soviel in einem Leben sündigen könne. Ein einziger Funke besitzt die gleiche Kraft, etwas zu verbrennen, wie das ganze Feuer. Ein Funke kann die ganze Welt in Asche verwandeln."

Swāmī Mādhava Tīrtha: „Das Bhāgavatam und andere heilige Schriften erklären, daß Japa die Resultate sündhafter Handlungen tilgt, jedoch nicht das Karma verdienstvoller Taten (Punya). Das Karma guter Handlungen kann nur durch Ātmajnāna (Selbsterkenntnis) aufgehoben werden. Was sollte ich tun, um letztlich auch vom guten Karma frei zu werden?"

Mā: „Die Ergebnisse verdienstvoller Handlungen werden allmählich abgetragen und verringern sich von selbst. Was verbrannt werden kann, wird verbrannt werden."

Swāmī Mādhava Tīrtha: „Gottes Name tilgt Sünde, während Verdienst durch strenges Tapasyā getilgt wird."

Mā: „Mit welchem Namen du nach Gott rufst, was für ein Mantra du auch wiederholst - alles ist in allem enthalten, daher kann alles erreicht werden. Was bleibt, wenn die Knoten des Herzens gelöst wurden? Nach und nach wird alles verwirklicht werden. Wie Vater es sagte: Man kann alles erreichen, wenn Gottes Name aufrichtig und mit Intensität wiederholt wird. Der göttliche NAME ist fürwahr Gottes eigene Gestalt (Vigraha). Durch Seinen NAMEN wird alle Sünde und alles Leid vernichtet. Die Macht von Gottes Namen ist so groß, daß WIRKLICHKEIT (Tattva) durch Ihn offenbart wird. Gott ist der höchste Freund des Menschen, der Atem seines Lebens. Das Höchste Wesen ist sowohl persönlich als auch unpersönlich. Wenn Gottes Name wiederholt wird, liegt es einfach in SEINER Natur, Sich zu offenbaren. Sei es also bewußt oder unwissentlich, bereitwillig oder widerstrebend, voller Glauben oder zweifelnd - wenn man an Gottes Namen festhält und sich stets auf IHN besinnt, wird verbrennen, was verbrannt werden muß und geschmolzen, was schmelzen muß."

Normalerweise wird vom Guru durch das Mantra, das er gibt, Kraft übertragen. Ein wirkliches Mantra besitzt eine besondere innere Kraft. Die Rishis oder Munis waren Seher der Mantras, sie empfingen die Mantras durch direkte geistige Wahrnehmung. Wer ein Mantra wirklich empfangen hat, hat es bereits potentiell verwirklicht. Man kann sich natürlich auch irgendein Mantra aus Büchern aneignen. Aber es ist wesentlich besser, ein Mantra aus dem Munde eines Gurus zu erhalten, da zugleich mit dem Mantra die Kraft des Meisters in den Schüler eingeht. Wenn jemand die Neigung zu Sādhanā aus früheren Leben mitgebracht hat, mag er sogar ohne Vermittlung des Gurus Erfolg haben. Man berichtet, daß Kabir einst vor der Tür seines Gurus darauf wartete, initiiert zu werden. Eines Tages kam der Guru heraus. Geplagt von Schmerzen in seinen Beinen seufzte er „He Rāma". Kabir dachte, dies sei das Mantra, das ihm der Guru gegeben habe. Er begann es zu wiederholen und erlangte schließlich Vollkommenheit. Von den Worten Heiliger geht ganz besondere Kraft aus.

Frage: „Ist es notwendig, ein Mantra korrekt auszusprechen?"
Mā: „Auf bestimmten Stufen wird klare und richtige Aussprache das gewünschte Ergebnis bewirken. Wenn jedoch jemand das Mantra nicht ganz richtig sagt, aber mit tiefer Hingabe, so wird auch das fruchtbar sein. Intensive Hingabe ist immer wirksam. Doch um vollen Nutzen zu ziehen ist beides notwendig – richtige Aussprache und tiefe Hingabe. – Nilmani, erzähle bitte die Geschichte von ‚jagat dhipāya'."
Nilmani erzählte daraufhin folgende Geschichte: Ein Vaishnava-Devotee pflegte bei seiner täglichen Pūjā zu sagen: „Jagat dhipāya Shrī Krishna Govindāya namah" anstatt „Jagaddhitāya Shrī Krishna Govindāya namah"(„Vor Shrī Krishna Govinda, der das Heil der ganzen Welt ist, verneige ich mich"). Dennoch bekam er jedes Mal Gänsehaut, Zittern, Freudentränen und Shrī Krishnas Darshan. Eines Tages besuchte ihn ein Sannyāsī, wies ihn auf seinen Fehler hin und sagte ihm, er solle „jagaddhitāya"(dem Heil der Welt) statt „jagat dhipāya" rezitieren. So änderte der Bhakta die Worte, aber er fühlte Shrī Krishnas Gegenwart nicht mehr und wurde sehr traurig. Einige Tage später vertraute er seine Not einem anderen Vaishnava-Sādhu an, der ihn besuchte. Der Sādhu fragte: „Nun, was meintest du damit, als du sagtest ‚jagat dhipāya'?" Der Devotee erwiderte: „‚Jagat dhipāya' bedeutet, daß Shrī Krishna die ganze Welt bedeckt hat, so wie ein Ameisenhaufen die Erde bedeckt. In diesem Ameisenhaufen in Form von Shrī Krishna lebe ich frei von Sorgen." Während er so sprach, fühlte er die Berührung von Shrī Krishnas Körper, und Tränen der Glückseligkeit strömten seine Wangen herab. Der Sādhu riet ihm daher, seine ursprüngliche Weise, das Mantra zu sagen, beizubehalten, und daraufhin erfuhr der Devotee wieder wie zuvor alle Symptome der Gegenwart des Herrn.

Mā: „Dennoch wird das vollständige Ergebnis nur bei richtiger Aussprache und tiefer Hingabe erfahren werden. Der betreffende Devotee war noch nicht ganz vervollkommnet, deshalb konnte er die Schau Shrī Krishnas nicht beibehalten, als er das richtige Wort ‚jagaddhitāya' sagte. Wenn die Hindernisse durch Hingabe geschmolzen werden oder verbrennen – wie ihr es auch nennen mögt – so wird die Wahrheit mit Sicherheit offenbar werden. Auf dem Pfad der Liebe ist es das Schmelzen und auf dem Pfad der Erkenntnis ist es das Verbrennen durch das Feuer der Unterscheidung. Durch jede von beiden Methoden wird die Wirklichkeit schließlich offenbart werden. Wenn wirklich alles geschmolzen ist, folgt zweifellos volle Verwirklichung.

Mantra* bedeutet das, was den Geist befreit. Aber in der lustigen Ausdrucksweise dieses kleinen Kindes bedeutet ‚Mantra': ‚Man-tor' – der Geist gehört DIR. Das heißt: ER, dessen Namen du wiederholst, SEIN wird der Geist. Habt ihr verstanden?"

Nachdem man Japa gemacht hat, sollte man es Gott darbringen. Wenn man dies nicht tut, sondern das sich daraus ergebende Resultat bei sich aufbewahrt, besteht die Gefahr, daß es wieder verlorengeht, da man nicht um seinen großen Wert weiß. Wenn man einem kleinen Kind einen unschätzbaren Edelstein anvertraut, so wirft es ihn vielleicht weg, da es nichts von seiner Kostbarkeit weiß. Dennoch wird man, selbst wenn man das Japa für sich aufbewahrt, etwas erreichen, doch sein voller Nutzen wird nicht erlangt. Das umfassende, vollständige Ergebnis von Japa, das man erhält, wenn man es dem Höchsten Ziel seiner Hingabe weiht, kann nicht erlangt werden, wenn man es für sich behält. Aus diesem Grund sollte es der Form Gottes geweiht werden, die man verehrt, oder dem Guru.

Wenn ein Kind etwas bekommt, bringt es dies zu seiner Mutter, denn es weiß nicht um den Wert des Geschenks. Sobald die Mutter es sieht, erkennt sie, wie kostbar es ist. Deshalb nimmt sie es dem Kind sofort aus der Hand und legt es sorgfältig beiseite. Wenn der Junge jedoch erwachsen und verständig geworden ist, gibt ihm seine Mutter das unschätzbare Gut zurück und sagt: „Ich habe dein Kleinod für dich aufbewahrt, nun nimm es zurück."

Wenn man das entsprechende Bewußtsein (Adhikāra) erlangt

---

* Wortspiel: Man – Geist; trān – Befreiung

hat, wird das, was vorher nicht begriffen werden konnte, nun voll wertgeschätzt. Mit Alter und Weisheit reift vollkommenes Verständnis heran. Wenn man sein Japa regelmäßig Gott darbringt, erkennt man allmählich, was der NAME ist und wer ER ist, Wessen NAMEN man wiederholt, wer man selbst ist und was Selbstverwirklichung bedeutet. Wenn sich das offenbart, so hat sich der Sinn des Japa wirklich erfüllt. Niemand kann voraussagen, in welchem Augenblick das geschehen wird, deshalb macht euer Sādhanā eifrig weiter.

Unendlich sind die spirituellen Wege (Sādhanās), unendlich die spirituellen Erfahrungen, unendlich die Manifestation – und zugleich ist ER auch unmanifest. Die Art des eigenen Japas richtet sich nach dem jeweiligen spirituellen Weg des Einzelnen. Warum benutzte ich das Wort ‚unendlich'? An einem Baum sind unendlich viele Blätter, und obwohl sie alle nach dem gleichen Muster geformt sind, existieren doch zahllose Abweichungen innerhalb dieser Gleichförmigkeit. Von diesem Standpunkt aus ist Verschiedenheit unendlich. Wenn schließlich Erleuchtung eintritt, so markiert das das Ende, und ER wird inmitten der unendlichen Vielfalt offenbar. Der Same als solcher bleibt, was er ist, ebenso die Zweige und Äste, und doch birgt ein jeder Unendlichkeit in sich. Ebenso ist im Bereich des Sādhanās alles unendlich. Wenn man das Mantra eine bestimmte Anzahl von Malen wiederholt, wird das Feuer irgendwann plötzlich auflodern. Feuer ist überall gegenwärtig, bloß weiß man nicht, in welchem Augenblick die Reibung groß genug sein wird, daß sich die Flamme entzündet. Deshalb seid stets bereit! Einige Yogis freilich mögen voraussagen können, nach wieviel Wiederholungen eines Namens oder Mantras LICHT kommt.

Setzt also euer Japa beharrlich fort. Es wird sorgfältig für euch aufbewahrt werden, wie von eurer eigenen Mutter. Jederzeit mag der Augenblick eintreten, wo du die Vielfalt in der EINHEIT und das EINE in der Vielfalt erkennen wirst. Wann wird die Anzahl der Wiederholungen abgeschlossen sein, und was erfährt man dann? Daß der NAME und Derjenige, Dessen NAMEN man wiederholt, unzertrennlich sind. Auf diese Weise wird das, was du dargebracht hast, zu dir zurückkommen."

Frage: „Angenommen, das Japa wird nicht dem Guru dargebracht, sondern für sich behalten, geht die Wirkung dann verloren?"

Mā: „Wenn es die Anweisung des Gurus ist, das Japa nicht darzubringen, so wird auch das in Seinen Händen liegen, denn ist man nicht seinem Befehl gefolgt? Er kann es zur Vollendung führen, indem Er es entweder selbst aufbewahrt oder es dem Schüler überläßt. Er allein weiß, wie es vollendet wird. Außerdem ist nichts völlig vergeblich. Wenn man beharrlich Japa geübt hat, muß es eines Tages zu Ergebnissen führen. Dennoch kann es auch erfolglos bleiben, z.B. wenn das Mantra nicht richtig ist oder das Japa nicht den entsprechenden Regeln gemäß praktiziert wurde - keine Möglichkeit kann gänzlich ausgeschlossen werden.

Es kann vorkommen, daß jemand regelmäßig und voller Glauben Japa und Entsagungen praktiziert, und nichts passiert. In tiefer Verzweiflung hört er mit all seinen Übungen auf. Weder Essen noch Schlafen interessieren ihn in seiner Verzweiflung. Obwohl er alle Anstrengungen aufgegeben hat, ist sein Streben so intensiv! Wenn sein Durst nach Erleuchtung absolut ist, so muß sie hier und jetzt kommen!"

Frage: „Ist mit dem Rāma des Mahāmantras* der Sohn von König Dasharatha, Rāma**, gemeint?"
Mā: „Ein sehr gutes Thema! Es ist nicht notwendig, das zu untersuchen. Was der Herr ist, wird von selber offenbar. Der Guru wird mit Sicherheit dafür sorgen. Der NAME Selbst wird Sein wahres Wesen offenbaren. Durch ständiges Wiederholen des NAMENS wirst du erkennen, wie die Wirklichkeit, die sich hinter dem NAMEN verbirgt, in ihrer Fülle offenbar wird - ebenso wie eine ewige Beziehung zwischen Wasser und Eis besteht. Den NAMEN willentlich zu wiederholen und die mühelose spontane Manifestation des NAMENS sind zwei gänzlich verschiedene Dinge. Wenn sich der NAME spontan manifestiert hat, können keine weiteren Fragen aufkommen. Ob ihr IHN saguna (Eigenschaften besitzend) oder nirguna (eigenschaftslos) nennt, ER allein ist das Höchste Wesen. Man sollte Zuflucht beim NAMEN suchen, damit sich die Wahrheit enthüllt. Wenn man übt, kommt man auch zu einem Ergebnis."

Nimm Zuflucht zum Namen Gottes, denn Gottes Name wird dich befreien. Japa von Gottes Namen wird deinen Geist reinigen und ebenso den Ort heiligen, wo es ausgeführt wird. Das Gleiche gilt für Kīrtana. Derjenige, der Kīrtana singt, der,

* Hare Krishna Hare Krishna Krishna Krishna Hare Hare Hare Rāma Hare Rāma Rāma Rāma Hare Hare
** Held des Rāmāyana

der es hört, und der Ort, an dem es gesungen wird, werden alle gereinigt.

Wo immer über Gott gesprochen oder Sein Name gesungen wird, ist es zweifellos eine Tatsache, daß Gott Selbst gegenwärtig ist. Wessen Augen geöffnet wurden, der kann es sehen.

Frage: „Ist es möglich, alles zu ereichen, indem man einfach Kīrtana singt, ohne Japa oder Meditation zu üben?"
Mā: „DA ist alles möglich. Durch fortgesetzte Wiederholung von Gottes Namen kann alles geschehen."
Frage: „Wenn man Kīrtan singt, wird der Geist nicht ruhelos. Aber warum tauchen beim Japa alle möglichen Gedanken auf?"
Mā: „Kīrtan macht man gemeinsam. Darüberhinaus stimmen Melodie, Rhythmus und Worte alle harmonisch überein. Die einfache Erklärung besteht darin, daß alle den NAMEN in gleicher Melodie, gleichem Rhythmus und mit gleichen Worten singen. Es liegt in der Natur des Geistes, bei etwas Erfreulichem bleiben zu wollen. Deshalb bleibt das Bewußtsein auf den Kīrtan konzentriert. Es gibt natürlich auch Menschen, die sich auf Japa konzentrieren können. Entsprechend ihrem Temperament und ihren Neigungen (Samskāras) fühlen sich die Menschen eher zu Japa oder zu Kīrtana hingezogen.

Auch die Hymnen, die hier gesungen werden, sind eine Art Sādhanā. Wenn sich das Bewußtsein durch diese Lieder auch nur zeitweilig von weltlichen Sorgen löst und angehoben wird, so ist auch das ein machtvolles Sādhanā.

Sowohl vor als auch nach Kīrtan ist es gut, eine Weile mit geschlossenen Augen zu meditieren...Während des Kīrtans mit emporgewandtem Blick langsam im Kreis zu gehen, erzeugt ein ganz bestimmtes Kriyā (yogische Wirkung) im Körper.

Glaubt mir, die Wiederholung Seines Namens macht alles möglich.

Regelmäßiges Gebet reinigt Herz und Geist. Widme wenigstens zehn Minuten täglich zu festgesetzter Zeit dem Gebet. Du kannst sogar deine normale Arbeit während dieser Zeit fortsetzen, doch schweige und meditiere über IHN, so wie es dir beliebt. Sorge dich nicht viel darum, ob du gerade rein oder unrein bist – du brauchst dich nicht darum zu kümmern, ob deine Kleidung in dem Moment sauber oder schmutzig ist. Aber halte dich ganz genau an die Zeit. Diese Regelmäßigkeit und Pünktlichkeit soltest du dein ganzes Leben lang nicht vernachlässigen!

Frage: „Ich habe gehört, daß nicht all unsere Gebete Gott erreichen. Nur Gebete, die wirklich innig und aufrichtig sind, dringen zu Ihm."

Ma: „Wie wahr – es ist so, wie du sagst: Bestimmte menschliche Wünsche erreichen Gott nicht. Bedenkt, daß es diesen bestimmt war, gewissermaßen eines natürlichen Todes zu sterben. Wie ist das zu verstehen? Es verhält sich so, wie wenn man Wasser auf die Erde gießt – nicht alles Wasser, das auf die Erdoberfläche gesprengt wird, kann das Meer erreichen, etwas mag vertrocknen. Doch oft ist die Strömung so stark, daß sie nicht eher anhält, als bis sie sich mit dem Wasser des Ozeans vereinigt hat. Die Wünsche, bestimmte Handlungen auszuführen, sind ähnlicher Natur. Es gibt Wünsche, welche durch die Ausführung bestimmter Handlungen erfüllt werden, und es gibt andere, welche einen Menschen zwingen, immer wieder zu dieser Erde zurückzukehren.

Meditation – Methoden, Hindernisse und Ziel

Frage: „Was ist die Natur von Samādhi?"
Mā: „Es ist ein Zustand, in dem keine Frage mehr auftaucht, gekennzeichnet von völligem Gleichmut und vollkommener Lösung (aller Widersprüche)."

Reinheit von Herz und Geist wird durch Konzentration auf ein Ideal, das der jeweiligen Veranlagung entspricht, erreicht. In dem Maße, wie ein Mensch allmählich Fortschritte macht, richten sich all seine zerstreuten Gedanken auf dieses eine Ziel. Wenn die verschiedenen Gedanken übereinstimmend in eine Richtung fließen, wird der Devotee scheinbar unbeweglich und empfindungslos. Schließlich findet er bei dem Einen Universellen Wesen Zuflucht und versinkt im Bewußtsein der Einheit allen Existierenden.

Wenn du nicht auf ein Bild oder eine Bildgestalt meditieren möchtest, so sitze einfach still da und beobachte deinen Atem. Auch wenn du sonst vielleicht gar nichts weiter tust, so wird allein schon diese Übung deinen Geist beruhigen.

Ein junges Mädchen sagte zu Mā: „Wenn ich mich zur Meditation hinsetze, beabsichtige ich nicht, über irgendeine Form zu kontemplieren, aber wie ist es möglich, über das Formlose zu meditieren? Manchmal, wenn ich zu meditieren versuche, bemerke ich, wie Gestalten von Gottheiten in meinem Bewußtsein auftauchen."
Mā: „Welche Gestalt auch immer vor deinem Geist erscheint, darüber solltest du kontemplieren. Beobachte einfach, in welcher Form sich Gott dir offenbaren wird. Nicht jede Person fühlt sich von der gleichen göttlichen Form angezogen. Für einige mag Rāma am hilfreichsten sein, für andere Shiva, für andere Pārvatī und für andere wiederum das Formlose. Sicherlich ist ER formlos, doch zur gleichen Zeit solltest du darauf achten, in welcher besonderen Gestalt ER dir manchmal erscheint, um dir den Weg zu zeigen. Deshalb kontempliere bis ins kleinste Detail die Form von IHM, die sich auf diese Weise deinem Innern offenbart.

Gehe folgendermaßen vor: Wenn du dich zur Meditation hinsetzt, betrachte zuerst die Gestalt der Gottheit. Sodann stelle dir vor, wie ER auf Seinem Sitz thront, verneige dich vor IHM und mache Japa. Wenn du dein Japa beendet hast, verneige dich noch einmal, und verlasse deinen Platz, nachdem du IHN fest in den Schrein deines Herzens eingeschlossen hast. So kann, kurzgefaßt, deine Übung aussehen, wenn du außerstande bist, über das Brahman zu meditieren.

Sei stets davon überzeugt, daß ER immer und ohne Ausnahme das tun wird und gerade tut, was am besten für dich ist. Denk einfach: „Um mir zu helfen, hat ER Sich mir in dieser besonderen Gestalt offenbart." Er besitzt Form und ist gleichzeitig auch formlos. Das ganze Universum ruht in IHM und wird von IHM durchdrungen. Deshalb sagt man: „Der Sadguru ist der Weltenlehrer, und der Weltenlehrer ist der Sadguru."

Was zuvor erwähnt wurde, richtet sich speziell an dich. Das gleiche gilt nicht für jede Person. Je mehr du über IHN kontemplierst, desto schneller wird dein Fortschritt sein. Wenn irgendeine Form vor deinem Geist auftaucht, ist ER es, ebenso wie ER auch formlos ist. Achte einfach darauf, was sich spontan ergibt."

Frage: „Was sind die sechs Cakras*? Wieviele gibt es?"

Mā: „Angenommen, ihr reist mit dem Zug zu einem bestimmten Ort. Obwohl euer Ziel nur ein bestimmter Ort ist, kommt ihr auf dem Weg an so vielen Dingen vorbei. Ebenso werden in euren Büchern sechs Cakras erwähnt, aber wer sie durchquert, stellt fest, daß sich noch viele weitere Cakras und mehr zwischen ihnen befindet."

Frage: „Wie können wir jene Cakras erfahren?"

Mā: „Indem ihr Gottes Namen mit gesammelter Konzentration anruft. Und um die Zielgerichtetheit aufrechtzuerhalten, muß man sich mit verschiedenen Aktivitäten beschäftigen, welche die Aufmerksamkeit ständig auf IHN richten – Japa, Meditation, Satsang, Lesen spiritueller Bücher, Kīrtan usw."

* Ein Cakra ist eines der sechs lotosgleichen feinstofflichen Energiezentren, die sich in einer Art Kette zwischen dem untersten Punkt der Wirbelsäule und dem Punkt über dem Scheitel befinden und durch die die Lebensenergie Kundalinī aufsteigt. Die Cakras repräsentieren verschiedene psychische Bereiche und Kräfte, die der Meditierende im Laufe seiner Entwicklung zu reinigen und beherrschen lernt.

Wißt ihr nicht, warum ihr euch während der Meditation so schwer konzentrieren könnt? Letztlich sind es eure Wünsche, die euch immer wieder an die Oberfläche zurückholen – ebenso wie euch beim Baden im Meer die Wellen stets wieder an den Strand zurückwerfen. Wenn ihr jedoch beharrlich bleibt und in tiefere Schichten eintaucht, sind die Wellen nicht länger ein Hindernis.

Alles, was wir wahrnehmen, hinterläßt seinen Eindruck in unserem Geist, und es dauert eine ebenso lange Zeit, diesen Eindruck wieder auszulöschen.

Frage: „Was ist der Unterschied zwischen der Verehrung von Gottheiten und der Meditation über die Seele?"
Mā: „Die Verehrung von Gottheiten bewirkt der Handlung entsprechende Ergebnisse. Meditation über die Seele beseitigt den Schleier der Unwissenheit."

Wenn man die ganze Nacht über friedlich geschlafen hat, sollte man bereits geraume Zeit vor der Dämmerung aufstehen. Dadurch wird eure sattvische Natur verstärkt werden.

Beim Samyam Vrata 1957 fragte jemand Mā nach dem Sinn der Mitternachtsmeditation. Mā antwortete: „Es liegt eine besondere Kraft in den Augenblicken, wo zwei entgegengesetzte Strömungen zusammentreffen. Innerhalb der 24 Stunden gibt es vier solche Zeitpunkte, an denen sich Kommen und Gehen begegnen. Wenn jemand sein Sādhanā zur Brahma Muhūrta (frühmorgens vor der Morgendämmerung), mittags und bei Sonnenuntergang praktiziert, wird er diese besondere Energie fühlen.
Die Brahma Muhūrta ist als Amrita Belā (Nektarzeit) bekannt, weil zu jenem Zeitpunkt göttlicher Nektar herabströmt. Deshalb sollte man während der Brahma Muhūrta nicht schlafen, sondern sein Sādhanā üben. Man hat mir erzählt, daß einige Leute bis halb acht oder halb neun Uhr morgens schlafen. So entgeht ihnen die Möglichkeit, die heilige

Atmosphäre jener geweihten Zeit zu erfahren. Einige Sādhakas machen ihre spirituellen Übungen um Mitternacht. Ihr wißt, daß Lord Krishna um Mitternacht geboren wurde. Auch der Kult der Shakti-Verehrung wird nachts vollzogen, weil man um diese Zeit besondere Kraft empfängt. Yogis schlafen am Tag und bleiben nachts wach. Während sie um Mitternacht meditieren, werden einige Yogis mit Visionen gesegnet. Es ist eine wunderbare Regel, sich in der Stille der Mitternacht der inneren Sammlung hinzugeben. Ich habe gehört, daß zu solchen Zeiten große Mahātmās in ihrer Güte erscheinen, um dem Sādhaka zu helfen. Einige Leute erschrecken natürlich, da ein gewöhnlicher Mensch noch nicht reif für solche Erfahrungen ist. Wenn man seine Furcht abschütteln und sich zur Meditation hinsetzen kann, wird man diese besondere Kraft spüren.

Ein junger Mann hatte häufig außergewöhnliche Bewußtseinszustände und viele Visionen. Beispielsweise verneigte er sich und blieb dann stundenlang ohne auch nur den Kopf zu heben in dieser Haltung, während Tränen über seine Backen liefen. Er behauptete, er sehe und höre, wie Shrī Krishna Arjuna belehre, so wie es in der Gītā steht, und er pflege viele andere Visionen und Unterweisungen auf solche Weise zu empfangen. Dieser Körper sagte ihm, wenn ein Sādhaka seinen Geist nicht beherrschen könne, bestehe die Gefahr, daß er sehr leicht viele Dinge hören und sehen könne, die völlig vermischt, d.h. zum Teil echt, zum Teil jedoch eine Täuschung seien. Er könne sogar unter den Einfluß eines ‚Geistes' oder einer bestimmten Kraft geraten, und so etwas, das wahrlich kein reines göttliches Streben fördere, sei mehr ein Hindernis als eine Hilfe. Außerdem kann dies leicht ein Anlaß zu Selbstzufriedenheit und egoistischem Vergnügen werden, wenn man jemanden in einer Vision sieht oder hört und selbst von ihm angeredet wird. Die Beherrschung über sich selbst zu verlieren ist nicht wünschenswert. Auf der Suche nach Wahrheit darf man von nichts überwältigt werden, sondern muß sorgfältig beobachten, was geschieht, vollbewußt, hellwach und mit völliger Selbstkontrolle. Verlust der Geistesgegenwart und Selbstkontrolle sind niemals richtig...

So wie es einen Zustand Höchster Selbsterkenntnis gibt, gibt es ebenso Vollendung auf dem Höhepunkt des Pfads der Liebe. Dort erkennt man, daß der Nektar vollkommener Liebe mit Höchstem Wissen identisch ist. In diesem Zustand ist kein Raum für überschwängliche Emotionen, ja, diese würden gar nicht zulassen, daß Höchste Liebe (Mahābhāva) aufleuchtet. Achtet auf eins: Wenn man auf einem bestimmten spirituellen Weg nicht das endgültige ZIEL, in dem alles Sādhanā mündet, erreicht, so hat man diesen Weg nicht wirklich betreten. Auf dem höchsten Gipfel der Liebe (Mahābhāva) sind übertriebene Gefühlsäußerungen und ähnliches überhaupt nicht möglich. Emotionale Erregung und Höchste Liebe sind überhaupt nicht miteinander vergleichbar, sie sind völlig verschieden voneinander.

Ob man sich während der Meditation seines Körpers bewußt ist oder nicht, ob man sich mit ihm identifiziert oder nicht - unter allen Umständen ist es notwendig, hellwach zu bleiben, Bewußtlosigkeit muß absolut vermieden werden. Man muß ein unverfälschtes Wahrnehmungsvermögen bewahren, ob man nun über das Selbst als solches oder über irgendeine besondere Form kontempliert. Was ist das Ergebnis so einer Meditation? Sie öffnet unser Wesen dem LICHT, dem EWIGEN. Angenommen, der Körper empfand irgendwelche Schmerzen oder eine Steifheit - siehe da, nach der Meditation fühlt er sich völlig wohl und munter, ohne auch nur eine Spur von Müdigkeit oder Schwäche. Es ist so, als sei eine lange Zeit dazwischen vergangen, als habe man nie ein Unwohlsein verspürt. Das würde ein gutes Zeichen sein. Doch wenn man sich gleich beim ersten Anflug von Glückseligkeit verlocken läßt, darin aufzugehen und nachher zu erklären: „Ich kann nicht sagen, wo ich war, ich weiß es nicht", das ist nicht erstrebenswert. In dem Maße, in dem man fähig wird, wirklich zu meditieren und mit der REALITÄT in Verbindung zu treten, entdeckt man die unbeschreibliche Freude, die selbst in äußeren Objekten verborgen ist.

Wenn man jedoch während der Meditation in eine Art Betäubung verfällt und danach behauptet, in intensive Glückseligkeit versunken gewesen zu sein, so ist diese Art von Glückseligkeit ein Hindernis. Wenn die Lebensenergie in einem Schwebezustand zu sein schien, so deutet das auf einen Stillstand hin. Es ist ein Zeichen für Anhaftung, und diese Anhaftung verhindert wirkliche Meditation, da man dazu neigen wird, immer wieder zu diesem Zustand zurückzukehren, selbst wenn man ihn vom weltlichen Standpunkt, der ein gänzlich anderer ist, für eine Quelle innerer Freude und somit auf jeden Fall als ein Zeichen spirituellen Fortschritts auffaßt. Auf irgendeiner Stufe aufgehalten zu werden, behindert den weiteren Fortschritt und bedeutet schlicht und einfach, daß man in seiner Entwicklung zum Stillstand gekommen ist. Während der Meditation sollte man sich als rein spirituelles Wesen (cinmayī) vorstellen, als Licht des SELBST, versunken in die Glückseligkeit des Selbst (Ātmārāma) und entsprechend den Anweisungen des Gurus versuchen, sich auf die Gottheit, die man am meisten liebt, zu konzentrieren. Der zuvor erwähnte Mann war intelligent und konnte diese Art von Argumenten verstehen. Folglich hörten die aufsehenerregenden Erfahrungen auf, und jetzt praktiziert er seine Meditation und andere spirituelle Übungen auf sehr ruhige und unaufdringliche Weise."

Später wendete sich das Gespräch dem Zusammenhang von Meditation (Dhyāna) und Körperhaltung (Āsana) zu: „Seht, wenn ihr stundenlang in einer bestimmten Haltung bleibt, wenn ihr in Versenkung geht, sobald ihr euch in jener Haltung befindet, doch in einer anderen Haltung nicht meditieren könnt, so ist das ein Zeichen dafür, daß ihr Vergnügen an dieser Haltung empfindet – auch das ist ein Hindernis. Wenn man zuerst Japa und Meditation zu üben beginnt, ist es selbstverständlich in Ordnung, solange wie möglich in der gleichen Position zu verharren. Aber wenn man diese Übungen allmählich vervollkommnet hat, taucht die Frage, wielange man in einer Stellung gewesen ist oder nicht, nicht mehr auf. Sei es im Liegen, Sitzen, Stehen oder sich auf die Seite lehnend – immer und in jeder Position kann einen nichts mehr von der Kontemplation über das erwählte Ideal oder den göttlichen GELIEBTEN abhalten.

Das erste Zeichen des Fortschritts zeigt sich, wenn man sich in jeder Körperhaltung unbequem fühlt, die nicht meditativ ist. Man hat kein Interesse mehr an irgendwelchen äußeren Dingen, das einzige, was einen anzieht, ist: solange wie möglich in der bevorzugten Körperstellung zu verbringen und, in tiefe innere Freude getaucht, über sein Höchstes Ideal zu kontemplieren. Das kennzeichnet den Anfang wirklicher Zielstrebigkeit und ist somit ein Schritt in die richtige Richtung. Doch wird hier noch großer Nachdruck auf die Körperhaltung gelegt. Wenn man, solange diese Neigung andauert, in dieser Haltung bleibt – im Vertrauen darauf, daß der GELIEBTE niemals Schaden zufügt – und wenn man fest darin verharren kann, spielt die Haltung eine überwältigende Rolle. Das zeigt nur, daß man sich der Vollendung in der Praxis des Āsanas nähert.

Sitzen, Stehen, Gehen, ja jede Gebärde des Körpers wird ein Āsana genannt. Es entspricht dem Rhythmus und der Schwingung von Körper und Geist zu eben jenem besonderen Zeitpunkt. Einige Sucher können nur in der vom Guru oder den heiligen Schriften angegebenen Haltung meditieren und sonst nicht. Dies ist der Weg zur Vollendung in der Meditation. Ein anderer hingegen mag seine Übung in jeder beliebigen Haltung beginnen, doch wird sein Körper, sobald er in Japa oder Dhyāna versunken ist, spontan die angemessenste Haltung einnehmen, ebenso wie ein Schluckauf unfreiwillig kommt. Je intensiver die Meditation wird, desto vollendeter werden die Körperstellungen ganz von selbst. Wenn nur ein wenig Luft in einen Reifen gepumpt wird, wird der Reifen schlaff und faltig sein; wird er jedoch ganz aufgepumpt, bleibt er straff in seiner natürlichen Form: Ebenso fühlt sich der Körper nach einer wirklichen Meditation leicht und frei und spürt beim Aufstehen keinerlei Müdigkeit, keinen Schmerz, keine Betäubtheit oder Steifheit in den Gliedern.

In einer echten Meditation berührt man die WIRKLICHKEIT, und so wie Feuer Brandmale hinterläßt, ebenso hinterläßt auch dieser Kontakt seine Wirkung. Was geschieht folglich? Hindernisse schwinden, sie werden entweder durch Entsagung (Vairāgya) verbrannt oder durch Hingabe an das Göttliche geschmolzen. Weltliche Dinge erscheinen langweilig und fade und sind einem irgendwie ganz fremd, weltliche Unterhaltung verliert völlig an Anziehungskraft, wird uninteressant und auf einer weiteren Stufe sogar als wehtuend empfunden. Wenn die irdischen Güter eines Menschen verlorengehen oder beschädigt werden, bringt es ihn aus dem Gleichgewicht, was nur zeigt, welche Gewalt die Sinnesobjekte über das menschliche Gemüt ausüben. Das wird Granthi genannt, die Knoten, die das Ego bilden. Durch Meditation, Japa und andere spirituelle Übungen, die dem jeweiligen Pfad entsprechen, werden diese Knoten gelockert, man entwickelt Unterscheidungskraft und erkennt allmählich die wahre Natur der sinnlich wahrnehmbaren Welt. Am Anfang war man darin verstrickt und kämpfte hilflos in diesem Netz. Wenn man sich nach und nach daraus löst und die verschiedenen Stadien zunehmender innerer Öffnung zum LICHT hin erfährt, erkennt man, daß alles in allem enthalten ist, daß es nur EIN SELBST gibt, den HERRN über alles, oder daß alle nur Diener des EINEN MEISTERS sind. Was für eine Form diese Verwirklichung annimmt, hängt von der eigenen Ausrichtung ab. Man erkennt durch direkte Wahrnehmung: Man selbst existiert, und deshalb existiert auch alles andere - dann wiederum, daß es nur das EINE gibt und nichts anderes als das EINE, daß nichts entsteht oder vergeht und doch auch entsteht und vergeht. Es ist unmöglich, all dies in Worten auszudrücken. Je mehr man sich von der Welt der Sinne entfernt, desto näher kommt man Gott.

Wenn man wirkliche Meditation erreicht, so ist die gewählte

Körperhaltung weder ein Hindernis noch eine Quelle der Befriedigung, mit anderen Worten, es ist völlig unwichtig, in welcher speziellen Haltung man gerade ist. Ob man gerade oder krumm sitzt, die richtige Haltung wird sich von selbst formen und den Körper in die richtige Stellung bringen. Dann gibt es auch Fälle, in denen man völlig unabhängig von der Körperhaltung ist. In welcher Haltung sich der Körper auch befinden mag, Meditation stellt sich einfach mühelos ein. Trotzdem existiert zweifellos ein Zustand, in dem man eine bestimmte Haltung wie z.B. den Lotossitz oder Siddhāsana einnimmt und dadurch bewirkt, daß die Vereinigung mit dem Höchsten in keinster Weise unterbrochen werden kann.

Wenn du in dir eine Kraft spürst, wenn sich dir innerlich ein neues Licht offenbart, so wird diese Erfahrung umso intensiver werden, je mehr du sie in völliger Ruhe und Stille für dich behalten kannst. Selbst wenn man nur ein bißchen verrät, besteht immer die Gefahr, daß sie wieder vergeht. Sei wachsam! ER Selbst wird für alles Notwendige sorgen – sei es Initiation, Unterweisung, was auch immer.

Wenn man eine Erfahrung hat, die sich tatsächlich auf die Höchste Wirklichkeit oder auf das Selbst bezieht, sagt man nicht: „Wo bin ich gewesen? Ich habe in der Zeit nichts gewußt." So etwas wie ‚nicht wissen' kann es da nicht geben. Auch wenn man noch in Worten die Glückseligkeit beschreiben kann, die man erfuhr, so zeigt das nur, daß man Gefallen daran findet, und dies stellt somit ein Hindernis dar. Man muß voll bewußt und hellwach sein. In eine Art Betäubung oder Yogaschlaf zu fallen, wird zu gar nichts führen.

Frage: „Als Du neulich über Visionen und ähnliche Erfahrungen während der Meditation sprachst, sagtest Du, dies seien keine wirklichen Visionen, sondern nur flüchtige Einblicke."
Mā: „Ja, von der Ebene aus gesehen, wo man von einem flüchtigen Kontakt sprechen kann, ist es so, d.h. man wurde nicht wirklich durch dieses Erlebnis verändert. Dennoch wirkt es auf dich anziehend, und du kannst das Gefühl in Worten

ausdrücken, was bedeutet, daß du noch Gefallen an Sinnesobjekten hast. Deshalb ist es nur ein flüchtiger Kontakt. Hätte sich eine wirkliche Wandlung ereignet, könntest du nicht auf diese Weise weltliche Freude empfinden."

Frage: „Gibt es verschiedene Grade (krama) von Erkenntnis?"

Mā: „Nein. Wie kann es bei Selbsterkenntnis (Svarūpa Jnāna) Abstufungen geben? Selbsterkenntnis ist eins. Schritt für Schritt vorzugehen bezieht sich auf das Stadium, in dem man sich vom Streben nach Sinnesobjekten abgewandt und die Aufmerksamkeit gänzlich auf das Ewige gelenkt hat. Man hat Gott noch nicht verwirklicht, doch ist dieser Pfad bereits anziehend geworden. Auf diesem Weg liegen Dhāranā, Dhyāna und Samādhi*. Die Erfahrungen auf jeder dieser Stufen sind ebenfalls unendlich vielfältig. Wo noch Denken und Empfinden existieren, existiert auch Erfahrung. Die Erlebnisse auf verschiedenen Stufen entsprechen den sich jeweils verschieden ausdrückenden Wünschen nach Höchster Erkenntnis. Dasselbe Denken, das zuvor mit materiellen Dingen beschäftigt war und argumentierte, daß man nicht wissen kann, ob Gott existiert oder nicht, ja, das IHN sogar schließlich leugnete, hat sich nun zur anderen Richtung gewandt. Ist es deshalb nicht natürlich, daß entsprechend dem erreichten Zustand mehr Licht aufgeht? Diese Zustände sind unter verschiedenen Namen bekannt. Und wann hören die Visionen in der Meditation auf? Wenn das SELBST Sich Selbst offenbart (Svayam Prakāsh)."

Frage: „Überlebt der Körper, wenn sich das Ich-Bewußtsein aufgelöst hat (manonāsha)?"

Mā: „Manchmal wird gefragt: Wie unterweist der Weltenlehrer? Aus dem Zustand von Unwissenheit (Ajñāna)? - Wäre das der Fall, so hätte sich das Denken und die Dreiheit (Triputi) von Erkennendem, dem Vorgang der Erkenntnis und dem Erkannten nicht aufgelöst. Was könnte Er euch also geben? Wohin könnte Er euch führen? Doch gibt es eine Ebene, auf der diese Frage nicht auftaucht. Ist der Körper das Hindernis für Höchste Erkenntnis? Taucht überhaupt die Frage auf, ob der Körper existiert oder nicht? Auf einer bestimmten Ebene ist

---

* Dhāranā: geistige Sammlung (wörtlich: Festhalten) auf den Gegenstand der Meditation. Solange der Strom der Aufmerksamkeit noch unterbrochen (wie z.B. tropfendes Wasser) ist, bezeichnet man dies Stadium als Dhāranā. Fließt die Aufmerksamkeit beständig und ununterbrochen (wie z.B. Öl), so heißt dieses Stadium Dhyāna. Wenn die Unterscheidung zwischen Meditierendem und dem Gegenstand der Meditation aufhört, bedeutet das Samādhi. In Savikalpa Samādhi vereinigt sich das Denken mit dem Gegenstand der Meditation und nimmt dessen Form an. In Nirvikalpa Samādhi kann man nicht mehr von Denken sprechen, nur Reines Bewußtsein existiert.

diese Frage einfach nicht da. Auf der Stufe, wo diese Frage auftaucht, befindet man sich nicht im Zustand Reinen Seins, und man meint, diese Frage kann gestellt und auch beantwortet werden. Doch die Antwort liegt da, wo es kein Fragen und Antworten mehr gibt – keine ‚Anderen' und keine Abgetrenntheit...

Von Stufen der Erkenntnis (krama) zu sprechen, als ob man für einen akademischen Grad studiert, stellt das Ganze aus dem Gesichtspunkt von Sādhanā dar. Wo das Selbst offenbar ist, kann davon keine Rede sein. Trotzdem wird persönliche Bemühung wie Meditation und Kontemplation selbstverständlich ihre Auswirkung haben. Doch im Zustand der Erleuchtung kann es so etwas wie Erreichen oder Nicht-Erreichen nicht geben; obwohl es existiert, existiert es nicht, und obwohl es nicht existiert, existiert es doch – genauso.

Einige sagen, ein letzter Überrest individuellen Bewußtseins würde noch bleiben. Auf einer bestimmten Ebene trifft das zu, doch gibt es eine Ebene jenseits davon, wo die Frage, ob ein Rest von individuellem Bewußtsein vorhanden ist oder nicht, einfach nicht existiert. Wenn alles verbrannt werden kann, kann nicht auch dieser letzte Schleier vernichtet werden? Hier gibt es weder ‚ja' noch ‚nein' – was ist, IST. Meditation und Kontemplation sind notwendig, da man sich auf der Ebene des Annehmens und Ablehnens befindet, und das Ziel besteht in Wirklichkeit darin, jenseits von Annehmen und Ablehnen zu gelangen. Du suchst einen Rückhalt, nicht wahr? Der Halt, der dich dorthin führen kann, wo das Problem von Halt oder kein Halt nicht mehr existiert, ist der rückhaltlose Halt. Was mit Worten ausdrückbar ist, kann gewiß erlangt werden. Aber ER ist DAS, was jenseits von Worten liegt."

Frage: „Ich habe in Büchern gelesen, daß einige sagen, sie müssen sich herabgeben, um in der Welt zu wirken. Das scheint zu beinhalten, daß sie zum Handeln ein individuelles Bewußtsein zur Hilfe nehmen müssen, obwohl sie in Reinem Bewußtsein gegründet sind – so wie ein König, der die Rolle eines Straßenfegers spielt, sich in dieser Zeit vorstellen muß, er sei ein Straßenfeger."

Mā: „Eine Rolle anzunehmen beinhaltet keineswegs Aufstieg oder Herabkunft. ER Selbst spielt verschiedene Rollen, während ER gleichzeitig in Seinem Eigenen Inneren Sein (Svarūpa) ruht. Doch wenn du von Aufstieg und Herabkunft sprichst, wo ist da der Zustand Reinen Seins? Kann es in jenem Zustand Dualität geben? Brahman ist EINES ohne ein Zweites, obwohl es sich aus deiner Sicht zugegebenermaßen so darstellt, wie du sagst...Die Tatsache ist einfach, daß du im Zweifel bist. Doch hier gibt es keinerlei Zweifel. Was immer du sagen magst, egal von welcher Ebene aus – ER ist es, ER und nur ER allein."

Frage: „Wenn dem so ist, hat es irgendeinen Sinn, Dir noch weitere Fragen zu stellen?"

Mā: „Was ist, IST. Es ist ganz natürlich, daß Zweifel auftauchen. Doch wie wunderbar ist es, daß – wo DAS ist – nicht einmal Raum ist, verschiedene Standpunkte einzunehmen. Man erörtert Probleme, um Zweifel zu beseitigen. Deshalb sind Gespräche nützlich. Wer weiß, wann sich der Schleier von euren Augen hebt? Der Sinn von Diskussionen liegt darin, die normale Sicht aufzuheben. Diese Sichtweise ist keine wirkliche Schau, da sie bedingt ist. Wirkliches Sehen ist das Sehen, in dem so etwas wie Sehender und Gesehenes nicht existieren. Es geschieht ohne Augen, d.h. nicht mit diesen gewöhnlichen Augen, sondern mit den Augen der Weisheit. In jenem Sehen ohne Augen gibt es keine Getrenntheit.

Hier (auf sich selbst zeigend) existiert weder Geben noch Nehmen – auch nicht ‚Dienen', doch auf eurer Ebene gibt es so etwas; von dort kommen diese Themen auf."

„Savikalpa Samādhi bedeutet das Eingehen der kosmischen Existenz in Ein Reines Sein (Satta). In Nirvikalpa Samādhi jedoch gibt es so etwas wie ‚Existenz' gar nicht mehr."

Frage: „‚Existenz' gibt es nicht? Was ist es dann?"

Mā: „Solange noch Sankalpas und Vikalpas* existieren, ist nicht einmal Savikalpa Samādhi möglich. Savikalpa Samādhi bedeutet Bewußtsein reiner Existenz. Doch wo von Existenz keine Rede mehr sein kann – wo es nicht länger möglich ist, ‚das, was ist' von ‚dem, was nicht ist' zu unterscheiden – kann man da überhaupt irgendetwas und sei es auch noch so wenig, ausdrücken? Das ist Nirvikalpa Samādhi."

Frage: „Mein Verstand sagt mir, daß das Denkvermögen in beiden Arten von Samādhi noch da sein muß. Den Shastras zufolge existiert in Nirvikalpa Samādhi kein Denken mehr. Das grobstoffliche Mentale bleibt natürlich nicht, doch muß zugegeben werden, daß das feinstoffliche Denkvermögen latent

---

* Sankalpa – geistiger Vorgang, der dem eigenen Willen entspringt; Vikalpa – Gegenreaktion des Geistes aufgrund von Samskāras (Neigungen und Tendenzen). Aus diesen beiden setzt sich für gewöhnlich die Aktivität des weltlichen Denkens zusammen. Der Yogī strebt danach, die Vikalpas auszulöschen und die geistigen Kräfte willentlich zu beherrschen. So entsteht ein Zustand reinen Sankalpas, frei von Vikalpa, der ein Ausdruck der erreichten Festigkeit und des freien Willens ist. Im höchsten Zustand hat der Yogī selbst Sankalpa transzendiert.

weiterbesteht. Wie könnte man sonst danach etwas von der Erfahrung wissen? Mit anderen Worten erinnert man sich daran oder nicht, wenn sie vorüber ist? Wenn ja, so muß zweifelsohne anerkannt werden, daß das subtile Denken noch existiert."

Mā: „Einige sagen, daß noch ein kleiner Teil des Denkvermögens* übrigbleibt, denn wie könnte der Körper sonst noch existieren? Aber dieser Körper behauptet auch: Wenn das Feuer der Erleuchtung alles verzehren kann, warum sollte nicht auch diese winzige Spur verbrannt werden?"

Frage: „Wenn dieser kleine Teil des Denkvermögens aufhört zu existieren, wie kann der Körper weiterbestehen? In welchem Zustand schwindet diese letzte Spur des Denkens? Während noch Prārabdha wirkt oder nachdem es abgetragen ist?"

Mā: „...Dieser Körper sagt, wenn durch Höchstes Wissen alles verbrannt wird, sollte es nicht auch die Macht haben, das Prārabdha ebenfalls zu tilgen?"

Frage: „Aber wie kann der Körper weiter existieren, wenn das Prārabdha ausgelöscht wurde?"

Mā: „Meinst du damit, solange der Körper besteht, muß auch notwendigerweise noch etwas Prārabdha da sein und deshalb auch etwas vom Denkvermögen? Nun - ja. Wenn du den Körper im normalen Sinne des Wortes als Wirklichkeit akzeptierst, wirst du zweifellos die Existenz von Prārabdha gelten lassen müssen und ebenso, von deinem Standpunkt aus, die Existenz des Denkvermögens. ‚Körper'** bedeutet unaufhörliche Veränderung, das, was ständig vergeht. Doch in dem Zustand, wo Vergänglichkeit selbst vergeht, kann man da noch von einem Körper sprechen?

...Worte, Argumente, Sprache - sie alle gehören dem Bereich des Denkens an, doch für den eben erwähnten Zustand sind sie unzulänglich. Dieser Körper respektiert alles, was jemand sagt, da der Standpunkt eines jeden durch die jeweilige ‚Treppe' bedingt ist, auf der er emporsteigt. Welche Auffassung auch vertreten werden mag, und ob sie sich nun auf einer hohen oder niedrigen Ebene bewegt - was diesen Körper betrifft, so ist für ihn alles gleich. Wenn daher jemand der Meinung ist, der menschliche Körper könne ohne Prārabdha existieren oder könne es nicht, oder wer weiß welche Theorie von irgendeinem Standpunkt aus vorbringt, so ist all das auf der jeweiligen Ebene richtig. Doch jenseits von Worten und allem Ausdrückbaren - wo gibt es da Manifestation und Unmanifestiertes, Dauer und keine Dauer, Raum und keinen Raum - DA gilt nichts mehr. Selbst über das Wesen der Dinge

* Avidya Lesha - eine Spur von Unwissenheit
** Sharīra - Körper; shora - hinweggleiten

dieser Welt kann man nicht sprechen, doch das Wesen Transzendentalen Seins ist noch viel weiter entrückt. Dann gibt es auch das, was man ‚Aufgehen' nennt. Doch ein Yogi kann einen wieder aus dem, worin man aufgeht, herausholen. Diese Möglichkeit erwähnt ihr Leute ebenfalls, nicht wahr? Aber in dem Zustand, von dem dieser Körper spricht, ist dies nicht so - und ‚nicht so' drückt es auch nicht wirklich aus. Durch Nachdenken und Unterscheiden mag man zur Schlußfolgerung kommen, daß ein kleiner Teil des Denkvermögens noch bleibt, solange noch physische Existenz da ist. Aber dieser Körper spricht von einem Zustand, in dem nicht einmal eine Spur davon existieren kann."

Frage: „Existiert der Körper dann weiter oder nicht?"

Mā: „Wenn der Körper in diesem Zustand ein Hindernis wäre, so würde dieser Zustand gar nicht möglich sein. In diesem Zustand kann die Frage, ob der Körper beibehalten wird oder nicht, gar nicht aufkommen."

Frage: „Kann es in diesem Zustand dann Frage und Antwort geben?"

Mā: „Ja - wenn der Begriff des Körpers existiert. Für jene, die denken, daß es Schüler und Meister gibt, für sie gibt es Fragen und Antworten...Doch noch etwas muß in Betracht gezogen werden: Sag - wer antwortet wem? Daß Fragen gestellt und beantwortet werden, ist nur die Auffassung des Fragenden auf seiner jeweiligen Stufe. Kann man den, der Antworten gibt, ein Individuum nennen, nur weil er antwortet? Wem antwortet er? Wer antwortet und was ist die Antwort? Wer ist wer in jenem Zustand Reinen Seins?...Vater, als du batest: Erzähle von Deiner Erfahrung! würde das beinhalten, daß noch ein Erfahrender existiert. Das kann hier nicht so sein. Und auch so etwas wie die Übertragung von Kraft durch den Guru auf den Schüler gibt es hier nicht. Wenn es keinen Körper gibt, steht auch das außer Frage. Es kann weder von einem physischen noch von irgendeinem anderen Körper die Rede sein. Was noch jenseits dessen liegt, kann nicht durch Worte irgendeiner Sprache ausgedrückt werden. Vater, was den Ausspruch ‚Es gibt nur ein Brahman ohne ein Zweites' betrifft, so existiert im Selbst einfach keine Möglichkeit für ein ‚Zweites'. Die Auffassung von ‚zweien' entspringt dem Verstand. Wie ihr sagt: ‚ER geht ohne Füße, ER sieht ohne Augen.'

Dieser Körper behauptet, daß alles, was jemand von der Verstandesebene aus sagen mag - vom Standpunkt des Schülers aus, mit der Auffassung, daß der Körper existiert - auf der Ebene des Verstandes auch gerechtfertigt werden kann, denn die Sichtweise hängt von der Brille ab, die man trägt. Dieser

Körper erklärt, daß jede Theorie, die jemand vertritt, auf Schlußfolgerungen des Denkens beruht, was die Existenz eines kleinen Rests von Intellekt und Prārabdha von vorneherein voraussetzt. Doch wo DAS offenbar ist, verhält es sich völlig anders: DA ist es unmöglich zu unterscheiden oder zu spekulieren. Jenseits des Verstandes, jenseits von Standpunkten gibt es einen Zustand, wo nichts davon existieren kann. Vater, wirklich - DA stehen Worte, Sprache oder irgendwelche Unterscheidungen außer Frage. Ob man sagt ‚das gibt es nicht' oder ‚das gibt es' - auch das sind nur Worte, Worte, die auf der Oberfläche schwimmen*. Deshalb heißt es, daß hier Worte, Sprache und irgendwelche Aussagen unzulänglich sind...Das ist eine Tatsache, Vater, verstehst du?

Du wirst keine genauen Antworten auf deine Fragen erhalten haben. Von dem Gesagten wirst du das nehmen müssen, was intellektuell verstanden werden kann.

---

* Bhāsha bedeutet ‚Sprache' sowie (in anderer Schreibweise) ‚schwimmen, treiben'.

Schweigen

Jemand behauptete: „Durch Schweigen erlangt man Höchstes Wissen (Jñāna)."

Mā: „Wie ist das möglich? Warum hat man das Wort ‚durch' hier benutzt?"

Ein Devotee: „Stille an sich ist bereits Weisheit, das Mittel ist selbst das Ziel."

Eine andere Person: „Unter Schweigen müssen wir die Beruhigung der fünf Sinne verstehen."

Mā: „Ja, aber warum soll man sagen ‚durch'?"

Ein Devotee: „Ausschließliche und vollkommene Konzentration auf das Selbst - das ist die Bedeutung von ‚durch'."

Mā: „Wenn man nicht spricht, geht die geistige Aktivität dennoch weiter. Trotzdem hilft so ein Schweigen, den Geist zu beherrschen. In dem Maße, wie das Denken tiefer eintaucht, verringert sich seine Aktivität, und dann beginnt man zu fühlen, daß ER, der für alles sorgt, die Dinge in die Hand nehmen wird. Wenn der Geist mit weltlichen Gedanken beschäftigt ist, verliert man den Nutzen, den man durch Schweigen eigentlich anstrebte. Zum Beispiel kann man, wenn man ärgerlich ist, schweigen, aber früher oder später wird sich der Ärger entladen. Wenn der Geist auf Gott gerichtet ist, entwickelt er sich konstant weiter, und gleichzeitig werden Körper und Geist immer mehr gereinigt. Seine Gedanken auf Sinnesobjekten verweilen zu lassen, ist Energieverschwendung. Wenn sich das Denken mit weltlichen Dingen beschäftigt und man nicht schweigt, werden die Gedanken durch Reden freigesetzt, schweigt man jedoch, so kann das zu Überspannung der Sinne und sogar zu Krankheit führen. Richtet sich die Aufmerksamkeit aber nach innen, ist nicht nur gesundheitlicher Schaden ausgeschlossen, sondern es werden darüberhinaus durch die ständige Vergegenwärtigung Gottes alle Knoten (granthi) des Egos gelöst, und dadurch wird das verwirklicht, was verwirklicht werden muß.

Zu schweigen bedeutet, den Geist auf IHN gerichtet zu halten. Zuerst fühlt man den Drang zu sprechen, später verschwinden sämtliche Neigungen oder Abneigungen. Es ist so wie mit der Biene, die Honig sammelt: Alles, was man braucht, stellt sich von selbst zur Verfügung, bietet sich gleichsam an, je mehr man mit IHM vereint ist. Wie wird der Körper am Leben erhalten, wenn man sich völlig aller Worte, Zeichen oder Gesten enthält (Kāshta Maunam)? Alles fügt sich ineinander, und der Schweigende schaut nur zu. Je näher man der Vereinigung kommt, desto mehr wird man merken, daß Hindernisse wegfallen, und was auch immer nötig ist, ergibt sich von selbst. Wenn alles von selbst geschieht, ist es etwas ganz anderes, als wenn man etwas aus eigener Bemühung heraus tut. Wirkliches Schweigen bedeutet, daß tatsächlich nichts anderes existiert, worauf sich das Denken richten könnte. Zu guter Letzt wird kein Unterschied mehr da sein, ob geistige Aktivität nun weiter existiert oder nicht, ob man spricht oder nicht.

Es ist nicht richtig zu sagen, ‚durch Stille wird ER erkannt', denn Höchste Erkenntnis kommt nicht durch irgendetwas – Höchstes Wissen offenbart Sich Selbst. Um den Schleier zu zerstören, gibt es geeignete spirituelle Disziplinen und Übungen.

Wenn ihr wirkliches Schweigen einhalten wollt, sollten Herz und Verstand so sehr in einem Zustand der Kontemplation verschmelzen, daß euer ganzes Wesen sowohl innerlich als auch äußerlich wie zu Stein erstarrt. Doch wenn es euch nur darum geht, nicht zu sprechen, so ist das etwas ganz anderes.

Bhakti – Liebende Hingabe an Gott

Frage: „Was ist das Ziel des menschlichen Lebens?"
Mā: „Gott zu lieben und deine Einheit mit Ihm zu verwirklichen."

Die Menschen vergessen, daß Gott der einzige Geliebte (Ishta) ist und schenken ihre Liebe an Sinnesobjekte. Wenn ihr irgendetwas außer Gott liebt, so teilt das eure Hingabe zwischen zweien (do-ishta) und führt euch zu Verderben (dushta).

Karma, das Handeln und seine Folgen, erzeugt ständig neues Karma. Doch wenn man sich so sehr von einem angezogen fühlt, daß Handlung kein neues Karma mehr erzeugt, so nennt man das Liebe. Warum heißt es Liebe? Weil weder Erschaffung, noch Erhaltung oder Leid existiert, wenn sie einmal erweckt ist. Begehren (Kāma) sorgt für den Fortbestand der erschaffenen Welt und ist daher Moha (Verblendung, Täuschung). Wenn man sich zu Gott hingezogen fühlt, nennt man es jedoch Prema (Liebe), während weltliche Anziehung Kāma (Leidenschaft) ist. Wo es keinen „Anderen" gibt und kein „danach", wo Zeit stillsteht – das wird LIEBE und wahres Wissen genannt.

Zuallererst solltest du ein vertrautes Verhältnis zu IHM herstellen, den du anrufen möchtest. Denke und spreche ständig über IHN, betrachte SEINE Bilder, singe SEINEN Lobpreis oder höre religiöse Musik, besuche Pilgerorte, geh in die Einsamkeit oder pflege Gemeinschaft mit Heiligen und Weisen, um IHN auf diese Weise kennenzulernen. Wenn du das erreicht hast, kannst du IHN ‚Vater' oder ‚Mutter' nennen. Irgendeine solche Beziehung muß zu IHM hergestellt werden, denn die Menschen der Welt fühlen keine Vertrautheit, solange ihr Verhältnis nicht auf diese Weise definiert ist. Ihr seid vom weltlichen Leben her an verwandtschaftliche Beziehungen gewöhnt, deshalb müßt ihr auch im religiösen Bereich so ein Verhältnis schaffen. Selbst wenn ihr zu Anfang keine tiefe Hingabe verspürt, lernt es, IHN beharrlich und unaufhörlich anzurufen, indem ihr SEINEN Namen wiederholt, oder durch irgendeine andere Methode, bis ER euer Herz immer mehr einnimmt. Doch selbst nachdem das Band der Liebe geknüpft wurde, sind Gebet, Meditation, Almosen, die man in Seinem Namen gibt usw. notwendig, damit dieses Band unversehrt bleibt. Auf diese Weise wird ein auf Gott gerichtetes Bewußtsein zu eurer zweiten Natur werden und euch bis zum letzten Atemzug nicht mehr verlassen. Das wird Kommunion mit Gott genannt.

Frage: „Mā, müssen wir alles selber tun oder wird Mā auch etwas für uns tun?"
Mā lachte herzlich und sagte: „Im Grunde ist es so: Wenn Gott nicht euer Handeln verursachen würde, könntet ihr dann überhaupt etwas tun? Es ist die Natur des Individuums, seine eigene Fähigkeit und Stärke hoch einzuschätzen. Denkt nicht, daß ihr diejenigen seid, die alles tun. Würde Gott nicht euer Handeln veranlassen, so wäret ihr hilflos. Macht euch leer, und ergebt euch den Lotosfüßen des Gurus. In dem Maße, wie ihr euch auslöscht, werdet ihr Erfüllung finden."

Von etwas angezogen werden, heißt verwandelt werden. Jedesmal wenn ihr euch zu einem Menschen, einem Gegenstand oder einer Idee hingezogen fühlt, müßt ihr etwas von euch selbst opfern. In dem Maße, wie ihr aufgebt, werdet ihr empfangen – das ist ein Gesetz des Lebens. Alles zu empfangen ohne irgendetwas loszulassen ist aus dem einfachen Grund nicht möglich, weil zwei Dinge nicht zur gleichen Zeit ein und denselben Platz einnehmen können. Ohne Opfer kann man daher nichts erreichen. Je mehr euer Herz von Liebe zu Gott erfüllt ist, desto weniger werdet ihr nach materiellem Genuß verlangen. In dem Augenblick, wo ER euch anzieht, verwandelt und durchdringt, wird euer Bewußtsein still. Es ist wahr, ihr könnt nicht von IHM fasziniert sein, wenn ihr nicht fühlt, wie ER euch von innen zu sich zieht; dennoch ist es wichtig, sich entschlossen um diese Erfahrung zu bemühen. So wie sich ein Geschäftsmann ständig über die Preise auf dem Markt informiert, sollte man immer in die spirituelle Suche und Nachforschung vertieft sein.

Frage: „Mā, ich weiß nichts, bitte sage mir, welchem Weg ich folgen soll."

Ma: „Bitte IHN, dir den richtigen Pfad zu zeigen. Bete jeden Tag zumindest eine kleine Weile so zu Ihm: ‚Herr, bitte zeige mir den Weg.' Wenn du wirklich nach IHM rufst, wird ER dich niemals im Stich lassen. Wie kann ER dich verlassen? Es gibt keinen Ort, wo ER nicht ist. ER hat doch nicht mal Platz, sich umzudrehen...Sagt ihr nicht, daß das Wort ‚Krishna' Anziehung bedeutet? Derjenige, der anzieht, ist Krishna. Schaut, alles in dieser Welt ist anziehend, weil nichts getrennt von IHM existiert."

Wirkliche Sehnsucht ist noch gar nicht erwacht, ansonsten wärst du bereits verwirklicht. Gott braucht keine Minute, nicht einmal eine Sekunde, um Sich zu offenbaren.

Mā sagte einmal zu einer Frau, deren Mann sich gerade in politischer Gefangenschaft befand: „Sieh, heute sorgst du dich Tag und Nacht um deinen Mann, weil du seine Frau bist. Bevor du ihn geheiratet hast, war er ein Fremder für dich, und du konntest gar nicht an ihn denken. Ebenso mußt du zuerst eine Beziehung zu Gott herstellen, indem du die Form von IHM verehrst, die dein Herz anzieht. Dieses Band der Vertrautheit wird an Intensität zunehmen und dich mit Gedanken an Gott Selbst erfüllen. Durch diesen irdischen Pati* erfährst du sowohl Glück als auch Leid. Doch von jenem Höchsten Herrn (Pati) kommt Glückseligkeit und nichts als Glückseligkeit. Jedoch ist selbst dein Mann eine Form des Höchsten EINEN; wenn du also ständig in diesem Sinn an ihn denkst, wirst du an Gott denken. Alle sind Seine Formen, ER allein IST."

Der Zweck zeremonieller Verehrung (Pūjā) ist die Offenbarung des Geliebten (Ishta). Um sich selbst zu erkennen und zu verwirklichen, sollte ER verehrt werden, angesichts dessen Verehrung Probleme wie Dualität oder Nichtdualität überhaupt nicht aufkommen. Pūjā, die um SEINER SELBST willen dargebracht wird, ist uneigennützige Verehrung (Nishkāma Pūjā).

* Pati bdeutet sowohl ‚Herr' als auch ‚Ehemann'

Frage: „Manchmal bin ich ziemlich verzweifelt, weil ich keinen spirituellen Fortschritt zu machen scheine."
Mā: „Man ist verzweifelt, wenn man Wünsche hat, die unerfüllt bleiben. Doch wie kann man verzweifelt sein, wenn man nach Gott um Seiner Selbst willen strebt?"

Frage: „Wie kann die Unruhe des Geistes überwunden werden?"
Mā: „Durch intensive Liebe zu Gott."

Wenn überhaupt noch ein „Ich" in euch bleibt, so laßt es SEIN Diener oder SEIN Kind sein – dies wird die Auffassung, ER sei weit entfernt, ausschließen.

Wenn man den spirituellen Weg geht, können innere Erfahrungen nicht ausbleiben. Bereits die Tatsache, daß man diesen Pfad eingeschlagen hat, beweist, daß von früher her schon eine Verbindung dazu besteht. Gott (Bhagavān) ist der einzige Geliebte – das Vergessen dieser Tatsache hat dazu geführt, daß man Sinnesobjekte liebt. Wenn man irgendetwas anderes neben Gott liebt, so ist diese Liebe geteilt – du ishta (zwei Geliebte) = dushta (Übel). Wann wird dies ungute Mißverständnis beseitigt werden? Es ist wichtig, ganz genau zu unterscheiden. Wenn du dich selbst prüfst, wirst du sehen: „Was habe ich heute den ganzen Tag gemacht? Wie lange war mein Bewußtsein nicht bei Gott? Wie oft habe ich an den GELIEBTEN (Ishta) gedacht und wie oft an unwünschenswerte Dinge (Anishta), die letztlich zum Tode führen?" Achte einmal darauf.

Bevor ihr euch abends schlafen legt, nachdem ihr euer Japa, Meditation und Pranām gemacht habt, bittet IHN um Vergebung für die Fehler, die ihr tagsüber begangen habt. Wenn ihr jemandem Unrecht getan habt, bittet ihn im Herzen um Verzeihung. Auf diese Weise werden Glaube und Hingabe in euch wachsen. Wenn ihr schlafen geht, stellt euch vor, daß ihr euer Haupt zu Füßen des Herrn legt. Es ist sehr hilfreich, all dies zu tun.

Frage: „Mā, ist Shrī Krishnas Gestalt ewig? Und stimmt es, daß sie in einer bestimmten Welt wohnt?"
Mā: „Sicherlich, all das ist ewig und wahr."
Frage: „Mā, wie ist es möglich, daß Shrī Krishnas Gestalt ewig ist?"
Mā: „Es *ist* einfach eine Tatsache, daß sie ewig ist."

Auf verschiedenen Stufen der spirituellen Entwicklung kommen unterschiedliche Gebete aus dem Innern. Wenn man ein Leben der Hingabe (Bhakti) führt, kann man es nicht ertragen, ohne den Höchsten Geliebten (Ishta) zu sein: „Geliebter Herr, wo - oh, wo bist Du?" Diese heftige innere Sehnsucht oder diesen durchdringenden Schmerz muß man fühlen. Das kann so intensiv werden, daß man darüber sogar vergißt, sich zu waschen oder Nahrung zu sich zu nehmen. Alles erscheint öde und sinnlos. Selbst das Essen wird einem zur Last, und Schlaf wird überflüssig. Auch das ist eine bestimmte Stufe auf dem Pfad: ständig vom Bewußtsein des Göttlichen durchdrungen zu sein, ja ganz im göttlichen Rausch aufzugehen. Für so einen Menschen verlieren Essen und Schlafen ihre Bedeutung. Seht, wie wunderbar es ist! Der Körper spürt keinerlei Schmerz oder Leid. Und warum nicht? Weil man völlig in Gedanken an Gott versunken ist. Wißt ihr, wohin der Schlaf euch führt? Zu eurem eigenen Selbst, verdeckt von einem Schleier."
Didi: „Ist man im Tiefschlaf (Sushupti) in so einem Zustand?"
Mā: „Solange ihr nicht tief einschlaft, kann euer Gehirn nicht so arbeiten, wie es eigentlich sollte. Sagt ihr nicht, eure Schaltzentrale befindet sich im Gehirn? Wenn in der Zentrale etwas nicht stimmt, gibt es überall Schwierigkeiten. Ihr müßt jeden Tag einmal zu eurem Selbst kommen, wie zu einer Quelle. Aber wie könnt ihr diese Erfahrung machen, wenn ihr nicht richtig schlaft? Unruhiger Schlaf führt zu Magenbeschwerden. Warum legt ihr euch erschöpft hin, wenn ihr nicht schlafen konntet? Deshalb bittet euch dieser Körper stets darum, euch bewußt zu sein, daß ihr immer im Selbst seid. Es ist die göttliche Süße, die allem Wohlgeschmack verleiht. Und nur weil ER stets tätig ist, gibt es überhaupt Handlung. Du bist SEIN Werkzeug, du kannst nicht ohne IHN sein. Du mußt so leben, wie ER es will. Zumindest einmal in 24 Stunden mußt du zu deiner Quelle gehen, sei es auch nur im Tiefschlaf. Deshalb heißt es, daß ihr eurem Selbst stets nahe seid.
Wenn glühende Sehnsucht nach Gott erwacht, folgt die Überwindung des Schlafs von selbst. Warum? Weil man ständig

nur noch ein Ziel hat: Meditation über den Höchsten Geliebten, Versenkung in die Kontemplation seines eigenen Selbstes. Die wohltätige Wirkung, die sonst der Schlaf hat, stellt sich nun ganz leicht und von selbst ein. Weltlichkeit, die auf Unwissenheit beruht, hält das Rad von Geburt und Tod ständig in Bewegung. Jene Rastlosigkeit oder heftige innere Bewegung jedoch vertreibt die Unwissenheit, die Schleier lüften sich einer nach dem anderen, und allmählich erkennt ihr, wie ihr die Berührung des unverhüllten Göttlichen zu empfangen vermögt. Wenn der dunkle Schleier, der wahres Wissen verdeckt, beseitigt, abgeschüttelt oder aufgelöst ist, stellt sich Beherrschung über Hunger und Schlaf ganz von selbst ein. Dann existiert nur der Höchste Geliebte (Ishta), der niemandem Leid zufügt (Anishta). Ihr fühlt mehr und mehr den Einfluß Seiner Kraft. ER ist allgegenwärtig, dennoch vollzieht sich SEINE Offenbarung allmählich. Je mehr sich Seine Kraft manifestiert, desto weniger Schlaf braucht der Geist. Angenommen, ihr sitzt bequem da und nickt ein. Würdet ihr in dem Augenblick einen Film im Kino sehen, könnte von Schlaf nicht die Rede sein. Ebenso ist es, wenn ihr den Geliebten erblickt, wie kann man dabei schlafen? Schlaf ist dann nicht mehr notwendig, denn der Höchste erfüllt Selbst das Bedürfnis, für das sonst der Schlaf sorgte. ER Selbst erfüllt euren Wunsch nach Genuß. ER gibt euch göttlichen Nektar zu trinken. Ihr irrt nicht auf den Pfad der Sinnesfreuden ab, der zum Tode führt – ihr füllt euch mit göttlicher Trunkenheit. Seht, wie wunderbar Gottes Königreich ist: Im Genuß irdischer Freuden verbirgt sich tödliches Gift, während ihr dort den Nektar der Unsterblichkeit kostet, der Hunger und Schlaf vertreibt. Der Weg zur Begegnung des Herrn mit Seinem Diener hat sich aufgetan. Du selbst bist das Unsterbliche. Es ist dein eigenes Selbst, das als Höchster Geliebter erscheint. Sogar die Tränen in deinen Augen sind Erscheinungsformen deines absoluten Selbst. Sei es in Trennung oder Vereinigung, in Freude oder Leid, in welcher Form auch immer, DU allein existierst."

Wenn du vor Gott oder dem Guru Pranām machst, solltest du, während du auf Seine Gestalt meditierst, deinen Blick langsam von Seinen Füßen empor zu Seinem Haupt lenken. Dabei versuche entweder geistig oder physisch zu spüren, wie Gottes Shakti (Kraft) beim Betrachten Seiner Füße in dich einfließt und dich verwandelt. Langsam, langsam laß deinen Blick von den Füßen zum Herzen wandern und von da aus zum Gesicht, bis er Seine ganze Gestalt umfaßt. Gleichzeitig kontrolliere deinen Atem. Beim Einatmen schaue von den Füßen zum Haupt empor. Hab Darshan Seines Gesichts und betrachte es solange unverwandt wie möglich. Dann laß deinen Blick vom Gesicht zu den Füßen herabgleiten, und schließlich lege dein Haupt zu seinen Füßen nieder. Die Bedeutung von all dem ist: Sowie ein Gefäß zuerst mit Gangeswasser gereinigt wird, bevor man es damit füllt, so hast du durch das Einatmen während des Pranāmas die Fähigkeit erworben, Gott zu verehren. Wenn du dein Haupt zu Seinen Füßen niederlegst, fühle, daß Seine Kraft von Seinen Füßen in dein Haupt einfließt. Wenn du dann beim Pranāma ausatmest, denk dabei, daß du alles zu Seinen Füßen hingegeben hast. Nachdem du Gott so deine Ehrerbietung erwiesen hast, widme dich ganz deiner Meditation oder dem Japa. Manche behaupten, daß man durch richtiges Pranām die Fähigkeit zu Anbetung, Meditation oder Japa entwickelt.

...Manchmal kommt die Frage: Warum sollte man bei Pranām gerade seinen Kopf zu Boden neigen? Im Kopf liegt die Wurzel des ganzen Körpers. So wie sich die Wurzeln eines Baumes unter der Erde befinden, so sind die Wurzeln des Körpers oben am Kopf. Wenn die Wurzeln eines Baumes abgetrennt werden, verdorrt er - so kann auch der Körper nicht weiterleben, wenn der Kopf abgetrennt wurde. Wenn man sein Haupt zu Füßen des Herrn niederlegt, so wird Kraft von Seinen Füßen auf dich übertragen. Du wirst von diesem Kraftstrom erfüllt und erhältst alles, was du von Gottes Kraft nutzen kannst. So wie Elektrizität durch die Finger eines Menschen fließt, so geht eine Kraft von den Füßen des Herrn aus. Durch Namaskara* wird dein Ego einstürzen. Leg dein Ego dem Guru zu Füßen.

Frage: „Während ich Fragen stelle, kommen mir Tränen in die Augen. Wie soll ich sie verbergen?"

Mā: „Hör zu - du sagst, deine Augen füllen sich mit Tränen. Wenn Tränen spontan kommen, so kann auch das dich zur Gottverwirklichung führen. Es gibt eine Stufe, wo man einfach nicht anders kann als weinen - so eine Erfahrung kann unter Umständen dein ganzes Leben verändern. Wenn ein Mensch völlig in Bhāva (tiefer religiöser Empfindung) aufgeht, kommen manchmal Tränen aus seinen Augen. Versucht, Gott zu finden. Shrī Caitanya Mahāprabhu vergoß in Seinem Bhāva Unmengen von Tränen. Manchmal strömten wahrliche Fluten aus

* Ehrerbietiger Gruß, Huldigung, Verneigung vor der göttlichen Gegenwart in jedem

seinen Augen. Tiefe Hingabe führt zu Tränen. Aus Liebe zu Gott zu weinen ist sehr gut. Wenn ihr fühlt, daß spirituelle Kraft oder Liebe zu Gott in euch erwachen, versucht sie anzunehmen und im Innern zu bewahren. Wißt ihr, was geschieht, wenn ihr euer Gefühl zurückhaltet? Eure innere Kraft wird dadurch wachsen."

Frage: „Schon das kleinste Bhāva (Gefühl von Hingabe) bringt mich zum Weinen. Was soll ich tun? Sollte ich aufstehen und hinausgehen?"

Mā: „Wenn Tränen kommen, ist es nicht nötig, hinauszugehen. Versuche, dein Gefühl zu beherrschen. Selbst wenn du sehr bewegt bist, höre dem Vortrag weiter zu. Behalte das Gefühl für dich, und versuche es innerlich aufzunehmen. Je mehr du es beherrschen kannst, umso besser. Dadurch wird deine innere Kraft wachsen, und schließlich wird dein ganzes Wesen durch die Entwicklung reiner sattvischer Eigenschaften verwandelt werden. Auf diese Weise kommen das innere und äußere Leben des Individuums in Übereinstimmung und werden eins. Wenn jemand von so einem Bhāva überwältigt wird, und er bleibt in der Welt, muß er diese Bhāvas natürlich beherrschen. Doch auch dort können sie auftreten. In so einem Fall muß man sein Möglichstes tun, um sie zurückzuhalten. Wenn jemand in Samādhi geht, mag ein Unwissender sagen: „Er ist eingeschlafen." Der Weise jedoch erkennt, daß es Samādhi ist. Das Höchste Eine allein ist überall. Es gibt zwei Arten von Bhāvas: 1) das Bhāva, das eine Person überkommt, die sich noch auf der Ebene der Bedürfnisse befindet und das soweit wie möglich unter Kontrolle gehalten werden sollte. Das Bhāva, das sich durch den Einfluß von Gottes Namen manifestiert, sollte man verbergen. 2) Mahābhāva (die höchste Stufe transzendentaler Liebe zu Gott)."

Frage: „Was ist der Unterschied zwischen weltlicher Emotion und diesem Bhāva?"

Mā: „Durch das göttliche Bhāva schwindet allmählich das Verlangen nach Sinnesobjekten. So ein Bhāva ist ein Wegweiser, der zeigt, wieviel Fortschritt man zur Gottverwirklichung gemacht hat."

Einmal sprach Mā über Madhura Bhāva (die Beziehung zu Gott, wie eine vertraute Geliebte, z.B. Rādhā, sie zu Krishna hatte): „Madhura Bhāva offenbart sich aus sich selbst, es ist tatsächlich ein sehr spezielles Thema. Wie kann jemand die innere Befähigung haben, es zu verstehen, solange er nicht eine besonders hohe Ebene von Samādhi erlangt hat? Madhura Bhāva ist fürwahr die letzte Entwicklungsstufe oder der Höhepunkt all der anderen Bhāvas, d.h. shānta, der friedvollen Beziehung, dāsya, der Beziehung eines Dieners zum Herrn, sakhya, der freundschaftlichen Liebe zu Gott, vatsalya, der elterlichen Zuneigung zu Gott usw. Die Aktivitäten der Sinne werden als letzte Opfergabe in das Feuer von Samādhi gegeben – deshalb ist es nur natürlich, daß sich Madhura Bhāva, welches sich jenseits der Reichweite der Sinne befindet, in jemandem manifestiert, der Samādhi erreicht hat. Auf diese Weise erfreuen sich Rādhā und Krishna bei Ihrem göttlichen Spiel (Līlā). Dieser symbolische Ausdruck der Vereinigung mit dem Höchsten in Samādhi wurde von weltlichen Menschen, die ihre eigene Haltung auf diese tiefe Wahrheit projizierten, verdreht interpretiert. Man hört, daß einige Leute kein Gefallen an der Beziehung von Rādhā und Krishna finden. Dennoch heißt es, daß die Gopīs, die Hirtenmädchen, die in Vrindāvan an diesem göttlichen Spiel teilnahmen, Inkarnationen von Rishis (Sehern) waren, die über das Wissen von Vergangenheit, Gegenwart und Zukunft verfügen."

Frage: „Was bedeutet Viraha* wirklich?"

Mā: „In dieser vergänglichen Welt herrscht stets ein anhaltendes Gefühl von Mangel. Dieses Gefühl des Mangels – daß es einem an irgendetwas fehlt, daß man nicht alles versteht – erzeugt Leid. Denn wir finden zwei Umstände: 1) man hat nicht bekommen, was man will 2) man sehnt sich nach Erfüllung. Und was geschieht, wenn man sie erlangt? Man ist glücklich. Wenn der verlorene Sohn wiedergefunden ist, jubelt man und ist – vom weltlichen Standpunkt aus betrachtet – erfreut und zufrieden. Auf der Ebene, auf der ‚Bekommen' und ‚Nicht-Bekommen' noch eine Rolle spielen, existiert weder wirkliches Ānanda (Glückseligkeit), noch Viraha. Was für ein Glück ist es also? Das Glück, das zum ‚Bereich des Mangels' gehört. Warum? Was man erhalten hat, was in Erfüllung gegangen ist, gehört noch der Welt und dem veränderlichen Denken an. In diesem Fall wird das Bedürfnis wiederkommen. Man hat keinen Sohn und ist daher todunglücklich; empfängt man ihn schließlich, frohlockt man. Aber diese Freude kann nicht dauern, es werden wieder Bedürfnisse entstehen. Das ‚Ānanda der Welt', die Gegensätze von Glück und Leid,

---

* Viraha ist das Gefühl der Trennung vom Göttlichen Geliebten, nachdem man Ihm bereits begegnet ist.

gehören zum ‚Bereich des Mangels', zum Bereich der Unvollkommenheit. Solange man nicht DAS erkannt hat, durch dessen Erkenntnis alles erkannt wird, und wo Begriffe wie ‚bekommen' oder ‚nicht bekommen' gar nicht mehr hinlangen, solange ist es nur natürlich, daß die Sehnsucht nach Gottverwirklichung weiterbrennen sollte. Was gehört zur wahren Natur des Menschen (Svabhāva)? Wenn man Gott erkennt, wird alles erkannt. Was erfährt man, wenn Gott sich mit Form und Eigenschaften offenbart? Vereinigung. Zuerst kann man IHN nicht finden. Dann, wenn man mit großer Beharrlichkeit und Ausdauer Sādhanā geübt hat, offenbart sich Gott. Vollkommene Glückseligkeit und Erfüllung sind das Ergebnis. Deshalb sagt der Bhakta: „Ich möchte Zucker schmecken und nicht Zucker werden."

Was geschieht dann? Wenn man lange Zeit beharrlich Sādhanā geübt hat, erscheint der Herr in Seiner Gnade und sagt: „Was wünscht du dir? Du kannst um eine Gunst bitten." Der Sādhaka erwidert: „Wann imer ich Dich sehen möchte, gib mir Deinen Darshan." - „So sei es." Mit diesen Worten löst sich die Vision auf. Der Devotee ist selig, denn sobald er sich die Gegenwart des Herrn wünscht, erscheint ER vor ihm. Dann kommt ein Tag, wo der Sādhaka sagt: „Verlasse mich nie mehr, bleibe immer bei mir." Auch das wird erhört. Der Herr bleibt bei ihm. Tag und Nacht ist Gott gegenwärtig, und der Sādhaka ist in Glückseligkeit versunken. Und was ist die Folge? Eines Tages kommt dem Devotee der Gedanke: „Als der Herr sich mir nicht zeigte, sehnte ich mich verzweifelt nach Ihm. Jetzt ist es nicht mehr so, aber ich vermisse diese Sehnsucht." So betet er zum Herrn: „Schenke mir wieder jene intensive Sehnsucht, die ich in Deiner Abwesenheit fühlte." Der Herr erhört ihn.

An diesem Punkt muß etwas klargestellt werden: Wenn man Gott gefunden hat, hat man natürlich auch erkannt, was ER ist. Die Sehnsucht, die man fühlte, bevor man IHN fand, ist eine Art von Trennungsgefühl (Viraha), aber das Viraha, das man erfährt, nachdem man IHN gefunden hat, ist wirkliches Viraha. Man hat IHN bereits gefunden, und doch wird wieder Seine Abwesenheit erfahren. Die Vereinigung und Trennung der Welt gehören dem ‚Bereich des Mangels' an. Doch das Viraha, das gefühlt wird, nachdem man Gott gefunden hat, ist ein Ausdruck unseres wahren Seins (Svabhāva). Zu finden bedeutet einszuwerden. Erkenntnis Gottes, des aus Sich Selbst Leuchtenden, bedeutet eins mit Ihm werden und dennoch verschieden bleiben. Aus diesem Grund wird Viraha als ein fortgeschrittener Zustand betrachtet, da die vollständige Offenbarung bereits stattgefunden hat.

Man ist zu dem Zustand der Sehnsucht nach IHM zurückgekehrt, aber man hat IHN dennoch gefunden. In diesem Sinne spricht man vom Diener des Herrn - von dem ewigen Diener, der ewigen Offenbarung und dem ewigen göttlichen Spiel (Līlā), das keine Vergänglichkeit kennt.

Was bedeutet: Das Individuum (Jīva) ist der ewige Diener Shrī Krishnas? Das Lebewesen, das von Natur aus gebunden ist, ist an Gott gebunden worden. Auf diese Weise an den Ewigen gebunden, ist es zu Seinem ewigen Diener geworden. Wie kann Māyā noch existieren, wo Gott offenbar ist? Was bedeutet ‚Yogamāyā'? Sich in Seiner eigenen Māyā bergend ruht ER in Sich Selbst."

Frage: „Was ist die Folge dieses Trennungsgefühls (Viraha)? Wird es keine Vereinigung mehr geben?"

Mā: „Die Einheit in Getrenntheit, die Erfahrung Seiner Abwesenheit - das ist Gott Selbst. IHN einmal gefunden zu haben und dann wieder ohne IHN zu sein, das kann nie möglich sein. So sind Trennung und Vereinigung ein und dasselbe. Wenn einmal der Ātmā, die Glückseligkeit des Selbst, erkannt wurde, kann keine Rede mehr davon sein, sich einmal dieses Selbstes bewußt zu sein und es dann wieder zu vergessen. ER ist ewig als Viraha offenbar. Getrenntheit existiert nicht; als solcher ist ER stets selbst in der Trennung gegenwärtig, welche im Grunde Vereinigung ist. Als das Gefühl „ER ist nicht bei mir" ist ER ständig gegenwärtig.

Reinheit

Eine Frau aus Australien konnte den großen Unterschied zwischen westlicher und hinduistischer Reinheitsauffassung nicht verstehen und bat Mā um eine Erklärung.

Mā antwortete ihr im wesentlichen wie folgt: Reinheit ist eine Geisteshaltung. Einige Leute meinen, wenn alles makellos sauber ist, d.h. sauber aussieht, wäre es auch rein. Aber nehmt das Beispiel von Bakterien: Ein Ort kann völlig sauber aussehen und doch voller Bakterien sein. Obwohl sie dem Auge nicht sichtbar sind, sind die Bakterien Krankheitserreger. Eigenschaften kann man nicht sehen, und doch sind es die Eigenschaften eines Menschen, die ihn rein oder unrein machen. Man erzählte mir von einer Mutter, die einen heftigen Streit mit jemandem hatte und deswegen sehr erregt war. Der Streit passierte kurz bevor sie ihr Kind stillte. Das Kind trank die Muttermilch und starb sofort. Der Arzt erklärte später, der Zorn der Frau habe eine Reaktion in ihrem ganzen Nervensystem hervorgerufen und ihre Milch vergiftet.

Alles, was ein Mensch berührt, nimmt etwas von seinen Eigenschaften an. Die alten Rishis erfanden das Kastensystem, damit alle vier Kasten bestimmte Qualitäten und Fähigkeiten entwickeln. Deshalb sollten die Angehörigen verschiedener Kasten strengen Regeln folgen, wenn sie mit jemandem verkehrten, der zu einer anderen Kaste gehörte. Man nennt etwas rein, wenn es unvermischt und naturgetreu ist. Wenn es mit einer anderen Substanz vermischt ist, nennt man es unrein. Angenommen, jemand bringt dir in einem makellos sauberen Gefäß Wasser vom Hahn. Obwohl das Wasser selbst sauber ist, beinhaltet es etwas von den Eigenschaften der Person, die es holte. Brahmanen wurden angewiesen, kein Wasser zu trinken, das jemand aus einer anderen Kaste berührt hatte. Die Pflicht eines Brahmanen ist es, Brahmavidyā, die Erkenntnis des Absoluten, zu suchen. Deshalb sollte er nicht mit denen verkehren, die anderen Zielen folgen. Auf diese Weise entstand das Problem der Unberührbarkeit.

Was nun Dienen anbelangt: Wenn ihr Menschen oder Tieren als solchen dient, so ist das kein reines Dienen. Doch wenn ihr ihnen mit der Haltung dient, daß nur der EINE existiert, daß ihr in jedem nur Gott in eben jener Form dient, wird es wirklicher Dienst. Da in Wirklichkeit nichts außer dem Höchsten existiert, sollte man nur IHM dienen. Reinheit bedeutet Wahrheit, DAS, was IST. Im wesentlichen kann man alles, was die Verwirklichung der Wahrheit unterstützt, rein nennen, und alles, was sie behindern könnte, unrein.

Ein gelehrter Professor, der viel in Indien und Europa herumgereist war, bemerkte: „Es heißt, der Ganges sei rein, doch in Benares mußte ich voll Ekel sehen, wie an einer Stelle die Abwässer in den Fluß geleitet werden und ein paar Meter weiter jemand das Wasser trank. Ich kann nicht im Ganges baden, ich fühle mich dabei sehr unwohl."

Mā: „Es ist die Natur des Ganges, alles zu reinigen. Alles, was im Ganges versenkt wird, wird von seiner Reinheit absorbiert, so wie auch Feuer reinigt – egal, was man hineinwirft, es wird zu Asche verbrannt. Du denkst, Leitungswasser ist sauberer als Gangeswasser, aber auch das Leitungswasser in Benares kommt vom Ganges. Es kommt auf den Standpunkt an. Doch im Grunde sind Reinheit und Unreinheit Unterscheidungen des Denkens. Es gibt nur einen Ātmā. Schmutz und Sandelpaste sind beide das EINE, da ist weder Reinheit noch Unreinheit. Die reine Nahrung, die du heute zu dir nimmst, wird morgen in Kot und Unrat verwandelt sein. Dennoch leben einige Geschöpfe davon. Eine verweste Leiche schwimmt im Ganges, die Geier stürzen sich auf sie und fressen ihr Fleisch. Es ist die natürliche Nahrung des Geiers, er lebt davon. Leben ist eins. Was Abfall für ein Lebewesen ist, kann des anderen Nahrung sein. Wir müssen den Zustand erreichen, in dem wir nur das EINE sehen und alles als SEINE Erscheinungsformen. Es gibt nur ein Brahman ohne ein Zweites.

Einmal sprach Mā über den engen Zusammenhang zwischen der Nahrung, die man zu sich nimmt, und dem jeweiligen Zustand des Geistes. Da eins das andere beeinflußt, ist es für den Sādhaka wichtig, tamasische* Nahrung wie Fleisch, Fisch, Eier, Zwiebeln, Knoblauch usw. zu meiden. Solange man keine sattvische** Nahrung zu sich nimmt, wird es schwierig sein, einen sattvischen Geisteszustand zu erreichen.

Zur Pūjā trägt man oft Kleidung aus Seide. Ständig gehen magnetische Wellen vom Menschen aus, und es findet ein fortlaufender Energieaustausch statt. Während dem Gebet und der Meditation ist die Aktivität dieses Magnetismus' wesentlich stärker. Seide verhindert, daß die Energie verfliegt. Aus einem ähnlichen Grund sitzt man auch während der Meditation auf einer bestimmten Unterlage. Eine Kushamatte konserviert die Energie, ebenso ein Antilopenfell. Antilopenfell wird in der

---

* tamasisch: das, was Trägheit, Schwere, Verdunklung des Bewußtseins hervorruft
** sattvisch: das, was Harmonie, Licht, Klarheit und Göttlichkeit erzeugt

Regel nicht von Haushältern, sondern nur von Brahmacāris benutzt.

Frage: „Warum sollte man Zwiebeln und Knoblauch meiden?"
Mā: „Weil sie den Geist in die falsche Richtung ziehen – herab anstatt aufwärts."
Frage: „Und Fleisch?"
Mā: „Fleisch ebenso. Dein Körper besteht bereits aus Fleisch, und wenn du Fleisch ißt, wirst du noch fleischlicher. Es bindet dich an Weltlichkeit. während du doch das Göttliche anstrebst."
Frage: „Ist es unmoralisch, Fleisch zu essen?"
Mā: „Sicher. Zu töten ist Sünde."
Frage: „Nur für einen Sādhaka oder für alle?"
Mā: „Für alle."

Selbstdisziplin

Um das Unvergängliche in euch zu enthüllen, um zu entdecken, daß ihr Kinder des Ewigen und dem Wesen nach unsterblich seid, deshalb übt ihr Sādhanā und nehmt am Samyam Vrata* teil. Warum Samyam (Selbstdisziplin)? Ohne ein Leben der Selbstdisziplin öffnet sich der Weg zur Gottverwirklichung nicht. Wann kommen eure Feinde, d.h. Egoismus, Leidenschaft und Verlangen ans Licht? Wenn ein Wunsch durchkreuzt wird, wenn ihr daran gehindert werdet, das zu tun, was ihr tun möchtet, dann erscheinen diese Feinde und behaupten sich. Selbst eurer besseren Einsicht und eurem Willen zum Trotz machen sie sich bemerkbar. Wenn das geschieht, habt ihr Gewissensbisse und seid unglücklich. Auch durch Widerwillen und Abneigungen bekunden sich diese Feinde. All das ist im menschlichen Leben nur natürlich, jedem geht es so.

Wenn der Sucher also zu verstehen beginnt, daß die spirituelle Übung, die er für Gott tut, negativ beeinflußt wird, sobald er den Einflüsterungen dieser Feinde Gehör schenkt, und wenn er den Wunsch verspürt, Höchstes Wissen (Brahma Vidyā) zu erlangen, was ist dann sein Bestreben? Ein Leben der Selbstdisziplin zu führen. Und was geschieht, wenn er seine Genußsucht aufgibt? Es kommen Leute und nehmen am Samyam Vrata teil, die es gewohnt sind, die Neigungen ihrer Sinne zu befriedigen, sich zu benehmen, wie es ihnen paßt, zu sagen, was ihnen gefällt, ihren Launen entsprechend zu handeln und dem Ego volle Freiheit zu lassen. Sie pflegten zu essen, wozu sie Lust hatten, sich anzuziehen, wie sie gerade wollten und sich eben ganz nach ihrer Lust und Laune zu verhalten. An diese Lebensweise haben sie sich gewöhnt. Sie sind keineswegs darauf vorbereitet, ihren weltlichen Komfort aufzugeben. Da sie also nur vom Verlangen nach Bequemlichkeit und Genuß getrieben werden, anstatt Yoga anzustreben, ist es klar, daß sie Rückenschmerzen, Schwierigkeiten mit ihren Beinen, körperliche Hitze und große geistige Unruhe empfinden. Viele haben diesem Körper so etwas berichtet.

Es mangelt dir an Übung, du bist nicht gewohnt zu meditieren. Wenn du daher versuchst, Yoga zu üben und zu erkennen, daß du ewig mit der Höchsten Wirklichkeit verbunden bist, daß du ein Yogi bist, der untrennbar zu Gott gehört, ein großartiger Sādhaka und Nachkomme eines Rishis, ja, daß ein Rishi in dir verborgen ist – wenn sich dein Bewußtsein in diese

* die „Woche der Selbstdisziplin", welche einmal jährlich in Form von Fasten, gemeinsamen Meditationen, Rezitationen und Kīrtan sowie religiösen Vorträgen gemeinsam von Mā's Devotees praktiziert wird.

Richtung wendet und du versuchst, still zu sitzen, dann wird die alte Gewohnheit, immer das zu tun, was dir gerade beliebte, deine Aufmerksamkeit ablenken, und du wirst dich unbehaglich fühlen. Merk es dir, das ist das, was du Leid nanntest, als du fragtest, ob es notwendig sei, den Körper leiden zu lassen, um Gott zu finden. Wenn dir etwas unangenehm erscheint, solltest du daran denken, daß du es erträgst, um den Göttlichen Geliebten zu finden.

Warum erfahren wir Schmerz und Leid, Kummer und Schwierigkeiten? Weil wir den Geliebten noch nicht gefunden haben, IHN, der der ewige Ursprung alles Guten und Heilsamen ist, voller Erbarmen und Güte. Wir erfahren IHN nicht auf diese Weise. Wenn sich die, die hier sitzen, verzweifelt nach der Glückseligkeit der Gottverwirklichung sehnen würden, hätten sie kein Gefühl für das, was du Schmerz nennst, für körperliches Unbehagen. Dem Körper Leid zuzufügen, ist nicht richtig. Sich bequem hinzusetzen und ungezwungen und oberflächlich zu plaudern, wird deine eigenen Wünsche und dein Ego nähren. Nun findet selbst heraus, worin das Leid besteht. Wenn es wirklich schlimm wäre, würdet ihr nie herkommen und hier sitzen. Ihr kommt, weil ihr Gottverwirklichung anstrebt, die Offenbarung des Einen Höchsten Selbst, der endgültigen Wahrheit, euer eigenes wahres Wesen, die Glückseligkeit des Selbst, den Herrn (Svayam Bhagavān), Göttliche Liebe, Höchste Freude – jeder auf seinem eigenen Weg. Ihr ersehnt SEINE Offenbarung, SEINE Berührung, SEINEN Anblick, deshalb seid ihr zum Samyam Vrata gekommen. Nun sagt, wie kann es da Leiden oder Beschwerden geben?

Samyam (Disziplin) bedeutet die Handlung, in der ER Selbst (Svayam) gegenwärtig ist. Eine andere Bedeutung von Samyam ist ER Selbst (Svayam) in der Form von Selbstbeherrschung (yama)*. – Meine Väter und Mütter amüsieren sich über die Verspieltheit ihrer kleinen Tochter, weil sie alles ohne Zögern ausspricht, da sie sich mit ihren eigenen Vätern, Müttern und Freunden unterhält. Samyam ist ein Pfad, der zum Tod des Todes führt.

Frage: „Ich finde, es ist besser, man lebt seine Wünsche nach weltlichen Vergnügen aus, indem man Sinnesfreuden genießt. Es ist sicher nicht gut, seine Verlangen zu unterdrücken."

Mā: „Aber dann ist dein Leben lang kein Ende dieser

---

* Ein Wortspiel mit Sva-yam, Samyam und yama

Sinnesfreuden abzusehen."

Der Fragesteller: „Und wenn schon – dann eben im nächsten Leben."

Mā: „Diese Theorie akzeptiere ich nicht. Um das Verlangen nach Genuß zu überwinden, sollte man ihm nicht immer nur nachgeben – das vergrößert das Verlangen nur noch mehr. Sich erfreuen – ‚gewürzt' mit Entsagung – ist in Ordnung. Dispeptiker z.B. wollen die ganze Zeit nur essen. Gäbe man ihnen jedoch so oft Essen, wie sie wollten, würde ihre Krankheit nie geheilt werden, und auch ihre Gier nach Nahrung würde niemals geringer. Alles sollte mit Maß getan werden, nur so bleiben Körper und Geist gesund. Wende dich nach und nach immer mehr solchen Tätigkeiten zu, die deine Sehnsucht nach der wirklichen Freude steigern. Du wirst merken, wie die kleinen Vergnügungen, die du aufgegeben hast, ganz von selbst unwichtig werden. Es ist das Schicksal dieser niedrigeren Befriedigungen, ohnehin irgendwann aufgegeben zu werden.

Sieh, es ist wie bei einem Baum, den du hegst und pflegst: die alten, verwelkten Blätter fallen eins nach dem anderen von selbst ab, du brauchst sie nicht mit Gewalt abreißen. Nur wenn man an frischen Blättern zerrt und sie ausreißt, kann der Baum Schaden erleiden. So sollte man nichts mit Gewalt tun. Dennoch solltest du auch nicht müßig bleiben und jegliche Bemühung unterlassen. Dies ist die Welt des Handelns. Man sollte sein Leben so einrichten, daß man sich mit Tätigkeiten, die im Einklang mit den Regeln und Anweisungen der Heiligen Schriften sind, beschäftigt.

Vergnügen muß durch Entsagung im Zaum gehalten werden. Wenn ein Kind bereits einiges in seinen Fächern gelernt hat, erhält es schlechtere Noten, sobald ihm Fehler unterlaufen. Zu einem Kind jedoch, das noch gar nichts weiß, sagt der Lehrer „gut gemacht", egal wie miserabel es schreibt. Hat das Kind aber mehr hinzugelernt, gibt ihm der Lehrer schon bei kleinsten Fehlern eine schlechtere Note. Das ist das Gesetz der Erziehung. Und wenn das Kind einige Lektionen, wenn auch noch unvollkommen, gelernt hat, teilt der Lehrer ihm weitere Aufgaben zu. Während der Schüler die neuen Lektionen lernt, werden die Mängel seiner früheren Lektionen von selbst behoben. In ähnlicher Weise sollte man seine Zeit nicht müßig in der Annahme verbringen, daß man Sinnesfreuden nur dann aufgeben kann, wenn das Verlangen danach völlig ausgelebt und zufriedengestellt wurde. Wenn Genießen und Entsagen in ausgewogener Weise einander abwechseln, wird dein Verlangen allmählich schwinden. Nur die Reinigung deines Herzens bestimmt deinen Fortschritt. Wenn man es versäumt, sich so zu bemühen, bereut man im hohen Alter, daß man keine Anstrengungen gemacht hat, sich von den Fesseln des Verlangens zu befreien. Es ist auch nicht richtig, dieses Samskāra* weiter bestehen zu lassen. Durch stetiges Üben von Entsagung werden deine Wünsche allmählich schwinden. Deshalb ist es falsch, seine Bemühungen aufzugeben, sich bequem zurückzulehnen und darauf zu warten, daß Entsagung sich von selbst ergibt."

Rajkumar sagte einmal zu Mā: „Ich wollte von Anfang an den spirituellen Weg gehen, doch Du hast es schließlich veranlaßt, daß ich mich ins Familienleben mit all seinen Schwierigkeiten verstrickt habe."
Mā: „Gut - so hast du einen Geschmack vom Leben in der Welt bekommen, und das hat die Luft gereinigt. So geht es, wenn man sich an diesen Körper gewandt hat. Hättest du einen anderen Weg gewählt, so wäre vieles weiterhin in dir verborgen geblieben, doch da du zu diesem Körper gekommen bist, ist alles ans Tageslicht gekommen. Und das ist zu deinem Heil. Glaubst du, es sei sicher, Schlangen in deinen Höhlen zu halten? Wer weiß, wann sie ihre Häupter erheben? Es ist wesentlich besser, diese Ungeheuer ein für allemal herauszulocken und damit den Weg zu weiterem Fortschritt zu bahnen."

Frage: „Sarva bhute hite ratah - man sollte auf das Wohlergehen aller Wesen bedacht sein, sagt die Bhagavad Gītā. Mātājī, solange wir kein selbstdiszipliniertes Leben führen, ist es schwierig, diese und ähnliche Anweisungen in die Praxis umzusetzen."
Mā: „Dieser Körper sagt manchmal, daß es für Männer und Frauen schwierig ist, selbstdiszipliniert zu sein. Das führt zu einem wunderbaren Thema: Früher gab es vier Āshramas (Lebensabschnitte) - 1) den Brahmacārya Āshrama (Stand eines in Enthaltsamkeit lebenden Schülers) 2) den Grihastha Āshrama (Leben als Haushälter) 3) den Vānaprastha Āshrama (für Männer und Frauen, die zurückgezogen leben, um Sādhanā zu üben) und 4) der Samnyāsa Āshrama (Mönchsstand, in dem man alle Bindungen gänzlich aufgibt). So wurde früher das ganze Leben bereits von Anfang an durch den Brahmacārya

* Eindrücke, Neigungen, Spuren, die jede Erfahrung in der Psyche hinterläßt und die oft noch aus früheren Leben stammen.

Āshrama geprägt. Wer den überwältigenden Wunsch verspürte, der Welt zu entsagen, trat von da aus direkt in den Sannyāsa Āshrama ein, während andere nach der festgesetzten Zeit für Brahmacāris den normalen Weg als Haushälter einschlugen. Auch im Haushälter- Āshrama gibt es den Weg, der zu Gott führt. ‚Āshrama' bedeutet einen Ort, an dem ‚Shrama' nicht existiert, d.h. eure Bemühungen erzeugen keine Anspannung (Shrama). Deshalb wird es ein ‚Ā-shrama' genannt. Selbst innerhalb des Haushälter-Āshramas pflegten die Menschen ein Leben der Selbstdisziplin zu führen. Wer die Regeln des Brahmacārya Āshramas befolgt hatte, hatte bereits sein Training in Selbstbeherrschung erhalten. Deshalb pflegte er auch strikt die Einschränkungen, Sitten, Gebräuche und Regeln, die für das Familienleben (Grihastha Āshrama) niedergelegt wurden, zu praktizieren. Die Rishis waren solche Haushälter und hatten auch eigene Kinder. Heutzutage gibt es so etwas wie den Brahmacārya Āshrama nicht, und deshalb sind Ausschweifung und Mangel an Selbstbeherrschung aufgekommen. Aus den selben Gründen werden der Vānaprastha Āshrama und der Sannyāsa Ashrama nicht mehr richtig eingehalten. Würde der Haushälter den vorgeschriebenen Verhaltensweisen und Regeln folgen, so würden das richtige Verhalten und die Regeln für ein zurückgezogenes Leben von selbst praktiziert werden. Für solche Menschen würde danach wiederum das Leben als Sannyāsī einfach und unkompliziert sein. Doch weil die Regeln des ersten Āshramas nicht befolgt werden, gibt es auch danach im Leben der Männer und Frauen keine Selbstbeherrschung. Dennoch kann es möglich sein, jenen höheren Zustand zu erreichen, wenn man sich genau an die Anweisungen seines Gurus hält."

Seit undenklichen Zeiten habt ihr euch bereits an Essen, Schlafen, weltlichen Vergnügungen und Bequemlichkeiten erfreut. Je mehr ihr diesen Aktivitäten frönt, desto mehr werden sie euch beherrschen - ihr solltet ihnen nicht freien Lauf lassen. Der Mensch weiß nicht, an welchem Zeitpunkt sich die Göttliche Kraft (Shakti) manifestieren wird. Sei fest entschlossen, niemals die Bestrebungen, die sich auf das Göttliche richten (Tat Karma), aufzugeben, bis du dein Ziel erreicht hast. Fortwährend solltest du dich bemühen und jede Minute der 24 Stunden dazu nutzen. Je mehr das Bewußtsein in Gott vertieft ist, desto stärker manifestiert sich die göttliche Kraft. Diese Kraft ist dein Begleiter auf dem Weg zum Höchsten, denk daran.

Nicht ihr genießt Tee, Zigaretten usw., sondern Tee und Zigaretten genießen euren Körper. Wenn nämlich ihr sie genießen würdet, könntet ihr sie auch aufgeben, aber Tee, Zigaretten usw. haben euch in ihrer Gewalt, und deshalb könnt ihr sie nicht aufgeben. Aus diesem Grund ist ein Leben der Selbstbeherrschung unumgänglich.

Beherrsche deine Wünsche nach Sinnesobjekten. Sei mäßig im Essen und Schlafen. Als Pilger auf dem Weg zu Gott solltest du mit dem Maß an Nahrung und Schlaf zufrieden sein, welches dir ermöglicht, schnelle Fortschritte zu machen.

Regeln für einen Tag der Selbstbeherrschung

Diese eure Tochter bittet euch alle um eines, meine guten Väter und Mütter. Ihr wünscht erleichtert zu werden von all dem Ungemach, das euch bedrückt. Ihr wißt, wenn eine Person krank ist, braucht sie sowohl die richtige Diät als auch Arznei. Eure Arznei ist die Wiederholung des Göttlichen Namens und die Kontemplation über seine Bedeutung, eure tägliche Diät wird Selbstbeherrschung sein. Übt beides zusammen an einem bestimmten Tag der Woche oder alle 14 Tage oder zumindest einen Tag im Monat. Je öfter es euch möglich ist, umso besser. Folgende Regeln solltet ihr an jenem besonderen Tag der Hingabe (Samyam Vrata Divas) einhalten:
1) Wahrhaftigkeit in Gedanken, Worten und Handlungen.
2) Achtet auf äußerste Einfachheit, was Ernährung und Kleidung betrifft.
3) Euer Geist sollte an jenem Tag ruhig und klar sein und das Ewige gegenüber dem Vergänglichen vorziehen. Beschäftigt euch ständig in inniger Hingabe mit Seinen Erscheinungsformen, Seinen Botschaften an die Menschen und Seinen Lobpreisungen, wie sie durch die Gītā offenbart wurden.
4) Versucht an jenem Tag, euch stets daran zu erinnern, daß Gott sämtliche Schwierigkeiten des Lebens nur sendet, um euch zu lehren und zu erheben.
5) Lebt an jenem Tag mit einer Einstellung des Dienens, indem ihr eure Eltern, Lehrer, Kinder, Ehepartner und Nachbarn einfach als zahlreiche Kanäle auffaßt, durch welche euer Dienst Gott erreicht.
6) Festigt stets eure Überzeugung, daß ihr in der Wahrheit

wohnt, daß ihr im Schoße des Guten wachst und euch selbst verliert, um IHN täglich mehr zu finden.

7) Bedenkt immer, daß alle Freuden und Leiden der Welt vergängliche Schatten eures eigenen Selbstes sind. Sich in die göttlichen Kräfte einzustimmen, schenkt immerwährenden Frieden und Glück.

8) Gebt eurem Denken genügend Freiheit, mit IHM zu spielen. Erfreut euch an der Schönheit SEINER Erscheinungsformen, Eigenschaften und Tugenden und an dem, was die Shāstras und die Heiligen aller Länder über IHN ausgesagt haben.

9) Wenn ihr das Gefühl habt, keinen spirituellen Fortschritt zu machen, denkt stets, daß ihr allein für den Stillstand verantwortlich seid. Stärkt euren Willen, und veredelt ihn durch ein reineres oder höheres Ichbewußtsein, wie ‚ich muß SEINEN NAMEN anrufen', ‚ich werde IHN verehren', ‚ich muß lernen, IHN zu lieben'. Diese Ich-heit, die sich auf Gott richtet, ist besser als das selbstsüchtige Ego.

10) Denkt den ganzen Tag daran, daß die Wiederholung SEINES NAMENS genügend Macht besitzt, alle Sünden zu tilgen, ob sie aus diesem oder aus vergangenen Leben stammen.

Ratschläge zum Verhalten des Suchers

Der Charakter, die Worte und Verhaltensweisen eines Menschen sollten Ausdruck des in ihm wohnenden Göttlichen sein. Dein Leben sollte in jedem Augenblick wie ein makellos reiner Strom sein. Wenn man die in den heiligen Schriften angegebenen Regeln genau befolgt, wird Shakti (spirituelle Kraft) erweckt. Ein Mensch wird nur dann wahrhaft Mensch, wenn er den Zweck seiner Geburt erfüllt. Die wirkliche Natur des Selbst (Ātmā Tattva) zu offenbaren, sollte fürwahr immer euer Ziel sein.

Verhaltensweisen, die unhöflich, nicht verfeinert und unkultiviert sind, behindern fürwahr den Fortschritt auf der Reise zum Höchsten Ziel. In der Tat, sie erzeugen große Hindernisse auf dem Pfad, dessen sollte man sich bewußt sein.

Zu einer Person, die mit im Āshram lebte, sagte Mā einmal: „Was du auch tust, tu es mit Herz und Seele, und laß dich nicht von Lob und Tadel beeinflussen. Wenn jemand dir Vorwürfe macht, wirst du unsicher, und wenn man dir auf den Rücken klopft, fühlst du dich bestätigt. Das bedeutet, es geht dir in Wirklichkeit nicht um deine Aufgabe, sondern mehr um die Anerkennung der anderen."
„Wir sind halt alle so...", sagte die betreffende Person.
Mā: „Warum verteidigst du dich damit? Was geht es dich an, was andere tun? Bessere dich selbst. Deine eigene Besserung sollte dein Schutz sein." Dann drehte Sie sich zu Ātmānanda um und sagte: „Wenn ich dir manchmal wegen irgendetwas Vorwürfe mache, entgegnest du: ‚Warum immer ich? Soviele andere handeln genauso, und Du sagst nichts dazu'. Doch ich sage: Bessere dich selbst, übe Kritik an dir selbst, und achte nicht auf die Fehler anderer, um dich damit zu rechtfertigen."

An anderen Fehler zu finden, führt dich selbst zu Fall.

Frage: „Seth Birlajī sagte einmal, daß es der Mensch ist, der Fehler mache, während alles Gute von Gott kommt."
Mā: „Es ist sehr richtig, sich die Fehler selbst zuzuschreiben. Auf diese Weise öffnet sich der Weg, der zu Gott führt."

Es ist äußerst schwierig, seinen eigenen Willen zu beherrschen. Sehr leicht hält man seinen eigenen Willen fälschlicherweise für ein Zeichen oder eine Inspiration des Göttlichen. Man sollte seine Beweggründe stets sorgfältig prüfen. Göttliche Inspiration beweist sich selbst und wird das Leben verwandeln. Selbst die erhabenste persönliche Motivation darf nicht mit göttlichem Willen gleichgesetzt werden. Dennoch muß man stets offen oder bereit sein, göttliche Inspiration zu empfangen.

Wenn man beschließt, sein Leben nach bestimmten Anweisungen auszurichten, dann aber wieder nach seinen eigenen Launen handelt, so schafft dies, von einer Sicht aus gesehen, Hindernisse.

Frage: „Angenommen, ein Atheist lebt ein ethisch einwandfreies, rechtschaffenes Leben. Befindet er sich auf einer niedrigeren Ebene als ein gläubiger Devotee?"
Mā: „Ein rechtschaffenes Leben reinigt den Geist. Selbst wenn man nicht an Gott glaubt, so wird der Glaube an eine übergeordnete Kraft oder das Streben nach einem hohen Ideal einem ebenfalls nützen. Durch ein rechtschaffenes Leben macht man Fortschritte zur Gottverwirklichung. Wenn man an das Ideal eines vollkommenen Menschen glaubt, heißt das, man glaubt nicht an Gott? An Gott als ein bestimmtes Ideal zu glauben, ist auch ein Weg!"

Geh einen Pfad, bei dem alles, was du sprichst, dein Wesen verwandelt.

Laßt mich erzählen, woran ich mich aus meiner Kindheit erinnere. Als dieser Körper ein Kind war, hatte Mutter uns ermahnt, bei anderen Leuten nie etwas ohne ihre Erlaubnis zu nehmen, d.h. nie etwas anzurühren, selbst wenn es direkt vor uns liegen sollte. Und dann erzählte sie ihrer kleinen Tochter die folgende Geschichte: Es war einmal ein Devotee, der durch seine Verehrung und Kontemplation Bhagavān Shrī Krishna realisiert hatte. Vorher hatte er aber irgendwann einmal Schulden gemacht, d.h. er schuldete jemandem einen Paisa. Sein Sādhanā hatte jedoch so eine hohe Ebene erreicht, daß der Herr Selbst seine Schuld zurückzahlte. Somit zeigte Shrī Krishna dem Devotee nicht nur den Weg, sondern sorgte auch dafür, daß er die höchste Verwirklichung erlangte.

Was Schulden oder Anleihen betraf, so pflegte die Mutter dieses Körpers zu sagen: „Gerate niemals in Schulden gegenüber irgendjemandem. Rühre nie an, was jemand anderem gehört." Einmal hatte uns jemand einen Thāli (Metallteller) mit köstlichen Speisen gesandt. Der Thāli wurde leer gemacht und gesäubert, um ihn rechtzeitig zurückzugeben. Unterdessen schlug jemand vor: „Warum sollen wir nicht diesen Thāli benutzen? Er kann durch einen anderen Thāli aus dem Haushalt ersetzt werden."

Daraufhin erklärte dieser Körper, wenn man einen Thāli benutze, den ein anderer ursprünglich voll mit guten Speisen gesandt habe, wäre das gleichbedeutend mit Diebstahl. Es ist nicht richtig, irgendein Ding, das jemand anderem gehört, ohne seine Erlaubnis zu benutzen."

Man sollte nicht auf die Fehler anderer schauen. Anstatt sich um ihre Unzulänglichkeiten zu kümmern, sollte man besser seine eigenen Fehler erkennen. Zuallererst sollte man versuchen, sich selbst zu bessern. Wenn ihr jemanden tadelt, wird automatisch etwas von der Untugend, die ihr an ihm tadelt, in euch eindringen. Auch Ärger ist sehr schlecht und stellt ein großes Hindernis auf dem Weg zur Gottverwirklichung dar. Wenn ihr ärgerlich sein müßt, seid ärgerlich auf euch selbst. Wenn ihr gierig seid, seid gierig danach, Gott zu finden. Wenn ihr ein starkes Verlangen spürt, laßt es zu einem Verlangen nach Gottverwirklichung werden.

Es ist die Pflicht eines jeden, darauf zu achten, daß ein gutes Verhalten in der Umgebung gewahrt bleibt. Wenn man auf die Bemerkung einer Person hin auf ihre Kosten Witze reißt und sich ausgelassen über sie lustig macht, so verletzt das jene, die es hören. Diese Belustigung schafft Hindernisse und schadet auf der Reise zum Höchsten Ziel. In allen Aktivitäten besonnen und gefaßt zu bleiben, unaufdringlich und ruhig, liebevoll im Sprechen und Handeln – fürwahr solche Eigenschaften und solches Verhalten befähigen euch, den richtigen Weg zur Verwirklichung des ZIELS einzuschlagen.

Ihr, die ihr euch diesem Pfad geweiht habt, solltet euch soweit wie möglich verfeinerter Ausdrucksweise bedienen, wenn ihr sprecht.

In den Shāstras steht: „Spreche keine unangenehmen Wahrheiten aus." Wer bist du, daß du der ganzen Welt predigen willst? Warum sollten sie deinen Worten Gehör schenken? Wenn du so eine Kraft hast, daß jeder sich anhört, was du sagst, nur dann ist dein Reden angebracht und gerechtfertigt. Ansonsten wird dein Bewußtsein dadurch jedoch nur abgelenkt und dein Sādhanā behindert.

Wahrlich, Gott ist in allen Erscheinungsformen gegenwärtig. Diese Tatsache solltest du deinem Herz und Geist zutiefst einprägen. Jedem sollte gesagt werden, daß es dem Hindu Sanātana Dharma* zufolge nicht richtig ist, in Gottes Schöpfung etwas zu äußern, das in irgendjemandem feindliche Gefühle oder Kummer hervorruft. Denn Gott und nur ER offenbart sich in allen Erscheinungsformen. Jemandem feindlich gesinnt zu sein bedeutet, dem Höchsten feindlich gesinnt zu sein: Wir alle sind ein Selbst – dessen müssen wir uns bewußt sein. Bleibe stets ruhig und freundlich.

Man sollte nie schlecht über irgendjemanden reden. Auch wenn man jemanden außerordentlich lobt, beinhaltet das, daß

---

* die ewige, universelle Religion Indiens, die auf den Offenbarungen der Veden und den Erfahrungen zahlloser Heiliger beruht.

wir in gewisser Weise von anderen, die nicht so sind, schlecht sprechen.

Wer Gott geschaut hat, dessen Rede ist freundlich und sanftmütig.

Versuche Gott in jedem und allem zu sehen, auch in dir selbst.

Immer fröhlich zu sein, fördert deinen spirituellen Fortschritt. Niedergeschlagenheit schafft Hindernisse auf dem Pfad. Um in SEINER Gegenwart zu leben, muß man von Bindungen frei werden. Während man die Aufmerksamkeit nach innen wendet, sollte man die Offenbarung des Höchsten anstreben, der im Innern wohnt.

Geduld ist der unentbehrlichste Bestandteil spiritueller Übung. Sei gegründet in Geduld.

Auf dem Pfad des Sādhanā sollte man nicht zulassen, daß schlechte oder nicht wohlwollende Gedanken und Gefühle im Innern verborgen bleiben. Je reiner dein Bewußtsein bleibt, desto mehr wird das zu deinem Fortschritt beitragen. Wenn du spürst, daß Ärger in deinem Herz aufkommt, versuche ihn abzuschütteln.

Frage: „Wir bereuen unsere Sünden, und doch kritisieren uns die Leute. Was soll man da machen?"
Mā: „Ihre Kritik wird euch von euren restlichen Sünden befreien."

Während der religiösen Verehrung sollte man darauf achten, nie etwas im Ärger oder Haß zu sprechen, da dies wirklich eintreffen kann. Der Mensch sollte überhaupt immer auf seine Worte aufpassen und daran denken, daß „svasti, svasti*" sich auf der feinstofflichen Ebene ständig fortsetzt. Was immer jemand bei „svasti" sagt, muß eintreten, während das, was man dazwischen sagt, nicht dieselbe Wirkung hat. Sagt deshalb nie etwas im Ärger, denn eure Worte können sehr ernste Auswirkungen haben.

Frage: „Sollte man jemanden wegen Unterschlagung eigener Besitztümer gerichtlich anklagen, wenn man sich Gott ganz ergeben hat?"
Mā: „Die Tatsache, daß du fragst, ob du vor Gericht gehen solltest, weist darauf hin, daß du es tun solltest. Momentan fühlst du vielleicht, daß es schöner wäre, nichts zu unternehmen. Doch nachher, wenn du den Verlust des unterschlagenen Geldes wirklich spürst, wirst du bedauern, nichts getan zu haben und dich darüber ärgern. Wenn du jedoch dein Recht willst, so tue es vollkommen legal, spreche immer die Wahrheit usw. Hättest du dich Gott wirklich ganz ergeben, würdest du nie so etwas fragen."
Frage: „Einige Leute sagen, ein Dieb stiehlt nur von einem Dieb. Bin ich ein Dieb?"
Mā: „Wenn jemand heimlich etwas wegnimmt, was dir gehört, so nennst du ihn einen Dieb. Aber es gibt eine Ebene spiritueller Verwirklichung, wo Gott in allen Formen und Handlungen wahrgenommen wird. Was für eine Rolle spielt ‚ich' und ‚mein' dort? Finde heraus, wer du bist und was dir gehört. Wenn dann jemand ohne dein Wissen etwas wegnimmt, wirst du nicht das Gefühl haben, daß es gestohlen wurde. Wie kann es einen Dieb geben, wo doch nur ein Ātmā existiert?
Dann ist noch ein Zustand möglich, in dem du sagst, der und der ist ein Dieb, ohne Werturteil und ohne Groll, denn gleichzeitig erkennst du auch, daß es der EINE ist, der sich auf unendlich vielfältige Weise offenbart, daß Gottes Willen in allem Geschehen waltet."

---

* ein Mantra, das häufig bei religiösen Zeremonien vorkommt und Anrufungen bekräftigt: „So sei es!"

Wahrhaftigkeit

Sieh, wenn du ausschließlich zur Wahrheit Zuflucht nimmst, schützt die Wahrheit selbst dich überall. Nur durch Festhalten an einem einzigen Prinzip wird letztlich alles erreicht.

Mā sprach einmal darüber, wie wichtig es sei, in Gedanken, Worten und Taten völig ehrlich zu sein. Ein konsequenter Sucher nach Wahrheit würde z.B. sofort eine Veränderung im Körper spüren, wenn er nur irgendeine Unwahrheit höre, ganz zu schweigen von der Wirkung, wenn er selbst lügen würde. Dies ereigne sich aufgrund der Reinigung des Bewußtseins, noch bevor die eigentliche Selbsterkenntnis erlangt werde. Hand in Hand mit der Entwicklung von Demut, Sanftheit und anderen Tugenden sowie zunehmender Loslösung von allen Anhaftungen und Abneigungen, manifestieren sich außergewöhnliche psychische Kräfte und das unfehlbare Eintreffen seiner Worte im Wahrheitssucher. Nirgendwo in seinem Körper, in seinen Blicken, Gebärden und Worten könne auch nur die geringste Spur von Unaufrichtigkeit bleiben. Die Folge sei ein Erwachen, das so intensiv wie ein elektrischer Schlag ist.

Frage: „Es gibt eine Gesellschaft namens ‚Deva Samaj'. Ihre Anhänger glauben nicht an Gott, aber sie glauben an die Wahrheit und sind ständig damit beschäftigt, notleidenden Menschen zu dienen. Erreichen sie dadurch irgendetwas?"
Mā: „Auf jeden Fall! Wie auch immer es sich ausdrückt, huldigen sie nicht damit Gottes Namen? Gott ist Wahrheit. Sagt ihr nicht: Satyam Jnānam Brahman - Brahman ist Wahrheit und Wissen? Es heißt, wenn jemand zwölf Jahre lang nur die Wahrheit sagt, erlange er Vāk Siddhi, mit anderen Worten, alles, was er sagt, erfüllt sich. Selbst wenn sie also nicht an Gott glauben, glauben sie an die Wahrheit! Wenn man sich der Wahrheit weiht, so kann das nur segensreich sein. Unerschütterliches Festhalten an der Wahrheit kann alles möglich machen. Wenn man ausschließlich die Wahrheit spricht, wird sich die innere Shakti (spirituelle Kraft) mit großer Wahrscheinlichkeit manifestieren. Gott ist Wahrheit, die Essenz allen Seins.

Ein Junge fragte Mā: „Wenn man die Wahrheit sagt, kommt man in der Welt nicht voran - wenn man lügt, kann man Gott nicht finden. Was soll man da machen?"

Mā: „Versuche immer, die Wahrheit zu sagen, und beobachte, was geschieht. Willst du eine Geschichte hören?

Ein berüchtigter Dieb suchte einst einen Heiligen auf. Zuerst beachtete der Heilige ihn gar nicht, doch nachdem der Dieb jeden Tag wiederkam und um Unterweisung bat, antwortete der Sādhu schließlich: „Zuallererst mußt du aufhören, zu lügen und zu stehlen. Wenn dir das einige Tage gelingt, kannst du wiederkommen." Der Dieb fiel ihm zu Füßen und ging nach Hause. Einige Tage später kam er wieder und sah ganz abgemagert und elend aus. „Nun, wie ist es dir ergangen?" fragte der Sādhu. „Mahārāj", sagte der Dieb, „ich habe deine Anweisungen treu befolgt, aber länger kann ich das nicht machen. Meine ganze Familie verhungert. Ich bin zu bekannt als Dieb, als daß jemand mir Arbeit geben würde. Wie sollen wir am Leben bleiben, wenn ich nicht stehle?" „Nun gut", sagte der Sādhu, „du kannst wieder stehlen, doch darfst du unter keinen Umständen lügen, halte dich strikt an die Wahrheit!" Das Gesicht des Diebes hellte sich auf. Er versprach, die Anweisungen seines Gurus zu befolgen.

„Nach so langem Fasten müssen wir jetzt in die Schatzkammer des königlichen Palastes einbrechen", dachte er bei sich. Wie das Schicksal es so wollte, konnte der König in jener Nacht nicht schlafen. Als er ein merkwürdiges Geräusch hörte, zog er sich die alten Kleider eines Dieners an und ging hinunter. Als er den Einbrecher auf frischer Tat beim Stehlen wertvoller Gegenstände ertappte, tat auch er so, als sei er selbst ein Dieb und sagte: „Sieh her, Bruder, ich gehöre zum gleichen Gewerbe wie du, bloß bin ich noch ein Anfänger. Könnte ich dir nicht helfen, und du gibst mir dafür ein bißchen von der Beute ab?" „Keine schlechte Idee", meinte der alte Dieb und willigte ein. „Es war sehr schwer, diese mächtigen Schlösser aufzubrechen, und bald kommt die Morgendämmerung. Wenn du siehst, daß der Nachtwächter hierherkommt, gib mir früh genug ein Zeichen. Ein Viertel der Beute soll dir gehören."
„Abgemacht", sagte der König, „aber gib mir noch deinen Namen und deine Adresse." Der Dieb dachte an die Anweisung seines Gurus und gab ihm die richtigen Angaben. Mithilfe des verkleideten Königs gelang es ihm, die Beute sicher beiseite zu schaffen, und er ließ ein Viertel seinem Kumpanen übrig.

Am nächsten Morgen gab es großen Aufruhr im königlichen Palast. Die Nachricht vom Diebstahl wurde dem König überbracht. Man stellte Nachforschungen an, doch es fand sich keine Spur von dem Missetäter. Der König verriet das Geheimnis nicht, doch als der Fall vor Gericht gebracht werden sollte, ließ er den Dieb holen. „Weißt du etwas über den Diebstahl?" fragte ihn der König ganz offen. „Ja", erwiderte der Dieb. „Erzähle alle Einzelheiten!" befahl der König. Der Dieb schilderte genauestens alles, was passiert war. Der König traute seinen Ohren kaum. „Wie kann jemand, der so aufrichtig ist, sich eines Diebstahls schuldig machen?" rief er aus. Der Dieb erklärte, daß er nur den Anweisungen seines Meisters folge und nur deshalb zum Stehlen gezwungen sei, um sich und seine Familie vor bitterster Armut zu bewahren. „Wieviel brauchst du monatlich für den Unterhalt deiner Familie?" fragte der König. Der Dieb nannte eine bescheidene Summe. „Du brauchst nicht länger zu stehlen", sagte der König, „ich werde bis zu eurem Lebensende für euch sorgen."

„Seht ihr", sagte Mā, „weil er absolut ehrlich war, wurde es dem Dieb ermöglicht, ein rechtschaffenes Leben zu führen. Es ist sehr wichtig, die Wahrheit zu sagen. Gott ist Wahrheit, und durch Wahrheitsliebe kommt man IHM näher. Die andere Lehre dieser Geschichte besteht darin, daß die genaue, vorbehaltlose Befolgung der Anweisungen des Gurus nicht nur zum höchsten Heil führt, sondern auch die Probleme des täglichen Lebens löst."

Dienen (Seva) und Pflichterfüllung (Dharma)

Frage: „Was ist besser: anderen zu dienen (Par Seva) oder Gottes Namen zu singen (Bhajana)?"

Mā: „Es ist falsch, Dienen als Dienst an anderen aufzufassen, das nährt nur das Ego. Du mußt in jedem das Göttliche (TAT=DAS) sehen und so nur IHM dienen."

Wann immer du etwas von anderen annehmen mußt, nimm nur so wenig wie du wirklich brauchst. Wenn du jedoch etwas gibst, so bemühe dich aufs äußerste, den Empfänger voll zufriedenzustellen. Öffne dein Herz weit, lasse die Interessen anderer zu deinen eigenen werden, und diene ihnen soviel wie möglich durch Anteilnahme, Freundlichkeit, Geschenke usw. Solange man die Dinge dieser Welt genießt und Wünsche und Bedürfnisse hat, ist es notwendig, seinen Mitmenschen zu dienen, sonst verdient man es nicht, ein Mensch genannt zu werden. Wann immer du Gelegenheit hast, gib den Armen etwas, speise die Hungrigen, pflege die Kranken. Wenn dir jedoch gar nichts möglich ist, kannst du zumindest Freundlichkeit und Güte allen gegenüber entwickeln und für ihr Wohlergehen beten. Vergiß deinen Körper, versuche dich auf das Selbst zu besinnen und Dienst als eine religiöse Pflicht darzubringen, und du wirst allmählich durch direkte Erfahrung erkennen, daß die Person, der du dienst, der Dienende und der Vorgang des Dienens nur dem Anschein nach verschieden sind. Die Grundlage des Dienens ist Entsagung - solange noch ein Wunsch nach persönlichem Glück, ein Verlangen nach Genuß oder eine Erwartung von Anerkennung oder Entgelt da ist, solange ist wirkliches Dienen nicht möglich. Jemand, der Gott dienen möchte, muß diese drei Arten von Wünschen aufgeben. Man kann mit Körper, Geist und Rede dienen. Zu Beginn wähle eines davon, und widme dich diesem Dienst beständig, dann wird er dich mit der Zeit dahin führen, wo alle drei im Ozean vollkommener Selbsthingabe münden.

Frage: „Wenn jemand Krishna verehrt, wird er Ihn schließlich irgendwann erkennen. Angenommen, ein Mensch verehrt Gott in aller Bescheidenheit und dient anderen Menschen, wird er Ihn nicht erkennen?"

Mā: „Doch - vorausgesetzt er sieht in jedem Janārdana und

dient Gott in den Menschen. Dadurch wird sein Geist gereinigt (citta shuddhi) – nicht aber, wenn er den Menschen als solchen dient, dann wird er nur vom Ego überlistet. Er wird stolz und wird sich etwas auf seine guten Taten einbilden, und das wird ihm schaden.

Frage: „Kann ein Mensch näher zu Gott kommen, indem er der Gesellschaft dient?"
Mā: „Ja, wenn es ihm dabei nicht um sein Ansehen geht."

Frage: „Wenn ein Sohn nicht seinen Eltern dient, sondern nur Gott, was ist daran falsch?"
Mā: „Wenn ein Sādhaka Gott so verehrt, wie er es sollte, wird Dienst an seinen Eltern niemals zum Hindernis. Jemand, der Gott aufrichtigen Herzens verehrt, kann einfach niemanden hassen. Wenn er echten Glauben an Gott entwickelt, wird er auch pflichtbewußt gegenüber allen Wesen werden. Wenn wirklicher Glaube an Gott erwacht, gibt es keinerlei Zweifel mehr, und der Charakter eines solchen Menschen wandelt sich völlig."

Frage: „Sollte man eine Pūjā unterbrechen, wenn eine Person in äußerster Not nach Hilfe verlangt?"
Mā: „Betrachte den Notleidenden als Gott, und es wird kein Problem sein."

„Wenn jemand etwas spendet und diese Spende in den Dienst des Göttlichen gestellt wird, so können die positiven Folgen dieser guten Tat nicht ausbleiben. Erhält jedoch jemand eine Gabe und benutzt den Erlös dazu, Alkohol zu trinken oder ähnliches, so wird der Spender dafür auch die Konsequenzen mitzutragen haben. In Gottes Königreich herrscht haargenaue Gerechtigkeit. Versucht euer Bestes, einen würdigen Empfänger für jede Gabe zu wählen. Wenn ihr Almosen gebt, so tut es, als ob ihr dem Göttlichen, das in allen Lebewesen – sogar in den Tieren – wohnt, huldigt, und betrachtet sie als Manifestationen Gottes. Solange euer Pranāma (Ehrerbietung) nicht mit dieser

Einstellung vollzogen wird, findet unweigerlich ein Austausch von Shakti (Kraft) zwischen Geber und Empfänger statt, und man muß die Folgen seiner Gabe, seien es gute oder schlechte, in Kauf nehmen. Wenn ihr jedoch jeden als Manifestation des Höchsten Wesens betrachtet und an SEINE innewohnende Gegenwart denkt, so existiert keine Beziehung von Geben und Nehmen in dieser Handlung. Wenn ihr etwas spendet, so müßt ihr versuchen, euch ganz klar darüber zu sein, daß ihr nur Gott in ebenjener Gestalt das gebt, was IHM sowieso bereits gehört. So ist es möglich, schließlich den Lohn der Höchsten Opfergabe zu empfangen. Ihr kennt ja die Geschichte von König Bali*. Dienst am Gast wird als Dienst an Nārāyana angesehen. Ein Gast ist die Verkörperung von Nārāyana. Wo Nārāyana gedient wird, hat Leid und Sünde ein Ende."

Frage: „Was soll man tun, wenn man absehen kann, daß die Spende wahrscheinlich mißbraucht wird?"

Mā: „Die Spende darf nicht an die zweifelhafte Person als solche gegeben werden, die Spende muß sich an Nārāyana richten."

Frage: „Heutzutage kommen kaum noch Gäste, um an einer Mahlzeit teilzunehmen. Aber wenn es eine Gelegenheit gibt, etwas mitzunehmen, drängen sie sich nur so herein."

Mā: „Gib nur an Nārāyana. Versuche nicht, herauszufinden, was mit deiner Gabe geschieht. Dann ist es zu deinem Vorteil und auch zum Vorteil des Empfängers. Du mußt deinen Gästen dienen, als seien sie Personifikationen deines eigenen göttlichen Geliebten."

Was ist Dharma? Dharma ist das, was einen befähigt, IHN zu erreichen, nach dem sich jeder sehnt - und das entspricht völlig unserer Natur. Die Handlung, die Leid und Verwirrung erzeugt, ist Adharma und verursacht Leere und Mangel in unserem Leben. Nur das ist Adharma.

Erfüllt eure täglichen Pflichten gewissenhaft, liebevoll und

---

* Der Dämonenkönig Bali, der das ganze Universum unter seine Herrschaft gebracht hatte, war ein großer Devotee des Herrn, welcher ihn vor langer Zeit einmal in Zwergengestalt um drei Schritte Land gebeten hatte. Da Vamana (der Zwerg) jedoch Gott Selbst war, umfaßten diese drei Schritte wider Erwarten alle Welten vom Himmel bis zur Erde. So hatte Bali dem Herrn das gegeben, was IHM sowieso gehört, und empfing daraufhin Gottes nie versiegende Barmherzigkeit.

mit gutem Willen, und versucht, euch Schritt für Schritt höher zu entwickeln. Bewahrt in allen menschlichen Aktivitäten den lebendigen Kontakt zum Göttlichen, und ihr werdet nichts aufgeben müssen. Eure Arbeit wird in Ordnung sein, und ihr werdet auf dem richtigen Weg sein, den MEISTER zu finden. So wie eine Mutter ihr Kind mit größtmöglicher Sorgfalt und Liebe nährt und erhält, damit es ein gesunder Junge und ein stattlicher junger Mann wird, so werdet ihr merken, wie subtil die Hand der Göttlichen Mutter euer inneres Leben formt und euch schließlich zum Ziel eurer Entwicklung führt. Welche Arbeit ihr auch zu tun habt, tut sie ganz zielgerichtet und so einfach, bereitwillig und fröhlich wie möglich. Nur so werdet ihr die besten Ergebnisse bei eurer Arbeit erlangen. Und zu gegebener Zeit werden die trockenen Blätter eures Lebens ganz natürlich abfallen, und neue Blätter werden hervorsprießen.

Was für eine Aufgabe dir auf dieser Welt auch zufällt – nimm sie als deine Pflicht an, und erfülle sie tadellos nach besten Kräften...In allen Situationen des Lebens sollte man soviel wie möglich in Japa, Dhyāna und ähnliche Übungen vertieft sein.

Was immer geschieht, ist deine Pflicht, was immer sich ergibt, ist deine Pflicht. Der Weg, den du einschlägst, bestimmt deine Pflicht, und wenn du nicht vorankommst, so ist selbst das so, wie es sein soll. Wozu bin ich verpflichtet, wenn ich auf einen bestimmten Weg gelenkt werde? Ich bin SEIN Werkzeug.

Für irgendeinen Zweck tätig zu sein wird Arbeit genannt, und die Arbeit, die einer bestimmten Person obliegt, nennt man ihre Pflicht. Es ist wichtig, gut darüber nachzudenken, worin jedermanns Pflicht besteht. Die Pflicht des Hausvaters und der Hausmutter ist es, für ihr Heim und ihre Familie zusorgen. Wenn ein Mensch jedoch den überwältigenden Drang verspürt, das weltliche Leben aufzugeben, um sich ganz der HÖCHSTEN SUCHE zu widmen, so wird das zu seiner unbestreitbaren Pflicht. Folglich kann nicht ein und derselbe absolute Maßstab an alle angelegt werden: die Pflicht eines jeden wird von Zeit, Ort, Umständen und der Art seines Ziels im Leben bestimmt.

Daß jedoch Besinnung auf Gott die erste und wichtigste Pflicht jedes menschlichen Wesens ist, haben die meisten Menschen vergessen. In der alten Kultur der Hindus wurde das menschliche Leben durch vier Āshramas (Lebensstufen) reguliert: Brahmacārya, das Leben eines Schülers, das die Speicherung der Lebenskraft zum Zweck der endgültigen Selbstverwirklichung beinhaltet; Grihastha, die Stufe des Haushälters, der verschiedene Pflichten gegenüber der Gesellschaft erfüllt; Vānaprastha, wo man sich in die Einsamkeit zurückzieht, um über Gott zu meditieren, und Sannyāsa, völlige Entsagung. Heutzutage findet man jedoch nur noch den Haushälter-Āshrama. Deshalb haben die Menschen nicht mehr die Möglichkeit, sich so wie früher durch weltliche Erfahrungen und durch Entsagung auf das Höchste ZIEL vorzubereiten. Von der Wiege bis ins Grab ist man auf Genuß und Vergnügen aus, und die meisten Menschen verbringen ihr ganzes Leben in weltlichen Bestrebungen. Was ist der Sinn des Lebens? Was ist die Welt und was für eine Welt folgt ihr? Diesen Fragen wird heutzutage viel zu wenig Beachtung geschenkt.

Wenn Mā sagt: „Folge dem Pfad der Rishis (Rishi Panthā)" - so bedeutet das, daß man versuchen sollte, wie die Rishis zu leben, die verheiratet und dennoch große Heilige waren. Nach diesem Ideal sollte jeder Haushälter streben. Alles ergibt sich aus der Entwicklungsstufe, die man bereits erreicht hat.

Was für eine Arbeit du auch tust, geh mit Herz und Seele darin auf. Ob die Aufgabe klein oder groß ist, spielt kaum eine Rolle.

Ein Medizinstudent kam einmal zu Mā. Sie fragte ihn: „Bist du mit der Pferdekutsche gekommen?" Er erwiderte: „Nein, ich ging zu Fuß. Ich vermeide Pferdekutschen, denn es ist Sünde, dem Pferd solche Mühsal zu bereiten." Mā sagte: „Schau, es ist keine Sünde, eine Pferdekutsche zu benutzen: So wie du für bestimmte Aufgaben geboren wurdest und dein Karma nicht abträgst, ohne diese Aufgaben erfüllt zu haben, so ist es auch zu deinem Vorteil, wenn jemand dir Gelegenheit gibt, diese Arbeit auszuführen. Ein Pferd kann nicht Medizin studieren.

Indem es Wagen zieht, erfüllt es seine Bestimmung. Deshalb sollte der Mensch dem Pferd die Möglichkeit geben, seine Aufgabe zu erfüllen. Es ist notwendig, daß jeder seine spezielle Pflicht erfüllt."

Frage: „Mā, alle sprechen über Dharma, aber was ist Dharma eigentlich?"

Mā: „Alle Handlungen, die einem helfen, DAS zu verwirklichen, nach dem jeder strebt, sind fürwahr Dharma, denn sie sind Impulse der eigenen wahren Natur. Das, was Unruhe und Leid bewirkt, ist negative Handlung, mit anderen Worten Adharma."

Frage: „Einige streben nach Geld, andere nach Ruhm..."

Mā: „Es stimmt, daß sie nach Geld streben, doch Geld steigert nur das Gefühl des Mangels und mehrt somit nur die Sorgen und Probleme, ohne Frieden zu schenken. Geld anzuhäufen ist daher keine Handlung, die von unserer wahren Natur ausgeht. Was wir uns wünschen, ist Friede und Glückseligkeit. In weltlichen Dingen kann man zeitweiliges, begrenztes Glück finden, aber das befriedigt uns nicht. Wonach wir uns wirklich sehnen, ist grenzenlose, absolute Freude, ununterbrochener und vollkommener Friede. Man muß sich mit Aktivitäten beschäftigen, die zur Erlangung von unerschütterlichem Frieden und Glück beitragen."

Selbstloses Handeln

Du bist unglücklich, weil du den Garten (die materielle Welt) besitzen möchtest. Sei einfach Gärtner, anstatt zu versuchen, Besitzer zu sein - dann wirst du glücklich sein.

Zu sagen, daß jede Handlung durch Gottes Willen geschieht, klingt sehr schön, aber in Wirklichkeit tun wir das Meiste nur zu unserer eigenen Sinnesbefriedigung. Deshalb machen uns Erfolge glücklich und Fehlschläge betrübt. Solange man nur als ein Angestellter arbeitet, ist man nicht so darum besorgt, ob die Arbeit Gewinn oder Verlust bringt. Wenn alles ausschließlich als Gottes Dienst getan wird, erfüllt man einfach seine Pflicht und denkt nicht an das Ergebnis, wenn man sie beendet hat. Weihe alle Handlungen dem Höchsten, indem du dein Bewußtsein von Anfang bis zum Ende jeder Aufgabe auf IHN richtest - und du wirst von allen Sorgen und Ängsten frei werden!

Eine Frau fragte Mā: „Wie kann sich unser Geist dem Gebet und der Meditation hingeben, wenn wir so mit Arbeit und familiären Verantwortungen gegenüber Ehemann, Kindern usw. belastet sind? Was sollten wir in solchem Fall tun?"
Mā: „Laß die Arbeit aus sich selbst heraus geschehen, ohne eine Anstrengung deinerseits. Arbeite nicht mit dem Gefühl, daß du derjenige bist, der arbeitet. Fasse es als Gottes Arbeit auf, die durch dich, Sein Werkzeug, vollbracht wird. Dadurch wird dein Geist ruhig und friedvoll - das ist Gebet und Meditation.."

Frage: „Wie kann man spirituellen Nutzen aus der Aktivität ziehen?"
Mā: „Indem man die Arbeit um ihrer selbst willen tut, als Karma Yoga. Solange noch irgendein Geltungsbedürfnis damit verbunden ist, ist es Karmabhoga (Arbeit zur eigenen Befriedigung). Man tut die Arbeit und genießt das Ergebnis aufgrund der Anerkennung, die einem dadurch zuteil wird. Wenn man jedoch losgelöst vom Ergebnis der Handlung ist, wird es Karma Yoga."

Frage: „Wie ist es möglich, ohne Wunsch zu handeln?"

Mā: „Indem man mit dem Gefühl arbeitet, dem Höchsten Wesen in jedem zu dienen. Der Wunsch nach Gottverwirklichung ist natürlich kein Wunsch im normalen Sinne des Wortes. ‚Ich bin Dein Werkzeug, benutze das Werkzeug nach Deinem Ermessen.' Wenn man in allem das Höchste sieht, erreicht man die Vereinigung, die zur Befreiung führt. Was immer du tust, tu es aus vollem Herzen und mit der Haltung ‚DU allein handelst!', sodaß kein Anlaß zu Betrübtheit, Sorge und Leid entsteht.

Und noch etwas: Wenn man nicht stets die Einstellung hat ‚durch meine Unzulänglichkeit wurde die Arbeit nicht gut genug gemacht, ich hätte mich für diesen Dienst noch mehr anstrengen sollen!' – so muß die Arbeit als nachlässig bezeichnet werden. Deshalb vermeidet nach besten Kräften jede Nachlässigkeit. Darüberhinaus fühlt, daß alles, was geschieht, in SEINEN Händen liegt, ihr seid nur das Werkzeug. Widmet euch daher mit Körper, Geist und Seele der jeweiligen Arbeit, die ihr tut, und faßt es ansonsten so auf, daß das geschieht, was geschehen soll: ‚DU hast DICH auf diese Weise offenbart, wie es bestimmt war, und so ist es geschehen'."

„Solange das Bewußtsein des Egos da ist, fühlt man „dies ist meine Arbeit", doch wenn das Bewußtsein des getrennten Ich verschwunden ist, gibt es weder Arbeit noch ihre Ergebnisse. Dann wird einem klar, daß man nur SEIN Werkzeug ist, und daraufhin entfaltet sich die wirkliche Beziehung zwischen dem Höchsten Meister und Seinem Werkzeug. Doch solange das Ichbewußtsein da ist: „Ich tue etwas, ich kann etwas leisten" – solange man so empfindet, sollte man weiterhin Arbeit als Gottes Dienst tun."

Atul Brahmacāri: „Kann man durch Arbeit, die mit so einer geistigen Haltung getan wird, überhaupt Fortschritte machen?"

Mā: „Sicher – entsprechend deiner Einstellung zu deiner Arbeit wirst du Fortschritte machen. Wenn du mit einer lauteren Absicht handelst, wird es entsprechende Wirkungen haben. Wenn du jedoch zur persönlichen Befriedigung handelst, wird auch das entsprechende Folgen haben. Du kannst in alle möglichen Richtungen Fortschritte machen. In jedem Fall wirst du die Konsequenzen deiner Handlungen erfahren müssen.

Doch all das ist anders für jemanden, der Zuflucht zu einem Sadguru genommen hat. Hat jemand einmal die Gnade eines Sadguru erlangt, so macht er unaufhaltsam Fortschritte zu

Seinem Höchsten Ziel, egal was er tut. Selbst wenn er sich noch daran erfreut, seine Wünsche zu erfüllen, bleibt er auf dem WEG. Der Grund dafür ist: Sobald auch nur ein Funke entzündet wurde, wird dieser von selbst alle Samskāras des Schülers verbrennen.

Solange man die Folgen seiner Handlungen ernten muß, ist es ratsam, alle Arbeit mit einer reinen Gesinnung zu tun, denn im Laufe der Zeit zeigt sich, daß eine gute Absicht fühlbare Wirkungen hat. Das ist nur natürlich - genauso wie man die kühle Brise der Ganga angenehm spürt, wenn man an ihrem Ufer sitzt. Ebenso wird die Gesinnung bei deinem Tun selbst inmitten der Unvollkommenheit weltlichen Lebens ihren Eindruck in deinem Denken und Fühlen hinterlassen.

Frage: „Mā, Du hast einmal gesagt, wenn man ständig in ein heiliges Feuer (Yajña) opfert, wird das Opfern spontan. Wie kann sich das Opfern von selbst ergeben?"

Mā: „Nun, warum nur das Opfern, dasselbe gilt für jeden Vorgang. Zum Beispiel kann man sich bemühen, Gottes Namen zu wiederholen, oder die Wiederholung kann sich von selbst ergeben. Die Leute fangen einmal an, täglich den vorgeschriebenen Regeln gemäß Gott zu verehren. Wenn sie dies eine Zeitlang praktiziert haben, entwickelt sich wirkliche Verehrung, und rituelle Verehrung ist nicht mehr notwendig - so wie wenn man sich satt gegessen hat und nichts mehr zu sich nehmen kann. Sagt, warum opfert ihr in ein heiliges Feuer?"

Atul Brahmacāri: „Damit Denken und Fühlen sich nicht mehr nach außen wenden."

Mā: „So gebt ihr zu, daß das Opfern eine Wirkung hat. Die Menschen handeln, um ein Ergebnis zu erzielen."

Atul Brahmacāri: „Als ich Dich reden hörte, dachte ich bei mir, daß man sich, nachdem man immer wieder Opfergaben dargebracht hat, schließlich selbst ins Feuer opfern und zu Asche verbrennen lassen muß."

Mā (lachend): „Was bedeutet, sich selbst als Opfergabe darzubringen? Es bedeutet nur, daß man sein Ego opfert, damit es vernichtet wird. Wenn die Identifikation mit dem Ego als Opfergabe dargebracht wird, findet das wirkliche Opfer statt."

Mā: „Vater, was nennst du Nishkāma Karma (Handlung, die frei von Verlangen ist)?"

Ein Devotee: „Nun, es scheint nicht möglich zu sein, Handlung ohne Wunsch auszuführen, d.h. ohne Anhaftung an die Arbeit oder ihr Ergebnis, sondern nur aus Pflichtgefühl. Den Shāstras zufolge kann nur ein Mensch, der Vollkommenheit erreicht hat, auf solche Weise handeln. Es ist unmöglich, solange man in Sinnesobjekten verstrickt ist. Doch kann sich ein Werk, das mit einer gottergebenen Gesinnung begonnen wird, sehr wohl zu motivlosem Handeln entwickeln."

Mā: „Ob mit oder óhne Wunsch – es ist immer noch Handlung. Man kann nicht aufhören zu handeln, solange der Zustand Reinen Seins nicht erreicht ist. Dieser Aspekt der Sache sollte daher auch verstanden werden.

Wenn ihr euch dem Guru ergebt, müßt ihr seinen Anweisungen vorbehaltlos folgen. In dem Fall ist es euer einziger Wunsch, den Willen des Gurus auszuführen. Wenn ihr euch während dieser Aufgabe anstrengt, euer Bestes zu leisten – kann man dies ebenfalls einen Wunsch im gewöhnlichen Sinne des Wortes nennen? Nur auf das eine Ziel bedacht zu sein, den Willen des Gurus wirksam zu erfüllen, ist sicherlich ein guter Wunsch. Wenn aus irgendeinem Grund auch nur ein leichtes Gefühl von Verstimmung auftritt, so kann diese Handlung nicht mehr als unangehaftet bezeichnet werden. Angenommen, ihr müßt mit einer Arbeit aufhören, die zum größten Teil von euch ausgeführt wurde, und zum Schluß übernimmt ein anderer sie, führt sie zu Ende und erhält die Anerkennung, die ganze Aufgabe erfüllt zu haben. Wenn dir das auch nur eine Spur etwas ausmacht, wie kann die Arbeit wirklich ohne Erwartung ausgeführt worden sein? Offensichtlich war sie nicht ganz frei vom Wunsch nach Anerkennung.

Wenn du dich dem Guru ergeben hast, mag er alles tun und dich allen erdenklichen Prüfungen aussetzen – dennoch betrachtest du dich stets als Instrument in Seinen Händen. Dann wirst du eine Ebene erreicht haben, wo du allen Schwierigkeiten zum Trotz mit der Arbeit fortfahren wirst, weil du weißt, es ist die Anweisung des Gurus. Denk daran, daß deine Geduld, Ausdauer und Beharrlichkeit dadurch erstarken und deine Energien und Fähigkeiten gesteigert werden.

Im Bereich der Aktivität muß es zwangsläufig zu Konflikten kommen. Wann kann man frei davon werden? Wenn man sich absolut nicht mehr verletzt fühlen kann. Sogar inmitten der Arbeit, immer und überall, sollte man bereit sein, jeder Anweisung zu folgen. Angenommen, du hast Hunger und wirst genau in dem Augenblick, wo deine Hand den Bissen zum Mund führen will, aufgefordert, woanders hinzugehen. Im selben Moment solltest du freudig das Essen, das du gerade zu dir nehmen wolltest, beiseite tun und dem Ruf folgen. Solche Haltung ist ein Zeichen dafür, daß man in einem Glück verankert ist, welches nicht von dieser Welt ist. Wenn man sich mühelosem SEIN nähert, so lassen einen Lob oder Tadel wegen irgendwelcher Fehler bei der Arbeit völlig unberührt. Nur dann wird man ein Werkzeug in SEINEN Händen. Der Körper bewegt sich wie eine Maschine, und man sieht ihm nur als Zuschauer zu. Dann stellt man fest, wieviele verschiedene Aufgaben so ein Körper sehr leicht und erfolgreich bewältigen kann. Selbstlose Arbeit ist voller Schönheit, da sie nicht zur eigenen Befriedigung getan wird. Solange jedoch die Knoten eures Egos nicht gelöst sind, werdet ihr verletzbar sein, auch wenn ihr versucht, selbstlos zu handeln - es verändert den Ausdruck eurer Augen und eures Gesichts und bekundet sich in eurem ganzen Verhalten. ‚Befreie mein Herz vom Verlangen nach Ergebnissen' - selbst diese Sehnsucht stellt noch einen Wunsch nach einem Ergebnis dar. Solange also das Ego noch besteht, wird es manchmal Konflikte geben, selbst wenn man versucht, selbstlos zu arbeiten, eben weil man begrenzt ist und deshalb in eine bestimmte Richtung gezogen wird."

Frage: „Solange man also nicht wirklich vollendet ist, ist es unmöglich, ohne Erwartungen zu handeln?"

Mā: „Bei selbstloser Arbeit, der man als Zeuge zuschaut, fühlt man, wie innerlich eine große Freude aufsteigt. Wenn sich der Körper dann z.B. verletzt, ruft selbst das Glückseligkeit hervor. Doch ist dieses Aufsteigen von Freude nicht mit Selbstverwirklichung identisch. Die begeisterte Freude selbstloser Arbeit ist SEINE Freude, die zu unserer Freude geworden ist und die wir nun selbst spüren: Man hat eine Ebene erreicht, auf der Glück nur in Verbindung mit IHM existiert. Da man in diesem Zustand das Interesse an weltlichem Vergnügen verloren hat, kann sehr viel Arbeit perfekt bewältigt werden. Und selbst wenn eine Aufgabe trotz äußerster Bemühungen nicht ganz erfolgreich durchgeführt wurde, verliert man nicht seine Ruhe, denn alles hat seinen Platz - auch da waltet SEIN WILLE. Seht ihr nicht, wie köstlich dieser Weg ist! Doch das eben Gesagte gilt nur, solange die Handlung nicht von einem Gefühl der Besitzergreifung befleckt ist (d.h. ohne persönliche Anhaftung ausgeführt wird). Dennoch ist selbst dieser Zustand keinstenfalls Selbstverwirklichung. Warum nicht? Sei es nun mit oder ohne Verlangen, es ist immer noch Handlung, von der wir hier sprechen. Selbst wenn sie selbstlos getan wird, ist die Handlung immer noch vom Handelnden getrennt. Wo jedoch das Selbst ist und wirklich nur das Selbst, da können der Guru, Seine Anweisungen und die Handlung nicht länger getrennt existieren. Solange noch die Dualität von Lehre und Handlung besteht, kann man einfach nicht von

Selbstverwirklichung sprechen. Das SPIEL eines Wesens, das die endgültige Vollkommenheit erreicht hat, unterscheidet sich gänzlich von Arbeit, die durch Anstrengung selbstlos geworden ist. Soweit diese Erklärung als Antwort auf deine Frage.

Selbst wenn man Samādhi erreicht hat und währenddessen völlig im Innern versunken erscheint, so ist auch das noch ein Stadium. Doch wenn durch dieses spontane innere Geschehen (antarkriyā) der Schleier gelüftet wird, ist die Vision der WIRKLICHKEIT möglich. Das kann niemals durch äußere Aktivität erreicht werden, wie durch den Versuch, Wünsche auszulöschen.

Und noch etwas, Vater: Es gab eine Zeit, in der dieser Körper versuchte, buchstäblich alles zu tun, was Bholānāth von ihm verlangte. Doch wenn Bhoānāth merkte, daß dieser Körper starr wurde, daß er zu bestimmten weltlichen Tätigkeiten unfähig war und sie nicht vertrug, so nahm er nur zu bereitwillig seine Forderung zurück. Ungeachtet dessen, daß manche Aufgaben nicht erfüllt werden konnten, wurde somit auf eine Weise doch strikter Gehorsam praktiziert. Eines Tages jedoch kam der Mann von Bholānāths Schwester, Kushari Mahāshaya, zu Besuch. Als er sah, wie dieser Körper Bholānāth in allem gehorchte, wurde er ärgerlich und rief: „Hast Du denn keine eigene Meinung? Mußt Du Deinen Mann wegen jeder Kleinigkeit fragen? Was für ein Zustand! Angenommen, er verlangt von Dir, etwas Schlechtes zu tun, würdest Du dann auch gehorchen?" Er erhielt die Antwort: „Laß so eine Situation eintreten, und schau, was passiert, wenn die Anweisung in die Tat umgesetzt wird." Diese Antwort verblüffte ihn. Er änderte seine Lebensweise und weihte sich fortan der Höchsten Suche.

Es gibt einen Zustand im spirituellen Leben, in dem sich Handlung spontan aus dem Selbst heraus und frei von jeglicher Bedingtheit vollziehen kann, da keine Bindungen mehr existieren. Und wo keine Bindungen sind, kann es keine Gefahr und keinen falschen Weg geben, man kann keinen falschen Schritt machen."

Frage: „War Mā nicht nach der Selbstverwirklichung in jenem Zustand?"

Mā: „Laß diesen Körper aus dem Spiel! Wenn du sagst, dieser Zustand kommt erst nach der Selbstverwirklichung, so mußt du verstehen, daß es dann möglich ist, überall, auf alle erdenkliche Weise zu spielen, natürlich indem dein Selbst alle Rollen Selbst spielt - das ist etwas ganz anderes, als was eben erwähnt wurde. Es ist ein Zustand der Einheit. Selbst während man im Bereich der Dualität bleibt, ist man ungeteilt und im Einssein verankert, obwohl man getrennt erscheint: Das ist ES

SELBST - TAT SVA. Gehorsam und Ungehorsam - beide sind dort DAS.

Es gibt bestimmte Merkmale, an denen man Handlungen erkennt, die von Menschen, welche sich als Werkzeug des Göttlichen betrachten, vor der eigentlichen Selbstverwirklichung ausgeführt werden. Auf dieser Stufe richten sich die Handlungen auf die Erfüllung tatsächlicher Notwendigkeiten. Im Zustand Reinen Seins jedoch ist es völlig anders: Zu handeln oder nicht zu handeln, wie ihr es auch nennen mögt, alles ist DAS. In jenem Bereich ist alles möglich: essen, während man gleichzeitig nicht ißt und nicht zu essen, während man ißt, ohne Füße zu gehen, ohne Augen zu sehen und dergleichen mehr, wie ihr es ausdrückt. Wer gehorcht wessen Anweisung, wenn man im Selbst gegründet ist? Es gibt keine ‚Anderen', niemand ist getrennt. Man spricht nicht mehr zu ‚Anderen', - wie kann noch eine Beziehung existieren, die auf dem Bewußtsein von Getrenntheit begründet ist?"

Die Ebene selbstloser Handlung ist grundsätzlich verschieden vom Zustand der Selbstverwirklichung. Solange der Guru, die Liebe zu Ihm, die Arbeit und das Ich getrennt voneinander wahrgenommen werden, kann man nicht von Selbstverwirklichung sprechen. Dennoch muß gesagt werden, daß die Handlung, die Gott geweiht wird, nicht in die gleiche Kategorie fällt wie Handlung, die von den eigenen Wünschen motiviert ist. Das eine Handeln strebt nach Einheit und führt zur Erleuchtung, wogegen das andere Vergnügen sucht und zu weiteren weltlichen Erfahrungen führt. Nur Handlung, die die ewige Einheit des Menschen mit Gott offenbart, verdient den Namen ‚Handlung' - alles andere ist nutzlos und verdient den Namen ‚Handlung' nicht, ja es ist überhaupt keine Handlung. Keine neue Einheit muß hergestellt werden, jene Einheit, die bereits seit Ewigkeit existiert, muß erkannt werden.

Soweit so gut, nun hört weiter: Es gibt eine Stufe, auf der das Arbeiten große Freude und ein intensives Glücksgefühl schenkt. Dabei ist man völlig uninteressiert daran, was das Ergebnis dieser Handlung sein wird oder nicht, die Arbeit wird völlig um ihrer selbst willen, aus Liebe zur Arbeit, getan, ohne einen äußeren Guru bzw. die Liebe zu Ihm. So ein Zustand existiert fürwahr. Es gibt so viele Möglichkeiten im Feld der Handlung.

Das Gefühl der Zufriedenheit, das man bei der Erfüllung irgendeines weltlichen Wunsches erfährt, ist weltliches Glück. Dieser Wunsch mag sich auf die Ehefrau, den Sohn, einen Verwandten oder auf jemand anders beziehen, und entsprechend wird man die Folgen, die jede einzelne Handlung in sich trägt, ernten. Dies ist Arbeit zur eigenen Befriedigung (Bhoga), nicht zur Erlangung von Einheit (Yoga) - sie erzeugt Leid und Freude gleichzeitig.

Um auf das eben Gesagte zurückzukommen, was Arbeit aus Liebe zur Arbeit und nicht für irgendjemanden betrifft: Denkt daran, wieviel man manchmal bewerkstelligt, während man einfach nur die Straße entlanggeht, nicht für irgendjemanden, sondern allein um der Arbeit willen, wobei Arbeit selbst zum einzig Göttlichen wird. Auch das ist einer der möglichen Zustände. Wenn man jedoch ständig solche Handlung ausführt, kommt der Tag, an dem man von Handlung befreit wird. Es gibt so etwas wie ‚für das Wohlergehen der Welt arbeiten', doch im eben erwähnten Fall fehlt selbst dieses Motiv. Es ist eine Arbeit, die nicht durch Wünsche und Verlangen bedingt ist - man kann einfach nicht anders als sie ausführen. Warum macht man die Arbeit? Aus Liebe zur Arbeit. Wenn Gott Sich in Form einer bestimmten Arbeit manifestiert, die deshalb auf eine bestimmte Person starke Anziehung ausübt, so wird man durch wiederholte Ausübung dieser Arbeit schließlich von aller Handlung frei."

Frage:„Arbeit führt nur zu noch mehr Arbeit, wie ist da ein Ende abzusehen?"

Mā: „Weißt du das nicht? Wenn du so vollkommen in eine Richtung konzentriert bist, daß du gar nicht umhin kannst, auch dementsprechend zu handeln, wird falsches Handeln unmöglich. Die Folge davon ist, daß die Handlung ihren bindenden Einfluß verliert und zwangsläufig zum Stillstand kommen muß. Wieviele Stufen und Zustände gibt es doch! Dies ist eine Möglichkeit. Hier hat man sicherlich nicht die Erkenntnis des Selbst erlangt, doch kann man nicht falsch handeln. Auch hat man keine Zeit zu überlegen, ob man in Übereinstimmung mit den heiligen Schriften handelt oder nicht. Dennoch ist in so einem Zustand der Zielgerichtetheit falsche Handlung, die die Gesetze der heiligen Schriften verletzt, nicht möglich. Der Körper des Menschen - das Werkzeug, durch welches die Arbeit vollbracht wird - ist in einen Strom von Reinheit getaucht und aufgrunddessen wird Satkarma - Handlung im Einklang mit Gottes Willen - ausgeführt.

Freude und Leid existieren nur auf der Ebene des Individuums. Wenn man sich während einer schweren Krankheit vor Schmerzen schüttelt, denkt man da noch an Ehefrau, Ehemann, Tochter oder Sohn, egal wie nah sie einem stehen? Stöhnt man nicht vielmehr in Selbstmitleid angesichts der rasenden Schmerzen? In jenem Moment weicht die Täuschung familiärer Bindungen, die Täuschung der Identifikation mit dem Körper jedoch steht im Vordergrund. Man selbst existiert, deshalb existiert alles. Von da, von diesem Punkt aus, entfaltet sich das vermeintliche Kommen und Gehen des Individuums, der Kreislauf von Geburt und Tod.

Nun solltet ihr verstehen, daß jemand, der Gott liebt, nur darauf aus ist, die Identifikation mit dem Körper zu zerstören. Wenn dies erreicht wurde, so sind Täuschung und Bindung, mit anderen Worten Wünsche (vāsanā), das, was nicht zum Selbst gehört (na sva), zerstört(nāsha)*. Gegenwärtig befindet ihr euch da (vāsa), wo sich das Selbst als ‚Nicht-Selbst' (na sva) offenbart. Wenn das zerstört wird, wird nur Zerstörung selbst (d.h. was sowieso vergänglich und ‚Nicht-Selbst' ist) zerstört. Das, was man weltliche Begierde nennt, kann man auch als Handlung bezeichnen, die durch mangelnde Selbst-Offenbarung bedingt ist. ER ist nicht da, das ist das Problem, nicht wahr?

Dieser Körper spricht noch von einem anderen Aspekt - ratet ihr, von welchem? Ebenso wie eure verehrte Gottheit (Ishta) identisch mit dem Selbst (Svayam) ist, so ist auch Zerstörung ER Selbst und auch das, was zerstört wird. So ist es, wo das Selbst und nichts anderes existiert. Zu wem kann man nun eine Beziehung haben? Deshalb heißt es, daß ER zweitlos, allein existiert. Wenn man davon spricht, daß ER verhüllt erscheint, was ist die Verhüllung? ER Selbst natürlich.

Ihr sprecht von der Welt. Welt (Jagat) bedeutet Bewegung, und Individuum (Jīva) bedeutet das, was gebunden ist. Wie es heißt: ‚Wo immer ein Mann ist, da ist Shiva, und wo immer eine Frau ist, da ist Gauri**.' Wo von Geburt, Wiedergeburt und Bindung keine Rede mehr sein kann, das fürwahr wird ewig genannt. Nun erfaßt dies wirklich: Wie kann das, was ständig in Bewegung ist, gebunden sein? Bleibt es denn an einer Stelle? So wie es auf keinen Ort beschränkt bleiben kann, so kann es auch nicht begrenzt werden, wenn sich das Denken auflöst. Und da es nie gebunden an einer bestimmten Stelle verharrt, kann man es nicht frei nennen? Nun gut, was kommt und geht dann? Seht, es ist wie die Bewegung des Ozeans (Samudra), durch die ER Sich Selbst ausdrückt (sva mudra)***. Die Wellen sind nur das Auf- und Abwogen, die Bewegung des Wassers, und Wasser ist es, das sich zu Wellen (taranga)

---

* Wortspiel: In Bengali werden sva und sha ähnlich ausgesprochen, daher klingt nāsha (Zerstörung) wie na sva (Nicht-Selbst). Vāsanā (Wunsch) ist dort, wo das Selbst als Nicht-Selbst wohnt (vasa - wohnen; na - nicht).

**Dieses Zitat weist auf die Gegenwart Gottes bzw. der Göttlichen Mutter in jedem Menschen hin.

*** Wortspiel: Samudra = Meer, sva mudra = Sein eigener Ausdruck

formt, zu Gliedern Seines eigenen Körpers (tār anga)* – Wasser in Wirklichkeit.

Was läßt die gleiche Substanz in verschiedenen Formen wie Wasser, Eis und Wellen erscheinen? So fragt man von einer bestimmten Bewußtseinsebene aus. Denkt darüber nach und schaut, wieviel davon ihr verstehen könnt! Ein Gleichnis ist niemals vollkommen – doch hat es euch nicht geholfen, das Problem im Hinblick auf die Welt zu betrachten? Was habt ihr wirklich erkannt? Findet es heraus!

Nun gut – ihr nennt das, was nie irgendwo stetig bleiben kann, vergänglich, nicht wahr? Aber was bleibt nicht? Wer bleibt nicht? Wer kommt? Wer geht? Veränderung, Umwandlung – was ist das? WER? Erfaßt das Wesen all dessen! Alles vergeht, d.h. Tod vergeht, Tod stirbt. Wer geht und wohin? Wer kommt und von wo? Was ist in Wirklichkeit dies unaufhörliche Kommen und Gehen? WER? Dann wiederum gibt es so etwas wie Handlung, Kommen und Gehen überhaupt nicht – wo bleibt Geburt, wo bleibt Tod? Denkt darüber nach!

Schaut, dieses Universum, werdet ihr sagen, ist nur das Eine Selbst. Somit ist jede Form ER in Seiner eigenen Gestalt (Sva ākāra), d.h. das Selbst (Sva), das Ewige, offenbart als Form (Ākāra). Was bedeutet das? Nicht – Handlung (Akriyā). Nicht-Handlung in welchem Sinn? ‚Gottgeweihte Handlung allein ist wahre Handlung, alles andere ist nutzlos und keine Handlung.' Das ist eure Meinung vom Standpunkt der Welt her. Doch hier gibt es diese Art von Handlung überhaupt nicht. Was existiert dann hier? Selbst-Handlung (Sva-Kriyā) – ER Selbst als Handlung, ER Selbst als Form – deshalb wird ER sākāra (gestalthafter Gott) genannt, ER Selbst als Eigenschaften – deshalb wird ER saguna (Eigenschaften besitzender Gott) genannt. Wo sich der Herr (Īshvara) oder irgendetwas in Zusammenhang mit Seiner Herrlichkeit offenbart, da erscheint ER Selbst (svayam) in der Handlung und bleibt doch ewig nicht-handelnd. ER Selbst ist die Essenz der Absoluten Wahrheit. Nicht-Handlung (Akriyā), und doch Form (Ākāra)! Form bedeutet Verkörperung (Mūrti), in der es weder Handlung, noch einen Handelnden gibt. Von was kann ER der Handelnde werden, und wer soll der Handelnde sein und wo? In dem, was ihr als Bindung durch Handlung betrachtet, ist ER nicht offenbar. ER Selbst ist Handlung (Kriyā), ER, der Ewige, der nie vernichtet werden kann. Vernichtet (nashta**) bedeutet ‚nicht der Geliebte' (na-ishta), nicht ER, der niemals uner-

* Taranga = Welle; tar = sein; anga = Glied
** Wortspiel: nashta = zerstört; na ishta = nicht der Geliebte; anishta = unerwünscht

wünscht (anishta) sein kann - ist ER doch das Ein und Alles, das alle Schöpfung ersehnt, der Geliebte aller. Deshalb solltet ihr begreifen, daß der EINE, der formlos (nirākāra) und eigenschaftslos (nirguna) ist, auch Gestalt und Eigenschaften besitzt. Wasser und Eis - wo liegt wirklich der Unterschied zwischen beiden? Weißt du es? Folglich IST nur ER, ER allein und kein anderer. Der EINE, der Reines Bewußtsein und Reine Intelligenz ist, hat viele Formen und ist gleichzeitig formlos. Aus diesem Grund sind sowohl das, was ihr weltliche Handlung nennt, als auch die Handlung des Suchers beide DAS. Jede Handlung ist frei, mit anderen Worten, Handlung steht ganz außer Frage. Deshalb wißt ihr, ist es so: Es gibt nur Eine Ewige Wirklichkeit (Nitya Vastu), doch da ihr durch eure verschiedenen Standpunkte begrenzt seid, sprecht ihr von etwas, was nicht ewig ist, und haltet daran fest, daß das Ergebnis von Handlung nicht dauerhaft ist und Veränderung in ihrer Natur liegt.

Wohin führt der unaufhörliche Wandel der sich ewig verändernden Welt? Handlung, in der keine Bindung mehr möglich ist, ist fürwahr ‚Sein'. ‚Welt' (jagat) bezeichnet die Bewegung, die ein ständiges Sterben beinhaltet, mit anderen Worten, deren innerstes Wesen ständige Veränderung ist. Auf der Ebene des Individuums, d.h. der Ebene der Begrenztheit, bezieht sich alle Veränderung ausschließlich auf Bewegung dieser Art. Viele streben - ihren Blick auf das EINE gerichtet (Tat mukhi) - auf ihre eigene Weise zum Ziel. Bemühung dieser Art ist zweifellos die Pflicht eines jeden. Um sein Leben in diese Richtung zu lenken, muß der Durchschnittsmensch Handlungen ausführen, die DAS zum Ziel haben (Tat Karma).

Doch denkt jetzt einmal sorgfältig nach und erkennt: Ihr seid ewig frei, weil Handlung stets frei ist, sie kann nicht gebunden bleiben. Wißt ihr nicht, daß das Seil, mit dem ihr in dieser Welt etwas festbindet, mürbe und fadenscheinig werden muß? Und selbst wenn ihr Eisen- oder Goldketten benutzt, wird das, was bindet, eines Tages aufgehen oder zerbrechen. Gibt es irgendwelche Fesseln, die niemals zerbrochen oder vernichtet werden können? Einzig das Wehklagen über zeitweilige Bindungen schafft die Begrenzungen des Geistes, der an und für sich nicht an einer Stelle gebunden werden kann. Wie ein rastloses Kind, das sich nicht um Gut oder Böse kümmert, sucht er Höchste Glückseligkeit, er ist nie mit zeitweiligem Glück zufrieden und schweift deshalb ständig umher. Wie sollte er jedoch ruhen, solange er nicht einen Weg zur HÖCHSTEN WIRKLICHKEIT gefunden hat, solange er nicht ganz in seiner Quelle aufgegangen ist und im eigenen Selbst ruht? Zutiefst in eurem Herzen wißt ihr, daß ihr frei seid, deshalb liegt es in eurer Natur, euch nach Freiheit zu sehnen. Ebenso ist es, wenn jemand das Glück hat, daß ER Sich als Handlung offenbart - dann wird Handlung von selbst aufhören. Stillstand ist Tod - nur um dieser Blockade der Bewegung zu entgehen, erfindet der Mensch unzählige Mittel, dem zu entfliehen. Doch nur das, was von selbst wegfallen wird, muß aufgegeben werden.

Ihr besteht immer darauf, daß sich das Denken auflösen muß. Doch vergeßt nicht, daß eben dieses Denken der Mahāyogī ist, ja, der erhabene Yogī. Eure Schriften beschreiben, daß sich so ein Yogī wie ein mutwilliges Kind benimmt, das kein Gefühl für Sauberkeit, Anstand und Schicklichkeit besitzt, das wie irre ist oder auch starr und gefühllos. Das, was wie völliger Gleichmut und völlige Ruhe aussieht, betrachtet ihr als sehr erhaben und sagt darüberhinaus: ‚Was im Mikrokosmos ist, ist auch im Makrokosmos.' Eine Göttliche Inkarnation (Avatāra), die wie ein Kind spielt - wie sehr entzückt es uns! Wenn normale Leute etwas über die Kindheit Shrī Krishnas lesen oder hören oder sie aufgeführt sehen, deuten sie es im Lichte dessen, wie sich ihre eigenen Kinder verhalten, denn damit sind sie vertraut. Woher sollten sie die innere Bedeutung verstehen können? Wenn ihr die Aufführung des Liebesspiels von Rādhā und Krishna im Rāsalīlā* seht oder eine Aufführung des Rāmalīlās**, so seht ihr nicht das wirkliche Līlā, das völlig spirituell, überweltlich (aprakrita) und transzendental ist. Wenn jemand es jedoch erfährt, so bedeutet das, daß seine geistigen Augen geöffnet wurden."

Frage: „Wie kann eine spirituelle Erfahrung in Begriffen weltlicher Ereignisse interpretiert werden?"

Mā: „Wenn man von Bindung frei geworden ist, wenn das Zerstörbare zerstört wurde und nur der GELIEBTE erstrahlt - sagt, was kann man erblicken? Wenn Fesseln zerbrechen, ist es nur das Zerbrechbare, was zerbricht. Doch das Band der Liebe zu Gott ist keine Bindung dieser Art, es ist ein Losbinden! Darüberhinaus existiert in Brahmajñāna (der Erkenntnis des Absoluten) die normale Verstandesfunktion nicht mehr, denn Verstehen bedeutet, eine Last abzuwerfen, nur um unter einer neuen zu stehen***. Die Erkenntnis der Höchsten Wirklichkeit

---

* Krishnas transzendentales Liebesspiel mit den Hirtenmädchen von Vrindāvan, das auch nicht eine Spur mit irdischer menschlicher Liebe gemeinsam hat. Es symbolisiert die Vereinigung mit dem Höchsten im Zustand von Mahābhāva, der höchsten Form ekstatischer Liebe.
**Theateraufführung über das Leben Rāmas, der göttlichen Inkarnation Shrī Vishnus, der als idealer König lebte und die Erde von zahlreichen Dämonen befreite
*** Wortspiel: ‚bojha' heißt sowohl ‚verstehen' als auch ‚Bürde'.

jedoch ist jenseits von Gedanken und Sprache.

Wenn ein gewöhnlicher Mensch die Aufführung des Rāsalīlās oder Rāmalīlās sieht, wie kann er ihre Bedeutung erfassen, ohne daß seine Sicht von seiner eigenen Weltlichkeit gefärbt wird? Wo ist die Fähigkeit, etwas darüberhinaus zu verstehen? Und dennoch - da es das Göttliche Spiel des Herrn Selbst ist, das er durch seine Ohren und Augen wahrnimmt, besteht Hoffnung, daß ihm diese Fähigkeit zuteil wird.

Es liegt in der Natur des Denkens, die Vielfalt zu akzeptieren. Was notwendig ist, ist nur, diese Annahme auf eine Sache zu lenken - sei es mit oder ohne Form - die einem, wenn sie einmal angenommen wurde, keine weitere Wahl zwischen Annehmen und Nicht-Annehmen läßt. Dieser eine Brennpunkt schließt völlig die Möglichkeit von Dualität aus, und deshalb wird man zielgerichtet. Das Denken richtet sich auf Vielfalt. Inmitten all der gegensätzlichen Strömungen des zerstreuten Geistes muß man fest auf ein Ziel konzentriert werden.

Denkt an einen Baum. Die Zweige und Äste, die aus jeder Seite sprießen, bringen dieselbe Art von Samen hervor, aus der der Baum hervorging. Deshalb enthält ein einziger Same potentiell unzählige Bäume, unzählige Zweige, Äste, Blätter usw. Es ist ein unendliches Werden und unendliches Sein, eine unendliche Manifestation und unendliche Entwicklungsmöglichkeit - der Same wächst zu einem Baum heran, und der Baum erzeugt wieder Samen. Weshalb sollte sich also das EINE nicht offenbaren, wenn man sich völlig auf eins konzentriert? Endlosigkeit liegt im EINEN und Endlichkeit im Endlosen - doch wo der Unendlich EINE ist, kann von Endlichkeit und Unendlichkeit nicht mehr die Rede sein. Was ist, IST - das ist die Erkenntnis, die nötig ist. Wo ihr ein Ende wahrnehmt, gibt es in Wirklichkeit kein Ende - denn ER ist fürwahr unendlich. In allen Formen und im Formlosen ist ER und ER allein.

Soviel über Anhaftung an Handlung (Karma). Dann wiederum gibt es Anhaftung an Bhāva*. Auch Bhāva gehört in den Bereich von Karma (Handlung), nur tritt eben manchmal Karma, manchmal Bhāva in den Vordergrund. All dies ist sehr schwer zu verstehen. Jemand fragte einmal: Was ist Anhaftung an Bhāva? Hier ist ein Beispiel: Wenn man Yogahaltungen und Atemübungen, rituelle Verehrung, die Wiederholung von Gottes Namen, Meditation oder Kontemplation praktiziert, um in ein bestimmtes Bhāva zu geraten, und sobald man es erreicht hat, für immer darin bleiben möchte. Solange es andauert oder

---

* Bhāva bedeutet innerer Zustand, Stimmung, die sich als Karma offenbart. Bhāva ist schlummerndes Karma, während Karma in Handlung umgesetztes Bhāva ist.

solange dieser Zustand vorherrscht, ist man in Glückseligkeit versunken. Doch damit hat man noch nicht Erleuchtung erlangt, man befindet sich nur auf dem Weg dorthin. Dies ist eine lautere Anhaftung, und deshalb kann man sie transzendieren. Da man es genießt, auf der Ebene dieses Bhāvas zu bleiben, könnte man wohl tagelang, ja den Rest seines Lebens darin verharren. Auch wenn das lange Verweilen in so einem Zustand eine gewisse Veränderung bewirkt, ist da kein besonderer Fortschritt möglich. Wenn dieses Bhāva jedoch durch irgendeine unaussprechliche Einwirkung zur Vollendung geführt werden könnte, wäre man fähig, weiter voranzugehen.

Es gibt Zustände, wo man sich höher entwickelt und wieder absinkt. Das Wichtige jedoch ist, in vollkommenem Gleichgewicht gegründet zu werden, in dem es kein Auf- und Absteigen mehr gibt. Solange Karma und Bhāva nicht erfüllt sind, kann man sie nicht transzendieren."

Gnade und Bemühung

Frage: „Wenn ich das Selbst (Ātmā) bin, warum soll ich mich bemühen, es zu erkennen?"

Mā: „Derjenige, der die Frage stellt, hat sein Selbst nicht erkannt."

Frage: „Wird alles durch SEINE Gnade erreicht oder aufgrund meiner Bemühungen?"

Mā: „Weißt du, wie sich Gnade und eigene Bemühung zueinander verhalten?" Sie nahm eine Blume in Ihre Hand und zeigte darauf: „So wie ich dir diese Blume reiche und du deine Hand ausstreckst, um sie zu empfangen – ebenso wird das Ziel durch Gnade und eigene Handlung zusammen erreicht. Genauso!"

Frage: „Mā, warum erkennen wir nichts? Gibt es denn überhaupt keine Gnade?"

Mā: „Doch, es gibt Gnade, denn ohne sie könntet ihr keinen einzigen Schritt machen. Doch im Handeln selbst verbirgt sich Gnade. Aktive Beteiligung ist notwendig – so wie jemand seine Hand ausstreckt, um einem anderen etwas zu geben, der auch seine eigene Hand ausstreckt, um es zu empfangen. Somit finden Handlung und Gnade zur gleichen Zeit statt. Handlung selbst ist Gnade – wäre gottgeweihte Handlung ohne Gnade möglich?"

Ohne etwas zu tun, kann man nichts erreichen, man muß sich bemühen. Um sich von Unreinheiten zu befreien, muß man reine Bindungen knüpfen*. Angenommen, ihr habt einen Knoten in ein Tuch gemacht. Um ihn zu lösen, müßt ihr eure Aufmerksamkeit darauf konzentrieren und ihn mit den Händen aufmachen. Ähnlich ist es bei jeder Arbeit.

---

* z.B. indem man eine liebevolle Beziehung zu einer bestimmten Form Gottes herstellt, sich auf einen bestimmten Pfad geistiger Übung, das Studium heiliger Schriften, das Objekt der Meditation oder ein übergeordnetes Ideal während des Handelns konzentriert u.ä.

Ein Devotee: „Nur durch Gottes Gnade werden wir uns nach IHM sehnen können."

Mā: „Ihr sagt ‚ER', aber ihr kennt IHN überhaupt nicht. Wenn ihr über SEINEN Willen sprecht, so sind das bloße Worte. Ihr studiert, besteht Examen, heiratet und vollbringt alle möglichen Leistungen, denn ihr seid überzeugt von eurer Fähigkeit, all dies tun zu können. Nutzt die gleiche Fähigkeit auch dazu, ein wenig an IHN zu denken. Wie könnt ihr einerseits sagen ‚nur durch SEINE Gande' und gleichzeitig untätig herumsitzen? Daß nichts ohne SEINEN Willen geschehen kann, ist völlig richtig, doch haben wir wirklich nicht das Recht, (aus Bequemlichkeit) so zu argumentieren."

Frage: „Mā, wenn Gott doch aus Sich Selbst heraus stets offenbar ist, warum sollten wir Ihn noch anrufen?"

Mā: „Ich weiß nichts, Vater. So wie du mich zum Reden bringst, so rede ich. Sieh, wenn ein Same gesät wird, manifestiert sich eine Kraft in dem Samen, die eine derartige Schwingung im Erdboden erzeugt, daß – im gleichen Moment, wie der Keim hervortritt – auch die Erde durchdrungen wird. Ebenso solltest du die heftige Rastlosigkeit deines Herzens und die Suche nach dem Sinn des Lebens wie die Vibration im Erdboden auffassen. Diese Schwingung rührt daher, daß ER Sich offenbaren wird. Es ist des Menschen wahre Natur, sich nach Gott zu sehnen.

Wo Gnade wirkt, ist keine Bemühung vergeblich. Es gibt keinen Grund zur Verzweiflung. Denkt stets daran, daß der Erfolg gewiß ist. Erlaubt euch niemals, das Gegenteil zu denken. Zweifel und Verzagtheit sind nicht gerechtfertigt. Verfolgt euer Ziel mit größtmöglichem Optimismus. Ich versichere euch, es ist so, wie ich sage.

Frage: „Wann können wir Gottes Gnade empfangen?"
Mā: „Wann immer sie nötig ist, wird sie kommen."
Frage: „Wie können wir sie erkennen?"
Mā: „Wenn ihr gegessen habt, merkt ihr, daß euer Hunger gestillt wurde. Ebenso erkennt man auch Gottes Gnade."

Es ist möglich, die Ebene, die man durch regelmäßige Verehrung und Anbetung Gottes erreichen kann, auch durch den barmherzigen Blick oder die Berührung eines Mahāpurushas (d.h. eines Heiligen) zu erlangen. In solchen Fällen ist keine äußere Verehrung oder etwas ähnliches notwendig. Doch das bedeutet nicht, daß diejenigen, die von Natur aus die Neigung haben, Pūjā zu machen, damit aufhören sollten. Für sie ist es besser, ihren Weg durch Verehrung und Anbetung fortzusetzen. Gottes Gnade wartet auf nichts. Deshalb heißt es, daß jederzeit alles möglich ist.

In jedem Augenblick verändert ihr euch. Im Laufe dieser Umwandlung werdet ihr einen Zustand erreichen, wo keine Fragen und keine Veränderung mehr existieren - nur GNADE!

Hatha Yoga

Frage: „Was sind die Vor- und Nachteile von Hatha Yoga?"
Mā: „Was bedeutet ‚Hatha'? Etwas gewaltsam zu tun. ‚Sein' und ‚tun' sind zwei sehr verschiedene Dinge. Im Zustand des Seins werden sich spontan die entsprechenden Symptome manifestieren, da Prāna (die Lebensenergie) in einem bestimmten Zentrum des Körpers aktiv geworden ist. Wenn man jedoch Hatha Yoga nur als Gymnastik praktiziert, wird das Bewußtsein nicht im geringsten dadurch verändert. Durch Gymnastik wird körperliche Fitness entwickelt. Häufig hört man von Fällen, bei denen das Aufgeben von Yogaübungen usw. zu Erkrankungen geführt hat. So wie der Körper schwach wird, wenn er keine vollwertige Nahrung erhält, ebenso braucht auch der Geist die richtige Kost. Wenn der Geist die richtige Ernährung erhält, kommt der Mensch Gott näher – kümmert man sich jedoch hauptsächlich um den Körper, so bleibt die Aufmerksamkeit mehr und mehr im weltlichen Bereich verstrickt. Bloße Gymnastik ist Nahrung für den Körper.

Was nun das ‚tun' betrifft: Anhaltende Bemühung mündet in müheloses Sein, mit anderen Worten, was man durch stete Übung erreicht hat, wird zu guter Letzt transzendiert. Dann kommt Spontaneität. Solange das nicht geschieht, kann der Nutzen von Hatha Yoga nicht verstanden werden. Wenn man sein Sādhanā durch die physische Leistungsfähigkeit, die man durch Hatha Yoga erreicht, unterstützt, so ist sie nicht vergebens. Andernfalls jedoch ist es kein Yoga, sondern Bhoga (Handlung zur eigenen Befriedigung). In mühelosem Sein liegt der Pfad zum Unendlichen. Solange Hatha Yoga nicht das Ewige anstrebt, ist es nichts weiter als Gymnastik. Wenn man nach einiger Praxis nicht SEINE Berührung spürt, war das Yoga vergeblich.

Manchmal trifft man Personen, die durch all diese Übungen wie Neti, Dhauti* usw. schwer krank geworden sind. Neulich traf ich in Nainital einen jungen Mann, der seine Gesundheit durch Hatha Yoga völlig ruiniert hatte. Er litt an ständigem Durchfall, der einfach nicht aufhören wollte. Er und einige seiner Freunde hatten beschlossen, Experten in Hatha Yoga zu werden und ein Institut zu gründen, in dem man durch diese Disziplin Gott erreichen würde. Aber alle ohne Ausnahme wurden krank.

Ein fähiger Lehrer, der jede Veränderung im Prānafluß des

---

* Neti: Yogaübung zur inneren Reinigung des Körpers, indem man einen Faden durch Nase und Mund durchzieht; Dhauti: eine andere Übung zum gleichen Zweck, bei der man ein langes Band verschluckt und dann wieder aus dem Mund zieht.

Schülers versteht, wird den Vorgang richtig beschleunigen oder verlangsamen - so wie ein Steuermann sein Ruder immer fest im Griff hat, während er das Schiff lenkt. Ohne solche Führung ist Hatha Yoga nicht ratsam. Der Lehrer muß um alles, was irgendwann passieren kann, aus eigener Erfahrung wissen und es mit scharfem Blick sofort erfassen. Schließlich ist er der Arzt derer, die diesen Weg gehen! Ohne die Hilfe so eines Arztes besteht Gefahr, daß man sich verletzt.

Alles geht leicht, wenn einmal der Segen SEINER Berührung gefühlt wurde. Beim Baden im Fluß schwimmt man zuerst aus eigener Anstrengung, doch wird man einmal von der Strömung erfaßt, so wird man mitgerissen, egal ob man gut schwimmen kann oder nicht. Man muß in den Rhythmus seiner eigenen wahren Natur hineinfinden. Ihre Offenbarung wird einen sofort blitzartig und unwiderstehlich an sich ziehen, und ein Punkt kommt, an dem man selbst nichts weiter tun braucht. Solange dieser Kontakt noch nicht stattgefunden hat, übergib Gott innerlich alle Neigungen und Widerstände, und diene, meditiere, kontempliere - tue irgendetwas in dieser Richtung.

Für gewöhnlich vollziehst du deine tägliche Andacht in gleicher Weise. Wenn du den Wunsch verspürst, etwas mehr Japa oder Meditation zusätzlich zu machen, so ist das ein Anzeichen, daß du einen Lichtblick bekommen hast, wenn auch nur vorübergehend, und dann besteht Hoffnung, daß sich nach und nach der Rhythmus deiner wahren Natur offenbart. In diesem Zustand besteht noch ein Ich-Bewußtsein (aham), doch richtet sich dieses Ich auf das Ewige und erstrebt Vereinigung mit IHM. Handlungen jedoch, die aus Wunsch nach Rang und Ehre getan werden, entspringen dem Ego (Ahamkāra) und sind somit Hindernisse.

Ob ihr Hatha Yoga, Rāja Yoga oder irgendein anderes Yoga praktiziert, es kann nur gefährlich sein, wenn es an reiner spiritueller Strebsamkeit fehlt. Wenn ihr Āsanas und ähnliche Übungen macht und Zugang zum wahren Rhythmus der Natur gefunden habt, werdet ihr merken, daß alles leicht und spontan abläuft. Woran läßt sich das erkennen? Man hat das Gefühl eines Spiels, einer innigen Wonne, und denkt ständig an den EINEN. Fürwahr, das ist kein Ergebnis weltlicher Übungen. So etwas kann sich nur spontan, aus sich selbst heraus, manifestieren. Deshalb ist die Aufmerksamkeit ständig auf den EINEN gerichtet: Zu Gott allein strömt des Menschen wahre Natur.

Manchmal werdet ihr während der Meditation bemerken, daß sich Recaka, Pūraka oder Kumbhaka* ganz von selbst ohne Bemühung ergeben haben. Wenn die Bewegung eurer wahren Natur einsetzt, dann werden die Knoten eures Herzens entwirrt werden, weil diese Bewegung einzig auf Gott gerichtet ist. Wenn ihr während der Meditation bemerkt, daß sich von selbst vollkommen korrekte Āsanas formen - wenn die Wirbelsäule von selbst gerade wird - dann solltet ihr wissen, daß der Strom eures Prāna dem Ewigen zugewandt ist. Im anderen Fall wird der richtige Fluß sich beim Japa nicht einstellen, und ihr werdet Rückenschmerzen bekommen. Trotzdem ist selbst so ein Japa nicht vergeblich, obwohl man keine besondere Wirkung spürt. Mit anderen Worten, der Geist ist willig, doch der Körper folgt nicht, und daher spürt ihr nicht die tiefe Freude, die vom Duft der Göttlichen Gegenwart ausströmt.

Mit euren Gedanken auf Sinnesobjekten zu verweilen, vergrößert nur eure Anhaftung an sie. Wenn ein intensives Interesse an der Höchsten Suche erwacht, so wird man religiösen Gedanken, religiöser Philosophie und der Vergegenwärtigung Gottes in der ganzen Schöpfung immer mehr Zeit und Aufmerksamkeit widmen, bis dadurch schließlich jeder einzelne innere ‚Knoten' gelöst wurde. Eine heftige Sehnsucht bewegt das Innere: „Wie kann ich IHN finden?" Aufgrunddessen wird der Rhythmus von Körper und Geist gleichmäßig, ruhig und klar.

Einige von euch fühlen spontan den Wunsch, Āsanas und ähnliches als spirituelle Übungen zu praktizieren. Wenn kein Wunsch, damit anzugeben, dabei im Spiel ist, wird es leicht sein, den Rhythmus der eigenen wahren Natur zu finden. Doch wenn der Geist vom Körper festgehalten wird, werden diese Übungen zu bloßer Gymnastik. Es kommt auch vor, daß Sādhakas in die richtige Richtung gelenkt werden, obwohl sie sich dessen zuerst nicht bewußt sind, oder keinen Widerstand leisten können, selbst wenn sie es bemerken.

Nehmt an, einige Leute gehen im Meer baden und entschließen sich, allen anderen voraus zu schwimmen; daraus folgt, daß sie zurückschauen müssen. Aber für den, dessen einzigstes Ziel der Ozean selbst ist, gibt es niemanden, um dessentwillen er zurückschaut oder besorgt ist, und dann geschieht, was geschehen soll. Übergib dich der Welle, und du wirst von der Strömung aufgenommen werden: Wenn du ins Meer getaucht bist, kehrst du nicht wieder zurück. Der Ewige selbst ist die

* Recaka - der bewußte Prozeß, den Atem auszustoßen; Pūraka - das Einziehen des Atems; Kumbhaka - Einbehaltung des Atems im Körper oder den Atem ausgestoßen lassen, wobei die entgegengesetzten Bewegungen des Ein- und Ausatmens aufgehoben sind.

Welle, die den Strand überflutet, um dich hinwegzutragen. Jene, die sich selbst für dieses Ziel aufgeben können, werden von IHM angenommen. Aber wenn eure Aufmerksamkeit auf den Strand gerichtet bleibt, könnt ihr nicht weiter vordringen - nach dem Baden werdet ihr heimkehren. Wenn euer Ziel das Höchste, das Endgültige ist, werdet ihr vom Strom eurer wahren Natur geführt werden. Es gibt Wellen, die hinwegtragen, und Wellen, die zurückziehen. Jene, die sich selbst aufgeben können, werden von IHM erfaßt werden. In der Erscheinung der Welle streckt ER Seine Hand aus und ruft euch: kommt, Kommt, KOMMT!

Wenn sich eine Yogahaltung formt, spricht sie - ganauso wie du und ich. Wie? Wenn das Ziel, wozu man das Āsana ausführt, offenbar wird, wenn man das erreicht, was man durch eine spezielle Yogahaltung anstrebt, so kann das seine Sprache genannt werden.

Wenn sich ein kranker Mann zuviel bewegt, überanstrengt er sich und beginnt, nach Luft zu schnappen. Der Atemrhythmus verändert sich ständig automatisch, je nachdem wie man sitzt oder sich bewegt, man merkt es bloß nicht. Jemand, der seinen Atem beherrscht, kann ihn willentlich auf jede Ebene bringen. Am Anfang wissen diejenigen von euch, die Yogaübungen machen, nicht, welches Bein sie zuerst kreuzen sollen, und welches danach, und wann sie dabei ein - oder ausatmen sollen. Folglich ist eure Übung teilweise fehlerhaft. Warum? Wenn ihr etwas öffnen wollt und nicht wißt, wie es gemacht wird, kann es beschädigt werden. Wenn sich ein Āsana von selbst formt, werdet ihr merken, daß sich eure Beine ganz richtig und im Einklang mit dem Atem verschränken und lösen. Wenn das Āsana und der Atem in völliger Harmonie miteinander sind, so ist das ein Zeichen dafür, daß der Guru an dir arbeitet. Während man vorher kein Wissen über die Yogastellung hatte, versteht man sie jetzt ganz klar.

Auf der geistigen Ebene ist es so, als ob man sich selbst als Zeuge zuschaut, gleichsam wie ein Kind. Man spürt, daß jemand all das geschehen läßt, und gleichzeitig beruhigt sich die Aktivität des Denkens.

Wenn die Schwingungen deines Körpers und deines Prānas eine Ebene erreicht haben, auf der sich bereits eine große Vervollkommnung in allem zeigt, was für die HÖCHSTE SUCHE von Bedeutung ist, dann wirst du merken, daß du spirituelle Wahrheiten aussprichst - das ist ein spontaner Vorgang auf jener Ebene. Und wenn du auf der Ebene eines Rishis gegründet wirst, dem Mantras offenbart werden, d.h. wenn die Schwingungen deines Körpers und Prānas sich dort konzentrieren, so werden Worte, die dieser Ebene entsprechen, von deinen Lippen kommen.

Es gibt einen Zustand, in dem du weder weißt, noch verstehst, was geschieht - z.B. wenn sich eine Yogahaltung, die dir zuvor unbekannt war, unvermutet formt. Wer hat das bewirkt? Der Innere Guru. Das Gleiche gilt, wenn sich ein Mantra offenbart und die Lösung deines Problems und die innere Bedeutung (Tattva) des Mantras in seiner transzendentalen Form (pratyaksha mūrti) direkt vor dir erscheint, wenn sich mit anderen Worten zusammen mit seinem inneren Wesen seine feinstoffliche Form enthüllt: In dem Augenblick beginnst du, die wahre Natur des Inneren Gurus zu verstehen - Er wohnt im Innern und arbeitet von dort aus. Nicht nur wurden deine Zweifel behoben, du hast auch die innere Bedeutung des Mantras verstanden. Das ist wirklicher Darshan. Hier hast du eine Antwort erhalten ohne zu wissen, wie es dazu gekommen ist. Bei einer anderen Art von Erfahrung enthüllt sich der verborgene Mechanismus des Geschehens, und das Mantra, seine innere Bedeutung, der Guru und die Gottheit werden gleichzeitig offenbar. Das ist ein Beispiel für eine innere Erfahrung, die ein volles Wissen aller Stufen und Aspekte einschließt. Angenommen, man macht Japa oder Meditation, und eine Frage taucht im Geist auf. Sofort ist die Antwort da. Man erkennt: Das hat mir der Guru gesagt, es ist Seine Unterweisung, die ich bekommen habe.

Es gibt den Weg der Aktivität und den Weg des Geistes, oder um es genauer zu sagen, im ersten Fall spielt Aktivität eine größere Rolle, im zweiten Fall der Geist, obwohl geistige Konzentration für beide notwendig ist. Sie wirken zusammen, eins überwiegt nur das andere: Wenn Āsanas angewandt werden, herrscht Aktivität vor, wenn jedoch Mantras benutzt werden, steht der Geist an erster Stelle.

Dann wiederum - wer ist es, der mich von außen führt? Auch ER, denn niemand anders existiert!

Diese Aussagen sind Fragmente von hier und da. Sie wurden gemacht, damit jeder bekommt, was für ihn nützlich ist, und in dem Maß, wie er es verstehen kann.

Satsang – Die Göttliche Gemeinschaft

Frage: „Ich habe gehört, daß Gott in Heiligen und Mahātmās wohnt und ihr ganzer Körper daher Gottes Energie ausstrahlt. Warum werden Leidenschaft, Zorn, Gier, Verblendung, Stolz, Neid usw. dann nicht vernichtet, wenn ein Mensch ihre Lotosfüße berührt?"

Mā: „Wenn du ihre Füße in dem aufrichtigen Glauben berührst, daß es Gottes Füße sind, werden diese Feinde mit Sicherheit zerstört. In diesem Zusammenhang muß etwas Wichtiges erwähnt werden: Ihr Leute verneigt euch nicht so, wie man es eigentlich tun sollte. Pranāma bedeutet, sich den Füßen des Herrn gänzlich darzubringen, mit allem, was in dir ist. Was wird das Ergebnis so einer absoluten Hingabe sein? Die Leere, die dadurch entstand, daß du alles übergeben hast, wird ganz mit Gottes Kraft erfüllt. So wie ein Krug, dessen Wasser ganz ausgeschüttet werden soll, völlig geneigt werden muß, so solltest du rückhaltlos alles, was in dir ist, zu Seinen Füßen hingeben und leer werden. Ist dein Herz einmal so leer und frei geworden, wird Gottes Kraft ganz in dich einfließen. Doch so ein Pranām ist sehr selten, und deshalb erhält man nicht das entsprechende Ergebnis, wenn man die Füße von Heiligen berührt. Auch der Platz, an dem ein Heiliger sitzt, wird göttlich. Wenn er wirklich gottesbewußt ist, wird Göttlichkeit durch ihn ausstrahlen. Die Ausstrahlung des Göttlichen kann alles vergöttlichen. Wenn dein Herz wirkliche Sehnsucht nach Gott haben würde, würdest du IHN ganz sicher finden. In dem Maße, wie du gibst, wirst du empfangen. So wie Butter durch die Hitze des Feuers schmilzt, so haben auch Heilige die Macht, das Leben der Menschen durch bloße Berührung zu verwandeln. Doch Heilige greifen nicht in den Ablauf des Karmas ein, abgesehen natürlich von einigen sehr speziellen Fällen, doch das ist eine andere Sache. In der Regel läßt man Karma seinen natürlichen Lauf nehmen."

Frage: „Warum erlangen wir keine Verwirklichung, obwohl wir 24 Stunden am Tag zu Füßen von Heiligen und Weisen verbringen?"

Mā: „Wieviel von den 24 Stunden schenkt ihr Gott? Wenn jemand Tag und Nacht Heiligen dient, wird er ohne Zweifel auch die Früchte seines Tuns ernten. Wenn keine volle Verwirklichung eintritt, bedeutet das nicht, daß man versagt hat. Der Strebende muß entschlossen sein, seine Aufgabe zu erfüllen, selbst wenn es ihn den Tod kosten sollte. Diese Einstellung sollte er haben. Man muß dem spirituellen Weg folgen, bis vollkommene Verwirklichung eintritt. Wie kann man zur Ruhe kommen, solange man Rāma (Gott) nicht gefunden hat? Ein Mensch, der sich verzweifelt nach Gott sehnt, liegt im Grunde schon ausgestreckt zu Seinen Lotosfüßen. Er hat keinerlei andere Interessen mehr.

Es gibt zwei Wege, die zu Gott führen: Einer ist hingebungsvoller Dienst zu den Füßen des Herrn, auf dem anderen durchbricht man einfach die Tür, die IHN verbirgt, und tritt ein. Übe so Sādhanā, daß überhaupt keine Zeit für irgendetwas anderes bleibt. Ruhe nicht, bis du Gott völlig verwirklicht hast. So ein Verhalten wird dein Leben wandeln. Denke unaufhörlich an Gott, und nur an Gott. Wenn du ißt, erinnere dich daran, daß du nur für Gott ißt. Warum solltest du deinen Körper erhalten? Diese seltene Gnade eines menschlichen Körpers ist dir nur deshalb zuteil geworden, um Sādhanā zu üben und dadurch dein göttliches Bewußtsein zu verwirklichen. Ein Hausvater muß auch seiner Frau und seinen Kindern dienen, doch du, ein Sādhu, bist frei von Sorgen. Dein Leben gehört nur Gott. Wenn ein Sādhaka wirklich in glühender Sehnsucht Gott finden möchte, so tut er all seine Handlungen, sei es Baden, Essen – alles – nur für Gott. Wenn du festen Glaubens und eisern entschlossen bei deinem Sādhana bleibst, wirst du IHN finden müssen. Doch wenn du anders leben willst, nun, so wirst du bekommen, was deinem Umgang und deinen Beschäftigungen entspricht. Deshalb sagt dieses kleine Kind stets: Gott ist fürwahr allgegenwärtig. Wo immer du beginnst, dort ist auch Gott. Das heilige Benares, das heilige Vrindāvan sind in dir. Mit Gewalt erreicht man nichts. Gewalt ist nicht Satyāgraha (Anhaftung an Wahrheit). Wenn man immer der Wahrheit treu bleibt, wird man Gott finden.

Beten hat zweifellos eine gute Wirkung. Wenn die Wurzeln eines Baumes bewässert werden, erreicht das Wasser jedes Blatt, und der Baum bleibt frisch und grün. Ebenso wird alles gut werden, wenn du dich völlig den Lotosfüßen des Herrn anheimgibst. Durch ehrfürchtige Verneigung vor Heiligen und Weisen bildet sich eine subtile Verbindung zu ihnen. So wie du nur soviel Wasser vom Ozean nehmen kannst, wie du tragen kannst, ebenso kannst du von Gottes Kraft nur so viel aufnehmen, wie du fassen kannst. In dem Maße wie du gibst, wirst du empfangen.

Frage: „Swāmī Vivekānanda sagte einst: Wo ein starkes Licht ist, werden die, welche in seinen Umkreis geraten, selbst zu einem bestimmten Maß erleuchtet. Deshalb ist es förderlich, einen Mahātmā oder jemanden aufzusuchen, in dem Gott auf besondere Weise offenbar ist. Aus diesem Grund kommen wir zu Dir!"

Mā (lächelnd): „Nun gut, trotzdem seid ihr nur zu eurem eigenen Selbst gekommen. In der ganzen Welt existiert nur euer eigenes Selbst. Das ist auch der Grund, warum man jemanden liebt. Auch wenn es den Anschein hat, daß der eine den anderen liebt, liebt er sich in Wirklichkeit nur selbst. Doch es ist tatsächlich sehr gut, Satsang aufzusuchen. Allerdings ist es dazu nicht notwendig, wie wild von Ort zu Ort zu reisen. Man kann Satsang haben, während man bei sich zuhause sitzt.

Angenommen, du hast einen Heiligen aufgesucht und denkst jedoch ständig an dein Zuhause, so hast du nicht wirklich am Satsang teilgenommen. Wenn du jedoch zuhause bleibst, weil du durch deine Haushaltspflichten gebunden bist, es aber zutiefst bedauerst, daß du nicht am Satsang teilnehmen kannst, so beschleunigt das dein spirituelles Wachstum mehr, als wenn du den Heiligen tatsächlich getroffen hättest. Die geistige Einstellung ist von ausschlaggebender Bedeutung."

Frage: „Mā, der bloße Darshan von Heiligen reicht aus, um Erfüllung zu schenken, und doch sagst Du uns: ‚Beginnt zielstrebig mit eurer Arbeit (Sādhanā), und ihr werdet die Früchte ernten'. Warum? Jetzt, wo wir Deinen Darshan gehabt haben, können wir doch ebenso alles einfach dadurch verwirklichen."

Mā: „Es stimmt, daß Darshan allein bereits volle Verwirklichung schenkt, aber die Frage ist: Findet wirklicher Darshan statt? Ich fordere euch auf, ununterbrochen zu üben, damit ihr würdig und imstande zu wirklichem Darshan werdet. Ohne Bemühung, nur durch Reden, kann man nichts erreichen. Wenn jemand, der noch nicht einmal sein Abitur bestanden hat, alles über das Magisterstudium erfahren will, so wird seine Neugierde zu nichts führen. Gebt euch alle ein bißchen Mühe, und ihr werdet sicher Erfolg haben."

Manchmal sagen Leute: „Es ist nicht so leicht, Satsang zu bekommen. In unserer Stadt oder unserem Dorf gibt es keinen großen Heiligen."

Mā sagt dazu: „Wenn du nicht Gemeinschaft mit lebenden Heiligen pflegen kannst, so lese Bücher über sie oder von ihnen, d.h. heilige Schriften, und versuche vor allem durch ständige Wiederholung von einem Seiner Namen in Gottes Gegenwart zu sein. Wenn du dies tust, wirst du mit Sicherheit einen lebendigen Guru finden, der dich führen wird."

Wißt ihr, worin der Wert von Satsang (heiliger Gemeinschaft) liegt? Angenommen ein Zimmervogel hat aufgrund seines langen Lebens im Käfig vergessen, daß er fliegen kann: Selbst wenn die Käfigtür geöffnet wird, fliegt er nicht hinaus. Ganz plötzlich kommt eines Tages eine Schar Vögel an, und sofort sieht man, wie der zahme Vogel mit ihnen fortfliegt. Beim Individuum (Jīva) ist es ähnlich: Selbst wenn es seine wahre Natur vergessen hat – sobald es eine befreite Seele trifft, reicht schon ein kurzer Kontakt mit dem hohen Bewußtseinszustand dieses Wesens aus, eine Art Rausch in ihm auszulösen. Selbst wenn diese Erfahrung kurzlebig ist, hinterläßt sie ihren Eindruck. Nichts ist vergeblich. Auch das ist eine Wirkung von Satsang. Satsang hat sehr spezielle Wirkungen, denkt daran!
Schaut, wenn man etwas nie probiert hat, kann man sich auch nicht danach sehnen. Daß jeder nach dauerhafter Freude verlangt, kommt daher, weil tief in jedem Wesen immerwährende Freude verborgen liegt, deshalb sind alle so rastlos. Solange DAS nicht erreicht ist, erfahren sie keinen vollkommenen Frieden.

Frage: „Wenn ein Mann Satsang haben möchte, seine Frau jedoch nicht, was sollte er tun?"
Mā: „Wenn er ihr nachgibt, heißt das, er hält die Worte seiner Frau für wichtiger als Satsang."
Frage: „Was ist wichtiger – die Ausbildung oder Satsang?"
Mā: „Die Ausbildung ist notwendig, um seinen Lebensunterhalt zu verdienen. Wenn das Einkommen richtig genutzt wird, wird es eine sattvische Atmosphäre schaffen."

Eine heftige Diskussion war im Gang, ein Argument nach dem anderen erhob sich, ohne daß es zu einer wirklichen Lösung kam. Jemand war dieser endlosen Debatte überdrüssig und sagte: „Mātājī, das Sprichwort sagt: Wenn man eine Zitrone zu sehr auspreßt, wird sie bitter."

Mā: „Wenn man ein Feuer schürt, brennt es immer heller. Ebenso ist es, wenn man über Religion und Philosophie spricht – dann wächst das Interesse an solchen Themen. Gewiß ist es auch richtig, daß eine Zitrone bitter wird, wenn man sie zu sehr ausdrückt. Doch wenn ein ernsthafter Sucher mit dem aufrichtigen Wunsch diskutiert, die WAHRHEIT zu finden, werden ihm die Augen geöffnet. Bei einigen Menschen wird die Verwirrung durch Argumente beseitigt, während andere durch Diskussionen nur noch mehr durcheinander geraten. Jeder hat seinen eigenen Weg. Wenn die eigenen Probleme dringlicher artikuliert werden, fühlt man sich gestört, und dadurch wird die SUCHE intensiviert. Bevor Faden gesponnen und zu Tuch gewoben werden kann, muß die Kapsel, welche die Baumwolle umgibt, zuerst aufgebrochen und völlig entfernt werden. Sich wirklich vorzubereiten, bedeutet, die Idee des getrennten Ich von Grund auf zu vernichten. Solange noch eine Spur davon bleibt, kann ER nicht offenbar werden, das Licht der WAHRHEIT kann nicht aufgehen."

Frage: „Kann man durch Satsang die Höchste Glückseligkeit erreichen?"
Mā: „Satsang öffnet den Weg, der zur Höchsten Glückseligkeit führt."
Frage: „Es öffnet nur den Weg? Erreicht es nicht das Ziel, Höchste Glückseligkeit zu schenken?"
Mā (lächelnd): „Nun, zuerst einmal sollte der Weg frei sein, dann erst kann Verwirklichung kommen."
Frage: „Angenommen, ein Unfall passiert auf dem Weg?"
Mā: „Unfälle sind das Ergebnis eines gestörten Urteilsvermögens. Wenn das Bewußtsein ständig bei Gott ist und Satsang hat, kann kein Unfall passieren. Wenn jedoch noch Weltlichkeit da ist und man gleichzeitig Gottes Namen wiederholt, wenn man nach Gott verlangt, sich aber noch vor einem Geist fürchtet – dann ist es möglich, daß Unfälle passieren. Hast du verstanden?"
Frage: „Wie ist so etwas möglich? Das ist ja so, als halte man zwei Schwerter in der gleichen Scheide. Wie kann da, wo der Herr ist, noch ein anderes Wesen wirken?"
Mā: „Wenn die Gedanken eines Devotees sich äußeren Dingen zuwenden, wenn seine Gefühle woanders sind, so wird das zum Hindernis, und dann passieren Unfälle. Recht oft kann sogar das Erlangen übernormaler Fähigkeiten ein Hindernis werden. Die Kräfte mögen zur Schau gestellt werden, und der Geist wird

durch diesen Unrat verblendet. All das kann den Fortschritt zur Verwirklichung hemmen."

Frage: „Ist der Pfad, auf dem übernormale Fähigkeiten erworben werden, überhaupt ein Pfad?"

Mā: „Er ist ein Pfad – jedoch nicht ohne Fallen."

Guru – Die Führung durch einen spirituellen Meister

Die Kraft, die dich das Unerfaßbare erfassen läßt, wird sich zur rechten Zeit durch den Guru manifestieren.

Um Befreiung zu erlangen, muß ein Mensch dem Pfad folgen, den ihm der Guru weist. Wenn einmal ein Anfang gemacht wurde, ergibt sich alles Notwendige spontan und von selbst. Angenommen, du willst zum Ganges gehen. Du weißt aber nicht den Weg und fragst einen Ortskundigen. Er wird dir die Richtung zeigen. Wenn du sie vergißt oder vom Weg abkommst, werden dir andere Reisende behilflich sein, wieder die richtige Route zu finden. Die Person, die dich zuallererst unterwies, braucht nicht den ganzen Weg mit dir zu gehen. Du wirst Hilfe von anderen erhalten, die den gleichen Weg gehen. Das Wichtige ist, einmal einen Anfang zu machen. Die Hilfe kommt ganz von selbst.

Versuche den Anweisungen deines Gurus zu folgen ohne dein kritisches Urteilsvermögen anzuwenden. Bevor man einen Guru annimmt, sollte man ihn von allen Seiten her untersuchen, doch sobald du ihn einmal angenommen hast, muß du seine Anweisungen rückhaltlos befolgen. Wenn ein junges Mädchen verheiratet werden soll, suchen wir im ganzen Land nach einem passenden Bräutigam. Doch wenn die Vermählung nach ausgiebigen Ermittlungen schließlich vollzogen wurde, muß die Braut ihr ganzes Leben dem Dienst an ihrem Gatten weihen. Wenn die Hochzeit einmal stattgefunden hat, kann dieses Band jemals gelöst werden? Ebenso, wenn ein Schüler nach seiner Initiation durch den Guru sagt: „Es stimmt, daß ich eingeweiht wurde, doch hat es mir nichts genützt" – dann sage ich, daß wirkliche Initiation nicht stattgefunden hat."

Frage: „Und was ist, wenn kein Fortschritt festzustellen ist, nachdem man einen Guru angenommen hat?"

Mā: „Dann hat die wirkliche Trauung nie stattgefunden. ‚Trauung' bedeutet hier, das Mantra vom Guru zu empfangen. Das Mantra erwies sich nicht so wirksam, wie es eigentlich sein sollte. Manchmal passiert es sogar, daß der Bräutigam nach der Hochzeit wegläuft!"

Frage: „Ich habe nach ausgiebiger Überlegung einen Guru erwählt, doch bis jetzt scheine ich keinen Fortschritt gemacht

zu haben. Ich habe nichts erreicht, obwohl ich die Anweisungen des Gurus befolgt habe. Sollte ich unter diesen Umständen einen anderen Guru annehmen?"

Mā: „Wenn du zu dem Schluß gekommen bist, daß du einen anderen Guru brauchst, muß klar verstanden werden, daß du nicht wirklich initiiert worden bist, deine Heirat wurde nicht richtig vollzogen. Warum sollten sonst Gedanken an eine andere Heirat aufkommen? Viele Leute erklären, daß der Guru sie zwar initiiert habe, doch daß sich danach nichts Wesentliches verändert hätte. Eine intensive Sehnsucht nach Gott oder der Wahrheit ist für dein Sādhanā sehr wichtig. Wenn nach der Initiation so eine Sehnsucht erwacht, ist das ein gutes Zeichen. Wenn man sich in einem fremden Land nicht wohlfühlt, so ist das ein Zeichen heftiger Sehnsucht (nach dem wirklichen Zuhause)."

Das, was sich als die Sehnsucht, einen Guru zu finden, ausdrückt, manifestiert sich auch als Erfüllung jener Sehnsucht. Doch ist es notwendig, daß diese Sehnsucht ganz aufrichtig ist. Vergegenwärtige IHN dir in jedem Augenblick, um IHN zu erkennen.

Frage: „Wir können uns weder von unseren weltlichen Fesseln befreien, noch lieben wir Gott; was wird unser Los sein?"
Mā: „Auch wenn man noch im dichtesten Dschungel (weltlichen Lebens) ist, muß man sich einen Weg bahnen. Beginnt von der Stelle aus, wo ihr gerade seid. Schon wenn man ein kleines Feuer anzündet, wird der Dschungel verbrannt. Wenn man zum Guru kommt, erreicht man alles. Wenn der Schüler geduldig und wachsam ist, wird alles möglich."

Frage: „Wir wollen kein Unglück, und doch trifft es uns. Wir sehnen uns nach wirklichem und dauerhaftem Glück, und es kommt nicht. Weshalb ist das so?"
Mā: „Euer Verlangen nach wirklichem Glück ist nicht intensiv genug. Nehmt die Hilfe eines Gurus an."
Frage: „Wo kann man den Guru finden?"
Mā: „Sucht in eurem Innern."
Frage: „Wie sollen wir suchen?"

Mā: „Wie sucht ihr denn nach eurem Kind, wenn es verloren geht?"

Frage: „Warum kann man nicht Gott als seinen Guru annehmen? Wozu bedarf es eines Vermittlers?"

Mā: „Wenn du den Direktor treffen möchtest, mußt du erst um Zulassung bitten. Sonst wird es dir nicht gestattet, ihn zu treffen. Deshalb ist ein Guru notwendig, um Gott zu finden. Um mit einem Guru gesegnet zu werden, meditiere über Gott. Durch regelmäßige Meditation wird ER sich offenbaren. Sorge dich nicht, richte deine Aufmerksamkeit einfach immer auf Gott. Sei sicher, daß Gott dir einen Guru senden wird, wenn du ihn brauchst. Du strebst danach, nur Gott zu finden. Je intensiver dein Bestreben ist, desto schneller wirst du IHN erkennen.

Überlege es dir sehr gut, wen du als deinen Guru annimmst. Sei nicht hastig. Nimm dir Zeit und benutze deinen Verstand. Hast du den Guru jedoch einmal angenommen, so ist das unwiderruflich, und du mußt dich vollkommen hingeben. Gelingt es dir nicht, so behaupte ich, daß du ihn nicht als deinen Guru angenommen hast.

Frage: „Wie können wir einen wirklichen Guru finden, und wer kann der Guru sein?"

Mā: „Gott ist der wirkliche Guru. Gott wird das Notwendige durch den Guru, den man bereits erwählt hat, vollbringen und dem Schüler den wahren Weg zeigen. Der wirkliche Guru ist das eigene Selbst (Ātmā)."

Frage: „Wird jener Ātmā auch das Mantra geben?"

Mā: „Sicherlich."

Frage: „Was ist der leichteste Weg zur Gottverwirklichung: Kīrtana, Mantras, Yoga oder Nāma-Japa?"

Mā: „Der Weg, der einem vom Guru gezeigt wird, ist der leichteste Weg für die betreffende Person."

Frage: „Ist es möglich, Sādhanā zu üben, ohne Zuflucht bei einem Guru zu suchen?"

Mā: „Deine Frage und die Antwort darauf zeigen, daß du ein Sucher bist, der Zuflucht zu einem Guru nimmt."

Frage: „Wenn wir alle ohnehin Brahman sind, warum sollten

wir einen Guru annehmen müssen?"

Mā: „Warum fragst du? Weil du im Zweifel bist. ‚Aham Brahmāsmi - Ich bin Brahman' - wenn dies eine unerschütterliche Erkenntnis geworden ist, wer kann noch wessen Guru genannt werden?"

Frage: „Wie kann Bhakti entwickelt werden?"
Mā: „Indem man den Anweisungen des Gurus folgt."
Frage: „Und wenn man das nicht mag?"
Mā: „Vater, wenn man krank ist, muß man mit Gewalt dazu gebracht werden, ins Krankenhaus zu gehen und Arznei zu nehmen. Obwohl Chinin sehr bitter ist, müssen Malariakranke es einnehmen. Ebenso ist es unbedingt erforderlich zu versuchen, den Anweisungen des Gurus gemäß Liebe und Hingabe zu Gott zu entwickeln. Auf diese Weise wird Bhakti erweckt."

Im Grunde sind alle Meister eins. Nur der ist ein wirklicher Guru, der den ewigen Guru enthüllen kann, der im Schüler wohnt. Wenn jemand einen Guru verläßt, so muß man begreifen, daß der Betreffende den Guru nie wirklich angenommen hatte...Wenn der Schüler nach seiner Initiation durch den Guru erklärt: „Ich bin zwar initiiert worden, doch hat es mir nichts genutzt", dann behaupte ich, daß wirkliche Initiation nicht stattgefunden hat.

Frage: „Wird es erfolglos sein, wenn jemand Gottes Namen wiederholt, ohne initiiert zu sein?"
Mā: „Warum sollte es keine Wirkung haben?"
Frage: „Ich meine eben, die Shāstras behaupten, daß man nicht viel erreichen kann, wenn man keinen Guru annimmt."
Mā (lächelnd): „Der Guru wohnt in deinem eigenen Herzen. Aber gewöhnliche Menschen sind unfähig, fest auf ihr eigenes Selbst zu vertrauen. So müssen sie bei einem äußeren Guru Zuflucht nehmen. Aber in Wirklichkeit wohnt Gott in unserem eigenen Herzen. ER ist es, der euch veranlaßt zu sagen, daß ihr erfolgreich Gottes Namen wiederholen könnt, sogar ohne Zuflucht zu einem Guru zu nehmen. Und ER wird es auch sein, der euch zu gegebener Zeit sagen läßt, daß man ohne einen Guru nichts erreichen kann.

Dann wirst du feststellen, wie stark deine Sehnsucht nach einem Guru werden wird, sodaß du hier und dort, überall, nach Ihm suchen wirst. Das Wesentliche ist, daß der Guru, der in deinem Herzen thront, dir eingibt, welchem Weg du folgen sollst und wann es notwendig ist. Die Hauptsache ist es, Seinem Geheiß Folge zu leisten.

Wenn die Beziehung zwischen Guru und Schüler wirklich hergestellt wurde, kann der Guru niemals aufgegeben werden, Er bleibt stets beim Schüler. Gott allein ist der Guru des Menschen. Man sollte sein ganzes Vertrauen auf IHN setzen. Kriyās, Yoga und ähnliche Übungen können nicht ohne die Anwesenheit eines Gurus praktiziert werden, Japa und Meditation hingegen kann man überall machen. Versuche, völlig still und konzentriert in Kontemplation zu sitzen, um das Denken zu beruhigen. Strebe danach, deine Aufmerksamkeit nur auf das Höchste Ziel zu richten. Nur dann besteht Hoffnung, daß sich der Pfad zu innerem Frieden öffnet.

Versuche immer in das Mantra vertieft zu sein, das dein Guru dir gegeben hat. Er hält deine Hand und wird sie niemals loslassen. Sei in Gedanken stets bei Seinen Lotosfüßen. Du bist Gottes Kind! Wenn dein Streben echt ist, wird ER dich nie umkehren lassen.

Frage: „Was ist der Unterschied zwischen einem Guru und einem Sadguru?"
Mā: „Guru bedeutet Sadguru."
Frage: „Aber ich glaube, die Shāstras machen eine Unterscheidung zwischen beiden Begriffen?"
Mā: „Weißt du, worin der Unterschied liegt? Der eine beginnt andere erst dann zu lehren, nachdem er selbst alle Prüfungen bestanden hat, während viele, die noch selber studieren, gleichzeitig schon andere unterrichten."

Frage: „Wie kann man einen Sadguru erkennen?"
Mā: „Um die Wahrheit zu sagen - kann ein Schüler überhaupt seinen Lehrer erkennen? Daher vertreten einige die Meinung,

wenn man sich für einen Guru entscheiden will, soll man ein Jahr in engem Kontakt mit ihm leben, bevor man sich entschließt, ihn als Meister anzunehmen. Doch ist das wirklich ausreichend, um einen Sadguru zu erkennen?

Die Sache hat noch einen weiteren Aspekt: Was auch immer man aus irgendeiner Quelle erlernt, ist vorbestimmt. Manchmal kommt es vor, daß die Beziehung zwischen Lehrer und Schüler nur vorübergehend ist. Manchmal will ein Schüler auch nicht länger von seinem Guru geführt werden. Dann muß man jedoch verstehen, daß der Schüler durch diese zeitweilige Beziehung das empfangen hat, was für ihn bestimmt war.

Angenommen, ihr fahrt mit einem Taxi zum Bahnhof. Dort angekommen, verlaßt ihr das Taxi und steigt in den Zug ein. Ihr dürft jedoch nicht vergessen, daß ihr nur mithilfe des Taxis den Zug erreichen konntet. Ein anderes Beispiel: Ein Schüler besucht zuerst die Grundschule. Dies weckt seinen Wissensdrang, und so wechselt er zu einer Oberschule und gelangt schließlich zur Universität. Somit ist keine Stufe belanglos oder unbedeutend. Alle sind gleichermaßen wichtig und unerläßlich an ihrem Platz. In Wirklichkeit ist es der Sadguru selbst, der den Schüler durch die verschiedenen Stufen der Suche wandern läßt. Es ist fürwahr die Natur des Weltenlehrers, Seine Gnade an alle zu verströmen. Letztlich sind Guru, Mantra und Ishta – der Meister, der göttliche Name und Gott Selbst – eins.

Frage: „Mā, vorhin sagtest Du, nur aufgrund vieler guter Werke fände man einen Sadguru. Warum ist dann kein Fortschritt zu bemerken, selbst wenn man so begnadet war, einen Sadguru zu finden?"

Mā: „Nicht nur aufgrund guter Handlungen erhält man einen Sadguru. SEINE Gnade ist jenseits von Vernunft und Ursache. Deshalb kann manchmal jemand schnelle Fortschritte machen, wenn er den Segen eines Sadgurus erhalten hat, während ein anderer nur langsam vorankommt."

Frage: „Was bedeutet Shāstra (heilige Schrift)?"

Mā: „Weißt du, was Shāstra bedeutet? Sva-astra, die eigene Waffe, die Handlung, mit der man weltliche Fesseln zerschlagen kann."

Frage: „Was bedeutet Shishya (Schüler)?"

Mā: „Sva, sva (das eigene Selbst), d.h. Verwandlung in sein eigenes Selbst. Im wesentlichen bedeutet es, den Schüler sein eigentliches Einssein mit dem Guru erkennen zu lassen, dieses Bewußtsein zu entwickeln.

Und was ist eine weitere Bedeutung von Shishya? Shishya bedeutet Shashya (Korn). So wie durch Einsäen der Körner ins Feld Getreide erzeugt wird, so sät man auch in diesem Fall Samenkörner, um die Ernte, nämlich Offenbarung des Selbst, heranwachsen zu lassen."

Frage: „Nützt es irgendetwas, sich von einem Guru initiieren zu lassen, der nicht die Merkmale aufweist, welche die Shāstras für einen wirklichen Guru niedergelegt haben?"

Mā: „Es gibt zwei Möglichkeiten. Eine besteht darin, einen Guru ‚anzunehmen' - die andere ist: der Guru ist der Guru - da gibt es kein Fragen, kein Annehmen, kein Verlassen. Der Guru ist das Selbst (Khuda). Wenn er es nicht ist, kann er dir zwar einen Weg zeigen, aber er kann dich nicht geradewegs zum Ziel, zur Erleuchtung (Prakāsha) führen, weil er sie selbst nicht erreicht hat. Wenn du jemanden zu deinem Guru ‚machst', kannst du ihn auch verlassen, aber dann werde ich sagen, du hast nie einen Guru gehabt. Der Guru kann nicht aufgegeben werden, Er ist einfach von Natur aus Guru und gibt spontan das, was notwendig ist. So wie die Blume ganz spontan und natürlich ihren Duft verströmt, so initiiert der Guru durch Blick, Hören, Berührung, Belehrung oder Mantra oder sogar ohne all das, einfach weil Er Guru ist. Die Blume bemüht sich nicht, Duft auszuströmen, sie sagt nicht: ‚Komm und riech an mir!' Sie ist da. Jeder, der ihr nahekommt, wird sich an dem Duft erfreuen. So wie die reife Frucht vom Baum fällt und entweder vom Menschen aufgelesen oder von Vögeln aufgepickt wird, so gibt der Guru allen Wesen das, was sie brauchen; sie sind ihm verbunden, egal wer sie sind.

Wie kann man von meinem Guru sagen, er sei der Weltenlehrer? Aus dem einfachen Grund, weil dies der Status eines Gurus ist. Wer z.B. ist ein Koch? Das Wort ‚Koch' bezeichnet gewiß nicht den Namen einer bestimmten Person; es bedeutet: jemand, der Nahrung zubereiten kann. Ebenso versteht man, wenn der Status eines Gurus offenbar wird, daß dieser Status nichts mit irgendeiner Person zu tun hat - der Guru ist niemand anders als der Weltenlehrer. Wenn die Kraft des Gurus wirksam werden kann, wird man erkennen, wer man ist. Wer diese Kraft verleihen kann, ist fürwahr ein Weltenlehrer.

Wo „etwas" ist, da ist Gott nicht. Wenn Shivas Gegenwart gefühlt wird, kann es kein Stein sein, und wenn es ein Stein ist, kann es nicht Shiva sein*. Ebenso ist es, wenn man den Guru als das wahrnimmt, was Er wirklich ist - dann ist er nicht länger ein menschliches Wesen; doch wenn man ihn als Person sieht, ist er nicht länger ein Guru.

Frage: „Mā, heutzutage ist es schwierig, einen wirklichen Guru zu finden. Der Mahārāja von Baroda veranstaltete einmal eine Konferenz verschiedener Pandits. Das Thema der Erörterung war Ahimsa (Gewaltlosigkeit). Verschiedene Pandits hielten lange Reden. Als einer der Redner am Schluß seines Vortrags ein Tuch aus seiner Tasche nahm, um sich den Schweiß vom Gesicht zu wischen, fiel ein Ei aus dem Taschentuch...Die Gurus heutzutage verfügen nicht mehr über wirklichen Einfluß, das ist das Traurigste an allem. Meiner Meinung nach kann eine Religion nur dann wahr genannt werden, wenn sie zu Respekt vor dem Menschen, zu Wahrheit, Geduld und zu Rücksicht gegenüber allen Wesen führt."

Mā: „Hör zu, Vater. Etwas anderes muß in diesem Zusammenhang erwähnt werden. Es gab einmal einen Pandit, der wunderbar aus dem Rāmāyana zu rezitieren pflegte. Jeder, der seine Rezitationen hörte, war beeindruckt. Einige hatten das Gefühl, als ob Lord Rāma selber seine Geschichte vortrage. Ein Junge ließ sich von dem Pandit initiieren, und später folgte seine ganze Familie seinem Beispiel. Der Junge wurde seinem Guru so ergeben, daß nichts anderes mehr in seinem Leben Bedeutung zu haben schien. Der Pandit konnte selbst eine Versammlung von tausend Menschen im Bann halten. Doch sein Charakter war nicht gut. Der Junge war jedoch völlig von seinem Gurujī eingenommen. Seine Eltern sagten zu ihm: „Warum bist du die ganze Zeit hinter deinem Guru her? Zuerst mußt du deine Ausbildung beenden!" Der Junge war zutiefst verletzt, als er hörte, wie seine Eltern über seinen Guru sprachen. Er weinte und weinte und weinte. Was für ein wunderbarer Anblick! Ein reiner, unschuldiger Junge - wie eine Blume, deren Knospe sich gerade geöffnet hat. Der Junge war nur mit dem Gedanken beschäftigt: „Ich muß Rāma finden."

* Diese Aussage bezieht sich auf Gottes konkrete Gegenwart selbst als Bildgestalt oder steinernes Symbol.

Er hatte das Gefühl, man dürfe nirgendwo bleiben, wo der eigene Guru kritisiert wird. Allmächtiger Herr, welch wunderbare Spiele offenbarst du uns! In Wirklichkeit ist es Gott, der alle Erscheinungsweisen durchdringt. In anderen Fehler zu sehen ist schon ein Fehler an sich und ist durch das Bewußtsein von Dualität bedingt. Duniyā (Welt) bedeutet „auf Dualität beruhend". Weil es „zwei" gibt, sieht man Fehler. Sogar in Sündern und bösen Menschen wohnt Gott. Wer sich dessen bewußt ist, wird fürwahr siegreich sein. Wenn die Sünden ignoriert werden, wandeln sich die schlechten Tendenzen des Missetäters zum Positiven. So etwas ist vor diesem kleinen Mädchen geschehen (Mātājī zeigt auf sich selbst). Gott hat sich auch auf diese Weise offenbart.

Der Vater sagte zu dem Jungen: „Ich habe gehört, daß dein Guru keinen guten Charakter hat." Dieser Körper erinnerte sich dann daran, daß der Guru dieses Gurus sich in ähnlicher Weise zweifelhaft verhalten hatte. Die Leute erzählten mir dies. Dennoch mißachtet dieser Körper niemanden. Es ist nicht richtig, jemanden auf dem einmal gewählten Pfad zu behindern. Der Junge begann, seinen Vater als Feind zu betrachten. Die Zeit verging, und als er allmählich heranwuchs, begann er, religiöse Bücher zu lesen. Später erkannte er schließlich, daß der Charakter seines Gurus nicht einwandfrei war und trennte sich aus eigenem Entschluß heraus von ihm. Wieviele Männer und Frauen hatten sich von ihm verleiten lassen! Anschließend kamen einige von ihnen zu diesem Körper und vertrauten ihm alles an. Eine Person sagte: „Ich möchte diesen verunreinigten Körper nicht länger leben lassen." Ich erwiderte: „Du hast kein Recht dazu, deinen Körper zu töten. Die Tatsache, daß du jetzt Reue spürst, reicht aus, deine vergangenen Sünden wiedergutzumachen. Reinige dich. Dein Tod würde zu nichts Gutem führen, im Gegenteil, er hätte schlechte Folgen." Jene Person wurde dann gerettet, indem sie dem Pfad zur Gottverwirklichung folgte. Alles ist Gottes Spiel. Vater, was jene betrifft, die glänzende Reden halten, so ist das bloß eine Kunstfertigkeit, eine Technik. Sieh nur den Fall des besagten Jagadgurus*, der so faszinierend über Gewaltlosigkeit sprach und dann ein Ei aus seiner Tasche fallen ließ! So ein brillianter Vortrag, doch die Leute waren völlig vor den Kopf gestoßen, als sie sahen, was dann geschah. Gott ist in jeder Form und Erscheinungsweise gegenwärtig, daran sollte man immer denken. Doch Verstehen ist schwierig, aber Ablehnen ist sehr leicht. Alle Manifestationen sind nur Ausdruck von DIR. In dieser Schöpfung wohnen Gut und Böse eng

* Weltenlehrer, ehrerbietige Anrede für einen spirituellen Meister

beieinander. Du bist Ātmarām, die Glückseligkeit des Selbst. Du bist so vom Glück begünstigt, nach Gottes Ebenbild erschaffen zu sein. Durch bloße Worte soviel Teilnahme zu wecken, wunderbare Empfindungen so gewandt auszudrücken, das alles ist einfach eine Kunstfertigkeit, eine Geschicklichkeit. So eine Kunst hat nichts mit dem Höchsten (Paramātmā) zu tun. Gewisse Leute haben diese Kunst entwickelt. Jemand mag so kunstvoll singen, daß die Zuhörer hingerissen sind. Doch dieses Können hat deshalb nichts mit Wahrheit, Religiosität oder Charakter zu tun.

Es ist äußerst schwierig, einen Sadguru zufinden. Es gab einen anderen bekannten Guru, der viele, viele Schüler hatte. Einem von ihnen sagte er: „Nimm Bestechungsgelder an, und schicke mir das Geld." Zu guter Letzt mußte der Schüler seine Beziehung zu dem Guru abbrechen. Wahrheit selbst kommt der Wahrheit zur Rettung. Wenn man im Namen der Wahrheit Lügen verbreitet, werden sich die Lügen wie Kampfer verflüchtigen. Gott in Seinem eigenen Selbst ist allmächtig. Letztlich existiert nur ER allein, doch ER ist ein recht einfallsreicher Herrscher! ‚In jeglicher Form, oh Herr, bist DU Selbst gegenwärtig'. Man sollte alles und jeden als DAS betrachten. Dieselbe Pflanze, die voller Dornen ist, bringt auch Rosen hervor. ‚Oh Herr! Alle Formen und Erscheinungsweisen gehören zu DIR!' Das ist sehr schwer zu akzeptieren."

Frage: „Ich weiß nicht, welchen Weg mir mein Familienguru zeigen wird, vielleicht weiß er selbst nicht den richtigen Weg. Aber wenn ich mich von irgendeinem Sādhu einweihen lasse anstatt von ihm, werden mich die Leute beschuldigen, den Familienguru verlassen zu haben."

Mā: „Schau, einem Grundsatz zufolge sollte sich eine Person nur von dem Guru einweihen lassen, für den sie oder er spontane Hingabe empfindet. Sich widerstrebend einweihen zu lassen, nur weil es so Sitte ist, führt zu nichts. Die Sache hat aber auch noch eine andere Seite. Wenn du innerlich daran zweifelst, ob es richtig ist, den Familienguru aufzugeben, so sage ich: Angenommen, ein Kind gibt dir einen Samen. Weder du, noch das Kind weiß darum, um welchen Samen es sich handelt. Und dennoch - wenn du ihn in die Erde säst und pflegst, wird nach einiger Zeit eine Pflanze heranwachsen und Frucht tragen. Dann wirst du erkennen, von welcher Pflanze der Same stammte. Daß weder du, noch das Kind etwas über den Samen wußten, hinderte ihn nicht daran, zu keimen und Früchte hervorzubringen. Praktische Anwendung ist das

Wichtigste. Mache deine Übungen, widme IHM soviel Zeit wie möglich, und sehne dich intensiv nach IHM - und du wirst sehen, daß alles zur rechten Zeit geschehen wird, denn SEIN LICHT offenbart sich durch Sich Selbst."

Frage: „Manche Leute sagen, daß der Guru Selbst den Schüler finden wird. Stimmt das?"
Mā: „Freilich wird dein Guru dich finden, halte nach Ihm Ausschau!"
Der Fragende: „Ich mag den Gedanken nicht, daß sich der Guru die Mühe machen muß, mich zu suchen."
Mā: „Die sehnsuchtsvolle Erwartung ,der Guru wird mich finden' ist auch eine Art von Meditation. Andere um Rat zu fragen wird nutzlos sein. Wenn du tief in dir das Gefühl hast, ohne einen Guru einfach nicht weiterzukommen, wenn dich dieser innere Drang zur Verzweiflung bringt, dann wird dein Guru Selber vor dir erscheinen."
Frage: „Wir sind alle zu Dir gekommen, so brauchen wir keinen anderen Guru."
Mā: „Es ist nicht gut, über so etwas zu diskutieren, was für jeden notwendig ist, wird geschehen."
Frage: „Ich habe nicht den Mut, einen Guru anzunehmen, weil ich das Gefühl habe, mein Guru muß so sein, daß ich seinen Anweisungen vorbehaltlos folgen kann. Wenn ich das nicht kann, mache ich mich eines schwerwiegenden Vergehens schuldig. Solange ich also nicht das entsprechende Bewußtsein habe, habe ich auch nicht genügend Mut, einen Guru anzunehmen."
Mā: „Dieses Bewußtsein ist auch in Ordnung. Du fühlst, du bist noch nicht reif dazu, ein Schüler zu sein. Wenn du ständig dieses Gefühl hegst, wird mit der Zeit der Wunsch in dir erwachen, dich dafür vorzubereiten, und aus dem Herzen werden sich spontan Gebete dafür manifestieren. Auf diese Weise wirst du einen gewissen Fortschritt machen. Aber es ist nicht gut, zu glauben, daß du niemals einen Guru annehmen wirst, weil du dich unwürdig fühlst. Weißt du, wie das wäre? Wenn du einen Stein als bloßen Stein betrachtest, bleibt er ein Stein, doch wenn du ihn als Shiva betrachtest, wird er Shiva. Eure heiligen Schriften erklären ebenfalls, daß man göttlich werden muß, um Gott zu verehren. Der Mensch wird zu dem, woran er ständig denkt. Deshalb beschäftige dich nie mit Schwäche. Sei immer überzeugt: „Ich muß Seine Gnade empfangen", und handle in dieser Überzeugung. Hast du nicht gehört,

daß man sogar beim Wiederholen von Gottes Namen Vergehen begehen kann? Unter bestimmten Umständen könnte es ein ernstliches Vergehen sein, Gottes Namen auszusprechen. Sollte man aus Angst davor jedoch aufhören, Seinen Namen zu wiederholen? Besser man achtet auf die Umstände, die so ein Vergehen hervorrufen könnten, damit die Menschen Gottes Namen mit entsprechender Vorsicht benutzen.

Ebenso wäre es nicht richtig, niemals einen Guru anzunehmen, bloß weil du dich nicht reif genug fühlst. Es ist viel besser, zu einem Guru Zuflucht zu nehmen und dein Bestes zu versuchen, ein würdiger Schüler zu werden, denn in dem Fall wird dir der Guru selbst in Seiner Güte entgegenkommen, um dich in einen wahren Schüler zu verwandeln."

Frage: „Wie können die Knoten des Egos gelöst werden?"

Mā: „Indem man die Anweisungen des Gurus vorbehaltlos ausführt. Da ist es nicht angebracht, sein Wissen und seine Intelligenz zu benutzen. Wissen und Intelligenz reichen in dem Fall nicht aus, sie sind nur bis zu einer bestimmten Stufe nützlich. Sie versorgen dich mit Information. Man hat die Shāstras gelesen, studiert und auswendiggelernt; man hat sich Wissen über ein bestimmtes Gebiet angeeignet – doch dies ist nur Wissen aus dem Bereich der Unwissenheit. Nur wenn dich sogar dieses Wissen verläßt, kann Verwirklichung eintreten. Deshalb befolge die Anweisungen des Gurus ohne Vorbehalt. Wie können die Knoten gelöst werden, solange das Individuum noch vom Verstand beherrscht wird?"

Frage: „Wie entwickelt man bedingungslosen Glauben an den Guru?"

Mā: „Durch Glauben! Zuerst hat man keinen Glauben – obwohl einige sofort glauben können – was sollte man also tun? Man muß selbst überlegen und das eigene Unterscheidungsvermögen anwenden. Ich habe gehört, ihr sagt, daß man der tantrischen Lehre gemäß seinen Guru ein Jahr lang beobachten und prüfen sollte. Erst dann läßt man sich initiieren. Prüfe und untersuche deinen Guru, so gut du kannst. Wie kann ein Schüler seinen Lehrer prüfen? Du kannst ihn nicht so prüfen, wie Professoren ihre Schüler prüfen. Dennoch nutze die Zeit soweit wie möglich, indem du ihm Fragen stellst und ihn beobachtest. Hast du den Guru einmal als deinen geistigen Führer akzeptiert, ist dieses Band einmal geschmiedet, so gilt es für alle Zeiten, so wie es auch nur einen Ehemann gibt. Du magst nach Belieben hier und dahingehen und dich aufhalten, wo du willst, doch du kannst ihn nicht aufgeben, wenn er ein Sadguru ist. Er lehrt dich, indem er dir einen Schlag nach dem andern versetzt. Alles, was er tut, ist zu deinem Besten und für dein letztendliches Heil bestimmt. Manchmal will ein Kind nicht lernen, und man bringt es ihm bei, indem es einen Klaps bekommt. Es gibt ein Sprichwort, daß man durch einen Schlag wieder zur Besinnung kommt. Jemand, der keinen Glauben an seinen Guru hat, wird auf diese Weise weitermachen müssen. Dennoch wird ein Sadguru seinen Schüler niemals loslassen, sondern stets über ihn wachen. Wenn die Beziehung einmal hergestellt wurde, ist sie unzertrennbar. Solange du noch keinen Glauben entwickelt hast, lese Bücher der Weisheit, wiederhole dein Mantra, und sei ständig in spirituelle Übungen vertieft. Versuche dich solchen Aktivitäten hinzugeben, ob du dazu Lust hast oder nicht. „Ich mag nicht" oder „es liegt mir nicht" zu sagen, ist nicht von Nutzen. Solange man sich von Zuneigung und Abneigung beeinflussen läßt, bleibt man in Weltlichkeit verstrickt. Wenn du Gott verwirklichen möchtest, bemühe dich, den Anweisungen des Gurus gemäß zu leben. Laß nicht in deinen Bestrebungen nach, bis du fähig bist, seinen Anweisungen ganz und gar zu folgen. Anhaltende Bemühung wirkt Wunder. Und was geschieht, wenn man dies wieder und wieder versucht und unablässig an Gott denkt? Der geistige Weg öffnet sich schließlich von selbst. So ein Zustand kann sehr wohl eintreten.

Frage: „Wie können wir den Auswirkungen unseres früheren Karmas entgehen?"
Mā: „Verbrennt das Karma."
Frage: „Wie soll man es verbrennen?"
Mā: „Folgt dem Rat des Gurus, der sein eigenes Karma verbrannt hat."

Indem du Ihm, der dich hinüberbringt, aufmerksam folgst, wird die Besorgnis, das andere Ufer zu erreichen, schwinden.

Frage: „Was beinhaltet Guru Seva (dem Guru dienen)?"
Mā: „Den Anweisungen des Gurus vorbehaltlos zu gehorchen."

Die Worte des Gurus sind Mantras. Übe den Anweisungen des Gurus gemäß mit tiefer religiöser Empfindung Sādhanā, und Gott wird antworten <u>müssen</u>.

Gurupūrnimā* an einem Donnerstag ist eine sehr, sehr glückverheißende Konstellation. Versuche dein Äußerstes, den Anweisungen des Gurus absolut zu folgen. Der Guru verläßt seinen Schüler niemals, daran solltest du immer denken.

Wo immer du in deiner Entwicklung stehen magst, von da aus mußt du den Anweisungen des Gurus Folge leisten. Natürlich geschieht es auch manchmal, daß der Guru selber dafür sorgt, daß seine Anweisungen ausgeführt werden. Wenn <u>du</u> dich bemühst, ist es auch möglich, daß sich die Kraft manifestiert, die dich befähigt, seinen Unterweisungen gemäß zu leben. Man sollte den Lehren des Gurus völligen Glauben schenken.

Ein Devotee sagte zu Mā: „Ich schätze Deine Lehre sehr."
Mā: „Das ist sehr gut. Doch du mußt die Anweisungen deines Gurudevas bis ins kleinste befolgen. Mit jedem Atemzug, Tag und Nacht, solltest du das Mantra wiederholen, das du von deinem Guru erhalten hast. In der Form des Mantras ist dein Gurudeva stets bei dir. Führe seine Anordnungen sehr sorgfältig aus. Selbst wenn dein Guru Nirvana erlangt hat, nachdem du das Mantra erhalten hast, wird dir das Guru-Mantra den Weg zur Selbstverwirklichung bahnen.
Selbst auf diesem dornigen Pfad hält dich der Guru ständig an der Hand und führt dich zum EINEN. Denk daran, es ist wirklich so.
Gelegentlich ist es nur natürlich, ein Irrlicht für wirkliches Licht zu halten. Dennoch ist ER es, der in allen Erscheinungsformen gegenwärtig ist. Widme dich jeden Augenblick mit größter Aufmerksamkeit und vereinten Kräften dem Pfad zur vollkommenen Erleuchtung. Wo ER sich als Pilgerreise zur Höchsten Vereinigung offenbart, besteht Hoffnung, daß sie erfolgreich sein wird.

* der Vollmondtag im Juli, der besonders dem spirituellen Meister gewidmet ist.

Frage: „Muß ein Guru, der nach der Initiation seines Schülers in Nirvāna eingeht und daher befreit ist, zurückkommen, um für seinen Schüler Befreiung zu erwirken?"

Mā: „Wenn du glaubst, daß dein Guru die endgültige Befreiung erlangt hat, dann wird er auch Mittel und Wege finden, dir zu helfen und dich zu führen, selbst wenn du dir dessen nicht bewußt bist. Dein Guru bedeutet alles für dich. Wenn du durch Seine Gnade Gott gefunden hast, wirst du dies erkennen. Wenn du dich verzweifelt nach dem Anblick des barmherzigen, verehrungswürdigen HERRN sehnst und IHN aufrichtigen Herzens mit intensiver Hingabe anrufst, wird ER deinem Rufen bestimmt Gehör schenken. Indem ER dir in eben jener Gestalt erscheint, in der du IHN am meisten liebst, und wie du IHN zu sehen wünscht, wird ER dir vollkommene Erfüllung schenken."

Wenn der Guru (dem Schüler) Sannyāsa erteilt hat, wirft er sich der Länge nach vor den Schüler, um zu zeigen, daß kein Unterschied mehr zwischen Meister und Schüler besteht - beide sind eins.

Es gibt eine Ebene, auf der man sich selbst einfach nicht als Guru ansehen oder jemand anderen als Guru annehmen kann. Auf einer anderen Ebene wiederum kann man Meister und Schüler nicht mehr als getrennt voneinander betrachten. Und auf einer weiteren Ebene scheint es so: Jeder in dieser Welt, der eine Anweisung oder Lehre erteilt, wird als Guru angesehen. Es gibt zahllose Methoden und heilige Silben, die dazu dienen, den Menschen zur Selbstverwirklichung zu führen. Indem er einen Weg auswählt, kann er auf das ZIEL zugehen.

Von einem Standpunkt aus kann man jede Person, von der man etwas gelernt hat, und sei es auch noch so wenig, seinen Guru nennen. Doch der wirkliche Guru ist Der, dessen Lehre zu Selbstverwirklichung verhilft.

Angenommen, ein Mensch geht im Dunkeln, und plötzlich fängt ein Hund ganz in seiner Nähe laut zu bellen an. Was ist los? Der Mann knipst seine Taschenlampe an und sieht sich einer großen Giftschlange gegenüber. Sehr vorsichtig gelingt es ihm nun, ihrem Angriff zu entgehen. Muß man in diesem Fall den Hund seinen Guru nennen oder nicht? Sicherlich kann man etwas dagegen einwenden, denn der Hund bellte nicht, um den Mann eigens darauf aufmerksam zu machen. Doch ER, der Bewußtsein verleiht, kann sehr wohl durch die Gestalt eines Hundes wirken.

Frage: „Wenn Gott mit uns ungehalten wird, kommt uns der Guru zur Hilfe. Warum kann Gott uns jedoch nicht retten, wenn der Guru mit uns unzufrieden ist?"
Mā: „Weil es der Guru ist, der euch Gott offenbart."

Frage: „Gibt es einen Unterschied zwischen Guru und Ishta?"
Mā: „Vom weltlichen Standpunkt aus gesehen sind sie verschieden, doch in Wirklichkeit sind sie eins. Es ist dein geliebter Gott Selbst (Ishta), der als Guru erscheint."
Frage: „Angenommen, ein Schüler übt sich nicht in der Wiederholung des vom Guru erhaltenen Mantras, doch tut sonst gute und verdienstvolle Werke; wie wird es ihm ergehen?"
Mā: „Er wird das Ergebnis seiner verdienstvollen Taten ernten, jedoch nicht den Gewinn, welcher sich aus der Befolgung der Anweisungen des Gurus ergibt."

Frage: „Ist es durch die Gnade des Gurus möglich, Wünsche auszulöschen (vāsana kshaya)?"
Mā: „Ja. Die Gnade des Gurus strömt ständig, doch du mußt dich öffnen und ihr erlauben, dich zu erreichen. Wenn du dein Gefäß verkehrt herum hältst, wird die Gnade nur an den Seiten herabfließen, und du kannst sie nicht empfangen*."

Mein Guru oder mein geliebter Gott ist in allen gegenwärtig. Wenn du das Gefühl hast, daß jemand schlecht über deinen Guru spricht, so schenke dem kein Gehör, d.h. lasse seine Worte nicht in dich eindringen.

Selbst nachdem man einen Guru gefunden hat, kann es sein, daß die innere Sehnsucht noch ungestillt bleibt. Dann kann es vorkommen, daß einige Sādhakas bei einem Guru nach dem anderen Zuflucht suchen. Auch ‚stufenweise Initiation' wird in den heiligen Schriften erwähnt, und das ist ein ähnliches

---

* Mā hat oft erklärt, das Gefäß verkehrt herum zu halten, bedeutet extravertiert zu sein. Wenn die Aufmerksamkeit auf Gott oder die Wahrheit oder auf Selbsterkenntnis gerichtet ist, wird man empfänglich für Göttliche Gnade.

Phänomen. Guru, Mantra und Ishta sind eins. Vom weltlichen Standpunkt aus mag man meinen, es gibt verschiedene Gurus, aber im Licht der Höchsten Wahrheit sind sie alle eins. Obwohl es tausende von Wellen im Ozean gibt, sind alle Wasser. Ich nehme alles als eins wahr, ich kann von nichts als etwas Getrenntem sprechen.

Das Wesentliche ist ein aufrichtiges Verlangen nach dem Göttlichen, damit der Boden richtig vorbereitet wird. Der Körper ist der Boden. Wenn er gut vorbereitet ist, wird der Baum zu wachsen beginnen, kaum daß der Same gesät wurde. Um den Boden zu kultivieren und die Sehnsucht nach Wahrheit zu verstärken, rate ich zur Wiederholung eines heiligen Namens.

Was diesen Körper anbelangt, so ist alles ganz von selbst geschehen. Vielleicht kommt es einmal in einer Million oder Billion vor, daß sich alles spontan ergibt. Wie kann ich in so einem Fall behaupten, ohne einen Sadguru könne nichts erreicht werden? Jedoch sollte man das Beispiel dieses Körpers lieber nicht heranziehen.

Von einer anderen Seite her gesehen: Angenommen, jemand sucht keinen menschlichen Guru auf und wiederholt einfach Gottes Namen und vollzieht religiöse Zeremonien. Obwohl es dem gewöhnlichen Betrachter so scheint, als habe er keinen Guru, würde ich sagen, daß das, was er tut, in jedem Fall vom Guru inspiriert wurde. Wenn wir von einem Guru sprechen, so meinen wir Gott Selber, der die Ursache allen Denkens, Fühlens und Handelns ist. In dem gerade erwähnten Beispiel würde ich sagen, daß der in seinem Herzen wohnende Meister ihn veranlaßt, solche Übungen zu praktizieren. In diesem Sinne kann man also behaupten, daß nichts ohne einen Sadguru erreicht werden kann. Doch was wirklich ausgedrückt werden soll, wenn man von der Notwendigkeit eines Sadgurus spricht, ist: Wenn du einmal von einem Sadguru angenommen wurdest, kannst du nicht mehr fallen, denn Er versieht das Mantra mit göttlicher Kraft, sodaß es unzerstörbar ist.

Trotzdem seht ihr vielleicht, daß viele Sādhakas selbst nach ihrer Initiation durch einen Sadguru noch nach einem anderen Guru Ausschau halten, da ihr Verlangen, Gott zu finden, so intensiv ist, daß sie nicht volles Vertrauen auf ihren Sadguru setzen können. In diesem Fall behaupte ich, daß selbst das heftige Verlangen, das sie veranlaßt, einen Guru nach dem anderen aufzusuchen, auf den Willen des Sadgurus zurückzuführen ist. Und schließlich erreicht man eine Ebene, wo der Guru, Seine Gnade und alles übrige verschwindet – alles geht im EINEN auf.

Frage: „Ist Selbstverwirklichung von der Kraft des Gurus abhängig oder unabhängig davon?"

Mā: „Zuerst einmal muß klargemacht werden, daß es die Kraft des Gurus ist, die die Willenskraft überhaupt in Gang setzt; mit anderen Worten manifestiert sich diese Willenskraft durch den Einfluß des Gurus. Folglich ist es nur der EINE Selber, der Sich in beiden offenbart: in der Kraft des Gurus und in der Willenskraft. Wer oder was ist jenes Eine Selbst? Alles Manifeste ist ER und kein anderer. Warum sollte dann der Pfad, bei dem man sich auf sich selbst verläßt (Purushakāra) eine Ausnahme sein? Natürlich kann er von den übrigen Wegen unterschieden werden, aber man muß begreifen, daß er sich auf das Wirken des Inneren Gurus gründet. Es gibt Wahrheitssucher, die entschlossen sind, ohne Guru voranzugehen, weil auf ihrem Weg Selbstvertrauen und Unabhängigkeit zählen. Wenn man die Ursache herausfinden will, wird man feststellen: Wenn ein Mensch aus intensivem Streben heraus Sādhanā übt und sich dabei auf seine eigene Kraft verläßt, so offenbart sich das Höchste Wesen in diesem Fall auf besondere Weise durch die Intensität jener Anstrengung. Ist es in dem Fall berechtigt, von welchem Standpunkt auch immer, etwas gegen dieses selbstständige Vorgehen einzuwenden? Alles, was man in dieser Hinsicht behaupten oder in Frage stellen kann, unterliegt den Einschränkungen des menschlichen Denkens, welches begrenzt ist. Doch es existiert ein Zustand, in dem alles möglich ist.

Somit ist der Weg, bei dem man selbstständig im Vertrauen auf die eigene Kraft vorangeht, ebenso wie alle anderen Wege, nur auf das Wirken der Einen Universellen Kraft zurückzuführen. Zweifellos kann diese Guru Shakti auf solche Weise durch Selbstständigkeit wirken, sodaß äußere Belehrung nicht nötig ist. Wenn einige Sucher auf äußere Unterweisung angewiesen sind, weshalb sollten andere nicht ohne die Hilfe des gesprochenen Wortes von innen her geführt werden können? Weshalb sollte dies nicht möglich sein, wo doch selbst der dichte Schleier menschlicher Unwissenheit zerstört werden kann? In solchen Fällen hat die Unterweisung des Gurus ihre Aufgabe von innen her erfüllt. Wenn Kinder im gewöhnlichen Leben belehrt werden, stellt man häufig fest, daß der Lehrer einem Durchschnittsschüler ein und dasselbe immer wiederholen muß. Es gibt jedoch auch Schüler, die etwas nach einmaliger Unterweisung sofort verstehen und behalten. Und sind euch nie solche Schüler begegnet, die sogar gar nicht ganz über ein Fach unterrichtet zu werden brauchen, sondern im Verlauf ihres Studiums so eine Sachkenntnis entwickeln, daß ihnen das ganze Fach klar ist? Wie ihr wißt, gibt es solche intelligenten Schüler.

Ebenso kommt es manchmal vor, daß einige Personen gleichzeitig initiiert werden und Sādhanā üben. Doch ist es nur sehr selten, daß ein oder zwei Initiierte die Einheit allen Seins erkennen und so gewaltigen Fortschritt machen, daß sie zu Weltenlehrern werden. Das mag darauf zurückzuführen sein, daß die Früchte der in früheren Leben bereits empfangenen Lehren in diesem Leben herangereift sind. Doch mag es nicht manchmal einfach jener Große Augenblick sein, der Erleuchtung bewirkt? Wie kann man wissen, wer erleuchtet wird und wann? Man begegnet einigen Menschen, die sehr intensiv nach WAHRHEIT suchen. Die Einheit des Individuums mit dem All existiert ewig. Liegt nicht das heftige Streben, sich dieser Einheit bewußt zu werden, darin begründet, daß sich der EINE offenbaren wird? Wieviele Studenten besuchen die Universität, doch wie wenige schneiden erstklassig ab, auch wenn sie alle von den gleichen Professoren unterrichtet werden? Niemand kann voraussagen, zu welchem Zeitpunkt sich die Umstände so fügen, daß sich dieser Große Augenblick ereignet. Am Anfang mag man versagen, doch der Erfolg am Ende ist das, was zählt. Ein Sucher kann nicht anhand von vorläufigen Ergebnissen beurteilt werden. Im spirituellen Bereich bedeutet Erfolg am Ende: Erfolg von Anfang an.

Was ist denn ein Mantra eigentlich? Während man von Auffassungen wie ‚ich' und ‚du' eingeschränkt ist und sich mit dem Ego identifiziert, repräsentiert das Mantra das Höchste Wesen Selbst in Form von Klang. Seht ihr nicht, wie wunderbar bestimmte Silben zu den Mahāvākyas* zusammengefügt wurden? Ihr meint, ihr seid völlig gebunden, doch es ist nur euer Denken, das so spricht. Deshalb kann wirkliche Erkenntnis bereits bei der bloßen Äußerung eines Wortes der Kraft, das nur aus einigen gewöhnlichen Buchstaben zusammengesetzt ist, eintreten. Wie geheimnisvoll und innig ist die Verbindung, die zwischen jenen Worten und dem unwandelbaren Brahman besteht! Schaut, der Ozean ist in einem Tropfen enthalten, und der Tropfen wiederum ist im Ozean enthalten. Was ist ein Funke anderes als ein Teil des Feuers – als ein Teil von IHM, der die Höchste Erkenntnis Selbst ist.

Die Auffassung von ‚ich' und ‚du' hat euer Bewußtsein die

---

* Mahāvākya: eine tiefgehende Aussage des Meisters über die Einheit des individuellen Selbst mit dem universellen Selbst, wie z.B. Tat Tvam Asi – DAS bist du; Aham Brahmāsmi – Ich bin Brahman; Ayam Ātmā Brahma – Dieses Selbst ist Brahman; Prajnānam Brahma – Höchstes Wissen ist Brahman.

ganze Zeit über beherrscht. Ihr müßt begreifen, daß ihr die Lautkombination, die euch von dieser Fessel befreien kann, nutzen solltet. Ja, durch Klang kommt man zur STILLE, denn ER ist ausnahmslos in allen Formen gegenwärtig. Alles ist fürwahr in jenem Zustand möglich, der sich jenseits von Wissen und Unwissen befindet.

Solange ihr nicht ganz in Höchster Erkenntnis verankert seid, befindet ihr euch alle im Bereich von Wellen und Klang. Es gibt Klänge, die das Bewußtsein nach außen lenken und solche, die es nach innen ziehen. Doch sind selbst die Klänge, die nach außen lenken, mit denen verbunden, die uns nach innen führen. Aufgrund ihrer Wechselbeziehung kann in einem günstigen Augenblick jener vollkommene Einklang eintreten, auf den die große Erleuchtung folgt, die Offenbarung Dessen, was IST. Weshalb sollte das nicht möglich sein, wo ER doch stets aus Sich Selbst heraus offenbar ist? Weshalb sollte man ferner etwas dagegen einwenden, daß Erleuchtung zuweilen auch ohne die Hilfe der äußeren Unterweisung eintritt, da ER Sich doch Selbst offenbart? Manche sind von äußerer Unterweisung abhängig, andere nicht. Normalerweise herrscht im menschlichen Bereich jedoch solche Abhängigkeit. Ist das nicht der Fall, so ist es auf Unterweisungen und Neigungen aus vergangenen Leben zurückzuführen - auch das ist natürlich möglich. Und ist es darüberhinaus nicht auch vorstellbar, daß sich Erleuchtung sogar ergibt, ohne daß man in früheren Leben bereits unterwiesen wurde und eine Neigung in diese Richtung entwickelt hat? Wie kann irgendeine Möglichkeit ausgeschlossen werden, wo ER doch als LICHT aus eigenem LICHT leuchtet? Verschiedenheit ist nur eure Verschiedenheit - jeder sieht und spricht seinem Bewußtsein entsprechend.

Initiation

Du möchtest jemanden rufen, den du siehst, aber du weißt seinen Namen nicht; so versuchst du, irgendwie seine Aufmerksamkeit zu erregen, indem du ihn herbeiwinkst oder rufst und dabei die Worte benutzt, die dir gerade in den Sinn kommen. Er kommt zu dir und sagt: „Hast du mich gerufen? Mein Name ist soundso!" Ebenso offenbart Gott durch einen Guru Seinen Namen dem Pilger, der nach Führung sucht. Nach der Initiation enden für den Schüler all solche Bemühungen, die sich bis dahin in verschiedenen Richtungen zerstreuten. Er hat die Lebensader berührt, die ihn ans Ziel bringen wird. Zu guter Letzt erkennt der Schüler, daß Gott, das Mantra und der Guru eins sind. Und wie kann es anders sein? ER allein kann das Geschenk dieses NAMENS geben, und nur ER kann das Wissen um SEINEN NAMEN aufrechterhalten.

Frage: „Ist es wirklich notwendig, sich Dīkshā (Initiation) geben zu lassen? Genügt es nicht, wenn man geistig einen Guru annimmt?"
Mā: „Wenn du dir sicher bist, daß jemand dein Guru ist, dann sollte auch Initiation erfolgen, ob geistig oder durch Vergabe eines Mantras. Das Wichtige ist, die Kraft des Gurus zu empfangen, wie auch immer diese übermittelt wird. Es gibt viele Arten von Dīkshā - durch Blick, Berührung oder durch ein Mantra. Worauf es wirklich ankommt ist, die Kraft des Gurus zu empfangen.

Mā: „Einmal erhielt jemand ein Mantra im Traum. Er hatte die Vision eines strahlenden Wesens, das ihm ein Mantra gab, besser gesagt, er hatte eine Vision des Mantras. Nach dem Aufwachen hielt die Erfahrung des Mantras auf reine und einfache Weise an, ja selbst im Wachbewußtsein spürte er ständig die Wirkung seiner Vision. Was war die Folge davon? Ein Problem, das ihn lange Zeit belastet hatte, löste sich. Er wurde frei von seinem Konflikt und begann, in einem völlig veränderten Bewußtseinszustand zu leben. Er hatte keinen Wunsch mehr, sich initiieren zu lassen. Sollte es für eine Person in so einem Zustand notwendig sein, sich nochmals äußerlich initiieren zu lassen?
Ein Devotee: „Es kann notwendig sein oder nicht - das hängt von der Fähigkeit und den inneren Qualifikationen des Suchers ab."
Mā: „Das heißt, das Gleiche gilt nicht für jeden. Laßt mich eine Geschichte erzählen - den Namen des Betreffenden werde ich nicht verraten. Er hatte sich mit allen entsprechenden Ritualen (Viraja Homa), die in den Shāstras vorgeschrieben werden, zum Sannyāsī weihen lassen und hatte den Stab des heimatlos wandernden Asketen ergriffen. Doch keine Erkenntnis oder irgendeine spirituelle Erfahrung wurde ihm zuteil. In seiner heftigen Verzweiflung warf er schließlich seinen Pilgerstab fort und begann, an allem zu zweifeln. Er war so tief deprimiert, daß er noch nicht einmal den Wunsch hatte, sich

zu bewegen. Eines Tages jedoch hatte er plötzlich ein Erlebnis. Er erkannte: „Alles ist in mir selbst enthalten." All sein Leid und seine Verzweiflung schwanden. Sollte es für so einen Menschen, dem solch eine hohe Verwirklichung zuteil wurde, nachdem er dem Mönchsorden und all seinen spirituellen Übungen den Rücken gekehrt hatte, noch notwendig sein, sich erneut initiieren zu lassen? Natürlich kommt es auch vor, daß sich jemand nochmal im Wachbewußtsein initiieren läßt, selbst wenn er bereits im Traum ein Mantra erhalten hat.

Viele kommen zu diesem Körper und sagen: „Ob ich Dīkshā nehme, hängt davon ab, was Du sagst. Wenn Du sagst, ich soll mich initiieren lassen, bin ich dazu bereit, doch wenn Du sagst ‚tu es nicht', werde ich das auch befolgen." So drücken sie sich doch aus, nicht wahr? Nicht allen kann die gleiche Antwort gegeben werden, einigen wird vielleicht gesagt: „Solange du innerlich nicht den Drang spürst, laß dich nicht initiieren. Wiederhole einfach das Mantra, das du im Traum empfingst." Anderen wiederum wurde empfohlen, sich noch einmal von jemandem initiieren zu lassen, zu dem sie Vertrauen hatten."

Frage: „Initiation vollzieht sich auf feineren Ebenen, nicht einfach durch Aussprechen eines Mantras. Ebenso vollzieht sich Initiation, die man im Traum empfing, auf feineren Ebenen jenseits unserer Sinne. Sollte in so einem Fall noch äußere Initiation notwendig sein?"

Mā: „Initiation wirkt sofort, sowohl äußerlich als auch innerlich. Alles ist bereits in euch enthalten. Nur damit sich diese Tatsache offenbart, damit Außen und Innen in eins verschmelzen, hat vielleicht jemand äußerlich seinen Segen gegeben. Nach der Einweihung mögen einige durch ihr Sādhanā die Vollkommenheit erreichen, während andere überhaupt nichts zu erreichen scheinen und so die Welt verlassen.

Vom Standpunkt der Welt, vom Wachbewußtsein aus, kann man sagen: Ebenso wie man ein Gefühl von Erfüllung nach der äußeren Initiation spürt, ähnlich kann man sich auch fühlen, nachdem man diese Erfahrung während eines Traums gehabt hat. Wenn dieses Gefühl von Befriedigung da ist, wird man sagen: ‚Ich brauche mich nicht nochmals initiieren zu lassen.' Insofern kann Initiation im Traum dieselbe Wirkung haben wie äußere Initiation. Weshalb sollte in so einem Fall noch äußere Initiation notwendig sein?"

Frage: „Mit anderen Worten ist das eigene Gefühl der Befriedigung das Anzeichen dafür, daß die Initiation wirklich stattgefunden hat?"

Mā: „Nein, es geht nicht nur um Zufriedenheit. Tief innerlich fühlt man eine Berührung, eine Veränderung, die einen wissen läßt, daß erneute Initiation nicht mehr notwendig ist. Wenn es in diesem Stadium eine bestimmte Person gibt, die man um Rat fragen möchte, kann es sein, daß dadurch das richtige Verständnis erreicht wird. Natürlich muß diese Person völlig unvoreingenommen und erfahren genug sein, um die wirkliche Bedeutung des Erlebnisses zu erklären. Gewiß ist so eine Fähigkeit schwer einzuschätzen. Im allgemeinen stellt man fest, daß manche Menschen nur nach außen hin hohe geistige Stellungen einnehmen. Wenn der Sucher jedoch vollkommen aufrichtig und lauter wie Gold geworden ist, wird er mit der Zeit selbst merken, ob seine Erfahrung echt war.

Es ist die Übertragung von Kraft, die Initiation ausmacht. Diese Übertragung der Guru-Shakti ist das Entscheidende, sei es im Wachen oder Träumen. Wenn die Manifestation der Kraft tatsächlich innerlich stattgefunden hat, besteht die Notwendigkeit äußerer Übertragung nicht mehr."

Frage: „Woran erkennt man das?"

Mā: „Wenn man innerlich mit dieser Kraft gesegnet wurde, so wird - selbst wenn man die Kraft zu Beginn noch nicht spürt - diese Unsicherheit im Laufe der weiteren spirituellen Entwicklung schwinden. Es hängt von verschiedenen Faktoren ab, die zusammenwirken. Manchmal kann es z.B. sein, daß man die Kraft zuerst nicht innerlich gespürt hat und sich ihrer erst später bewußt wird. Oder ihre Verwirklichung kommt ganz allmählich, Schritt für Schritt, auch das ist möglich. Oder die Wirkung der Einweihung wird weder sofort, noch am Ende eines langen Lebens gespürt. Dann wiederum kommt es vor, daß sich jemand aufgrund der Initiation sofort völlig wandelt, in diesem Fall ist die Wirkung im Nu sichtbar eingetreten. Dann gibt es natürlich keine Probleme. Doch selbst wenn sehr lange keine Wirkung der Initiation zu merken ist, selbst dann ist die Kraft zweifellos im Innern wirksam.

Sogar ohne Unterweisung, Blick, Berührung oder Mantra kann Shakti (spirituelle Kraft) übertragen werden, ob der Empfänger es im selben Augenblick merkt oder erst viel später. Der EINE, der diese Kraft verliehen hat, nimmt wie eine Flut alles mit Sich, liegt es doch in Seiner Natur, alles in Sich aufzunehmen und in Sich zurückzuverwandeln. Deshalb stimmt es nicht, in einem bestimmten Fall zu behaupten, Initiation sei nicht aus dieser Quelle, sondern von jemand anderem empfangen - gehört nicht alles zu IHM, nein, ist nicht alles ER SELBST? Ebenso wie die Flut alles gleichermaßen mit sich fortträgt, so verwandelt jenes große Wesen ganz spontan und natürlich alles in Sich Selbst zurück, was vorher fälschlicherweise als abgesondert aufgefaßt wurde. ‚Mein' und ‚dein' existieren hier nicht – nur das SELBST ist aus Sich Selbst offenbar, DAS und nur DAS. Eine Mutter stellt nicht in Rechnung, was sie für ihre Kinder tut – schließlich gehören sie doch zu ihr! Ebenso wird hier nicht ‚berechnet', wieviel Kraft übertragen wurde.

Eine bestimmte Person ließ sich einst von einem Guru einweihen. Später traf sie einen Mahātmā und suchte ihn häufig auf, da sie das Gefühl hatte, großen Nutzen aus diesem Kontakt zu ziehen. Als der Guru davon hörte, wurde er ärgerlich und sagte: „Ich habe den Garten angepflanzt, und nun gibst du einem anderen die Früchte?" Der Schüler erwiderte: „Nein, so ist es nicht, vielmehr hat der Kontakt mit dem Mahātmā den Glauben an meinen Guru gestärkt." Doch der Guru konnte das nicht verstehen. Für den besagten Mahātmā war die Welt und das Jenseits alles das Gleiche. Er sah alles mit gleicher Wertschätzung nur als das eine alldurchdringende Selbst. Ob man sich so einem Erleuchteten nähert oder nicht, ER wird jeden auf gleiche Weise einbeziehen. Deshalb kann man sagen: Der Mann hatte keineswegs einen ‚anderen' Guru, denn die Übertragung von Shakti vollzieht sich auf der Ebene, wo alle eins sind. Ferner kann man nicht sagen, daß der und der soundsoviel Shakti erhalten habe – unterscheidet denn ein loderndes Feuer, sodaß es ein Ding verbrennt und ein anderes trocken läßt? Ganz spontan manifestiert sich die Unterweisung, die Berührung, der Blick oder das Mantra, das die Initiation ausmacht. Hier gibt es keine Unterscheidung zwischen ‚mein' und ‚dein'. Es gibt zwei Möglichkeiten: die Shakti kann entweder kanalisiert werden oder sich völlig gleich und universell verströmen. Alles liegt in Seiner Hand.

Leben im Āshram und Entsagung

Āshrama bedeutet Abwesenheit von Anstrengung und Spannung, d.h. Leben im Einklang mit den Erfordernissen deiner wahren Natur (Sahaja Jīvan). Wie sich ein solches Leben gestaltet, hängt von deiner Bewußtseinsebene ab.

Es ist ein Anlaß großer Freude, daß er in den Āshram ziehen will. In dem Augenblick, wo er den echten Wunsch danach verspürt, ist er bereits so gut wie eingetreten.

Frage: „Sollte sich jemand, der im Āshram des Gurus lebt, besser dem Dienst am Guru (Guru Seva) oder der Meditation (Japa-Dhyāna) widmen?"
Mā: „Das, wozu der Guru rät, ist am besten."
Der Fragende: „Aber der Guru äußert sich nicht dazu."
Mā: „Dann ist er kein Guru. - Dem Guru persönlich zu dienen ist nicht jedem möglich. Es erfordert besondere Fähigkeit. Angenommen du arbeitest eine Weile persönlich für den Guru, und ein anderer soll deine Arbeit fortsetzen und tut sie auf andere Weise, und das regt dich auf oder ärgert dich - das ist kein echtes Dienen! Im Gegenteil, du solltest froh darüber sein, daß ein anderer auch die Gelegenheit hat, deinem Geliebten auf seine eigene Weise zu dienen.
Denke stets daran: Wem du auch immer dienst, in seiner Gestalt dienst du Gott (Janjanārdana). Soviele Menschen besuchen den Āshram, und man hat unaufhörlich Gelegenheit, ihnen mit dieser Einstellung zu dienen. Selbst wenn manche Personen schlecht oder gewöhnlich sind, solltest du nicht vergessen, daß sie zu Gottes Tempel gekommen sind. Deshalb diene ihnen nach bestem Vermögen, auch wenn sie ihr Verhalten wieder ändern, nachdem sie den Āshram verlassen haben. Diene der reinen Absicht, welche sie in jenem Augenblick bewegte. Ob du ihnen zu essen oder zu trinken gibst oder für sie saubermachst oder ihnen auf andere Weise hilfst, es ist Gott, dem du in Gestalt des Menschen dienst. Somit existieren endlose Möglichkeiten, im Āshram zu dienen.
Gehorche dem Guru bedingungslos! Worum Er dich auch bitten mag, versuche es auszuführen. Wenn es unangenehm oder beschwerlich ist, akzeptiere es als dein Tapasyā. Obwohl man nicht vollkommenen Glauben entwickeln kann, solange man

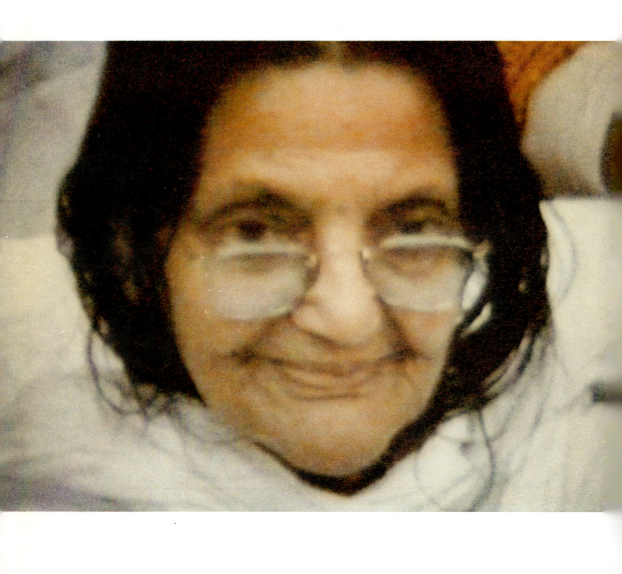

durch die Knoten (granthi) des Ichs gebunden ist, sollte man dennoch aufs äußerste bemüht sein, den Anweisungen des Meisters Folge zu leisten. Wenn du ständig in Meditation bleiben <u>kannst</u>, wird niemand auch nur im Traum irgendwelche <u>Dienste von</u> dir erwarten. Doch wenn du dir sonst nur ziellos die Zeit vertreibst, solltest du auf jeden Fall irgendeinen Dienst tun.

Als Antwort auf den Brief eines Āshrammitglieds sandte Mā u.a. folgende Botschaft: „...ER existiert immerdar und für jeden! Je mehr du dich IHM näherst, der die Quelle aller Gnade und Barmherzigkeit ist, desto mehr wirst du SEINE Gegenwart erfahren. Verbringe deine Zeit mit Japa, Meditation, dem Studium heiliger Schriften usw. Sei ehrlich in Gedanken, Worten und Taten. Laß andere tun, was sie wollen, wie sie eben veranlagt sind. Für den Guten ist die Welt gut. Verhalte dich anständig und aufrichtig zu den Menschen, mit denen du arbeiten mußt. Durch dein Beispiel werden andere verändert. Ein Mensch sollte voll Weitherzigkeit und Toleranz in seinen Ansichten und seinem Verhalten sein.

Die häusliche Harmonie zwischen Mann und Frau, zwischen Eltern und Kindern, beruht auf weltlicher Anziehung und Zuneigung. Doch in einer großen Gruppe harmonisch miteinander zu leben - darin liegt wirkliche Größe. In welche Umstände Gott dich auch irgendwann versetzen mag, laß dich nicht ablenken und sei stets darauf bedacht, eine spirituelle Atmosphäre zu erzeugen. Die Grundlage dafür ist Ehrlichkeit in Worten und Handlungen, Ausdauer und Geduld. Verlaß dich in allem auf Gott. Daß alles mögliche während einer Pilgerreise passiert, ist nur natürlich, das ist der Lauf der Welt.

In einem Āshram dient man niemandem aus persönlicher Anhaftung heraus. Indem man vielmehr jeden als Manifestation des Höchsten ansieht, bringen alle in ihrem göttlichen Streben (Sadbhāva) dem EINEN liebevollen Dienst dar. Pilger auf dem Pfad zum Göttlichen kommen zum Āshram und bleiben dort. Den Wert des Āshrams erkennend, sehen sie das Beste und versuchen, die Verdienste und Tugenden ihrer Mitbewohner zu würdigen. Solange man nicht im Höchsten Sein (Parama Sthiti) gegründet ist, ist es am besten, die Fehler anderer nicht zur Kenntnis zu nehmen. Man wird immer Unzulänglichkeiten und

Fehlern bei den Menschen begegnen. Um von Unvollkommenheit frei zu werden, eben deshalb wählt man ja das Leben im Āshram.

Damit das Leben der Sādhakas, die hier im Āshram sind, um Gott oder die Wahrheit zu erkennen, wohlgeregelt und ideal wird, sollten sie jedem, der ihnen Kleidung, Geld oder andere Dinge schenken möchte, offen sagen: „Wir dürfen nichts in dieser Weise annehmen, da das Ziel unseres Lebens darin besteht, nur Gottes Prasāda (Barmherzigkeit) und sonst nichts zu empfangen."

Einmal sagte Mā zu einigen Āshrambewohnern, die für den großen Garten zu sorgen hatten: „Durch die Arbeit im Garten werdet ihr den Bäumen und Blumen dienen und solltet im Laufe der Zeit, die ihr mit ihnen verbringt, versuchen, wie sie zu werden. Laßt die Bäume euer Guru sein. Ein Baum schenkt Früchte und spendet Schatten. Wenn die Frucht reif ist, fällt sie herab und schmeckt süß. Das Holz des Baumes benutzt ihr zum Kochen eurer Nahrung. Auf diese Weise verschenkt sich der Baum völlig, er hält nichts zurück. Beobachtet, wie die Bäume wachsen, macht sie zu euren Freunden, und lernt von ihnen. Und ebenso vom Gras: Gras ist demütig und erträgt alles. Die Leute treten darauf und mähen es, doch es verteidigt sich nicht. Auch auf der Erde geht jeder, man bearbeitet und zerkleinert sie und tut alles Mögliche mit ihr, und doch bleibt sie still und freundlich.
Wenn ihr den Bäumen und Blumen dient, werdet ihr etwas Geld verdienen, welches für die Āshramschulen zur Erziehung der Brahmacāris verwandt wird, nicht zu irgendjemandes Sinnenbefriedigung. Was immer ihr selbst an Nahrung benötigt, könnt ihr euch aus dem Garten nehmen, und auch das wird dem HERRN dargebracht, um euren Körper leistungsfähig zu erhalten. Wiegt es und schreibt auf, wieviel ihr verbraucht, damit ihr wißt, wieviel ihr erzeugt. Auf diese Weise wird euer ganzer Tag dem Gottesdienst geweiht, und alles, was ihr tut, wird zu Dienst."

Eine Person, die vor kurzem aus dem Ausland gekommen war und beabsichtigte, im Āshram zu leben, fragte: „Wenn man im

Āshram wohnt, erlebt man viele Schwierigkeiten. Haben sie irgendeinen Nutzen für das eigene Sādhanā?"

Mā: „Du solltest begreifen, daß das Verhalten anderer dir gegenüber, sei es freundlich oder unfreundlich, durch dein Karma bedingt ist. Der Mensch wird in diese Welt geboren, um die Früchte seiner Handlungen aus vergangenen Leben zu ernten. Die Freuden und Leiden, die er erfährt, entsprechen alle seinem angesammelten Karma und sollten als solche akzeptiert werden. Sowohl im weltlichen als auch im spirituellen Leben muß man versuchen, Schwierigkeiten mit Gleichmut zu begegnen. Auf jeder Pilgerreise ist es nur natürlich, daß Hindernisse auftauchen. Sie geben uns Gelegenheit, Geduld, Demut, Toleranz und Freundlichkeit gegenüber allen zu entwickeln. Denk daran, wenn du diesen Pfad eingeschlagen hast, werden alle Hindernisse allmählich schwinden.

Frage: „Was ist die Natur von Vairāgya (Verzicht, Entsagung)?"

Mā: „Liebe zu Gott oder Anurāga."

Je mehr man Gott liebt, desto losgelöster wird man von Objekten der Sinneserfahrung. Sich auf Gott zu konzentrieren bedeutet, zu IHM hingezogen zu werden. Und Vairāgya (Entsagung) bedeutet, von der Verstrickung durch Sinnesobjekte frei zu werden. Die Anziehungskraft des Göttlichen zu erfahren und die Gleichgültigkeit gegenüber Sinnesobjekten gehen Hand in Hand. Entsagung ergibt sich von selbst. Es ist nicht notwendig, irgendetwas aufzugeben. Das ist wirkliche Entsagung.

Momentan verzichtet ihr alle auf die Höchste Glückseligkeit, somit seid ihr die eigentlichen Entsagenden: Indem ihr das HÖCHSTE außer Acht laßt, verzichtet ihr auf das, was wirklich wertvoll ist.

Eine Frau sagte einmal zu Mā: „Mā, ich kann den Kummer und die Schwierigkeiten bei mir zuhause nicht mehr aushalten. Es herrscht ständig Unfrieden."

Mā meinte: „Nein, du magst es immer noch, wie könntest du sonst dort leben? Wenn ein Haus einmal Feuer fängt, kann man darin bleiben? Man muß schleunigst fortlaufen. Da du noch dort lebst, scheint es, daß du dein Heim trotz aller Schwierigkeiten noch liebst."

Ein junger Mann kam einst, wie ein Sannyāsī gekleidet, zu Mā's Āshram in Dehradun. Mā fragte ihn: „Bist du ein Sannys°?"
Der junge Mann: „Nein."
Mā: „Warum bist du dann so angezogen?"
Der junge Mann: „Praktisch gesehen bin ich es schon - ich habe der Welt entsagt."
Mā: „Um dein Sādhanā zur Selbstverwirklichung fortzusetzen?"
Der junge Mann: „Darüber habe ich nicht nachgedacht. Im Moment habe ich jedenfalls nichts mit der Welt zu tun."
Mā: „Heißt das, du hast dein Zuhause aus persönlichen Gründen verlassen und willst nicht zurück?"
Der junge Mann: „Ja."
Mā: „In dem Falle führst du die Öffentlichkeit sehr in die Irre und schadest auch dir selbst."
Der junge Mann: „Ich habe mit niemandem etwas zu tun. Es geht niemanden etwas an, was ich mit meinem Leben tue."
Mā: „Das stimmt nicht. Dein Auftreten als Asket hat eine Bedeutung für die Öffentlichkeit. Unsere Tradition lehrt uns, einen Menschen zu unterstützen, der intensiv Sādhanā übt, da er keine andere Unterstützung hat. Was die Sorge um seinen Unterhalt betrifft, so hat er seinen eigenen Willen gänzlich aufgegeben und vertraut völlig dem Willen des Göttlichen. Die Menschen unterstützen ihn ebenso, wie sie für jede Person sorgen, die selbstlos für das Allgemeinwohl arbeitet. Dieses Gewand sollte nicht getragen werden, um persönliche Probleme zu lösen oder aus schwierigen Situationen zu flüchten. Wenn du nicht so in Sādhanā vertieft bist, daß alle anderen Interessen entfallen, hast du kein Recht dazu, Nahrung und Obdach von der arbeitenden Bevölkerung anzunehmen, die es dir automatisch anbieten wird, sobald sie dein Gewand sieht, ohne deine ehrliche Absicht zu prüfen."

Verschiedene Themen

Karma
Unser Schicksal aufgrund vergangener Handlungen

Frage: „Kann ein Mensch durch eigenes Einschreiten das sogenannte Schicksal verändern?"

Mā: „Alles ist durch Gottes Gnade möglich. Wenn ER Seine Barmherzigkeit ausgießt, gibt es nichts, das nicht im Nu passieren kann."

Frage: „Ist diese Gnade nicht Teil des Schicksals?"

Mā: „Wenn du das glaubst und dich aber schließlich jenseits des Schicksals begibst, bleibt nichts übrig. Solange man von der Existenz Gottes, der eigenen Existenz und der Existenz von Karma spricht, erhebt sich auch die Frage von Gnade und Karma. Wenn dieser duale Standpunkt jedoch verschwindet, gibt es weder Schicksal noch Gnade. Dann kann man sagen: Was immer geschieht, geschieht einfach von selbst."

Frage: „Wenn man von Gnade spricht, bedeutet es, daß man für Gott voreingenommen ist."

Mā: „Von der Ebene aus gesehen, auf der du dich befindest und dies behauptest, ist all das gewiß wahr. Doch wenn du erkennst, daß <u>alles</u> Geschehen in dieser Welt Ausdruck von Gottes Wirken ist, dann wird es weder Gnade noch Karma geben und auch keine Unterscheidung zwischen Lüge und Wahrheit."

Frage: „Was war zuerst? Karma oder der Körper? Was existierte zuerst? Der Same oder der Baum?"

Mā: „Beide existieren gleichzeitig: der Baum ist nur eine abgewandelte Form des Samens."

Ein Mensch wird geboren, um sein Karma abzutragen, und er wird auch geboren, um den Kreislauf von Geburt und Wiedergeburt zu beenden. Ein Mensch mit außergewöhnlichen Fähigkeiten, durch den göttliche Kraft wirkt, vermag jedoch sein Karma auch selbst zu verändern.

Nach Gottes Vorsehung muß der Mensch dann und wann heftige Schicksalsschläge erleiden. Wißt ihr, daß diese Schicksalsschläge Gottes Gnade sind? Ohne sie könnte sich das Herz des Betroffenen in jenem Zustand unmöglich wandeln.

Frage: „Kann Prārabdha* durch Gebet aufgehoben werden?"
Mā: „Nein. Prārabdha aufzuheben ist sehr schwierig, manche sagen, unmöglich. Einige lehren, es könne nicht einmal durch Befreiung (Jīvanmukti) ausgelöscht werden. Doch welche Rolle spielt Prārabdha, da es nach der Befreiung doch gar kein Individuum mehr geben kann? Dieser Körper sagt, wenn das Feuer der Befreiung alles verbrennen kann, warum nicht auch das Prārabdha? Es ist wie bei den Umdrehungen eines Ventilators, nachdem der Schalter bereits abgestellt wurde. Wenn der Strom aus ist, hört die Bewegung zwangsläufig nach einer Weile auf. Doch für einen Befreiten existiert selbst diese Bewegung nicht, denn wer ist da, um das Prārabdha zu erfahren? Für den Befreiten gibt es keinen Körper – obwohl ihr vielleicht einen Körper seht.

Ein junger Mann fragte: „Obwohl wir gut und rechtschaffen handeln möchten, gelingt es uns nicht. Was sollen wir da tun?"
Mā: „Erinnere dich stets daran: Immer wenn du dich bei irgendeiner Handlung glücklich fühlst, solltest du dir sofort darüber klar sein, daß diese Handlung wieder neues Karma erzeugt hat. Und wenn du merkst, daß du abgeneigt bist, eine bestimmte Sache zu tun – vielleicht meinst du, daß es etwas Schlechtes ist – und es treibt dich dennoch dazu, so solltest du wissen, daß dies auf irgendwelchen schlummernden Eindrücken deiner vergangenen Taten (Samskāras) zurückzuführen ist. Die Handlungen, an denen du keine Freude hast, sind Handlungen, durch welche du dein Prārabdha Karma abträgst. Dies im Sinn behaltend solltest du deine jeweilige Aufgabe ausführen, indem du deine Aufmerksamkeit fest auf Gott richtest. Dann wird diese Handlung kein neues Karma hervorrufen."

Frage: „Wird auch der spirituelle Fortschritt vom Schicksal bestimmt?"
Mā: „Auch spiritueller Fortschritt wird vom Schicksal bestimmt. Bei genauer Kenntnis der Geburtszeit kann die Astrologie die Zukunft eines Menschen voraussagen. Einige haben direkt erfahren, daß so etwas möglich ist. Wenn ein Yogi durch seine geistige Schau etwas voraussagt, so ist das noch wieder

---

*Prārabdha Karma: diejenigen früheren Handlungen, welche sich im gegenwärtigen Leben auswirken müssen und nicht abgewendet werden können, das Tun, das bereits begonnen hat, jetzt Frucht zu tragen.

eine andere Sache. Angenommen, jemand geht auf der Straße und hat einen Unfall. Es geschah, weil es vorherbestimmt war. Soviel kann vom Astrologen erkannt werden. Darüberhinaus jedoch ist es möglich, daß die Kraft des Gurus alles, was vom Schicksal bestimmt war, völlig verändert. Es gibt auch eine Ebene, die unbeeinflußt vom Schicksal ist. Aber innerhalb des Wirkungsbereichs des Schicksals existiert auch ein Punkt, von dem aus eine ungünstige Sternkonstellation neutralisiert werden kann. Durch so eine Neutralisierung kann etwas Vorherbestimmtes abgewandt werden, und dank dem Einfluß der Gottheit, die bei diesem Vorgang angerufen wird, kann man davor bewahrt werden. Das Feuer des Wissens, welches alles verzehren kann, ist aus sich selbst heraus offenbar. DA ist alles möglich, selbst das Unmögliche wird möglich. Gott ist fürwahr Licht aus eigenem Licht, immer und überall ist ER.

Muß man für falsche Handlungen leiden,
die man aus Unwissen begangen hat?

A.M.Gupta erzählte eine Geschichte aus dem Shrīmad Bhāgavatam: „Ein Rishi befand sich in tiefer Meditation. Die Beamten des Königs verwechselten ihn mit einem Dieb, und er wurde zusammen mit einigen anderen Dieben gekreuzigt. Als seine Meditation so unsanft unterbrochen wurde und er merkte, daß man ihn kreuzigte, fragte er Yama Rāja, den Herrn des Todes, nach der Ursache seines furchtbaren Schicksals. Yama Rāja sagte ihm, er habe als Junge einst einem Insekt viel Leid zugefügt und würde nun dafür bestraft.

Als der Rishi dies hörte, erklärte er, daß in Zukunft eine Sünde, die ein Kind aus purer Unwissenheit begehe, nicht bestraft werden solle. Wenn die Worte eines Rishis unanzweifelbar sind, warum sollten wir dann die Folgen unwissendlich begangener Handlungen erleiden?"

Mā: „Das ist freilich richtig."

A.M.Gupta: „...Zugegebenermaßen kann der Charakter gebessert werden, wenn man für bewußt begangene Missetaten leidet, aber es scheint sinnlos zu sein, für unwissentlich begangene Sünden zu leiden.

Man weiß z.B. von Vögeln und anderen unintelligenten Kreaturen, denen man beibringen kann, Gottes Namen zu wiederholen, wie Rādhā, Krishna und dergleichen, und sie sagen diese Namen daher, ohne ihre Bedeutung zu verstehen. Aber scheinbar ernten sie keinen Verdienst für ihre unbewußte

Wiederholung, denn die heiligen Schriften erklären, nur ein Mensch ernte die Ergebnisse früherer Handlungen und könne Selbstverwirklichung erlangen. Daher erzeugt die ständige Wiederholung von Gottes Namen durch einen Vogel nicht die gleiche Wirkung wie die Wiederholung eines Menschen. Insofern scheint das Leiden aufgrund unwissentlich begangener Missetaten sowohl den Shāstras als auch dem gewöhnlichen Menschenverstand zufolge nicht gerechtfertigt zu sein."

Mā: „Schau, daß unwissentlich begangene Handlungen Konsequenzen haben, stimmt und stimmt gleichzeitig auch wieder nicht. Wenn du ein bißchen überlegst, wird es dir klar sein. Gestern sagtest du, wenn man für unwissentlich begangene Handlungen zu leiden habe, würden damit selbst die Worte von Rishis irren. Das ist ganz richtig. Tatsächlich können Worte aus dem Munde von Rishis nicht falsch sein. Deshalb lassen wir die Fehler, die ein bloßes Kind begeht, nicht gerichtlich verurteilen. Hängen wir jemals ein Kind, wenn es durch reine Unwissenheit versehentlich jemanden getötet hat? Oder schicken wir es auch nur ins Gefängnis? Diese natürliche Tendenz, Kindern ihre Missetat zu vergeben, gründet auf den Geboten der Rishis, denn in jedem von uns liegt der Keim, ein Rishi zu sein. Alles ist alldurchdringend. Aufgrund unserer Rishi-Natur erklären wir deshalb, daß unwissentlich begangene Handlungen keine Folgen haben können, und wir verhalten uns auch dementsprechend.

Aber dann überleg einmal, wenn ein unwissendes Kind ins Feuer faßt - werden seine Finger nicht verbrennen? So kann man nicht behaupten, man würde nie die Folgen völlig unwissentlich begangener Handlungen erleiden. Deshalb heißt es, daß jederzeit alles möglich ist. Was du außerdem über Vögel sagtest, die Gottes Namen sprechen und daß Vögel nicht die Folgen ihrer Handlungen erleiden, trifft im allgemeinen zu. Doch bestimmte Vögel waren vorher Menschen, die aufgrund eines Fluchs als Vögel geboren wurden, und sie können sich selbst in ihrer Verkörperung als Vogel daran erinnern. In solchen Fällen kann man nicht sagen, daß das Wiederholen von Gottes Namen vergeblich ist.

Und dann schau, nicht alle Papageien können den Namen „Krishna" aussprechen. Wenn ein Vogel gelernt hat, den Namen Krishnas zu rezitieren, zeigt das, daß seine frühere Handlung so beschaffen war, daß er nun anstatt dem normalen Schrei eines Papageis gelernt hat, den Namen des HERRN zu sprechen. Hieran erkennt ihr auch das Ergebnis früherer Handlungen. Darüberhinaus kann man nicht behaupten, daß das Aussprechen von Gottes Namen, selbst wenn man ein Vogel ist, nutzlos ist. Ihr glaubt doch, auch wenn Gottes Name leichtsinnig oder respektlos ausgesprochen wird, ist er nie ohne Wirkung, oder?

Und selbst, wenn es stimmt, daß ein Vogel oder ein Tier im allgemeinen keine Befreiung erlangen kann, ist es auch eine Tatsache, daß Befreiung unter bestimmten Umständen auch für eine Seele im Tierkörper möglich ist. Wenn ihr die Dinge vom Standpunkt der GANZHEIT sehen könnt, werdet ihr erkennen, daß jederzeit alles möglich ist. Doch für gewöhnlich betrachten wir die Dinge nicht allumfassend, und ohne volle Verwirklichung einer solchen inneren Befähigung sollten wir nicht versuchen, uns all diese unvertrauten Sichtweisen anzueignen, da dies möglicherweise zu noch größerer Verwirrung führen kann.

Deshalb lehrt man die Menschen sich zu bemühen. Durch Gottes Gnade kann jeder zu beliebiger Zeit Befreiung erlangen. Wenn Glückseligkeit und Friede das Ziel der Menschheit ist, dann ist es gut, für ihre Verwirklichung zu arbeiten, denn wenigstens einige Resultate werden aufgrund solcher Handlung erreicht. Ohne Gottes Gnade jedoch kann keine Vollendung erlangt werden. Durch Handlung und Bemühung kann man Verwirklichung letztlich nicht erreichen. Wäre dies möglich, so würde Gott auf den Wirkungsbereich des Handelns begrenzt sein.

Frage: „Ist es unvermeidlich, die Auswirkungen des eigenen Prārabdha Karmas erfahren zu müssen? Können die Folgen unserer Handlungen nicht durch Japa aufgehoben werden?"

Mā: „Schau, wie die Folgen des Prārabdha Karmas erfahren werden: Sogar Jīvan Muktas müssen sie ertragen, doch auf welche Weise? Wie ein Ventilator, der sich noch eine Zeitlang weiterdreht, nachdem er abgeschaltet wurde. Das bedeutet jedoch nicht, daß Jīvanmuktas gebunden sind. Nun sieh, angenommen du hast dir viel Arbeit aufgebürdet, die sehr lange Zeit braucht, um ausgeführt zu werden. In dem Augenblick besuchen dich einige Freunde, die deine schwierige Lage sehen und dir mit vereinten Kräften helfen, die vor dir liegende Arbeit zu bewältigen, und so bist du im Nu frei: Japa und ähnliche Übungen helfen dir, schnell von karmischen Bindungen frei zu werden."

Als Mā einmal zu Bhāijī erwähnte, er habe früher als Sannyāsī auf dem Gelände des Ramna Āshrams gelebt, fragte Bhāijī Sie: „Warum muß ich mich heute so abmühen, wenn ich bereits einmal ein Sannyāsī war?" Mā erwiderte: „Man muß seine noch unvollendeten Aufgaben erfüllen, bis man sein Karma abgetragen hat."

Frage: „Muß man stets die Ergebnisse seines Handelns ernten?"
Mā: „Sicher."
Frage: „Folgende Geschichte erzählt man von Maudagalayan, einem der geliebten Schüler Lord Buddhas. Als Maudagalayan einmal in tiefe Meditation versunken war, kamen einige Räuber und schlugen so heftig mit ihren Stöcken auf ihn ein, bis er starb. Als man Buddha fragte, warum einer seiner geliebten Schüler ein so furchtbares Schicksal erleiden mußte, erklärte Lord Buddha, in einem früheren Leben habe Maudagalayan auf den bösen Rat seiner Frau hin seine Eltern in den Wald gelockt und ihnen dasselbe zugefügt, was ihm die Räuber angetan hatten. Meine Frage ist nun: Hätte nicht die angesammelte Kraft von Maudagalayans ständigem Sādhanā das schlechte Karma ausgleichen können, selbst wenn er zweifellos in seinem früheren Leben durch seine Schandtat eine Todsünde begangen hat? Ist es nicht möglich, schlechtes Karma durch tiefe Hingabe an Gott und durch Sādhanā zu neutralisieren?"
Mā: „Solange man nicht die WAHRHEIT verwirklicht hat, muß man die Folge jeder Handlung erfahren. Da jede Reaktion wieder eine neue Reaktion auslöst, kann man sich unbegrenzt lange in diesem weitermachen, Kreislauf der Handlung und ihrer Wirkung fortbewegen – da ist kein Ende abzusehen. Aber wenn du den Zustand erreicht hast, in dem du einfach ein Werkzeug in SEINEN Händen wirst und fühlst, daß ER der Lenker ist, wirst du frei von moralischer Verantwortlichkeit. In jenem Zustand kann Feuer dich nicht verbrennen, und Wasser kann dich nicht ertränken. Doch wenn du nur denkst, du bist SEIN Instrument, ohne daß dies wirklich der Fall ist, dann wird Feuer dich verbrennen und Wasser dich ertränken. Dann läuft es auf Selbstmord hinaus, wenn du in Feuer oder Wasser springst."

Geburt im menschlichen Körper ist die beste Geburt. Ein unwissendes Kind kann man durch richtige Erziehung gescheit machen, aber bei einem Tier oder einem Baum ist das nicht möglich. Nur im Menschen offenbart sich Gott auf besondere

Weise. Und obwohl Bäume oder Tiere Gott nicht ebenso verstehen können wie die Menschen es tun, trifft es dennoch zu, daß auch sie Frieden und Freude erfahren können. Dabei muß noch etwas Besonderes berücksichtigt werden. Jada Bharata* zum Beispiel wurde als Reh geboren. Für die, die sich an ihre früheren Geburten erinnern können, verhält sich die Sache wieder anders. So kommt es vor, daß manchmal selbst Pflanzen und Tiere Gott verehren. Doch dies ist nur so, wenn man aus einem besonderen Grund für kurze Zeit als Tier wiedergeboren wird.

Frage: „Wir haben gehört, daß Weise die Leiden anderer Menschen auf sich nehmen können."

Mā: „Das ist wahr. Weise können die Leiden anderer Menschen auf dreierlei Art mildern: Sie können das Leid selbst auf sich nehmen und somit den Leidenden davon befreien; oder auch ohne jene Leiden auf sich selbst zu nehmen, mögen sie sie auf andere Personen übertragen und verteilen. Das mindert die Intensität des Leids zu einem gewissen Grad. Es kann auch geschehen, daß Weise aus höchster Gnade heraus ein Individuum von allen Folgen seiner Handlungen befreien und es ins Göttliche Leben zurückrufen, welches sein wahres Selbst ist. Doch solche Fälle sind selten. Deshalb heißt es, daß man durch Leid geläutert wird."

Frage: „Mā, wie ist es möglich, Leiden auf andere zu verteilen? Das klingt sehr ungerecht."

Mā: „Nein, daran ist nichts verkehrt. Die Weisen pflegen das Leid bloß auf Personen zu übertragen, die nur zu gewillt und bestrebt sind, es mitzutragen."

Frage: „Warum sollte ich einen Weisen mein Kreuz tragen lassen?"

Mā: „Das ist gut gesagt. So spricht ein Bhakta. Ein Devotee würde dem Ziel seiner Hingabe nicht erlauben, sein Leid mitzutragen. Er würde eher sein eigenes Kreuz tragen. Doch manchmal sind solche Leiden zu viel für ihn, und es wird schließlich zu seiner einzigen Sorge, wie er sich ihrer entledigen kann. Nur in solchen Fällen kommt eine Abschwächung oder Milderung in Frage."

* Jada Bharata: Berühmter König von Indien, der sich im Alter zurückzog und als weiser Einsiedler lebte, jedoch so eine starke Anhaftung an ein Reh entwickelte, daß er im nächsten Leben als Reh wiedergeboren wurde, aber die Erinnerung an sein menschliches Leben und an den Grund seiner tierischen Geburt behielt und im Leben danach wieder ein Mensch wurde; siehe Shrīmad Bhāgavatam V,9.

Zu jemandem, der Selbstmord begehen wollte, sagte Mā einmal: „Du bist nur geboren worden, um dein in früheren Leben angesammeltes Karma abzutragen. Gegründet in Geduld bemühe dich herauszufinden, wo und auf welche Weise Gottes Barmherzigkeit selbst inmitten all dieser Schwierigkeiten am Werk ist. Übergib IHM alles. Wirklich aufrichtige Suche nach der Wahrheit ist nie vergeblich. Niemand hat das Recht, sich des Körpers zu entledigen, der ihm von Gott gegeben wurde – allein daran zu denken ist Sünde. Selbst während du an den Folgen deiner eigenen vergangenen Handlungen leidest, rufe IHN aus tiefster Seele an. Gib Gott niemals auf!

Es gibt viele Handlungen, aufgrund derer man nach dem Tod großes Leid erfährt – man wird nicht davon verschont. Aus Dunkelheit muß man in noch tiefere Dunkelheit gehen...

Wünsche und Begierden bilden euren feinstofflichen Körper. So wie der Duft einer Blume herüberweht und wieder verfliegt, so wechseln auch eure Geburten und Tode einander ab. Von einem anderen Standpunkt aus wiederum existiert weder Geburt noch Tod. Wenn der physische Körper gestorben ist, schweben jene Wünsche und Sehnsüchte, d.h. der feinstoffliche Körper, schutzlos umher, und dann wird der Mensch entsprechend seinem Karma wiedergeboren. Das Ego, das voll von Wünschen ist, kommt und geht, während es für das Selbst (Ātmā) kein Kommen und Gehen gibt. Der Mensch hat einen groben, einen feinstofflichen und einen Kausalkörper; die Grundlage des Kausalkörpers ist der Ātmā (das Selbst). Solange man dies nicht erkennt, wird es weiterhin Geburt und Tod geben. Das Selbst ist Licht aus eigenem Licht. Geburt und Tod existieren nur für das Individuum. Um euer Selbst zu erkennen, müßt ihr einfach den Schleier entfernen.

Bhāijī erzählte Hari Rām Joshi einst von der großen Hingabe, die sein Freund Niranjan Roy für Mā empfunden hatte. 1928 war er mit Niranjan zu Mā nach Dakka gegangen, und Niranjan hatte Mā ernsthaft gebeten, Sie möge seinen Wunsch erfüllen, daß er und Bhāijī so bald wie möglich den Körper verlassen dürften, um Mā in ihrer nächsten Inkarnation als Brahmacāris dienen zu können. Mā hatte nichts zu Niranjan geäußert, doch zu Bhāijī sagte Sie, er brauche nicht als Brahmacāri wiedergeboren werden, da er während seiner letzten schweren Krankheit bereits so gut wie gestorben sei, Mā ihn jedoch wieder ins Leben zurückgerufen habe. 1929 starb Niranjans Frau, und Niranjan litt stark unter dieser Trennung. Entgegen Mā's Rat suchte er täglich den Verbrennungsplatz auf. Bald danach wurde er selbst schwer krank und starb am 30.Juni 1929.

Während Bhāijīs Erzählung hatte Mā die ganze Zeit in einem weißen Tuch eingehüllt auf dem Boden gelegen. Hari Rām Joshi sagte zu Bhāijī, er habe den Eindruck, daß Niranjan sich als sein zweiter Sohn Hari Mohan, geboren am 4.August 1929 wieder inkarniert habe. In dem Augenblick hob Mā das Tuch von Ihrem Gesicht und fragte Bhāijī, was Hari Rām Joshi über Niranjans Wiedergeburt gesagt hätte. Als Bhāijī Ihr alles wiederholt hatte, lachte Mā nur. Joshi meinte zu Ihr, wahrscheinlich könne seine Vermutung hinsichtlich Niranjans Wiedergeburt nicht stimmen, da zwischen Niranjans Tod und der Geburt seines Sohnes nur ein Zwischenraum von einem Monat und vier Tagen läge. Mā bestätigte seine Meinung nicht definitiv. Sie wies nur darauf hin, daß eine Seele auf jeden Fall bereits geraume Zeit vorher ihre sterbliche Hülle mit ihrem feinstofflichen Körper (sūkshma sharīra) verlassen könne, um sich eine neue Stätte für ihre Wiedergeburt zu suchen, wobei der physische Körper noch nicht unbedingt sterbe. Nicht jede Seele müsse neun Monate im Mutterleib verbringen. Acht Monate nach diesem Vorfall sagte Mā zu Hari Rām Joshi, wenn er wolle, könne er seinen Sohn Hari Mohan von nun an Hari Niranjan nennen. Sie fügte hinzu, Niranjan sei in seinem früheren Leben auch unter dem Namen Hari Charan Giri bekannt gewesen, und durch den Namen Hari Niranjan würde Joshi somit immer an Niranjan und Hari Charan Giri erinnert werden.

Frage: „Ist die Todesstunde vorherbestimmt?"
Mā: „Im Wirkungsbereich der Naturgesetze ist sie festgelegt und kann nicht abgewendet werden. Doch durch den Willen oder die Gnade eines Wesens, das diese Gesetze transzendiert hat, kann sie geändert werden. In der Regel jedoch wird das Schicksal seinen Lauf nehmen und sich auf die eine oder andere Weise auswirken.

Es war einmal ein gelehrter Brahmane. Eines Nachts, als er

und seine Familie schliefen, kam eine Giftschlange ins Haus und biß seine Frau, seinen Sohn und seine Tochter. Innerhalb weniger Minuten waren sie alle tot. Der Brahmane war natürlich völlig fassungslos und verzweifelt. Was sollte er nun tun? Er beobachtete, wie die Schlange aus dem Haus kroch und rannte in seiner Verzweiflung hinter ihr her. Als er sie eine Weile verfolgt hatte, sah er, wie sich die Schlange in zwei Stiere verwandelte, die miteinander kämpften. Nachdem sie sich beide gegenseitig getötet hatten, erschien ein wunderschönes, junges Mädchen an gleicher Stelle. Zwei Männer begannen, sich um das hübsche Fräulein zu streiten, und es folgte ein Kampf, bei dem sich schließlich beide erstachen, während die junge Schönheit ihrer Wege ging. Tief erschüttert und verwirrt folgte ihr der Brahmane. Schließlich drehte sie sich um und sagte: „Warum folgst du mir? Laß mich allein!" - „Nur wenn du verrätst, wer du bist! Zuerst warst du eine Schlange und hast durch dein Gift meine ganze Familie ausgelöscht. Dann hast du dich in zwei kämpfende Stiere verwandelt, die zugrunde gingen, und nun hast du in Gestalt eines schönen Mädchens den Tod von zwei Männern verursacht. Sag mir, wer du bist!" Die junge Frau wollte flüchten, doch der Brahmane ließ sie nicht gehen. „Verrate zuerst, wer du bist, dann kannst du deiner Wege gehen!" Endlich bekam er die Antwort: „Ich bin das Schicksal. Ich töte niemanden. Doch durch seine eigenen Taten verursacht der Mensch auf die eine oder andere Weise selbst seinen Tod." „Wenn es so ist", sagte der Brahmane, „dann sag mir, wie ich sterben werde?" „Durch Ertrinken!" Mit diesen Worten verschwand die Frau.

Der Brahmane beschloß, seinem vorausgesagtem Schicksal zu entgehen. „Ich möchte doch mal sehen, ob ich ertrinken werde, wenn ich mich von Wasser fernhalte", dachte er. Nachdem seine Frau und seine Kinder bestattet waren, verkaufte er sein Haus und wanderte hoch in die Berge. Dort beschloß er, den Rest seines Lebens zu verbringen.

Eines Abends, als er wie immer nach einem Obdach für die Nacht Ausschau hielt, erblickte er in einiger Entfernung ein großes, stattliches Haus, das offensichtlich einem reichen Mann zu gehören schien. Als der Besitzer den Brahmanen kommen sah, lud er ihn höflich ein, sein Gast zu sein. Er begann sich mit ihm zu unterhalten und stellte bald fest, daß sein Gast ein gebildeter Mann war. „Wielange willst du noch weiterwandern?" fragte er. „Bitte laß dich in meinem Haus nieder. Meine ganze Familie wird aus der Gesellschaft eines so gelehrten und kultivierten Pandits Nutzen ziehen." Auch der Brahmane fühlte sich zu dem Gastgeber und seinen Söhnen hingezogen. Er dachte: „Die Familie scheint liebenswürdig und wohlhabend zu sein. Auf allen Seiten sind Berge, und es ist nirgendwo ein Fluß in der Nähe. Kann ich einen besseren Ort finden?" So blieb er dort einige Jahre und unterrichtete die Söhne. Enkel wuchsen heran, und einer der kleinen Jungen liebte den alten Pandit besonders und war viel mit ihm zusammen.

Eines Tages sagte der Familienvater zu dem Pandit: „Wir werden alle nach Benares reisen, um ein Bad im Ganges zu nehmen, denn bald ist eine sehr glückverheißende Konstellation, die nur einmal in hundert Jahren eintritt. Bitte begleite uns!" Der Brahmane weigerte sich entschieden. Der kleine Enkel begann jedoch zu weinen und erklärte fest entschlossen, er würde nicht ohne seinen geliebten Pandit fahren und sonst eher bei ihm zuhause bleiben wollen. Nachdem der Gastgeber vergeblich versucht hatte, ihn zur Reise zu überreden, verriet der Pandit schließlich die Gründe, warum er nicht mitkommen wollte. „Wenn es weiter nichts ist", meinte der Gastgeber, „hab keine Angst, ich werde eine spezielle Badestelle für dich anlegen, ganz flach und von einem starken Gitter umgeben. Nicht einmal ein kleines Kind wird da Gefahr laufen zu ertrinken." Nach viel Hin und Her willigte der Brahmane schließlich ein. Sein Gastgeber hielt sein Versprechen. Wie vereinbart traf er ausgezeichnete Sicherheitsvorkehrungen für den Pandit. Der Brahmane ging ins Wasser und trug dabei den kleinen Jungen auf seinen Armen. Plötzlich verwandelte sich das Kind in ein Krokodil, und mit den Worten: „Ich bin das Schicksal" zog es den alten Mann über die Absperrung hinweg in den Strom.

So nimmt das Schicksal seinen Lauf. Je nach dem eigenen Karma sind der Zeitpunkt und die Umstände des Todes vorherbestimmt."

Frage: „Angenommen, ein Mensch stirbt, während er Gottes Namen ausspricht – wird er nicht wiedergeboren?"

Mā: „Es hängt von seinem Geisteszustand ab, es ist natürlich möglich, daß all sein restliches Karma sofort verbrannt wird, auch das ist durch die Gnade des Gurus möglich."

Friede

Wenn sich dein Geist auf das richtet, was Frieden schenkt und dein Blick da weilt, wo Friede gefördert wird, wenn dein Ohr dem lauscht, was dein Herz mit Frieden erfüllt und allzeit eine Antwort von IHM, der der Friede selbst ist, kommt - nur dann kann wirklich Hoffnung auf Frieden bestehen.

Ein unerfüllter weltlicher Wunsch macht dich unglücklich. Wird er erfüllt, folgt fast unweigerlich irgendein anderer Wunsch, und diese Kette von Wünschen beeinträchtigt den Frieden deines Geistes. Erst wenn du dich über weltliche Wünsche erhebst, wirst du Frieden erlangen.

Solange noch persönliche Wünsche da sind, gibt es keinen Frieden. Friede wird nur erlangt, wenn man seinen persönlichen Willen mit dem Willen des Allmächtigen identifiziert. Dann empfindet man alles, was ER will, auch als eigenen Willen, alles, was ER wünscht, wird wünschenswert, und kein Wunsch kann uns mehr beunruhigen.

Als Carl Friedrich von Weizsäcker Mā in Vrindāvan traf, fragte er Sie: „Wie ist Friede möglich?"
Mā: „Nur in Gott gibt es Frieden. Gott ist EINER, und diese EINHEIT ist der Friede. Suche diese EINHEIT in Gebet und Meditation, und du wirst Frieden finden."
Weizsäcker: „Ich habe auch den Frieden unter den Völkern gemeint."
Mā: „Die Natur ist der Bereich des Entstehens und Vergehens. Sieh: der Wind weht, die Blätter fallen. Wie kann es da dauernden Frieden geben? Wenn die Menschen den Frieden in Gott suchen, dann besteht die Hoffnung, daß es auch unter den Völkern mehr Frieden gibt."
Weizsäcker: „Ich lebe in einer Spannung. Ich suche diesen Frieden in Gott. Zugleich sehe ich die Gefahr eines großen Krieges zwischen den Völkern und meine, für seine Verhinderung wirken zu müssen."
Ma: „Tue, was Gott dir sagen wird."
Weizsäcker: „Ich bin zufriedengestellt."

Ein Regierungsbeamter fragte Mā 1939: „Mā, wann wird die Unterdrückung und Ungerechtigkeit, die in unserem Land zu beobachten ist, enden? Unsere Nation scheint der Zerstörung entgegenzugehen. Wie kann man sie davor bewahren? Ich möchte nicht über mich sprechen, doch was können wir zur Rettung unseres Landes tun?"

Mā: „So ist nun einmal die augenblickliche Lage dieses Landes. Die ganze Welt ist ‚duniyā' – gegründet auf Dualität. Freude und Leid, Wahrheit und Lüge, Krieg und Zwietracht existieren zwangsläufig nebeneinander. Manchmal herrscht Friede, dann kommt wieder ein Umschlag – wie die Wellen, die sich ständig erheben und wieder fallen.

Du sagtest, du beanspruchst nichts für dich, aber das stimmt nicht ganz. Du hast dich so mit dem Vaterland identifiziert, daß seine Bedürfnisse deine eigenen geworden sind. Alles, was du insofern über das Land sagst, sagst du auch über dich selbst aus. Wenn du in etwas noch Größerem aufgehen kannst, wie in der ganzen Welt, dann wirst du allmählich erkennen, daß all diese Kriege und Meinungsverschiedenheiten zum Spiel (Līlā) des Allmächtigen gehören. Leid und Katastrophen kommen und werden wieder überwunden. ER ist es, der in dir den sehnlichen Wunsch weckt, die Lage zu ändern. Weil ER möchte, daß sich etwas ändert, hat ER diese Gefühle in dir und vielen anderen geweckt. Wenn du alles auf solche Weise losgelöst betrachtest, wird dich nichts mehr aus der Fassung bringen."

Ein Besucher fühlte sich einst sehr bedrückt von der zunehmenden Armut der Massen und den auf der ganzen Welt herrschenden Spannungen und flehte Mātājī um eine Lösung an. Sie hörte sich still seine Klagen an, hielt einige Augenblicke inne und sagte dann lächelnd: „Bābā, verzage nicht, all dies sind Seine Ausdrucksweisen, die ER wählte, um dem Menschen in dieser notleidenden Zeit zu erscheinen. Fürchte dich nicht, solche Geburtswehen sind unvermeidlich für das kommende Gesellschaftssystem, das ER plant."

Frage: „Warum kommt Gott in dieser zerrissenen Zeit nicht als Avatār auf die Erde?"

Mā: „ER wird zur rechten Zeit kommen, und die Menschen werden IHN erkennen."

Während des zweiten Weltkriegs wurde Mā einmal gefragt: „Wer wird diesen Krieg gewinnen? Wird er sich ungünstig auf Indien auswirken?"

Mā brach in Ihr spontanes fröhliches Lachen aus: „Wird Krieg geführt? Wie kann es einen Krieg ohne einen Feind geben? Gibt es mehr als ‚Einen', daß da zwei Gegner sein können? Der Krieg, von dem du sprichst, ist wie das Klatschen deiner beiden Hände – wie kann da von Sieg oder Niederlage die Rede sein? Es gibt nichts außer IHM, es ist SEIN Wille, den du darin ausgedrückt findest. Vater, warum machst du dir Sorgen? Versuche alles, was geschieht, als Manifestation des Göttlichen anzunehmen."

Diese Antwort war speziell an eine Person gerichtet, die die tiefe Aussage dahinter richtig verstehen konnte. Mā überspielte keineswegs die kritische Situation und empfahl auch kein gleichgültiges Hinnehmen der Schicksalsschläge. Sie verlieh nur dem Ausdruck, was Sie stets sagte: Man soll sich innerlich auf Gott ausrichten – nichts ist von Gott getrennt, auch das „Böse" nicht!

Geschichten

Es war einmal ein großer König, der tief über vier Fragen nachdachte: „Wo wohnt Gott? Was ißt Gott? Wann lacht Gott? Was tut Gott?" Der König ließ in seinem ganzen Reich ausrufen, derjenige würde eine große Belohnung bekommen, der diese Fragen beantworten könne. Als das die weisen Männer des Landes vernahmen, begannen alle angestrengt nach einer Lösung zu forschen, um die Belohnung zu erhalten. Doch keiner konnte den König zufriedenstellen. Der König wurde sehr betrübt und überlegte, wie sein Problem gelöst werden könne. Im ganzen Land redete man nur noch darüber, wie des Königs Fragen zu beantworten seien. Inzwischen war die Kunde davon auch zu einem sehr einfachen, armen Bauern gedrungen. Er war gerade dabei, seinen Acker zu pflügen, doch unterbrach er seine Arbeit, als auf einmal eine Menge Menschen vorbeizogen, die heftig miteinander diskutierten. Als er sie nach dem Grund fragte, lachten sie ihn aus und sagten: „Was nutzt es dir, davon zu wissen?" Als sie jedoch sein ernsthaftes Interesse erkannten, erzählten sie ihm von den Problemen des Königs. Sofort fing der Bauer an zu lachen: „Das ist kein schwieriges Unterfangen", meinte er, „kommt, ich werde diese Fragen beantworten." Der Bauer nahm regelmäßig an Satsang teil, und daher verfügte er über ein recht großes Wissen. Die Leute waren sehr über seine Worte erstaunt. Sie hielten ihn für verrückt und sagten: „Wenn selbst große Gelehrte versagt haben, was für eine Hoffnung besteht dann für dich? Geh und bleib bei deinem Acker." Doch der Bauer war beharrlich, und schließlich erklärte sich die Gruppe bereit, ihn zum König mitzunehmen.

Jeder schien sehr belustigt, als dieser gewöhnliche Bauer in seinen schmutzigen Kleidern beim königlichen Hof erschien. Der König lächelte über den scheinbaren Scherz. Doch er war gerecht und intelligent. Er rief den Bauern und bat ihn, sich zu setzen. Die große Versammlung gelehrter Pandits beobachtete das einzigartige Schauspiel atemlos. Der König stellte seine Fragen, und der Bauer begann, sie lächelnd und sehr einfach zu beantworten. Auf die Frage: „Wo ist Gott?" rief der Bauer aus: „Oh König, sag mir zuerst, wo Gott nicht ist?" Als der König das vernahm, sann er tief darüber nach, und sogleich wurde ihm klar, daß Gott in Wirklichkeit überall existiert.

Auf die zweite Frage: „Was ißt Gott?" erklärte der Bauer, daß Gott das Ego ißt. Wie könnte eine spirituelle Übung jemals erfolgreich sein, wenn ER das Ego nicht verschlingen würde? So wie eine Kuh allen Schmutz von ihrem neugeborenen Kalb ableckt, so verzehrt Gott das Ego mit seinen unreinen Eigenschaften.

Auf die Frage: „Wann lacht Gott?" erwiderte der Bauer: „Wenn sich das Lebewesen im Mutterleib befindet, ist es entsetzlichen Leiden ausgesetzt und erinnert sich an die schlechten Taten seiner früheren Leben. So fängt es an, reuigen Herzens zu Gott zu beten und Ihn anzuflehen, es aus seiner furchtbaren Gefangenschaft zu erlösen, und es verspricht, Gott von da an mit großer Hingabe zu verehren. Doch sobald es das Reich der Māyā betritt, vergißt es alles, verstrickt sich erneut in ihren Netzen und tanzt wieder zur alten Melodie. Wenn das Kind daher den Mutterleib verläßt, lacht Gott, denn Er weiß, daß der Mensch sein erhabenes Versprechen nicht einhalten kann.

Als nun schon drei seiner Fragen zufriedenstellend beantwortet waren, freute sich der König sehr und stellte die vierte Frage: „Was tut Gott?" Der Bauer sagte: „Oh König, diese Frage kann nicht so leicht beantwortet werden, das ist eine sehr ernste Angelegenheit. Etwas Besonderes muß zuvor getan werden."

Der König war dem Bauern wohlgesonnen und willigte ein: „Ich bin bereit, alles zu tun, was du verlangst." Daraufhin sagte der Bauer: „Bitte sei so gut und verlasse deinen Platz, und ich setze mich darauf!" Der König erfüllte seine Bitte. Er setzte sich auf den Platz des Bauern, während jener den edelsteinbesetzten, prächtigen goldenen Thron des Königs bestieg und in großer Ekstase zu singen begann. Dann versank er für lange Zeit in tiefe Kontemplation. Es war ein höchst seltsamer Anblick für alle. Schließlich rief der König: „Nun mußt du eine Antwort auf die vierte Frage geben!" Der Bauer sprach: „Ich habe es schon getan!" Der König verstand das nicht, so erklärte der Bauer: „Sieh, das ist es, was Gott tut. Er wendet ständig das Schicksal: Einen König macht ER zum Armen, und einen Bettler erhebt ER zum König - ebenso wie du gerade den Platz eines armen, niedrigen Bauern eingenommen hast, und ich, der unbedeutende Bauer mit zerrissenen, schmutzigen Kleidern, nun auf deinem erhabenen Thron sitze. Das ist es, was Gott ständig tut." Mit dieser Antwort war der König gänzlich zufrieden und über alle Maßen erfreut.

Frage: „Warum gibt Gott uns keinen Anstoß, zu IHM zu kommen?"

Mā: „ER tut es doch ständig! Denn nur durch SEINE Gnade

könnt ihr euch überhaupt an IHN erinnern. Aber ihr seid nicht wirklich zielgerichtet, ihr begehrt alle möglichen anderen Dinge und bleibt deshalb unglücklich. Folgende Geschichte veranschaulicht eure Situation sehr treffend: Ein Wäscher hielt sich einige Esel, um die Kleider zu befördern, die er zum Waschen einsammelte. Da er arm war und nur ein kleines Haus besaß, ließ er die Esel des Nachts draußen. Oft liefen sie ihm dann fort, und er mußte stundenlang nach ihnen suchen. Da er nicht genügend Seile hatte, um alle Esel nachts anzubinden, dachte er sich in seiner Not einen Trick aus, der sich sehr gut bewährte. Jeden Abend berührte er die vier Beine jedes Esels mit einem Seil. Wenn die Esel die Berührung des Seils an ihren Beinen merkten, glaubten sie, sie seien angebunden und blieben die ganze Nacht an einem Fleck stehen.

Ähnlich ist es auch in der Welt. Māyā berührt dich, und du hältst dich für gebunden. Du denkst: Wie kann ich ohne meinen Mann oder meine Frau, meine Kinder und Eltern, mein Haus und meinen Komfort auskommen? So bleibst du an einer Stelle, anstatt IHM näherzukommen.

Die Geschichte von der angebundenen Katze

Jemand hielt sich einst eine Katze in seinem Haus. Immer, wenn Durgā Pūjā gefeiert wurde, verursachte diese Katze große Probleme. Um dies zu vermeiden, pflegten die Leute sie während der Veranstaltung für drei Tage anzubinden. Natürlich brauchte sie in dieser Zeit nicht hungern. Sie bekam regelmäßig zu essen, doch war immer festgebunden. Diesen Brauch pflegte man mehrere Jahre. Nach einer Zeit verschwand die Katze aus dem Haus. In dem Jahr gab es also keine Probleme bei der Durgā Pūjā, doch die Hausbewohner dachten, es sei eine der Regeln von Durgā Pūjā, drei Tage lang eine Katze anzubinden. So suchten sie eine Katze und banden sie an. (Alle lachten laut). Auch wir benehmen uns häufig so. Wir stellen zu gegebener Zeit notwendige Regeln und Anordnungen auf, doch selbst, wenn es nicht mehr notwendig ist, halten wir an diesen überholten Bräuchen fest.

Wir vergessen das wirkliche Ziel und verschwenden Zeit und Energie mit unwichtigen Dingen

Ein Brahmane setzte sich an das Ufer eines Flusses, um seine Abendgebete zu verrichten. Es war nach Sonnenuntergang, und nur sehr wenige Leute waren hier und da zu sehen. Da kam eine Frau, um Wasser aus dem Fluß zu holen. Der Brahmane war mit geschlossenen Augen am Meditieren, als er auf einmal hörte, wie die Frau nieste. Er hatte gelernt, jedem, den er niesen hörte, ein langes Leben zu wünschen und war es gewöhnt, ein ‚Danke gleichfalls!' als Antwort zu bekommen.

Als der Brahmane daher das Niesen hörte, unterbrach er seine Meditation einen Moment, wünschte der Frau ein langes Leben und wartete mit gespitzten Ohren auf die übliche Antwort. Die Frau kannte diesen Brauch jedoch gar nicht. Sie war ganz darin vertieft, ihr Gefäß zu füllen und machte sich dann auf den Heimweg.

Als der Brahmane sie fortgehen sah, rief er laut: "Meine Tochter, du hast nicht geantwortet: ‚Danke gleichfalls'!" Als die Frau diese Worte hörte, war sie völlig verwirrt und dachte: „Was sagt er da? Es ist sonst niemand hier. Ich hoffe, er ist nicht verrückt!" So beeilte sie sich wegzugehen. Schließlich stand der Brahmane auf und rannte mit den Worten hinter ihr her: „Du mußt sagen: ‚Danke gleichfalls'!"

Mittlerweile war die Frau davon überzeugt, daß es sich um einen Geisteskranken handelte, lief schnell nach Hause und verschloß ihre Eingangstür. Doch der Brahmane war ebenso unnachgiebig. Er blieb draußen stehen und rief: „Oh Tochter, bitte sage die Worte ‚Danke gleichfalls', damit ich gehen und meine Gebete beenden kann!" Sein Geschrei und der ganze Aufruhr lockte bald die Nachbarn von überall her, und schließlich wurde die Sache geklärt. (Alle lachen laut)

Dies ist ein Beispiel, wie es mit uns steht: Wir vergessen das wirkliche Ziel und vergeuden Zeit und Energie mit unwichtigen Dingen. Am anderen Tag habe ich euch bereits die Geschichte von der angebundenen Katze erzählt."

Die Wirksamkeit von Prasāda

Frage: „Es heißt, wenn man eine Sache für etwas Bestimmtes hält, ist es auch so, und wenn man es nicht glaubt, ist es nicht so. Wenn ich z.B. an die segensreiche Wirkung von Prasād* glaube, dann ist sie auch vorhanden, wenn ich jedoch nicht daran glaube, ist sie nicht da. Was ist dann Einbildung und was ist tatsächliche Wahrheit?"

Mā: „Einbildung ist ein gedanklicher Vorgang. Prasād hat immer segensreiche Wirkung, ob du daran glaubst oder nicht. Dazu gibt es eine Geschichte: Ein Dieb geriet einst in stürmisches Regenwetter. Er suchte Schutz in einem kleinen Vishnutempel. Der Sturm ließ nicht nach, und so mußte er die Nacht dort verbringen. Um eine trockene Stelle zum Schlafen zu haben, kehrte er sorgfältig alles Wasser aus dem Tempel und reinigte ihn dadurch. Nach kurzer Zeit starb er. Die Boten Yamas** kamen, um ihn zu holen, doch die Boten Vishnus schritten ein und forderten seine Seele, da er Lord Vishnus Tempel gereinigt hatte, obwohl er noch nicht einmal geschaut hatte, wessen Tempel er fegte.

Eine andere Geschichte: Ein Mann ritt auf einer sehr glatten Straße. Das Pferd strauchelte und warf ihn ab, und er mußte bald aufgrund schwerer Verletzungen sterben. Der Todesbote kam. Doch der Körper des Mannes war irgendwie genau auf ein Shalagram (einen Stein, der Vishnu repräsentiert) gefallen, und so wurde die Seele von den Boten Vishnus fortgetragen.

Diese beiden Geschichten zeigen die Wirksamkeit von Prasāda. Ob man daran glaubt oder nicht, man wird von allem gesegnet, was Gott geweiht wurde."

---

* Prasād: Nahrung, die einer Gottheit oder einem Heiligen dargebracht wird, wird durch ihre Annahme Prasād, gesegnete Speise, welche die Devotees danach zu sich nehmen.
** des Gottes, der die sündigen Seelen nach dem Tod bestraft

Gott lenkt, sieht und durchdringt alles

„Was geschehen soll, wird geschehen" - dieses Sprichwort enthält eine tiefe Wahrheit. Wenn du auf dein eigenes Leben und das Leben anderer zurückblickst, wirst du erkennen, wie wenig ein Mensch von sich aus die Ereignisse bestimmen kann und wie sehr die meisten Dinge vom unergründlichen Gesetz einer verborgenen Kraft abhängen. Das Universum bewegt sich perfekt nach dem Willen des Höchsten Vaters aller Wesen. Deshalb sollte es dein Lebensgrundsatz sein, alle Umstände, in die Gott dich versetzt, willkommenzuheißen. Je fester du in dieser Einstellung gegründet wirst, desto vollkommener wird deine Ergebung in Gottes Willen, und durch deine Hingabe und deinen Glauben an die Kraft des Göttlichen werden dir schließlich die Augen aufgehen.

Vollkommene Ergebenheit schenkt die allertiefste Freude - nimm sie als deine einzige Zuflucht an! Was auch immer Gott fügt, geschieht nur zu deinem Heil. Wenn du dir dessen stets bewußt sein kannst, wirst du Frieden finden.

Zu Menschen, die sehr in ihr Leid verstrickt sind, sagt Mā manchmal: „Warum zieht ihr es unnötigerweise vor, die Last zu tragen, die ER für euch trägt?"
Verhält sich so ein Mensch doch wie ein törichter Fahrgast, der in einem fahrenden Zug die ganze Zeit sein Gepäck auf dem Kopf trägt, weil er fürchtet, daß ihn der Zug ohne sein Gepäck zum Reiseziel befördert...

Wenn deine Suche nach Wahrheit aufrichtig ist, dann wird Gott auch dafür sorgen, daß alle anderen Umstände günstig werden.

Deine einzige Pflicht besteht darin, dich zu erinnern, daß nur ER existiert und daß <u>alles</u> SEIN Wirken ist.

In allen Lebenslagen solltest du absolutes Gottvertauen anstreben. Wo immer du sein magst, bete zu IHM so hingebungsvoll wie nur möglich. Hab keine Angst, daß du etwas falsch machst. Was immer dir geschieht – alle Möglichkeiten sowie alle Hindernisse sind von IHM gesandt. Wenn ER dich etwas tun läßt, tut ER Selbst es, ER handelt, ER weiß, ER hört. Du brauchst dich einzig und allein nur stets auf IHN verlassen.

Wie kann es Kummer geben, wenn du an Gott glaubst? Wenn eine Katze ihr Neugeborenes von Ort zu Ort trägt, miaut das Kätzchen, doch es fühlt sich völlig sicher in der Obhut seiner Mutter. So mußt auch du dein ganzes Vertrauen in den Allmächtigen setzen.

Gott wird in genau der Form erscheinen, in der man IHN am meisten liebt, und für das Nötige sorgen. Sei bestrebt, dich in all deinen Handlungen und in Zeiten der Ruhe als ein Werkzeug in Seinen Händen zu betrachten.

Denke nicht, du hast keine Unterstützung. ER, der dir Zuflucht gewährt hat, ist ständig in Form religiöser Übungen und Handlungen bei dir.

Was auch immer geschieht, ist letztlich zum Besten.

Der EINE, dessen Namen du wiederholst und den du kontemplierst, führt dich zur Vollendung und wird dir auch den Weg zeigen.

Es war einmal ein König, der sich so in den Finger schnitt, daß dieser schließlich abgenommen werden mußte. Anstatt sein Mitgefühl angesichts dieses Unglücks zu bekunden, bemerkte sein Minister nur: „Was immer Gott tut, ist zum Besten." Das ärgerte den König sehr, und zur Strafe für die Gefühllosigkeit und Unverfrorenheit des Ministers ließ er ihn ins Gefängnis werfen.

Nach einiger Zeit begab sich der König eines Tages zur Jagd in einen Wald. Dort wurde er plötzlich von einer Bande Kapalikas* überfallen, die beschlossen, ihn Kālī zu opfern. Der König war hilflos, doch ganz unerwartet tat sich ein Ausweg auf, und zwar durch seinen fehlenden Finger: Weist der Körper des Menschenopfers nämlich auch nur irgendwo eine geringe Verstümmelung auf, darf er der Göttin Kālī nicht geopfert werden. Und so setzte man den König wieder auf freien Fuß. Nach seiner Rückkehr ließ der König seinen Minister frei. Er dankte ihm für seine weisen Worte, deren Wahrheit er damals nicht erkannt hatte. Der König fragte sich jedoch, warum Gott ihn wohl dazu veranlaßt habe, den unschuldigen Minister ins Gefängnis zu werfen. „Wozu war so eine ungerechte Bestrafung gut?" fragte er. Der Minister antwortete: „Wäre ich frei geblieben, hätte ich Dich, wie es stets meine Pflicht ist, in den Wald begleitet. Dort hätten mich die Kapalikas mit dir festgenommen und mich hätten sie nicht geschont, da mein Körper ganz gesund ist!"

Frage: „Bin ich verantwortlich für das, was ich tue, oder ist es Gott, der meine Handlungen verursacht?"
Mā: „Verwandle das ‚Ich' in ‚ich bin DEIN Werkzeug'. Wenn du sagst, Gott sei es, der dich einen Diebstahl begehen läßt, solltest du auch ohne Bedauern davon überzeugt sein, daß Gott es ist, der dich ins Gefängnis bringt, und daß ER das Recht hat, dich zu strafen. Gehe Gottes Wege, Gott ist immer Wahrheit. Wo Rāma ist, da ist Ārāma (Ruhe und Sorglosigkeit), wo Rāma nicht ist, ist Be-ārāma (Unruhe und Unbehagen). Solange du nicht erkennst, daß es nur eine MUTTER, einen Gott (Bhagavān) gibt, darfst du nicht behaupten, daß Gott falsch ist. Gott ist Wahrheit. Du solltest der Ansicht sein, daß alles so geschieht, wie Gott es will. Entwickle diese Einstellung!"

Erlaube deinen Gedanken nicht, sich in Zukunftsplänen oder in Reaktionen auf Vergangenes zu verlieren. Was auch immer

---

* Eine Sekte, die der Göttin Kālī Menschenopfer darbringt

irgendwann und irgendwo geschehen soll, ergibt sich von selbst.

Frage: „Mā, was beschloß Gott, nachdem ER uns geschaffen hatte, das wir tun sollten?"
Mā: „Er beschloß, daß ihr genau das tun solltet, was ihr tut."

Frage: „Wenn ich eine Bildgestalt Gottes im Tempel betrachte, habe ich nicht das Gefühl, daß ich Gott sehe."
Mā: „Du siehst IHN vielleicht nicht, doch kann es nie sein, daß Gott dich nicht sieht. Ein blinder Mann pilgerte einst nach Badrinārāyan. Die Leute fragten ihn: „Du bist doch blind! Warum machst du dir die Mühe, nach Badrināth zu gehen?" Er antwortete: „Gewiß, ich kann nicht sehen. Aber Gott wird mich sicherlich sehen!"

Frage: „Mā, viele Brahmanen haben Bangla Desh verlassen und sich in Indien niedergelassen. Da kaum noch Brahmanen dort sind, ist es äußerst schwierig, die Verehrung der Gottheiten in den Tempeln fortzusetzen. Sollte die Verehrung eingestellt oder von Nicht-Brahmanen durchgeführt werden?"
Mā: „Wenn Gott wirklich in der Bildgestalt gegenwärtig ist, wird ER Selbst dafür sorgen, daß die Verehrung angemessen vollzogen wird."

Ein alter Mann fragte: „Ist es richtig für Mädchen, Geld zu verdienen?"
Mā: „Heutzutage meinen die Menschen, sie müssen für sich selbst sorgen, so gehen sie hin und suchen eine Stellung. Sie erkennen nicht, daß bereits für ihre Bedürfnisse gesorgt ist, sobald sie ihr Wissen weitergeben. Wissen sollte nicht verkauft werden."

Es ist nicht möglich, daß jemand stärker als Gott ist. Was

immer geschieht, kommt nur von IHM. Kein anderer hat die Macht, etwas zu tun, daran solltest du dich erinnern. Verlasse dich auf IHN. Solange du das Gefühl hast, daß jemand dich irgendwie negativ beeinflussen könnte, wiederhole den Namen deines GELIEBTEN etwas mehr als gewöhnlich. Vertrauen auf deinen Ishta ist das Wesentliche, das du in allen Lebenslagen entwickeln mußt.

Gott Selbst offenbart sich auf bestimmte Weise selbst in sogenannten Sündern, wie auch in scheinbar unerträglichem Leid.

Ein Mensch nimmt Geburt an aufgrund seines Karmas und der Neigungen, die er in zahlreichen Leben entwickelt hat. Der Höchste, der Sieger über Gefahr und Unheil, der eure Schmerzen lindert – ER Selbst ist es ja, der als dies unerträgliche Leid kommt. Inmitten von Unglück und Trübsal ist es für den gewöhnlichen Menschen schwierig, seinen Glauben an die göttliche Fügung zu bewahren. Aber für jemanden, der sich Gott ganz ergeben hat, ist nur ER, der EINE, und kein anderer, in allen Zuständen gegenwärtig. Der Mensch, in dem Gottes Name einmal Fuß gefaßt hat, ist mit Sicherheit auf dem Weg zu seinem endgültigen Heil.

Ein Mann war mit einem befreundeten Arzt zu Mā gekommen. Er zeigte auf seinen Freund und sagte: „Vor einigen Tagen ist der Sohn meines Freundes tödlich verbrannt."
Mā: „Alles geschieht nach deinem Schicksal. Solche Unfälle müssen als unvermeidlich angesehen werden. Jeder erntet sein eigenes Karma. Einige sterben, während ihr Körper verbrennt, andere sterben, weil ihr Geist brennt."
Der Arzt: „Alle Ausdauer hat ihre Grenzen. Man muß auch die Stärke haben, das Leid zu ertragen."
Mā: „ER ist derjenige, der diese Stärke verleiht. Was immer einem zu leiden bestimmt ist, muß man ertragen. Ob du dies nun den Fehler des Allmächtigen nennst oder SEINE Größe – was jemandem bestimmt ist, muß er durchleben."
Der Arzt: „Wenn man wohl oder übels zu leiden hat und doch nur geschieht, was eben bestimmt ist, besteht dann das Ziel

des menschlichen Lebens darin, gar nichts zu tun und seine Hände in den Schoß zulegen?"

Mā: „Wie ist es möglich, Handlung zu vermeiden? ER ist es, der euch in den Mahlstrom der Aktivität zieht. Die Leute arbeiten und arbeiten, bis sie so erschöpft sind, daß sie schließlich jede Tätigkeit aufgeben. Doch das kann erst geschehen, wenn der richtige Augenblick gekommen ist. Solange das Karma nicht aufgebraucht ist, wird man arbeiten und die Früchte der Arbeit ernten müssen. Das ist SEIN göttliches Spiel (Līlā)."

Der Arzt: „Erst bindet man eine Person, und dann schlägt man sie, das ist genau dasselbe - ein schöner Zustand! Ich muß arbeiten und danach die Folgen tragen. Mag sein, daß es Gottes Līlā ist, aber ER spielt auf unsere Kosten!"

Mā (lächelnd): „Wer ist derjenige, der Freude erfährt, und wer ist es, der leidet? Wer erträgt die Schicksalsschläge? ER erteilt sie, und ER nimmt sie auf sich und erleidet sie. Niemand existiert außer dem EINEN."

Der Arzt: „Wenn man die Dinge so sieht, ist alles egal. ER erzeugt das Geschwür, dann wird ER der Arzt..."

Mā unterbricht: „ER erzeugt nicht das Geschwür, ER Selbst wird das Geschwür." Alle lachen. „Schau, wenn du in der Welt lebst, sind Kummer und Leid unvermeidlich. Zuerst warst du eins, dann wurdest du zwei und dann viele. Dafür mußt du leiden. Aber du kannst etwas tun: Nimm Medizin. Halte dich an einen guten Doktor und sein Rezept*. Dadurch wird deine Krankheit geheilt. Es gibt kein anderes Mittel, Frieden zu erlangen."

Der Arzt: „Aber wo kann ich einen guten Arzt finden? Das ist ja eben der Grund, weshalb ich zu Dir gekommen bin."

Mā: „Ja, einen guten Arzt zu finden, ist sehr schwierig. Trotzdem besorge dir einfach von jemandem Medizin, den du für kompetent hältst. Am allerbesten ist es, in ein Krankenhaus** zu gehen, denn dort muß man sich zur rechten Zeit der Behandlung und Einnahme von Medizin unterziehen. Hinzu kommt noch der Vorteil der Atmosphäre dieser Heilungsstätte. Aber wenn es nicht möglich ist, ins Krankenhaus zu gehen, nimm die Medizin regelmäßig zuhause. Dort kann es allerdings passieren, daß du nicht immer die richtige Dosis zur rechten Zeit nimmst und falsche Ernährung von Zeit zu Zeit die Wirkung der Medizin beeinträchtigt. Sagen die Leute nicht manchmal, sie bemerken keine positive Veränderung, obwohl sie Gottes Namen regelmäßig wiederholen? Wie können gute

* den Guru und seine Anweisungen
**einen Āshram

Ergebnisse erreicht werden, wenn sie sowohl ihre Medizin als auch schädliche Nahrung zu sich nehmen? Und das geschieht zuhause zwangsläufig. Trotzdem - versucht, die Medizin immer regelmäßig einzunehmen, und wann immer sich die Möglichkeit ergibt, eßt gesunde Nahrung, d.h. pflegt Gemeinschaft mit Sādhus (spirituell fortgeschrittenen Menschen)."

Alles Glück und alles Leid, Krankheit, Tod, Blindheit, Armut usw. sind nichts anderes als Gottes eigene Manifestation, die sich so auf unendlich vielfältige Weise offenbart. Insofern hat ER nichts ‚geschaffen' - ER Selbst nimmt all diese Formen an. Wenn ihr es dennoch ‚Schöpfung' nennen möchtet, so ist ER Selbst es, der Sich in zahllosen Erscheinungsformen erschafft. Krankheit ist eine Seiner Erscheinungsweisen. ER Selbst leidet unter Kummer und tödlichem Verlust, und wenn es sehr schlimm wird, ruft ER Selbst: „Oh, ich kann es nicht mehr ertragen, es ist zuviel für mich!" Solange wir uns in der materiellen Welt befinden, müssen wir es so ausdrücken. Wenn wir sie transzendieren, gibt es kein Sprechen mehr. Wenn Wissen und Nicht-Wissen einsgeworden sind, kann man weder sagen, ‚etwas existiert', noch ‚es existiert nicht', da tritt die Frage von Existenz oder Nicht-Existenz gar nicht mehr auf.

Sagt ihr nicht manchmal: „Das ist unreal"? Auch diese Aussage ist unreal. Denn alles ist wirklich und auch unwirklich, wahr und auch falsch. Solange wir durch unser weltliches Verständnis eingeengt sind, gibt es die Gegensätze von wahr und falsch, wirklich und unwirklich. Wenn man diese Ebene jedoch transzendiert, gibt es keine Unterscheidung mehr zwischen Wahrheit und Falschheit.

Die Einheit der spirituellen Wege

Was immer einen näher zu Gott bringt, egal aus welcher Quelle es kommen mag, sollte man annehmen.

Alle Religionen der Welt sind gleichviel wert. Worauf es ankommt, ist ein beständiges und absolut zielgerichtetes Streben.

Wenn man sich mit dem zufriedengibt, was man bei einem Weg erreichen kann, hat man das Ziel menschlichen Lebens noch nicht erreicht. Das Ziel ist eine Verwirklichung, die alle Gegensätze und Abweichungen verschiedener Meinungen ausmerzt, die in sich selbst vollkommen und frei von inneren Widersprüchen oder einer feindseligen Haltung ist. Ist das nicht der Fall, so ist die Erfahrung noch einseitig und unvollkommen. Hat man echte Verwirklichung erreicht, so kann man mit niemandem mehr streiten. Man hat völliges Verständnis für alle Glaubensbekenntnisse und Lehren und sieht alle Pfade als gleichwertig. Das ist absolute und vollkommene Verwirklichung. Solange noch Ablehnung da ist, kann man nicht von Verwirklichung sprechen. Dennoch sollte man in jedem Fall festen Glauben an sein gewähltes Ideal (Ishta) haben und den begonnenen Pfad beharrlich und zielgerichtet weitergehen.

Jedes Individuum wird auf dem Pfad zu seinem Gott kommen, der seinem Wesen am meisten entspricht. Mā sagt: „Ihr solltet Feuer durch jedes beliebige Mittel entflammen, sei es mit Ghee, Sandelholz oder selbst mit einem Strohhalm. Einmal entzündet, brennt das Feuer weiter, und alle Sorgen, Unwissenheit und Trübsal schwinden allmählich. Das Feuer wird alle Hindernisse verbrennen."

Wenn ihr über Glaubensrichtungen und spirituelle Wege diskutiert, denkt daran: Nur solange man sich noch auf dem Pfad befindet, spricht man von ‚Wegen'... Doch da, wo so etwas wie Lehren oder Meinungsverschiedenheiten nicht hinreichen, ist ER der Ursprung - ER, der in all diesen zahllosen Formen gegenwärtig ist.

Frage: „Heute erklärte jemand, daß Hingabe (Bhakti) nicht notwendig sei, jeder solle einfach nur Yoga üben."
Mā: „Gott zu erkennen, der ewig mit Seiner Schöpfung verbunden ist, ist das Ziel von Yoga. Yoga muß gewiß auf die eine oder andere Weise praktiziert werden. Jeder Pfad, dem du folgst, kann fruchtbar sein. Gott ist unendlich, und die Wege zu Seiner Verwirklichung sind ebenso unendlich und vielfältig. Jeder sollte dem Weg folgen, den ihm sein Guru weist.
Zwei Männer stritten sich einst. Einer sagte: ‚Mein Weg ist richtig', der andere entgegnete: ‚Nein, mein Weg ist der richtige.' Dieser Körper sagte: ‚Was immer der bevorzugte Pfad sein mag, er ist richtig für das betreffende Individuum. Wie bewundernswert ist der Glaube eines Menschen, der - solange er seinem speziellen Weg folgt - fest davon überzeugt ist, daß dieser Weg allein und kein anderer richtig ist. Wer an das Sādhanā der Hingabe glaubt, behauptet, Bhakti sei die höchste Wahrheit und alles andere sei falsch, während die Vertreter des Advaita ihren Pfad für einzig richtig halten. Verschiedenheit tritt nur auf, solange man sich noch auf dem Weg befindet. Wenn das endgültige Ziel erreicht wurde, erkennt man, daß alle Wege zu dem einzigen ZIEL geführt haben, das existiert."
Frage: „So sollte man den Pfad eines anderen nicht für falsch halten?"
Mā: „Wer hat ‚ja' und ‚nein' geschaffen?"
Yogesh Brahmacāri: „Gott."
Mā: „Deshalb kann es so etwas wie Unvereinbarkeit gar nicht geben. Kein Weg existiert außerhalb von IHM. DU bist sowohl im ‚nein' als auch im ‚ja'. DU bist im Allerkleinsten und Subtilsten ebenso wie im Allergrößten - über etwas ungehalten zu werden ist da einfach gar nicht möglich. Vater, werde nicht ärgerlich! Was auch immer jemand sagt, ist von seinem Standpunkt aus richtig. Du solltest bedenken, daß es dein eigener geliebter Gott ist, der in dieser Form zu dir gekommen ist."

Anläßlich des Samyam Vratas 1958 bemerkte Mā u.a.: „Ihr seid hier, um Selbstbeherrschung zu lernen, daher solltet ihr alles, was hier geboten wird, dankbar akzeptieren, d.h. nehmt das auf, was eurem Weg innerlich entspricht, und was ihr nicht annehmen könnt, laßt auf sich beruhen. Was sich nicht als Hilfe bei eurem Sādhana erweist, darf jedoch nicht mit einer feindseligen Haltung abgelehnt werden. Hört einfach nicht zu, wenn es eurer inneren Einstellung nicht entspricht. Sobald jedoch einmal mit einem Thema begonnen wurde, sei es über Advaita Vedānta oder über den Pfad der Hingabe, so bleibt an eurem Platz und hört still zu. Außerdem solltet ihr das Gefühl entwickeln: ,Mein eigener göttlicher Geliebter (Ishta) ist der geliebte Gott der ganzen Welt, und der göttliche Geliebte der ganzen Welt ist mein Geliebter." Über welches Thema auch gesprochen wird, welche Meinung auch immer zum Ausdruck kommt, ihr solltet es so auffassen, daß alles eure geliebte Gottheit betrifft, daß auch dies euer Geliebter ist, der euch in eben dieser Gestalt erscheint."

Frage: „Wenn also über andere geistige Richtungen gesprochen wird, sollen wir unser Mantra wiederholen?"

Mā: „Ihr solltet eher freudig zuhören und denken ,meine eigene geliebte Gottheit, mein höchstes Ideal wird gepriesen'."

Welchen Nutzen kann man aus Gesprächen oder Vorträgen über Religion und Philosophie ziehen?

Mā sagt dazu: „Wenn man immer wieder Diskussionen und Vorträgen über solche Themen zuhört, öffnet sich allmählich der Weg zur direkten Erkenntnis dessen, was man gehört hat. Es ist so, wie wenn Wasser ununterbrochen auf einen Stein herabtropft und schließlich ein Loch darin entsteht - dann mag unvermutet eine Flut hindurchbrausen, die Erleuchtung bewirkt.

Sei es das Lesen heiliger Schriften, das Hören religiöser Vorträge oder Kīrtana - Gott muß Beweggrund und Ziel allen Handelns sein. Wenn du liest, lese über Ihn, wenn du sprichst, sprich über Ihn, und wenn du singst, singe Seinen Lobpreis. Diese drei Vorgänge sind im Grunde ein und dasselbe, doch weil die Menschen unterschiedlich ansprechen, wird dasselbe auf dreierlei verschiedene Weisen ausgedrückt, um dem Temperament und der Aufnahmefähigkeit einer jeden Person entgegenzukommen. In Wirklichkeit existiert nur ER und ER allein, obwohl jeder seinen individuellen Weg hat, der zu IHM führt. Welches der richtige Weg für jeden ist, hängt von seiner persönlichen Vorliebe ab, je nachdem, wie seine inneren Fähigkeiten im einzelnen beschaffen sind.

Nehmt zum Beispiel das Studium des Vedānta: Einige Sucher vertiefen sich völlig darin, ebenso wie andere so in Kīrtan aufgehen können, daß sie in Ekstase geraten. Ein Studierender des Vedānta kann völlig in seinen Schriften versinken, sogar mehr als derjenige, der von Kīrtan hingerissen wird. Entsprechend dem jeweiligen Pfad, auf dem man sich Gott nähert, wird man volle Konzentration durch das Studium eines besonderen Textes oder durch irgendein anderes Mittel erreichen. Zuerst kommt Hören, dann folgt Reflektion, und schließlich setzt man in Handlung um, was man gehört und worüber man nachgedacht hat. Deshalb muß man zuerst einmal zuhören, so daß sich jeder danach entweder für Vedānta oder Kīrtana oder was immer ihm persönlich liegt, entscheiden kann.

Sicher seid ihr schon Personen begegnet, die Kīrtana nicht besonders ernst nehmen und sagen: ‚Was kann dadurch schon ereicht werden?' Doch wenn sie dem Kīrtan eine Weile zugehört haben, finden sie in der Tat Gefallen daran. Deshalb muß man hören, bevor man nachdenkt, und danach wird sich, was gehört und innerlich verarbeitet wurde, in Handlung ausdrücken, die der jeweiligen Person entspricht. Vorträge über Gott oder die Wahrheit zu hören, ist sicher förderlich, vorausgesetzt, man läßt sich nicht dazu bewegen, Fehler zu suchen oder etwas herabzusetzen, wenn die vorgetragene Ansicht nicht mit dem eigenen Standpunkt übereinstimmt. An anderen etwas auszusetzen zu haben, schafft für alle Beteiligten Hindernisse: für den, der kritisiert, sowie für den Beschuldigten und jene, die der Kritik zuhören. Was man jedoch in einer Haltung der Wertschätzung sagt, ist für jeden fruchtbar, denn nur, wenn es nicht darum geht, irgendetwas als wertlos oder tadelnswert (asat) zu betrachten, kann man es Satsang* nennen.

Wen kennt man als einen Vaishnava? Jemanden, der überall Vishnu sieht. Und wer ist ein Shākta? Jemand, der nur die Göttliche Mutter schaut und nichts außer IHR. In Wirklichkeit entspringen all die verschiedenen Auffassungen einer gemeinsamen Quelle. Wen kann man dann noch kritisieren, wen kann man herabsetzen oder verdrängen? Ist die Essenz doch in allen gleich!

Du bist Mutter, Du bist Vater,
Du bist Freund und Du bist Meister,
wahrlich, Du bist alles in allem.
Jeder Name ist Dein Name,
jede Eigenschaft Deine Eigenschaft,
jede Form ist wahrlich die Deine.

* Ein Wortspiel: „Sat" bedeutet Sein, wahres Wesen, das Gute; „Satsang" = die Gemeinschaft mit Gutem oder guten Wesen und auch religiöse Zusammenkunft. „Asat", das Gegenteil von „Sat", bedeutet Nicht-Sein, Falschheit, Übel. Bei einem religiösen Treffen (Satsang) an irgendetwas Fehler (Asat) zu finden, ist daher ein Widerspruch in sich.

Zugleich ist ER auch da, wo es keine Form gibt, als reines unmanifestiertes Sein. Alles hängt vom individuellen Weg ab. Wird nicht gesagt, daß das, was die Shaivas als den Höchsten (Parama Shiva) betrachten, und was diejenigen, die nach dem Selbst forschen, das Eine Selbst (Ek Ātmā) nennen, nichts anderes als Brahman selbst ist? In Wirklichkeit gibt es keinen Widerspruch. Solange jedoch die geringste Verschiedenheit, sei es auch nur um Haaresbreite, wahrgenommen wird, wie kann man da vom Zustand Reinen Seins sprechen?

Deshalb ist jeder Pfad, egal welchen man wählt, DAS. Vedānta* bedeutet im Grunde das Ende von Verschiedenheit und Nicht-Verschiedenheit.

Solange man Sādhanā übt, muß man sich auf eine einzige Richtung konzentrieren, doch was kommt, wenn man es vollendet hat? Das Ende von Verschiedenheit, Abgrenzungen und Meinungsstreitigkeiten. Unterschiede gibt es tatsächlich <u>auf dem Weg</u>, aber wie kann das ZIEL verschieden sein?"

In Gesellschaft von Sādhus, Heiligen und Weisen sollte es euer Grundsatz werden, euch das Beste anzueignen und das, was nur dem Anschein nach angenehm ist, aufzugeben. Ihr solltet nichts, was ein Mahātmā sagt, kritisieren oder beurteilen. Die Worte von Heiligen und Weisen fördern eure Konzentration auf Gott und sollten daher akzeptiert und befolgt werden. Unnützes Gerede schadet euch nur. In welchem Ton ihr auch etwas über jemanden sagen mögt – in Wirklichkeit seid ihr mit allen verbunden! Somit sprecht ihr in dem Augenblick nur über euch selbst. Solange man sein wahres Wesen nicht erkannt hat, sollte man bestrebt sein, im Herzen die Haltung zu entwickeln, daß unser wirkliches, in allem gegenwärtiges Selbst, Gott ist. Nimm das wahrhaft Gute an, und gib bloßes Vergnügen auf. Die ganze Welt ist eine spirituelle Familie. Deshalb ist es die Pflicht eines Wahrheitssuchers, alles, was ein Sādhu auf seiner Suche nach der Wirklichkeit tut, als eine der vielfältigen Ausdrucksweisen seines eigenen Gurus, seiner geliebten Gottheit oder seines Höchsten Ideals zu betrachten. Diese Haltung sollte man entwickeln. Für jene, denen ER

---
* Vedānta: Ende (Anta) oder Gipfel vedischer Weisheit. Mā spielt hier mit den Worten Veda und Bheda (Unterschied). In Bengali klingen die Buchstaben B und V ähnlich.

Mutter, Vater, Freund und Geliebter, alles in allem ist, und auch für jene, die im Sinne von Āshrams denken, ist im Grunde die ganze Welt ein einziger universeller Āshram. Grenzen existieren nicht - er ist unbegrenzt. Alle kommen vom EINEN, sind das EINE. Wo es zwei gibt, wird es ganz natürlich Konflikt geben. Ein Schleier verursacht eure Blindheit - ihr solltet begreifen, daß ihr selbst dieser Schleier seid.

Keine Mühe ist vergeblich, alles erfüllt einen Zweck. Angenommen, ihr reist mit dem Zug. Um den Zug zu erreichen, werdet ihr zuerst von eurem Dorf aus ein Boot nach Dakka nehmen, dann mithilfe eines Stocks das Boot verlassen und eine Pferdekutsche besteigen, die euch schließlich zum Bahnhof bringt. Obwohl euer Ziel also die Zugreise ist, könnt ihr nicht sagen, daß das Boot, der Stock, die Pferdekutsche usw. unnütz sind. Ebenso solltet ihr wissen, daß alles, was ihr tut, um Gott zu verwirklichen, förderlich ist. Absolut nichts ist vergebens. Mit welchem Namen ihr IHN auch anruft, eure Bemühungen werden erfolgreich sein. Das Wichtigste ist, ständig in die Wiederholung Seines Namens vertieft zu sein.

Frage: „Mā, könnte es eine gemeinsame Religion für alle Menschen geben?"
Mā: „Wie sollte das möglich sein? Betrachte nur zwei Blätter, die nebeneinander aus einem Zweig eines Baumes wachsen. Wenn du sie sorgfältig in allen Einzelheiten vergleichst, wirst du feststellen, daß sie nicht genau gleich sind. Irgendwo wird man immer noch bestimmte Unterschiede bei beiden Blättern finden. Ebenso gibt es nirgendwo zwei Personen, die sich völlig gleich sind. So viele von euch haben sich hier versammelt. Ihr alle befindet euch auf verschiedenen Plätzen. Wenn also zwei von euch versuchen, zu mir zu kommen, können die beiden Wege, die zu mir führen, niemals dieselben sein, da ihr von verschiedenen Ausgangspunkten kommt. Ebenso kann der Weg zu Gott für zwei Menschen, wie sehr sie einander auch ähneln mögen, nie der gleiche sein. Somit können auch die Pfade der Gottsuchenden, d.h. ihre Religionen, niemals gleich sein.

Frage: „Mā! Krishna, Rāma, Shiva - wo liegt der Unterschied?"

Mā antwortete lächelnd ohne auch nur einen Augenblick zu überlegen: „Du bist gleichzeitig Vater, Sohn und Ehemann - was ist der Unterschied?"

Frage: „Mā! Ich habe eine Schwäche, nämlich den Wunsch nach Deiner Anerkennung."

Mā: „Ist das deine einzige Schwäche? Hast du alle anderen überwunden?"

Haribhajan oder Gottes Verehrung ist ein Weg, der dich zu Seiner Gegenwart führen kann. Das heißt nicht, daß es keine anderen Wege gibt. Du kannst von jedem Haus einer Ortschaft zum Bahnhof gehen. Das Wichtige ist, auf einem Weg zu bleiben und loszugehen!

Bei einem Treffen kam ein Streit auf: „Wer ist größer, Krishna oder Shiva?" Mā sagte schließlich lächelnd: „Alles ist in Ordnung. Wer auch immer irgendetwas sagt, hat von seinem eigenen Standpunkt aus recht."

Frage: „Über welche Gottheit solte ich beim Shivarātri-Fest* kontemplieren? Ich verehre Govinda**."

Mā: „Dein Ehemann ist gleichzeitig Sohn seiner Eltern und wiederum Vater deines Kindes - drei in einem! Was für eine Bildgestalt du auch verehrst, du verehrst Gott, den Geliebten. Wie auch immer du IHN anrufst, es ist Gott, den du suchst. ER allein IST. Wer erscheint als Vater, Sohn und Ehemann? ER und kein anderer. Einheit wird zu drei - Drei-Einigkeit."

Jemand erzählte Mā, die Schülerin eines bekannten Vaishnava-Gurus habe ihn über sieben Bewußtseinsstufen belehrt. Er

---

* Shivaratri: Fest zu Ehren Lord Shivas am 14. Tag der dunklen Hälfte des Mondmonats Februar/März, an dem 24 Stunden völlig gefastet wird, auch von Wasser, und in der Nacht bis zur frühen Morgendämmerung vier Pūjas vollzogen werden.
** Govinda: ein Name Shrī Krishnas

wollte nun von Mā wissen, ob diese Stufen für jeden Sādhaka gültig seien oder nur für Anhänger einer bestimmten Glaubensrichtung. Mā wich seinen Fragen zuerst aus, doch schließlich sagte Sie lächelnd: „Schau, was immer man über die verschiedenen Stufen von Sādhanā hören mag, wird stets in gewissem Maße mit dem übereinstimmen, was die Shāstras verkünden. Vielleicht kann man nicht alle Stufen in den Shāstras finden, doch einige sind sicherlich dort beschrieben. Und das Merkwürdige ist: Was auch immer verschiedene Menschen behaupten mögen, dieser Körper wird stets ihre gegensätzlichen Auffassungen versöhnen. Doch wohlgemerkt, jene, die Jñānis sind oder jene, die ihr für allwissend haltet, neigen für gewöhnlich nicht dazu, Wahrheit zu enthüllen. Selbst wenn sie dazu bereit sind – und unter bestimmten Bedingungen ergibt sich so eine Situation von Zeit zu Zeit – offenbaren sie bestimmten Personen nur soviel, wie es notwendig für sie ist. Solch eine Erklärung ist dann natürlich parteiisch. Wahrheit wird nicht als Ganzes offenbart. Dehalb heißt es, daß Höchste Wahrheit nie enthüllt wird. Ich habe zuvor mit dir über die verschiedenen Stufen von Sādhanā gesprochen. Du solltest verstehen, daß auch dies nur einen Teil des Ganzen offenbarte."

„Der gleiche spirituelle Weg ist nicht für jeden bestimmt. Brüder aus ein und derselben Familie werden ganz verschiedene Neigungen und Vorlieben haben. Einige mögen sich zum Vedānta hingezogen fühlen, andere zur Vaishnava-Lehre und wieder andere zur Shakti-Verehrung. Deshalb kann man nicht erklären, es gebe nur einen Pfad. Ja, das Wesen jedes Wahrheitssuchers hat seine eigene einzigartige Prägung und unterscheidet sich sowohl von gewöhnlichen Menschen als auch untereinander – doch sie alle müssen letztlich durch das Tor der WAHRHEIT gehen!"

Frage: „Müssen letztlich, wenn die Zeit ihrem Ende entgegengeht, alle in einem Ozean aufgehen? Doch wie kann dasselbe für Sucher gelten, deren Ziel so völlig verschieden ist, wie z.B. die Vaishnavas mit ihrem ‚sālokya', ‚samīpya'* usw. und die Vedānta-Anhänger mit ihrem Aufgehen im Selbst?"

Ein anderer Zuhörer: „Puffreis und Murmura sind Namen für ein und dieselbe Sache!"

Mā: „Wenn Puffreis und Murmura dasselbe sind, warum

---

* Sālokya – Art der Befreiung, bei der man auf den gleichen Planeten wie der Herr gelangt; Samīpya – Art der Befreiung, bei der man in ständiger Nähe des Herrn lebt.

sollten sie auf zweierlei Weise bezeichnet werden? Es muß irgendein Element in beiden existieren, in dem noch ein Unterschied besteht, obwohl beides letztlich nur Reis ist. Das Gefühl von ‚mein' und ‚dein' ist noch da. Was sagst du, Vater? (Gelächter) Denk daran, wenn über Glaubensrichtungen und spirituelle Wege gesprochen wird: Nur solange man sich noch auf dem Weg befindet, spricht man von ‚Wegen'."

Frage: „Wenn man die Ebene, auf der jeder Glaube einen verschiedenen Weg darstellt, transzendiert hat, gibt es keine Meinungsverschiedenheiten und Diskussionen mehr."

Mā: „In ‚es gibt nicht' ist ‚es gibt' ebenfalls enthalten, wie könnte das ‚es gibt nicht' sonst existieren? Die Leute sagen, sie gehörten einer bestimmten spirituellen Richtung an. Doch da, wo nicht mehr die Rede ist von irgendeiner Lehre oder Meinungsverschiedenheit, da liegt ER allem zugrunde – ER, der in all diesen zahllosen Erscheinungsformen gegenwärtig ist. Ob du von ‚Vielfalt' oder vom ‚EINEN' sprichst, hängt vom jeweiligen Standpunkt ab. Ein Same wird gesät, und ein Baum mit unzähligen Blättern und Blüten wächst heran, der wiederum unendliche Phasen von Wachstum und Ruhe offenbart – und doch ist es letztlich <u>ein</u> Baum.

Jeder Glaube, jede <u>Lehre</u>, hat ihren eigenen Weg. Solange du dich auf einem bestimmten Pfad befindest, existiert nur dieser Pfad für dich. Nun, lassen wir diesen Punkt jetzt auf sich beruhen. Nicht wahr, Vater, du fragtest, wie Menschen, die völlig verschiedene Ziele anstreben, letztlich – wenn die Zeit ihrem Ende entgegengeht – in einem Ozean aufgehen können? Wenn du von einem ‚Ende' sprichst, so bewegt sich das noch in der Begrenzungen der Zeit. Doch wo von ‚Ende' oder ‚Zeit' nicht mehr die Rede sein kann, <u>da</u> werden alle vereint.

Die GANZHEIT jenseits von Dualität und Nicht-Dualität

Sich selbst mit Sich selbst durchdringend, in Sich Selbst ruhend - wahrlich, das ist DAS.

Am Strand von Kap Comorin kann man beobachten, wie sich eine Welle nach der anderen erhebt, gegen die Felsen prallt, sich bricht und wieder im Unendlichen aufgeht - niemand weiß wohin. Auch diese Welt kann einem weiten Ozean verglichen werden. Wieviele Wesen ohne Zahl werden jeden Augenblick geboren und sterben wieder, und wohin sie gehen, wenn sie unserem Auge nicht mehr sichtbar sind, kann der menschliche Verstand nicht fassen. Der ständige Fluß, in dem sich die Natur befindet, veranschaulicht nur die Tatsache, daß Geburt und Tod in Wirklichkeit nicht existieren. Es gibt nur ein Höchstes Wesen, das sich in unendlichen Formen, in zahllosen Erscheinungsweisen des Lebens manifestiert. Lerne, die Schönheit in den Naturgesetzen zu sehen und ihre unparteiische Gerechtigkeit - und spontan wirst du beginnen, über den Schöpfer aller Dinge zu kontemplieren und erkennen, daß in Wirklichkeit nur ER existiert und nichts außer IHM.

Dieser Körper erklärt immer wieder: Das Selbst ist <u>eins</u>! Wie kann es da Trennung oder Entfernung geben?"

Seien es Bäume, Blumen, Tiere oder welche Lebewesen auch immer auf der ganzen Welt - ihre Geburt ist fürwahr deine Geburt, und ihr Tod ist dein Tod. Auf der Ebene, wo alles in dir enthalten ist und du auch in allem anderen existierst, da ist nur der EINE, ER allein.

Frage: „Wenn das Selbst eins ist, warum wird das Leid eines Menschen nicht von anderen mitgefühlt?"
Mā: „Es wird solange nicht geteilt, wie ein Gefühl von Getrenntheit existiert. Solange es ‚Andere' gibt, ist eine Erfahrung getrennt. Wo jedoch keine Unterschiede mehr gefühlt werden, wirst du das Leid aller als dein eigenes empfinden.

Wenn die Unterscheidung zwischen Erkennendem, der Erkenntnis und dem Objekt der Erkenntnis aufhört, hat man Einheit verwirklicht.

Im Mai 1941 war Mā im Kishenpur Āshram in Dehradun. Nach 17 Uhr kam Sie herunter und saß in der Halle. Manmatha Babu, Hari Rām Joshi und andere verabschiedeten sich einer nach dem anderen. Swāmī Akhandānanda rief: „Nun sind alle gegangen!" Mā bemerkte lachend: „Wenn gesagt wird: ‚Jeder ist fortgegangen' muß man verstehen, daß von einer Sicht her niemand gegangen ist, da es in Wirklichkeit kein Kommen und kein Gehen gibt. Jeder und alles ist immer und überall gegenwärtig. Auf der Ebene der GANZHEIT trifft die Aussage, daß etwas existiert oder nicht existiert, nicht zu, und doch ist wiederum alles richtig. Vom Gesichtspunkt der GANZHEIT aus kann man nicht behaupten, daß einige Dinge da sind und andere fehlen. Denn was existiert, existiert gleichzeitig nicht, und das wiederum, was nicht existiert, existiert. Was vollständig ist, ist in jeder Hinsicht vollständig. Ein Teil der Ganzheit ist genauso vollkommen wie das Ganze selbst.

Angenommen, ihr entzündet eine kleine Kerze von einem großen Licht, so ist das Licht der Kerze nur ein Teil des großen Lichts. Durch das Anzünden der Kerze wurde das große Licht jedoch in keiner Weise geringer, und doch sind potentiell die ganze Kraft und die Eigenschaften des großen Lichts im Kerzenlicht enthalten.

Nun bedenkt noch etwas: Obwohl ihr selbst jeweils ein einzelnes Wesen seid, seid ihr von einem anderen Gesichtspunkt her gesehen auch viele. Dieselbe Person kann Vater, Ehemann, Sohn, Onkel, Cousin, Neffe usw. sein, doch diese verschiedenen Beziehungen tun seiner Identität als Einzelwesen nicht den geringsten Abbruch. Und auch was diese verschiedenen Aspekte betrifft, so ist ein jeder von ihnen in sich vollständig. Sagt ihr nicht, das ganze Universum sei bereits in einem kleinen Sandkorn enthalten? Wenn jedes Atom oder atomare Teilchen die ganze Welt enthält, kann man nicht sagen ‚dies ist nicht da' oder ‚das ist nicht da'! deshalb sage ich, aus der Sicht der GANZHEIT kann man nicht behaupten: „Jeder ist fortgegangen!" In Anbetracht dessen, daß alles vollständig ist, gibt es so etwas wie Schöpfung oder Zerstörung nicht, und gleichzeitig existieren Schöpfung, Erhaltung und Zerstörung nebeneinander."

Prajñānānanda Brahmacāri: „Was ist dann der Maßstab für Wahrheit?"

Mā (lächelnd): „Der Maßstab für Wahrheit ist Wahrheit. Alles, was existiert, ist wahr."

Brahmacāri: „Nicht alles kann wahr sein, nehmen wir nur das Beispiel ‚das Ei eines Pferdes' oder ‚das Horn eines Kaninchens' (Illustrationen, die oft im Vedānta vorkommen). Diese sind mit Sicherheit nicht wirklich!"

Mā: „Selbst sie sind auf gewisse Weise wirklich. Weil es durchaus einige gibt, die nicht nur von einem Pferde-Ei sprechen, sondern es sogar erschaffen können. Mahāpurushas (außergewöhnlich entwickelte Wesen) können alles Mögliche durch ihre Willenskraft hervorbringen. Aber von einer Ebene aus kannst du schon sagen, daß ein Pferde-Ei oder das Horn eines Kaninchens nur falsch sein können. Das heißt, wenn Leute auf einer bestimmten Ebene erklären, daß ein Pferde-Ei etwas Falsches ist, so ist das von ihrem Standpunkt aus wirklich so."

Amulya Datta Gupta: „Ich habe gehört, daß wir nichts denken oder uns überhaupt vorstellen können, was nicht existiert."

Mā: „Ja."

A.D.Gupta: „Wie ist es dann möglich, von einem ‚Pferde-Ei' oder dem ‚Horn eines Kaninchens' zu sprechen?"

Mā: „Obwohl ein ‚Pferde-Ei' nicht physisch existiert, kann es doch in der Vorstellung existieren. Mit anderen Worten, obwohl es physisch unwirklich ist, kann es dennoch in der Vorstellung wirklich sein. Nur weil ein ‚Pferde-Ei' in der Vorstellung existieren kann, ist es möglich, davon zu sprechen."

Für eine selbstverwirklichte Seele existiert weder die duale Welt, noch der Körper. Wenn keine Welt existiert, kann es selbstverständlich auch keinen Körper geben!

Wer sagt, der Körper existiert? Von Name und Form kann einfach keine Rede sein. Sich zu fragen, ob ein Verwirklichter noch irgendetwas als außerhalb seiner sieht, ist ebenfalls überflüssig. Zu wem könnte er sagen „gib, gib"* - sind doch die eigenen Bedürfnisse die Ursache dafür, daß man den Körper für wirklich hält. Da also keine Welt und kein Körper existiert, kann es auch keine Handlung geben, das ist einleuchtend. Um es ganz klar zu machen: Nach der Selbstverwirklichung gibt es keinen Körper, keine Welt und keine Handlung - nicht einmal die winzigste Möglichkeit von alldem

---
* Deo: gib - Deho: Körper

– und die Auffassung „es gibt nicht" existiert ebenfalls nicht. Worte zu gebrauchen oder nicht zu sprechen ist genau dasselbe, zu schweigen oder nicht ist identisch – alles ist nur DAS.

Frage: „Was ist der Unterschied zwischen einer göttlichen Inkarnation und einem Sādhaka? Wie kann ein gewöhnlicher Mensch zwischen beiden unterscheiden?"

Mā schwieg eine Weile und sagte dann: „Ein gewöhnlicher Mensch kann einen Avatār nicht als solchen erkennen, es sei denn, Er Selbst offenbart Sein wahres Wesen. Das Leben eines Sādhakas ist durch selbstauferlegte Regeln eingeschränkt, während ein Avatār völlig frei ist. Obwohl alles spontan von Ihm vollbracht wird, wie es sein sollte, ist Er doch durch nichts gebunden. Wer Unterscheidungsvermögen besitzt, kann den Unterschied erkennen, obwohl es für den Durchschnittsmenschen schwer zu verstehen ist."

Frage: „Mā, wenn man Geburt und Tod transzendiert hat, existiert man dann noch in einem Ätherleib?"

Mā: „Der Ätherleib ist ebenfalls vergänglich. Dennoch nehmen Mahāpurushas (außergewöhnlich verwirklichte Wesen) oft, aufgrund innerer Neigungen, bestimmte Körper an. Trotzdem können einige, selbst wenn sie einen bestimmten Körper angenommen haben, im Höchsten Sein verwurzelt bleiben. Und auch die gleichzeitige Existenz in einem formlosen Zustand ist möglich."

Als der Heilige Shrī Triveni Puri Mahārāj aus Khanna seinen Körper aufgab, sandte Mātājī folgende Botschaft an seinen großen Verehrer Shrī Krishnānandajī Avadhuta: „Hinter Vereinigung und hinter Trennung verbirgt sich nur ER, der Höchste Selber."

Man mag fragen: „Wenn das Selbst eins ist, warum bewirkt der Tod von X nicht auch den Tod von Y?" Tod und Geburt sind für das Selbst wie das Aufkommen und Abklingen einer Brise für die Luft. Wir fühlen die Luft nur, wenn Bewegung darin ist. Wir spüren sie nicht, wenn keine Strömungen da sind. Geburten und Tode, Manifestation und Nicht-Manifestation verweisen auf die Gegenwart <u>eines</u> unwandelbaren Bewußtseins.

Du und ich sind zwei Personen, und doch sind du und ich eins, und der Raum zwischen uns, auch das bin ich selbst: jegliche Zweiheit steht außer Frage. Anhaftung und Haß entstehen aus dem Gefühl der Dualität.

Wie kann es beides geben – die Welt und den EINEN? Auf dem Weg scheinen zwei da zu sein: Gott und die Welt. Aber wenn man das Ziel erreicht hat, gibt es nur EINEN. Was weltliches Leben ist, hast du bereits erfahren. Wer gehört dir? Nur dein Guru, dein Ishta – in IHM wirst du alles, jeden, finden.

Frage: „Teilt sich der Ātmā (das Selbst) oder nicht? Was bedeutet es, wenn der Ātmā mit dem Paramātmā (dem Höchsten Kosmischen Selbst oder der Überseele) vereint wird?"
Mā: „Wenn sich der Jīvātmā (das individuelle Selbst) mit dem Paramātmā vereinigt, werden sie eins. Wenn ein Wasserkrug in den Ozean entleert wird, bleibt das Wasser Wasser, nur wird es nicht mehr Krugwasser, sondern Meerwasser genannt. Ähnlich ist es, wenn sich das individuelle Selbst mit dem Kosmischen Selbst vereint."

‚Nichts' ist an dieser Welt – und doch jagt jeder wie verrückt diesem ‚Nichts' nach – einige mehr, einige weniger...Was für eine Komödie ist Gottes Spiel! Was für eine Irrenanstalt! ER Selbst spielt mit Sich Selbst!
Der Mensch ist niemand anders als das SELBST, doch fälschlicherweise faßt er sich als getrenntes Individuum auf, dessen Aufmerksamkeit um den Körper kreist und das sich mit einem bestimmten Namen identifiziert. Alles Leid entsteht nur daraus, daß Verschiedenheit wahrgenommen wird, wo doch nur EINES existiert.

Frage: „Sieht Gott uns?"
Mā: „ER sieht uns als Formen Seiner Selbst."

Frage: „Warum schenkt Gott nicht allen Seine Gnade?"
Mā: „Für Gott gibt es keine ‚Anderen'."

Frage: „Mā, existieren Shiva, Vishnu und Brahmā wirklich oder sind sie nur Produkte der Phantasie?"
Mā: „Sie alle existieren."
Frage: „Man sagt, sie haben Hände und Füße. Haben sie solche Körper?"
Mā: „All das ist richtig. Solange Wahrnehmung existiert, gibt es Schöpfung, Erhaltung und Absorbierung, und die Verkörperungen dieser drei Vorgänge sind Brahmā, Vishnu und Shiva. Wenn du sagst, sie existieren nur in der Vorstellung, so existierst auch du nur in der Vorbestellung. So wie man sagt, das und das Dorf gehört dem und dem Grundbesitzer, ebenso gibt es auch Brahmaloka, Vishnuloka und Shivaloka." Dabei lachte Mā und sagte: „Schöpfung, Erhaltung und Absorbierung ereignen sich andauernd."

Frage eines Europäers: „Du sagst, alle sind Gott, aber sind nicht einige Menschen mehr Gott als andere?"
Mā: „Für den, der diese Frage stellt, ist es so. Doch in Wirklichkeit ist Gott überall gleichermaßen in Seiner Fülle gegenwärtig."
Frage: „Hat meine Individualität als solche dann gar keine Substanz? Gibt es nichts in mir, was nicht Gott ist?"
Mā: „Nein. Selbst im ‚Nicht-Göttlichen' ist nur Gott. Alles ist ER."
Frage: „Wenn es nur EINS gibt, warum existieren so viele verschiedene Religionen auf der Welt?"
Mā: „Weil ER unendlich ist, gibt es unendlich viele verschiedene Auffassungen von IHM und Pfade, die zu IHM führen."

Wenn ihr in der Überzeugung lebt, daß Gott in engster Beziehung zu euch steht, werdet ihr allmählich erkennen, daß es nichts außer Gott gibt.

Shrī Krishnas Spiel ist völlig transzendental. Als Krishna die Butter der Gopīs stahl, riefen sie: „Warum stiehlst Du?" Der Herr erwiderte: „Ich allein existiere in allen Formen. Es gibt keinen Zweiten. Wessen Dinge kann ich somit stehlen?"

Frage: „Ist das Formlose der Wahrheit näher als der gestalthafte, persönliche Gott?"
Mā: „Ist Eis etwas anderes als Wasser? In SEINER Gestalt ist ER ebenso gegenwärtig wie im Formlosen. Wenn man sagt, es gibt nur ein unpersönliches Selbst, und alle Formen sind Täuschung, so würde das bedeuten, daß das Formlose der Wahrheit näher ist als der persönliche Gott. Doch für diesen Körper sind sowohl Form als auch Formlosigkeit nur ER und ER allein."

Es gibt einen grundlegenden Unterschied zwischen weltlichem Wissen und dem Wissen über die Absolute Wirklichkeit. Wenn man ein bestimmtes Gebiet weltlichen Wissens studiert, meistert man freilich jenes Fach, doch andere Fächer beherrscht man nicht. Im Falle von Brahmavidyā jedoch erlangt man vollständiges Wissen über alles, sobald das Ziel einmal erreicht ist, selbst wenn der Weg an eine bestimmte Religion oder Glaubensrichtung gebunden war.

Frage: „Darf ich Dir eine Frage stellen, Mā? Aber Du mußt eine Antwort geben, die ich auch verstehen kann!"
Mā: „Gut – wenn sie kommt..."
Frage: „Wenn Höchstes Wissen (Jñāna) erlangt wurde, erinnert man sich noch daran, daß man einmal in Unwissenheit war?"
Mā: „Gleichzeitig mit Höchster Erkenntnis wird Ewigkeit offenbar. Wie kann man sagen: ‚Unterhalb des Lichts ist Dunkelheit'? Man befindet sich doch im Licht. Was ist Dunkelheit? Wer? Von welchem Standpunkt aus spricht man so? Aber

zu meinen, daß es aufgrund des Lichts keine Dunkelheit gibt und aufgrund der Dunkelheit kein Licht - das ist nicht richtig.

Aus einer bestimmten Perspektive verhält es sich etwa so - man fühlt: Wann war ich wirklich unwissend? Es ist ganz klar ein Irrtum, wenn man sagt ‚ich war' oder ‚ich wurde'. ES IST - das ist die Wahrheit. Das, was unzerstörbar ist, ist nie zerstört worden, noch wird es jemals zerstört werden. Gut - du erinnerst dich aber noch an die Zeit, bevor du das Alphabet lerntest, nicht wahr? Das heißt, kann man sich während der Vorbereitung auf das Universitätsexamen daran erinnern, wie man einmal für das Abitur lernte? All diese Stufen existieren nicht getrennt, alle sind ER. ER ist Licht aus eigenem Licht. Verstehe dies jetzt! Doch zu sagen ‚Unwissen existiert, und Wissen existiert auch' - das ist nicht richtig.

Es kommt ein Augenblick, wo LICHT ist, so wie bei Sonnenaufgang alle Dunkelheit weicht. Wenn Höchste Erkenntnis eintritt, weiß man: „Ich bin schon immer DAS gewesen, was IST." Da die GANZHEIT erkannt wurde, begreift man, daß man nie in Unwissenheit war. Wann vollzieht sich Erschaffung, wann Erhaltung und wann Zerstörung? Abtrennungen existieren nicht mehr."

Mā: „Jemand, der völlig (im Göttlichen) versunken ist, spricht nicht*. Tatsächlich existiert für ihn nichts (Getrenntes), was hätte er also mitzuteilen? Wenn etwas übrig geblieben wäre, was er nicht transzendiert hätte, dann würde er etwas sagen."

Frage: „Aber er wird doch sicher zumindest über den Pfad sprechen?"

Mā: „Damit würdest du sagen, daß sich der Erklärende selbst noch auf dem Weg befindet, während Er in Wirklichkeit überhaupt nicht spricht. Er ist DAS, WAS IST. Wenn Er spricht, spricht Er daher nicht so wie ihr. Für euch sieht es so aus, als ob Er spräche, doch in Wirklichkeit sagt Er nichts. Aufgrund eurer vorgefaßten Ansichten seht ihr etwas. Doch ER betritt niemandes Haus, weder ißt Er, noch geht oder spricht Er. Das ist die Wahrheit. Alles, was ist, ist ER. Obwohl Er sich ändert, verändert Er sich doch nie, obwohl Er handelt, handelt Er nicht. Wenn jemand behauptet ‚Er ißt, spricht, sieht und hört', so mag er sagen, was er will. Wie kann Er

* in dem Sinn, daß für ihn Sprecher, Gesprochenes oder jemand, zu dem er spricht, als vom Sein und untereinander getrennt existieren.

‚etwas' tun, wo nichts (Getrenntes) mehr existiert?...DA kann man nicht mehr von Wissen oder Nicht-Wissen sprechen, man kann nicht sagen ‚ich weiß'. Wirkliches Wissen bedeutet: Was ist - IST - Offenbarung des Selbst. Zu sagen ‚ich weiß' beinhaltet, daß es etwas Zweites außer mir gibt. Aber Offenbarung ist ständig gegenwärtig, so etwas wie Nicht-Offenbarung existiert nicht - nur die Überschattungen müssen beseitigt werden. Selbst wenn der Schleier noch nicht zerrissen wurde, leuchtet das Licht dennoch ständig. Wer auf der Ebene lebt, auf der Wissen und Unwissen existieren, für den sind Wissen und Unwissenheit eine Realität. Für den, der an die Wirklichkeit der Sinneserfahrung (drishti srishti) glaubt, gibt es Vergehen und Entstehen (Tod und Wiedergeburt). Doch ER ist DAS, WAS IST."

Du bist unvollkommen, es fehlt dir etwas, und deshalb sehnst du dich nach Erfüllung. ‚Körper'* bedeutet das, was vergeht, was ständig im Wandel ist. Wenn kein Bedürfnis und kein Wunsch mehr existiert, dann existiert so ein Körper, der ständig dem Prozess des Vergehens unterworfen ist, nicht. Daher kann nach der Gottverwirklichung nicht mehr von so einem Körper die Rede sein, denn das Selbst ist offenbar geworden.

Frage: „Mā, heute morgen sagtest Du, daß ER Selbst Seine Schöpfung schafft, erhält und wieder auflöst. Aber ist dann Seine Vorliebe nicht der Grund dafür, daß es so viele Unterschiede und Disharmonie in der Welt gibt? Und wenn ER außerdem noch weiß, daß all dies unwirklich ist, wieso zieht man uns dann in dieses Spiel der Täuschung und läßt uns müde und erschöpft werden? Und warum nehmen wir so oft fröhlich an diesem falschen Spiel teil, selbst nachdem wir es als Täuschung erkannt haben?"
Mā: „Weil wir dies nicht wirklich und voll erkennen. Wenn wir ganz verstehen, was WIRKLICHKEIT ist, können wir uns nie wieder in dem Spiel verlieren. Natürlich können wir spielen, aber wir können nie wieder davon überschattet werden. Man sieht selbst befreite Wesen (Jīvan Muktas) am Spiel der Welt teilnehmen, aber sie sind absolut unberührt von dem Spiel,

---

* Das Bengali-Wort für ‚Körper' ist ‚shorir' und das Verb ‚shora' bedeutet ‚sich weiterbewegen, hinweggleiten'.

und somit kann kein neues Karma erzeugt werden. Das durch Prārabdha Karma aufrechterhaltene Spiel kommt automatisch zu einem Ende, so wie eine Töpferscheibe sich einfach noch eine Weile weiterdreht, nachdem man schon mit der Arbeit aufgehört hat. Wir wissen, wenn wir unsere Hand ins Feuer halten, verbrennen wir uns - fassen wir also nochmal ins Feuer? Wenn wir daher wirklich begriffen haben, nehmen wir nicht mehr am Spiel teil. Was wir glauben oder wissen, haben wir vom Hörensagen, d.h. entweder von anderen gehört oder in Büchern gelesen, aber wo ist die wirklich feste Überzeugung? Und was die Frage nach Gottes Voreingenommenheit betrifft, so sind wir diejenigen, die Vorlieben haben, deshalb schreiben wir auch IHM diese Eigenschaft zu. Aber kann ER in Wirklichkeit jemals voreingenommen sein? Fürwahr, es gibt nichts außer dem EINEN - für wen kann ER da voreingenommen oder nicht sein? Ja, ER SELBST spielt doch in einer Vielfalt von Erscheinungsweisen - das ist SEIN Līlā. Wenn ich einen meiner Arme in eine Decke einwickele und den anderen draußen lasse, mag der erste prahlen: „Schau, wie er mich warmhält, weil er mich liebt." Und der andere mag sich beklagen, daß er sich vernachlässigt und der Kälte ausgesetzt fühlt: die Voreingenommenheit Gottes, von der du sprichst, ist genauso. In Wirklichkeit sind Hoch und Tief, Glück und Leid Geschwisterpaare, d.h. nur das Spiel der einen oder anderen Erscheinungsweise und sonst nichts. Die ganze Schöpfung ist nur ein Spiel oder Līlā. So wie ihr euren Körper mit verschiedenen Kleidern bedeckt, euch an euren Arbeitsplatz begebt und euch schließlich wieder auszieht, wenn es euch danach ist, ebenso hüllt ER Sich in Seine eigene Māyā ein und spielt in verschiedenen Stimmungen und mannigfachen Formen. Wie kann da die Frage von Voreingenommenheit aufkommen?"

Frage: „Und doch sind wir diejenigen, die leiden!"

Mā: „Schaut, einst ward ihr frei. Dann habt ihr aus eigenem Antrieb geheiratet und Kinder bekommen, und nun sagt ihr wieder: ‚Wie werde ich frei?' Wenn ihr Glück erfahrt, müßt ihr auch Leid erfahren. Wo kein Glück ist, da ist auch kein Leid - so wie im Zustand von Jīvanmukti (Befreiung, während man noch im Körper lebt) zwar alle Aktivitäten äußerlich stattfinden, doch da ist weder Vergnügen noch Leid."

ER allein IST - daher kann von Anerkennung oder Leugnung überhaupt keine Rede sein. Ist ER jemals ‚entstanden', daß da eine Möglichkeit wäre, IHN abzulehnen oder anzuerkennen? ER ist anfangslos und wurde niemals geboren. Von einem Standpunkt aus ist es richtig, daß diese Welt nicht existiert und daß die WAHRHEIT durch Austilgen von Name und Form (d.h. von allem Vergänglichem) erkannt wird. Auf der anderen Seite bestehen Name und Form aus Akshara*, aus dem Unzerstörbaren. Doch dem Wesen nach ist DAS die Wahrheit. Die Erscheinung der phänomenalen Welt (bedingt durch fehlerhafte Wahrnehmung) und ihr Verschwinden (aufgrund richtiger Erkenntnis) sind letztlich ein und dasselbe: beides ist ER. Zum anderen gibt es jedoch gar keinen Irrtum aufzudecken, denn ER allein existiert, die Eine Grundlage alles Seienden. Indem wir IHN als Ziel vor Augen haben, müssen wir den Irrtum, daß es überhaupt so etwas wie Irrtum gibt, ausmerzen. Diese Gespräche tragen einfach dazu bei, das Verständnis zu erleichtern.

Das Studium heiliger Schriften und ähnlicher Bücher - vorausgesetzt, man übertreibt es nicht, kann einem dabei helfen, die WAHRHEIT zu verstehen. Solange man das Gelesene nicht selbst verwirklicht hat, d.h. solange es noch nicht zu eigener lebendiger Erfahrung geworden ist, hat es seinen Zweck nicht erfüllt. Ein Same, der nur in der Hand gehalten wird, kann seine Bestimmung nicht erfüllen: er muß zu einer Pflanze heranwachsen und Früchte tragen, um all seine Möglichkeiten zu manifestieren. In dem Zustand jedoch, in dem man weder von Offenbarung noch von Verhülltsein mehr sprechen kann, ist das bereits Sichtbare und auch das noch Entstehende ewig gegenwärtig. Auf einer bestimmten Ebene erhascht man flüchtige Eindrücke, gleichsam Funken der WIRKLICHKEIT, auch das ist ein bestimmtes Stadium. Man kann das Geschaute nicht verstehen und ist daher verwirrt. Es gibt fürwahr endlos viele Stufen und Zustände. Die Brennkraft des Feuers ist in sich eins und ungeteilt, doch wie können sogenannte flüchtige Eindrücke oder Funken die Fülle des Ganzen enthalten? Nur wo jene Ganzheit ist, kann von Getrenntheit und Abstufung nicht mehr die Rede sein. Wirkliches Erwachen ist notwendig, ein Erwachen, wonach nichts mehr zu erreichen bleibt. Die Welt der Sinnesobjekte mag wahrgenommen werden oder nicht, es bleibt sich gleich. Ein Zustand existiert, in dem das wirklich so ist.

Was immer jemand tun mag, gehört zum Bereich des Todes, der ständigen Veränderung. Nichts kann ausgeschlossen werden. DU erscheinst in Form von Tod und in Form von Verlangen, DU bist Entwicklung, und DU bist Sein, DU bist sowohl Verschiedenheit als auch Einssein - denn DU bist

---

* Akshara bedeutet sowohl ‚unzerstörbar' als auch ‚Buchstabe'

unendlich, endlos. DU offenbarst Dich in der Natur. Von welchem Standpunkt aus auch immer etwas behauptet wird, ich wende nie etwas dagegen ein. Denn ER enthält alle Möglichkeiten, ER allein existiert – der EINE, der gleichzeitig gestalthaft und gestaltlos ist. In eurem jetzigen Zustand kann sich euer göttliches Wesen nicht offenbaren. Wenn ein Dach gebaut wird, ist es in der Regel so, daß die verarbeiteten Materialien darin bleiben. Egal, wie lange es dauern mag, das Dach muß fest werden. Ebenso (kein Beispiel ist vollkommen) identifiziert ihr euch mit der jeweiligen Arbeit, in der ihr ausgebildet seid und glaubt, sie macht eure wirkliche Natur aus. Soweit so gut – doch wo bleibt die Ganzheit eures Wesens, das sowohl manifestiert als auch unmanifest ist? Deshalb solltet ihr ergründen: Was ist es, das erreicht werden muß? Ihr werdet euer Selbst in seiner Ganzheit verwirklichen müssen. Nein, des Selbst voll bewußt zu werden reicht sogar noch nicht, ihr müßt euch jenseits von Bewußtsein und Unbewußtheit begeben. DAS muß offenbar werden. Ihr müßt weiter euer Unterscheidungsvermögen einsetzen und euer Denken davon überzeugen, daß Japa, Meditation und andere spirituelle Übungen letztlich euer ERWACHEN bezwecken. Auf dieser Pilgerreise darf man nie erlahmen: Bemühung ist das, worauf es ankommt. Daher sollte man immer in dieses Streben vertieft sein, ja der Wunsch, mit deinem Selbst vereinigt zu werden, sollte dein Inneres ganz und gar durchdringen. DU bist es, der in der Not um Hilfe ruft, und DU bist es, der WEG und ZIEL gleichzeitig ist. Um dies zu erkennen, muß sich der Mensch intensiv und unaufhörlich um Einsicht bemühen.

Ein Baum wird an seinen Wurzeln bewässert. Die ‚Wurzel' des Menschen befindet sich im Gehirn, wo sein Denkvermögen, sein Intellekt ständig aktiv ist. Durch Japa, Meditation, das Studium heiliger Schriften und ähnliche Übungen macht man Fortschritte zum ZIEL. Deshalb sollte der Mensch sich diese Übungen auferlegen, sein ganzes Augenmerk auf das EINE richten und den Weg weitergehen. Welche Verpflichtungen, Einschränkungen oder Enthaltsamkeitsübungen er sich auch auferlegt, sie alle sollten sich auf das Höchste Ziel des Lebens richten. Mit unbezähmbaren Eifer muß man die Erkenntnis des eigenen Selbst anstreben. Ob man den Pfad der Hingabe wählt, wo das ‚ich' im DU aufgeht oder den Pfad der Selbsterforschung auf der Suche nach dem wahren ICH – ER allein ist es, der sowohl im DU als auch im ICH gefunden wird.

Warum sollte die Aufmerksamkeit zielgerichtet sein, wenn man sich auf dem Weg befindet? Die Aufmerksamkeit ist ER und das ‚warum' ist auch ER. Was auch immer sich irgendwo offenbart oder verbirgt, wie auch immer es sein mag, DU bist es, DAS ist es. Verneinung ebenso wie Bejahung bist nur DU - das EINE. Dies werdet ihr erst dann voll verstehen, wenn ihr entdeckt, daß alles in euch selbst enthalten ist - mit anderen Worten, in dem Zustand, wo nichts außer dem Selbst existiert. Deshalb solltet ihr auf dem Weg euren Blick auf das EWIGE richten. Selbst wo ihr Begrenzung wahrnehmt, ist dies eine Manifestation des Grenzenlosen, Unendlichen. Wie kann man von völliger, allumfassender, vollkommener Verwirklichung - wie ihr es auch nennen mögt - sprechen, solange dies nicht offenbar ist? Und wie kann andererseits noch von Vollkommenheit oder Unvollkommenheit, von Vollständigkeit oder Unvollständigkeit in so einem Zustand der Erfüllung die Rede sein?

Jemand erklärte, daß Vedānta und Bhaktī zwei völlig verschiedene Pfade oder Lehren seien.
Mā: „Wo es Lehren gibt, kann es keine Allumfassendheit geben*. Was von einem Standpunkt aus betont wird, wird von einem anderen Standpunkt aus zurückgewiesen. Wo aber liegt der Zustand, in dem Bhedābheda, Verschiedenheit und Gleichheit, ganz aufhören zu existieren? Einige behaupten, die Auffassung von Rādhā und Krishna sei völlig vedantisch, denn Krishna kann nicht ohne Rādhā sein und Rādhā nicht ohne Krishna - sie sind zwei in einem und eins in zweien."
Frage: „Es heißt, Gottes ewiges Spiel gründet sich auf Dualität."
Mā: „Selbst das Akzeptieren der Dualität findet innerhalb der Einheit statt - diese Meinung vertreten einige."
Frage: „Was ist die eigentliche Bedeutung von Begriffen wie Dhāma, Līlā, Parikara**?"
Mā: „Sie sagen, daß selbst inmitten dieses göttlichen Spiels die Einheit unversehrt bleibt. In diesem Spiel kostet man

* Wortspiel: ‚Vāda' bedeutet ‚Lehre' auf Sanskrit, und das Bengaliwort ‚bāda' bedeutet ‚Ausschluß' - die Buchstaben v und b klingen in Bengali gleich.
**Begriffe, die häufig in der Vaishnava-Literatur auftauchen, welche die Philosophie der göttlichen Liebe und ihre Erfüllung auf einer göttlichen oder überweltlichen Ebene behandelt. Dhāma entspricht etwa dem christlichen ‚Königreich Gottes' und bezeichnet die rein spirituelle Welt, in der nichts Materielles mehr existiert und in der Shrī Krishnas Spiele mit Seinen Gefährten und Dienern ewig stattfinden. Līlā = das göttliche Spiel, dessen Ziel darin besteht, den Gottliebenden je nach der Art und Weise ihrer Gottesliebe Freude und Glückseligkeit zu schenken. Parikara sind die Gefährten, die an diesem Spiel teilnehmen.

Rasa*, der einzigartig ist. Und im Vedānta kann ebenfalls nicht von Dualität die Rede sein. Obwohl es so scheint, als zeige sich dem Anblick des Bhaktas Dualität, ist auch hier nichts anderes als Einheit. Wenn man die Dinge nicht durch die Augen des Bhaktas sieht, kann man das nicht begreifen. Von seinem Standpunkt aus erscheint es so.

Angenommen, der Guru gibt dem Schüler bei der Initiation die Unterweisung, Rādhā und Krishna zu verehren und sich selbst als Diener und Rādhā-Krishna als seinen Meister zu betrachten. Wenn er sich regelmäßig einer solchen Verehrung und so einem Dienst widmet, kann folgende Entwicklung stattfinden: Zuerst fühlt man, daß der Raum, in dem die Zeremonie ausgeführt wird, der Gottheit geweiht werden muß, und daß ER mit Lichtern, Weihrauch usw. (Āratī) verehrt werden sollte. Wenn man Tag für Tag diese Anbetung vollzieht, beginnt man zu fragen: ,Ist mein HERR so klein wie dieses kleine Bild? Wohnt ER nur in meinem Heiligtum und sonst nirgends?' Wenn man Seinen Dienst ausführt, spürt man allmählich, daß alles IHM gehört. Dieses Gefühl erfaßt dich und verbreitet sich wie eine ansteckende Krankheit. Jemand sagte einmal: ,Wagt euch nicht zu Ānandamayī Mā, bei ihr sind die Pocken.' (Gelächter) Zielstrebige Hingabe ruft tieferes Verstehen hervor, welches sich im Handeln ausdrückt. Das Licht des HERRN läßt sich auf den Devotee herab, Seine Kraft erwacht in ihm, und als Ergebnis erblüht tiefe innere Einkehr.

Dann folgt ein Stadium, in dem man eine Vision des GELIEBTEN haben mag – zum Beispiel während man die Pūjāgefäße reinigt, oder man schläft und sieht IHN neben dem Bett stehen. Schaut, zuerst dachte man, daß der HERR im Gebetsraum gegenwärtig sei, aber nach und nach ist man imstande, IHN hier und dort wahrzunehmen. In einem weiteren Stadium sieht man IHN nicht mehr an besonderen Orten, sondern wo immer man auch seine Augen hinwendet: Man sieht IHN auf Bäumen sitzen, im Wasser stehen, und auch in Tieren wird ER wahrgenommen. Jedoch ist selbst hier die Schau von IHM nicht ununterbrochen.

Dann kommt eine Zeit, in der der GELIEBTE einen nie mehr verläßt: Wo immer man auch hingeht, ER ist immer da und SEINE Gegenwart ist ständig fühlbar.

Wie sieht nun die nächste Stufe aus? Die Form, die Art und

---

* Rasa: transzendentaler Wohlgeschmack, liebevolle Stimmung oder Haltung, die der Gottliebende in Beziehung zum göttlichen Geliebten empfindet, der Geschmack überweltlicher Freude im Zustand ekstatischer Vereinigung.

das Aussehen des Baumes – alles ist der HERR. In einem früheren Stadium nahm man IHN in allen Objekten wahr, aber nun wird ER nicht mehr in den Objekten gesehen, denn es existiert nichts außer IHM allein. Bäume, Blumen. Wasser und Land – alles ist der GELIEBTE und nur ER. Jede Form, jede Seinsweise, jeder Ausdruck – was immer existiert, ist ER, es gibt nichts außer IHM. Es kann geschehen, daß ein Sādhaka den Rest seines Lebens in diesem Zustand bleibt.

Wenn alles der HERR ist und nichts als ER, muß der eigene Körper auch ER sein – die Eine Existenz. Wenn man sich in diesem Zustand befindet, tief versunken in Dhyāna, ist keine körperliche Aktivität – sei es ein Ausführen von Zeremonien oder Dienen – möglich. Denn nur ER IST. Man existiert nicht länger getrennt von IHM. Was würden die Vedānta-Anhänger sagen? ‚Es gibt nur ein Brahman ohne ein Zweites.' Trotzdem bleibt für einige, die diesen Zustand erlangt haben, die Beziehung zwischen dem Herrn und Seinem Diener bestehen und wird so gefühlt: ‚ER ist das Ganze, und ich bin ein Teil von IHM, und doch existiert nur das Eine Selbst (Ek Ātmā).' Wenn Brahman als der Glanz von Krishnas Körper beschrieben wird, warum sollte man etwas einwenden? In Wahrheit ist alles identisch, ungeteilt. Dies zu erkennen heißt, völlig im Ozean des Einsseins versunken zu sein. Nachdem dies erreicht wurde, kann man wieder Pūjā und Gottes Dienst ausführen, denn die Beziehung zwischen Meister und Dienendem besteht weiter. Mahāvīra sagte: ‚ER und ich sind eins, doch ER ist das Ganze, und ich bin ein Teil von IHM. ER ist der Meister, ich bin SEIN Diener.' Man erfährt sowohl Ganzheit als auch den Zustand des Dienenden. Wenn nach der Erkenntnis des Einen Selbst die Beziehung eines Dieners zu Seinem Meister bestehen bleibt, warum sollte jemand etwas dagegen einwenden? Zuerst war das der Pfad zum Ziel. Nach der Verwirklichung ist ER es, der EINE, der dient. Das ist wirkliches Dienen – nennt es Mukti, Parābhakti, was ihr wollt.

Der spirituelle Lehrer gibt Unterweisung. Für Ihn ist es genau dasselbe, ob er Japa macht oder nicht, es beinhaltet keinen Widerspruch. Wie kann man etwas an Ihm aussetzen, wenn man Ihn ‚Weltenlehrer' nennt?"

Frage: „Welches Bedürfnis oder welche Unvollkommenheit veranlassen einen nach der Verwirklichung der Einheit noch, eine bestimmte Gottheit zu verehren?"

Mā: „In jenem Zustand gibt es kein Bedürfnis und keine Unvollkommenheit."

Frage: „Dann kann es aber kein Dienst oder eine Verehrung im üblichen Sinn sein."

Mā: „Ihr könnt es nennen, wie ihr wollt. Der Punkt ist: Shukadeva war ein befreites Wesen – warum erzählte er dann das Shrīmad Bhāgavatam? Was für eine Antwort wißt ihr darauf? Bedürfnisse oder irgendwelche unvollkommenen Motive, die einen anfangs dazu bewegten, Dienst und Verehrung darzubringen, existieren hier ja nicht mehr.

Die Vedānta-Anhänger scheiden eine Sache nach der anderen (als nicht absolut) aus, indem sie sagen ‚neti,neti' (nicht dies, nicht dies). Es ist doch so – man sieht eine schöne Blume, und ein paar Tage später ist sie nur noch Staub. Deshalb stimmt es vollkommen, was sie sagen. Was Veränderung unterliegt, wird mit Sicherheit vergehen. In den Worten jener jedoch, die an die Wirklichkeit von Name und Form glauben, mag man wiederum sagen: ‚Alle Namen sind DEIN Name, alle Formen sind DEINE Form.' Hier sind Name und Form auch wirklich. Dann wiederum mag man behaupten: ‚Die Welt unterliegt den Begrenzungen ständiger Verändderung. Nach ausdauernder Übung der Unterscheidung wird man schließlich in der EINEN WIRKLICHKEIT gegründet.' Wenn nur der Eine Ozean – nichts als Wasser – existiert, kann man sich selbst nicht vom All getrennt betrachten. Das ist völliges Eintauchen. Wenn aber innen oder außen auch nur ein Härchen trocken geblieben ist, so hat das völlige Eintauchen noch nicht stattgefunden. Wenn ein Same geröstet wurde, kann er nie wieder keimen. Ebenso ist es nach der Verwirklichung des Einsseins: Egal, was man tut – es enthält nicht mehr den Samen des Karma. Wo dieser Same nicht existiert, dort sind alle Formen und Verschiedenheiten nur DAS. Schaut, sowohl durch intensive Hingabe wie durch vedantische Unterscheidung ist man zur Einen Essenz gelangt. Bedeutet dann ‚in ES verschmelzen' wie Stein zu werden? Wahrlich nicht! Denn Form, Verschiedenheit, Manifestation sind nichts anderes als DAS.

Die charakteristischen Merkmale, die den Pfad jeder Person bestimmen, werden selbstverständlich erhalten bleiben, doch was erlangt wurde, ist das EINE, in dem kein Zweifel, keine Ungewißheit mehr bestehen kann. Was ist denn überhaupt zu erlangen? Wir sind DAS – ewige Wahrheit. Weil wir meinen, daß ES erfahren, erkannt werden muß, bleibt es uns fern. Auf manchen Ebenen ist dieser Standpunkt berechtigt, auf anderen nicht. Das Ewige ist stets. Was der Schleier der Unwissenheit genannt wird, bedeutet ständige Bewegung. Bewegung heißt Veränderung, unaufhörliche Wandlung. Und doch findet keine Veränderung statt, wo Nicht-Handeln im Handeln ist. Für einen solchen Menschen existiert keine Dualität; wer ißt dann, und was kann er essen? Wie kann es in diesem Zustand Theorien oder Kontroversen geben? Wenn jemand einwendet, daß eine bestimmte Person diesen Zustand nicht erreicht hat, weil sie spricht - was spricht sie und zu wem? Wer ist derjenige, zu dem sie spricht? So verhält es sich, wenn volle Verwirklichung erreicht wurde.

Wenn man dies anderen zu erklären versucht, stellt man fest, daß sie es nicht verstehen. Beinhaltet die Erkenntnis, daß jemand nicht verstanden hat, den eigenen Rückfall in die Unwissenheit? Man hat beides verwirklicht: die Fähigkeit zu verstehen und die Unfähigkeit zu verstehen. Wer durch den Standpunkt der Welt begrenzt ist, befindet sich in Bindung. Aber wo DAS geschaut wird, sind das Wissen über Unwissenheit und das Wissen über WISSEN in ihrer Gesamtheit offenbar. Da besteht einfach keine Möglichkeit, Wissen und Unwissen getrennt zu sehen. Handlungen wie Essen usw. sind Handlung in Nicht-Handlung geworden. Ob man dann noch Zeremonien vollzieht oder nicht, was für einen Unterschied macht es? Wissen und Nicht-Wissen sind nun in ihrer Gesamtheit in einem selbst enthalten. Doch ist es wirklich schwierig, diesen Zustand zu verstehen! Es ist leicht, eine bestimmte Methode der Annäherung oder eine bestimmte Ebene zu begreifen. Aber hier ist nicht die Rede von Erreichen oder Nicht-Erreichen, und deshalb ist selbst ein Nicht-Erreichen keine Unzulänglichkeit. Wenn jedoch nur das geringste Anhaften übriggeblieben ist, bedeutet es, daß dieser erhabene Zustand noch nicht erreicht wurde. Durch den Verkauf nachgemachter Waren können Leute zu Reichtum kommen. Warum werden die imitierten Waren überhaupt gekauft? Weil sie den echten ähneln, das ist das Erstaunliche daran! Doch wenn man sie benutzt, wird der Betrug ans Licht kommen, und man wird wieder die echte Ware suchen. Wenn man das Eine Selbst verwirklicht und erkannt hat, daß nichts außer IHM existiert, weiß man, daß das Bild oder die Statue, die man verehrt, DAS in einer bestimmten Gestalt ist. Nachdem man die WIRKLICHKEIT gefunden hat, nimmt man sie in dieser bestimmten Erscheinung wahr: die Gottheit, die ich anbetete, ist nichts anderes als das EINE SELBST, das Brahman - es gibt kein Zweites. So ist das EINE der HERR, den ich verehrte. Nachdem man in die Tiefe des Meers getaucht ist, wird Wasser als ER in einer Form erfahren. Der Strebende auf dem Pfad der Bhakti wird ein wahrer Diener werden, wenn ihm der Anblick seines Meisters zuteil geworden ist. Die Methoden von ‚nicht dies, nicht dies'*

---

* Die Methode der Unterscheidung im Vedānta, nach der alles Relative als unwirklich ausgeschieden wird (dies ist nicht absolut, das ist auch nicht absolut usw.), bis man schließlich zur Absoluten Unwandelbaren Wirklichkeit gelangt.

und ‚dies bist DU, dies bist DU'* führen zum EINEN ZIEL. Wenn man in die eine Richtung geht, erreicht man ES, und wenn man die andere Richtung nimmt, gelangt man auch zu genau dem gleichen ZIEL. Jene, die den Weg der Hingabe an Shakti, die Göttliche Energie, gehen, und jene, die die Bildgestalt Shivas verehren, müssen beide letztlich zur einen Shakti, zum einen Shiva gelangen. Diejenigen, die gemäß dem Vedānta vorgehen, werden feststellen, daß Wasser Eis ist, daß keine Form, sondern nur das Formlose existiert, während der Bhakta erkennt, daß sein GELIEBTER nichts anderes als das Brahman ist. Jeder hat seinen eigenen Weg. Gleichheit, Einheit muß dauerhaft verwirklicht werden. Wenn man dann sagt: ‚Ich verzichte auf Befreiung' oder ‚ich gebe die zeremonielle Verehrung meiner Gottheit auf', so wird selbst, wenn man sie aufgibt, nichts verloren gehen, denn in diesem Zustand existiert kein ‚Verzichten' oder ‚Beibehalten' mehr. Man mag fragen, warum es nicht ein und denselben Pfad für alle geben kann? Weil ER Sich in unendlichen Wegen und Formen offenbart, der EINE ist sie alle. In jenem Zustand gibt es kein ‚warum?'. Streitigkeiten und Meinungsverschiedenheiten existieren nur auf dem Weg. Mit wem sollte man streiten? Nur solange man noch auf dem Weg ist, sind Dispute und Meinungsverschiedenheiten möglich.

Ein Sādhaka, der dem Pfad des Advaita folgt, wird keine Dualität akzeptieren. Für jemanden wiederum, der über einen persönlichen Gott meditiert, wird die Lehre des Advaita (Zweitlosigkeit) unannehmbar sein, doch wird er in Verlauf seines Sādhanas erkennen, daß sich die Eine Höchste Person in allen Erscheinungsformen offenbart. Auch das, was nirguna, eigenschaftslos, genannt wird, muß klar erkannt werden. Und so wird der scheinbare Widerspruch zwischen Sākāra (der persönlichen Gottesauffassung) und Nirākāra (der Auffassung, wonach Gott unpersönliches, eigenschaftsloses, reines Sein ist) zwangsläufig verschwinden. Wenn sich auf einer bestimmten Bewußtseinsstufe die Vielfalt der Erscheinungsformen auflöst, so darf das allerdings noch nicht mit Selbstverwirklichung verwechselt werden. Diejenigen, die den Pfad des Advaita gehen, müssen das Eine Selbst durch Viveka (Unterscheidung zwischen Vergänglichem und Unvergänglichem) und Vairāgya (Entsagung) verwirklichen. Wenn alle Verschiedenheit ver-

---

* Der Weg der Hingabe, bei der schließlich der Göttliche Geliebte als alldurchdringend (- dies bist DU, dies bist DU -) erkannt wird.

brannt wurde und im EINEN aufgegangen ist, so kennzeichnet das eine Ebene, die manche Advaita Sthiti (Zustand eigenschaftslosen Einsseins) nennen. Die ewig wandelbare Welt mit ihren verschiedenen Phasen der Ruhe und Aktivität und jegliche Vielfalt ist völlig verschwunden, nur das EINE bleibt. Vielfalt existiert einfach nicht, es gibt nur Eine Höchste Wirklichkeit (Brahman), Ein Selbst (Ātman). Das wird als Zustand des Advaita bezeichnet.

Von einem anderen Standpunkt ausgedrückt ist alles cinmayī, rein spirituell, aus Bewußtsseinsstoff gebildet, und nichts anderes: Nāma, Dhāma* - alles. Formen und verschiedene Erscheinungsweisen sind im Grunde durchdrungen von Bewußtsein (cit) und nicht-materiell (aprakrita). In jenem Zustand gibt es keine ‚anderen', nur ER allein existiert als Eine Höchste Person. Verschiedenheit, wie man sie von der weltlichen Ebene her kennt, hat hier keinen Platz...Wenn sich der Suchende als ewigen Diener begreift, so ist das ein Zustand von Advaita (Zweitlosigkeit, Nicht-Dualität). ‚Ewiger Diener' bedeutet, daß nichts Vergängliches in dieser Beziehung existiert. DAS manifestiert sich als Formen und Seinszustände. Wenn jemand, der das Formlose anstrebt, IHN als ‚Einen ohne Zweiten' erkennt, doch IHN im Bereich Seines Göttlichen Spiels (Līlā) nicht sieht, so ist seine Verwirklichung nicht vollständig, denn er hat das Problem der Dualität nicht gelöst.

Verschiedene Annäherungsweisen wurden hier beschrieben, doch wirkliche Erkenntnis muß allumfassend sein, und man muß sein eigenes Selbst in allem wahrnehmen. Ein Baum bringt einen Ableger hervor, und aus diesem Ableger wächst wieder ein Baum. Im kleinen Ableger ist potentiell der mächtige Baum enthalten. Indem man neue Ableger von diesem Baum erhält, ist er gleichsam wieder zu sich zurückgekehrt (kein Gleichnis ist vollkommen, man muß die Aspekte auswählen, die in diesem Fall anwendbar sind). Daß der EINE in allen ist und daß alle im EINEN sind, muß gleichzeitig offenbar werden. Es ist und ist doch nicht, und weder existiert es nicht, noch existiert es - wie ist das möglich? Wenn man einen Samen betrachtet, sieht man nur den Samen, aber nicht die Pflanze oder etwas anderes. Hat der Baum sich jedoch entwickelt, so trägt er Blätter, Blüten und Früchte, und wir finden eine endlose Vielfalt des Wachstums. Im Samen als solchem existiert nichts weiter, deshalb mag man sagen, ‚er (der Baum) existiert nicht'. Und doch, wenn ein Baum daraus geworden ist, ist alles da! Wenn man sagt ‚was jetzt nicht existiert, gab es in der Vergangenheit auch nicht' so hat auch das seine Richtig-

* Nāma: Gottes Name; Dhāma: siehe Fußnote S.324

keit. Dennoch kann man nicht behaupten, es existiere nicht, denn was einmal in Erscheinung getreten ist, existiert. Dann wiederum existiert es nicht, da es ja früher auch nicht existierte. Wie kann so etwas nur möglich sein?

DAS manifestiert sich sowohl auf endlos <u>verschiedene</u> Weisen, als auch als <u>ein</u> vollständiges Ganzes. <u>Mit welchen</u> Worten kann man es <u>ausdrücken</u>? Es heißt, es gäbe Sein und Nicht--Sein, und doch existiere weder Sein, noch Nicht-Sein. Ein und dieselbe unbeschreibliche Wahrheit wird auf zweierlei Weise erfahren: als selbstleuchtende Stille oder als ewiges Spiel des EINEN, in dem ER Selbst alle Rollen spielt. Zuvor wurde ein Zustand beschrieben, in dem alles verbrannt und in das EINE verwandelt wurde, sodaß keine Spur mehr davon übrigbleibt, wie sehr man auch suchen mag. Die Feststellung, daß alles in das EINE ‚verwandelt' wurde, bedeutet, daß immer noch eine Spur Unwissenheit geblieben ist – es ist jedenfalls noch keine Selbstverwirklichung, die rein spirituelle Welt ist noch nicht erreicht, und man weiß nicht, wann sich der Schleier lüften wird.

Wenn man die rein spirituelle (d.h. aus Bewußtseinsstoff gebildete) Welt erlangt hat, offenbart sich jede Form als spirituelle Essenz an sich. Was vom weltlichen Standpunkt aus gesehen Kummer war, ist nun Viraha, Trennung von IHM, mit anderen Worten, das Leid einer abgesonderten Existenz. Diese Trennung ist endlos und drückt sich immer wieder neu aus. Nur aus einem Gedanken Gottes entsteht dieses ganze ungeheure Universum. Was ist diese Schöpfung denn in Wirklichkeit? ER Selbst, der EINE. Warum trifft man dann Unterscheidungen, warum muß es ‚andere' geben? Es gibt keine ‚anderen'. Der Ozean ist im Tropfen enthalten. Wie ist das möglich? Wenn sich das EINE als Gestalt (Vigraha) offenbart, z.B. als Rādha-Krishna, so existiert diese Form ewig. Wo? In Vrindāvana. Für den, dessen Herzensknoten gelöst sind, gibt es nur Vrindāvana und nichts anderes. Und wie läßt sich diese Unendlichkeit begreifen? Indem man die Welt und alles, was damit verbunden ist, aufgibt? Shrī Rāmakrishna Paramahamsa sagte: „Die Große Mutter tanzt."

Wer ist ein Vaishnava? Jemand, der Vishnu überall sieht. Die Auffassung, daß diese Welt begrenzt ist, ist eine Täuschung, und folglich ist auch die Vorstellung von vielen verschiedenen Kräften eine Illusion. Ihr seid es, die den Unterschied zwischen ‚Natürlichem' und ‚Übernatürlichem' aufgestellt habt. In Wirklichkeit ist <u>alles</u> nur Sein Līlā. ER muß in allem erkannt werden. Das Übernatürliche ist nicht von der restlichen Welt getrennt. Wenn man in Begrenzungen verharrt, kann das Herz nicht Vrindāvana werden. Wenn Verwirklichung erreicht wurde, so gibt es nichts außer Vrindāvana, nichts außer Shiva, völlige Zweitlosigkeit. Nur dann kann man sagen, daß das ganze Universum SEIN Göttliches Spiel ist. Und selbst Prakriti*, die Kraft, die einen Unterschiede zwischen ‚diesem' und ‚jenem' wahrnehmen läßt, gehört zu IHM. Im Zustand reinen Seins hört die Unterscheidung zwischen ‚Natürlichem' und ‚Übernatürlichem' auf. Wenn sich Bewußtsein in seiner ungeteilten Einheit offenbart, so erfahren einige dies als reine, Selbst-bewußte Stille (Advaita), während es sich für andere als SEIN Göttliches Spiel enthüllt. ER besitzt Gestalt (Vigraha) und ist gleichzeitig gestaltlos. Das Wort ‚Samagra' (Ganzheit) bedeutet, daß Sama (Gleichheit) zu allererst (agra) steht. Wenn man nicht erkennt, daß Gleichheit an erster Stelle steht, so bedeutet das, daß die Wahrnehmung noch immer vom weltlichen Standpunkt bestimmt wird, der nicht Advaita ist. Wenn man die Ebene von Advaita verwirklicht hat, so hat man auch seinen ursprünglichen Zustand zurückerlangt.

Im weltlichen Leben war man in Leid und Anhaftungen versunken – versunken bedeutet, (vom Schleier) überschattet – nun hat man all das hinter sich gelassen, und nur DAS ist geblieben. SEINE Gegenwart hat sich in allem offenbart; man erkennt, daß nur ER es ist, der Sich als ewiges Sein und auch als Evolution offenbart. Wer ist die Reflektion (Pratibimba) der WIRKLICHKEIT? Ebenfalls nur ER allein. Wer kann in so einem Zustand noch Leid oder Unannehmlichkeit verursachen? Euer ganzes Wesen ist dann in einem Zustand völliger Integration. Der Kummer, der euch zuvor betrübte, hat sich nun in ein Gefühl der Trennung vom EINEN verwandelt. Weltliches Leid entsteht durch Bedürfnisse – die heftige Sehnsucht nach Gott jedoch ist die wahre Natur des Menschen.

Was sind die Erfahrungen eines Suchers, der über den persönlichen Gott und Seine Eigenschaften meditiert? Zuerst ist er völlig in die Gottheit (Mūrti) vertieft, die er verehrt. Dann, im Laufe seiner Entwicklung, beginnt er sich zu fragen: „Ist mein Geliebter so begrenzt? Nein, Er wohnt auch in Rāma, Krishna, Shiva, Durgā und in allen anderen Gottheiten. Mein Herr hat viele Gesichter." Auf einer weiteren Stufe erkennt er allmählich, daß sein GELIEBTER in jedem Lebewesen wohnt und jedes Lebewesen in IHM. Auf dieser Reise gibt es viele Wege, und ein jeder beinhaltet seine eigene Vielfalt von Stufen und Verwirklichungen. Folgendermaßen sieht die Entwicklung auf einem bestimmten Weg aus: Zuerst ist man davon überzeugt, daß nichts mit der Gottheit vergleichbar ist, die man selbst

* die materielle Natur

verehrt. Wenn diese Haltung zu Anfang nicht dominiert, kann man keine tiefe Hingabe entwickeln. In dem Maße, wie Glaube und Verehrung zunehmen, fühlt man jedoch allmählich, daß der GELIEBTE kein anderer als der EINE ist. Die Intensität der Liebe und Verehrung wird es einem nicht länger erlauben, IHN in engstirnige Begrenzungen zu zwängen. Die Demut und Hingabe des Sādhakas werden immer größer, und schließlich erkennt er, daß letztlich der EINE in allem ist und alles in IHM. Im EINEN hat er auch die Gestalt seines eigenen GELIEBTEN gefunden. Aus dem Samen ist der Baum gewachsen, und der Baum hat wieder die gleiche Art von Samen erzeugt.

Frage: „Da unsere physische Existenz das Ergebnis unserer Handlung aus früheren Leben (Prārabdha) darstellt, muß nicht zumindest eine Spur von Unwissenheit bleiben, solange wir im Körper sind?"

Mā: „Wenn alles verzehrt werden kann - kann dieser Rest dann nicht auch verbrennen? Auf einer bestimmten Ebene existiert sicherlich noch ein letzter Schatten von Unwissenheit. Es gibt jedoch einen Zustand, wo keine Rede mehr davon sein kann."

Frage: „Es heißt, ein Erleuchteter bleibe aufgrund des Prārabdhas anderer in seinem Körper, weil sie sich seine Gegenwart wünschen."

Mā: „Eigener Wunsch, der Wunsch eines anderen und Gleichmut - diese Begriffe markieren die verschiedenen Grade der Bindung durch Verlangen. Wenn man noch von Wünschen oder ihrem Gegenteil berührt werden kann, obwohl man in seinem wahren Wesen (Svarūpa) gegründet zu sein scheint, so ist das ein Zeichen dafür, daß man in irgendeiner Weise noch von etwas abhängig ist. Ihr müßt verstehen, daß ein Wesen im Zustand von Videha (Befreitheit von jeglichem Körperbewußtsein) jenen körperhaft scheint, die selbst noch im Körperbewußtsein leben. Wenn ihr sagt, nach der Erleuchtung wird der Körper nicht weiterleben, heißt das, daß der Körper ein Hindernis für die Höchste Erkenntnis ist? Wo das Selbst enthüllt ist, taucht überhaupt keine Frage mehr nach dem Körper auf, da in jenem Zustand nichts und niemand als (vom EINEN Sein) abgesondert empfunden wird."

Frage: „Wenn Erleuchtung alles (Vergängliche) tilgen kann, ist es nur logisch, daß auch der physische Körper miteingeschlossen sein sollte - diese Theorie wird von einigen vertreten."

Mā: „Ganz sicher schließt das auch den Körper ein: ‚Körper' bedeutet das, was Veränderung unterworfen ist, und deshalb wird es verzehrt. Was du sagst, stimmt. Wenn du eine Theorie vertrittst, nimmst du damit einen bestimmten Standpunkt ein und wirst an diesen Standpunkt gebunden sein. Aber wo Selbstverwirklichung ist, kann die Frage, ob der Körper überlebt oder nicht, überhaupt nicht aufkommen...

Wie können im Höchsten, Endgültigen Zustand der Verwirklichung, der frei von allen begrenzenden Sichtweisen geworden ist, noch solche Unterscheidungen wie Dualität und Nicht-Dualität bestehen? Derjenige, der fragt und untersucht, nimmt ‚zwei' wahr, und auch für den, der Sādhanā übt, existiert Dualität, obwohl er Einheit anstrebt. Ihr müßt die Wahrheit begreifen, daß ER, der sich als ‚zwei' zeigt, in Wirklichkeit der EINE ist, der frei von aller Zweiheit ist - wie Eis und Wasser (Eis ist Wasser in konkretisierter Form)...

Ein Zustand existiert, in dem die Unterscheidung zwischen Dualität und Nicht-Dualität keine Rolle mehr spielt. Derjenige, der an einen bestimmten Standpunkt gebunden ist, wird von dem Standpunkt aus sprechen, auf dem er sich gerade befindet. Doch wo Brahman ist, der EINE ohne ein Zweites, kann einfach nichts ‚anderes' mehr existieren. Ihr trennt Dualität von Nicht- Dualität, weil ihr euch noch mit dem Körper (deho) identifiziert, d.h. im Zustand ständiger Bedürfnisse lebt (deo = ‚gib!').

Darüberhinaus muß darauf hingewiesen werden: Wenn durch irgendeine sinnliche Wahrnehmung etwas auftaucht, was nicht DAS und nur DAS ist, so ist das durch Avidyā (Unwissenheit) bedingt. Wenn ihr zwar sagt ‚Vishnu allein existiert', IHN jedoch nicht überall seht - was habt ihr dann wirklich erreicht? Und wenn ihr von Shabda Brahman sprecht und folglich von Brahmā - oder Vishnu oder Shiva, wie auch immer - so sind das nur verschiedene Manifestationen, die auf bestimmten Wegen notwendig sind. So sind alle Namen Seine Namen, alle Formen Seine Formen, alle Eigenschaften Seine Eigenschaften. Und auch das Namenlose und Formlose ist ER allein.

Ein Zustand existiert, in dem es gleich ist, ob ER Gestalt annimmt oder nicht - was ist, ist DAS. Was kann in dem Fall noch in Worten ausgedrückt werden? Dann, auf einer bestimmten Ebene, besteht die Möglichkeit, daß das Selbst Sich dem Selbst offenbart. Gleichzeitig offenbart ER Sich überhaupt nicht: Wer ist da, dem ER Sich offenbaren könnte? Wo weder Form noch Eigenschaften existieren, was kann man da durch Worte ausdrücken? Wie sollte Einheit beschränkt werden können, wo doch nichts ausgeschlossen ist? In diesem Zustand völliger Vertieftheit existiert absolut nichts mehr getrennt von IHM - was ist, IST. Was ist somit sagbar oder unsagbar, wo ES doch so völlig jenseits aller Worte liegt! Natürlich spricht jeder von der Ebene aus, auf der er sich gerade befindet, doch was immer gesagt wird, sind SEINE Worte, SEIN Lied an Sich Selbst. Im Höchsten Zustand kann es absolut keinerlei Begrenzung mehr geben, andernfalls ist noch Unwissenheit geblieben. In Wirklichkeit existiert nur ER - ER allein und niemand anders als ER.

Angenommen, ihr habt eine Puppe aus Butter geformt - welchen Aspekt ihr auch begutachten mögt, ihre Form, ihre unterscheidenden Merkmale, ihr Aussehen - es ist und bleibt nun einmal Butter und nichts anderes. Als Butter ist es einfach eine unteilbare Substanz. Durch Unterteilung ginge ihre Ganzheit verloren, deshalb ist Teilung nicht möglich.

‚Nitya Līlā' bedeutet Gottes ewiges Spiel, in dem ER Selbst alle Rollen spielt. Wo Gott ist, kann Sein Spiel niemals vergänglich sein*. Der Allmächtige Selbst führt Sein unendliches Līlā, Sein endloses Spiel auf. Das Unendliche birgt das Endliche, und das Endliche trägt Unendlichkeit in sich. ER Selbst, der EINE, der das Selbst ist, führt ein Spiel mit Sich Selbst auf - das wird ‚Nitya Līlā' genannt. Auf jener Ebene existieren verschiedene Erscheinungsformen entsprechend verschiedenen Gegebenheiten und Orten, ist es schließlich nicht das rein spirituelle Reich, die Sphäre reinen Bewußtseins? Selbst Trennung besitzt hier die Natur reinen Bewußtseins, da sie transzendental ist. Wenn ihr von Nicht-Dualität sprecht, beinhaltet das nicht auch die Auffassung von Dualität? Wenn ihr im Bereich reinen Bewußtseins jedoch sagt ‚Māyā existiert', so stimmt das. Und wenn ihr sagt, ‚so etwas wie Māyā gibt es nicht', so ist das ebenfalls richtig, denn nichts kann ausgeschlossen werden. Nicht-Dualität, von der man sich keine Vorstellung machen kann, ist genauso wahr wie das, was man sich vorstellen kann. Denn alles ist DAS, und wo DAS ist, gibt es keinen Widerspruch. ‚Falsch' an sich muß verschwinden. Wie kann man von Advaita (Zweitlosigkeit) sprechen und sich auf ‚Individuen' und ‚die Welt' beziehen? Kann es noch Individuen geben und eine Welt, wo Nicht-Dualität ist? Wo haben sie in jenem Zustand Platz? Wo ausschließlich EINHEIT existiert, wie kann es da noch Platz für ‚zwei' geben? Sagt man nicht auch: ‚Wo immer ein Mann ist, da ist Shiva, und wo immer eine Frau ist, da ist Gauri.' Aus dieser Sicht solltet

---

* Das eigentliche ewige Līlā spielt sich auf der Ebene reinen Bewußtseins (der spirituellen Welt) ab.

ihr nun über all das nachdenken.

Und doch ist alles, was immer man von irgendeinem Standpunkt aus sagen mag, richtig – nichts kann außerhalb von IHM sein. Ob ihr sagt, Māyā tritt in Erscheinung oder nicht – Sprache kann es einfach nicht ausdrücken. Worte zu benutzen oder nicht, etwas zu sehen oder es nicht sehen zu können – all das hängt einfach von den verschiedenen Sichtweisen ab. Wo jedoch DAS ist, kann es einfach keine Sichtweisen geben. Probleme entstehen durch Mangel an Wissen aufgrund des Schleiers der Unwissenheit. Solange man nicht im eigenen inneren Wesen (Svarūpa) gegründet ist, ist es klar, daß Zweifel auftauchen.

Im Bereich der Erscheinungswelt gibt es zahlreiche Unterscheidungen wie ‚über' und ‚unter' usw. Doch DA – was existiert da, und was existiert nicht? Wo man noch von Höherentwicklung und Herabkunft sprechen kann, wie wollt ihr so einen Zustand nennen? Muß man nicht zugeben, daß noch verschiedene Richtungen geblieben sind? Wenn ihr von Aufstieg und Herabkunft sprecht, so beinhaltet das, daß ein Ort existiert, zu dem man sich herabbegeben kann, doch wohin kann ER herabsteigen? Nur zu Sich Selbst natürlich. Aufstieg und Herabkunft sind ein und dasselbe, und Der, der aufsteigt, ist DER, der herabsteigt, und Aufstieg und Herabkunft an sich sind ebenso ER. Obwohl ihr von Göttlicher Herabkunft (Avatāra) sprecht, wird ER gewiß nicht geteilt. Ihr seid Feuer hier und da auflodern, doch das beeinträchtigt nicht seine Einheit. Feuer in seiner Eigenschaft als Feuer ist ewig. So solltet ihr es verstehen. Ein Gleichnis ist nie vollkommen. Derjenige, der herabsteigt, von wo ER herabsteigt und wohin – alle sind eins. Es gibt absolut nichts außerhalb von IHM."

Frage: „Wenn das Wirkliche das bleibt, was es ist, was bedeuten dann Aufstieg und Herabkunft?"

Mā: „Was du sagst, repräsentiert einen bestimmten Standpunkt der Welt. Wo die Endgültige, Höchste Wirklichkeit ist, da ist die Frage, die du stellst, nicht möglich. Auf einer bestimmten Ebene existieren Herabkunft und Aufstieg. Ihr sagt: ‚Gott steigt herab'. Auf der anderen Seite jedoch gibt es so etwas wie Herabkunft nicht: Wo ER ist, da bleibt ER, und alle Möglichkeiten sind in IHM enthalten. Etwas intellektuell zu verstehen* – was gleichbedeutend damit ist, von Konzepten des Verstandes belastet zu sein – hindert einen daran, die WAHRHEIT zu erfassen.

Aber was könnt ihr erlangen? Es ist doch bereits hier und jetzt gegenwärtig! Alles, was man ‚finden' kann, wird auch

---

* Bojha: 1) Bürde, Last 2) verstehen

wieder verlorengehen. Um sich auf die Offenbarung des EWIGEN vorzubereiten gibt es Anweisungen und verschiedene Pfade. Aber seht ihr nicht, daß jeder Pfad ein Ende haben muß, mit anderen Worten, daß ihr euch auf jene Vorstellung konzentrieren solltet, die allen anderen Vorstellungen ein Ende bereitet, und wenn ihr jegliche Vorstellung transzendiert habt, offenbart sich DAS, was ihr wirklich seid.

Das Wunderbare daran ist, daß die Sehnsucht nach WIRKLICHKEIT, HÖCHSTER WEISHEIT, GÖTTLICHER FREUDE bereits im Wesen des Menschen verankert ist, weil es seine Natur ist, heimzukehren, wenn das Spiel zuende ist. Die Bühne des Spiels gehört zu IHM und auch das Schauspiel selbst sowie die Teilnehmer, Freunde und Mitspieler: Alles ist nur ER. Unwissenheit ist sicher nicht das, was man sucht. Die wahre Natur des Menschen strebt nach Unsterblichkeit - oder ist Tod etwas Wünschenswertes? Die Welt beschäftigt sich mit einem Wissen, das im Grunde Unwissen ist. Dennoch kann man auch hier beobachten, wie ein Mensch ein Haus stabil baut, damit es lange Zeit hält, weil er nach Dauerhaftigkeit verlangt. Manchmal kommt es vor, daß man aus irgendeinem unkontrollierten Impuls heraus lügt, doch man fühlt sich unwohl dabei.

Die Sehnsucht danach, daß alle Wünsche einmal enden, liegt einfach in eurer Natur begründet, ebenso der Wunsch, die Ursache all dessen zu erforschen und zu verstehen, was ihr wahrnehmt. Wenn ihr Kleidung kauft, so wählt ihr dauerhaften Stoff, der nicht schnell abgetragen wird - sogar das ist ein Zeichen für eure angeborene Neigung, das Ewige zu suchen. Die Sehnsucht nach der Offenbarung DESSEN, was IST, nach EWIGKEIT, WAHRHEIT und Unbegrenztem WISSEN ist eure Natur. Deswegen seid ihr mit Vergänglichem, Unwahrem, mit Unwissenheit und Begrenzung nicht zufrieden. Eure wahre Natur ist, die Offenbarung eures SEINS anzustreben.

Frage: „Du sagst, alle Augenblicke seien in Einem Höchsten Augenblick enthalten, das verstehe ich nicht."
Ma: „Der Zeitpunkt der Geburt bestimmt die Erfahrungen des zukünftigen Lebens, aber der Höchste Punkt, der durch Sādhanā erreicht wird, kennzeichnet das Ende aller Handlung, d.h. allen Karmas. Du solltest wissen, daß jemand, der handelt, der materiellen Natur (Prakriti) unterliegt. Die

Erscheinungsweisen der materiellen Natur werden guna* genannt, weil sie sich selbst immer weiter vermehren, denn diese Welt bleibt nicht in einem gleichen Zustand. Die Wahrnehmung der Welt, die sich aus den drei Gunas zusammensetzt, ist durch Zeit begrenzt und vorübergehend. Von diesem Standpunkt aus wird die Welt als vergänglich erkannt. Vairāgya (Entsagung) vermag das Vergängliche in der Welt zu verbrennen, so wie Bhāva, Bhakti, es schmelzen kann. Doch der Augenblick, in dem es kein Brennen und kein Schmelzen mehr geben kann – jener Augenblick ist ewig. Jenen Augenblick zu fassen ist alles, was ihr zu tun braucht. In Wirklichkeit ist dies DAS, alles, was man wahrnimmt, ist DAS – wie könnte DAS von etwas abgetrennt sein? So ist es, wenn man einmal in den STROM getaucht ist. Wie kann es da noch Abtrennungen wie Gegenwart, Vergangenheit und Zukunft geben? Ein Yogī kann etwas greifen, was jenseits einer Wand liegt, indem er nur seine Hand ausstreckt. Wenn das möglich ist, ist die Mauer nicht da, obwohl sie existiert, und selbst wenn keine Mauer da ist, mag sie wie eine tatsächliche Mauer sein. Die Sache verbirgt sich hinter dem Schleier, doch der Schleier befindet sich vor euch. Früher war der Schleier nicht da und wird es auch in der Zukunft nicht sein, somit existiert er auch jetzt nicht wirklich. Von einem bestimmten Standpunkt aus verhält es sich so.

Du mußt verstehen, daß der yogische Prozeß, aufgrunddessen der Schleier es nicht vermag, die freie Aktivität eines Yogīs aufzuhalten, auch dem Vorgang entspricht, wodurch der Yogī ein normalerweise unsichtbares Objekt wahrnimmt. Überdies verschwindet für den, der sieht, auch der Unterschied zwischen Ruhe und Bewegung, obwohl beides bleibt, wie es ist. Jener Zustand beinhaltet unbegrenzte Möglichkeiten. Aber dieser Körper hat nicht immer das Kheyāla, alles zu schildern. All dies gehört zur okkulten Ebene (Camatkāra).

Um zu dem ‚Augenblick' zurückzukommen: der Augenblick, der Zeitausschnitt, den du erfährst, ist verzerrt, während der Höchste Augenblick Sein und Werden, ja alles, beinhaltet. Und doch ist nichts da, obwohl alles da ist. Selbst von einem Höchsten Augenblick oder dem Augenblick, der nur Teil der vergänglichen Zeit ist, kann schließlich nicht mehr die Rede sein.

* Wortspiel: Guna bedeutet sowohl ‚vermehren' als auch ‚Eigenschaft', ‚Erscheinungsweise'. Die drei Gunas sind Sattva – die Eigenschaft der Harmonie, des Lichts und der Bewußtheit; Rajas – Bewegung und das, was Bewegung erzeugt; Tamas – Trägheit, Schwere und Dunkelheit. Solange die materielle Welt existiert, wirken und reagieren die drei Gunas ständig aufeinander und befinden sich immer in gestörtem Gleichgewicht.

Augenblick bedeutet Zeit, doch nicht das, was ihr Zeit nennt. Zeit (Samaya) bedeutet sva-mayi*, der Zustand, in dem alles nur als das Selbst wahrgenommen wird und wo nichts außerhalb des Selbst existieren kann."

Frage: „Du sagst, Ruhe (sthiti) sei in Bewegung (gati) enthalten und Bewegung in Ruhe. Was bedeutet das?"

Mā: „Wenn der Same in die Erde gekommen ist und sich beides miteinander verbunden hat, in jenem Augenblick ist Ruhe, doch sofort setzt der Keimprozeß ein, und das beinhaltet natürlich Bewegung. Bewegung bedeutet, nicht an einem Ort zu bleiben. Dennoch war der Same an ein und derselben Stelle – weshalb ‚war', er ‚ist' es noch immer! Jedes Stadium beim Wachstum eines Baumes beinhaltet eine Ruhephase, die jedoch wieder vergeht. Die Blätter wiederum wachsen und fallen schließlich herab, was auch eine Veränderung im Zustand des Baums kennzeichnet. Es ist ein Merkmal der Veränderung und ist es auch nicht, denn andererseits betrifft ja auch das nur ein und denselben Baum. Der Baum enthält bereits potentiell die Frucht, deshalb wird er sie hervorbringen – er ‚wird' bedeutet ‚er tut es bereits' (kein Gleichnis ist in jeder Hinsicht zutreffend).

In Wirklichkeit gibt es die ganze Zeit nur den EINEN AUGENBLICK. So wie ein einziger Baum zahllose Bäume, unzählige Blätter und unendlich viele statische und dynamische Phasen in sich vereint, so enthält auch ein Augenblick unendlich viele Augenblicke, und in all diesen zahllosen Augenblicken befindet sich der EINE EINZIGE AUGENBLICK. Sieh, sowohl Ruhe als auch Bewegung sind in jenem Höchsten Augenblick enthalten. Warum sollte man dann überhaupt von der Offenbarung jenes AUGENBLICKS sprechen? Weil ihr euch durch die Wahrnehmung von Verschiedenheit täuschen laßt und deshalb meint, ihr und alle anderen Lebewesen der Welt existierten getrennt voneinander. Deshalb existiert Getrenntheit für euch. Dieses Bewußtsein von Getrenntheit, in das ihr verstrickt seid, d.h. der Augenblick eurer Geburt, hat euer Wesen, eure Wünsche und ihre Erfüllung, eure Entwicklung, eure spirituelle Suche – alles – geprägt. Folglich ist der Zeitpunkt eurer Geburt einzigartig, der Zeitpunkt der Geburt eurer Mutter ist ebenso einzigartig, und auch die Geburt eures Vaters, und Temperament und Wesen eines jeden dieser drei ist einzigartig.

In Übereinstimmung mit eurem jeweiligen spirituellen Weg muß jeder von euch den Zeitpunkt, den Augenblick ergreifen,

* Wortspiel: Samaya und svamayi klingen ähnlich; svamayi bedeutet ‚durchdrungen vom Selbst'.

der eure ewige Beziehung zum Unendlichen offenbaren wird: das ist die Offenbarung von Mahāyoga, der Höchsten Vereinigung. Höchste Vereinigung bedeutet, daß das ganze Universum in euch ist und ihr in ihm; und darüberhinaus wird kein Grund mehr bestehen, überhaupt von einem Universum zu sprechen. Ob ihr sagt, es existiert oder es existiert nicht oder daß man weder von ihm sagen kann, es existiere oder es existiere nicht oder selbst noch etwas darüberhinaus - wie es euch beliebt. Worauf es ankommt ist, daß ER offenbar wird, egal in welcher Form.

In jenem Moment, in jenem Zeitpunkt - wenn ES gefunden ist - werdet ihr euer Selbst erkennen. Euer Selbst zu erkennen beinhaltet gleichzeitig auch das Wissen darum, wer euer Vater und Mutter in Wirklichkeit sind, ja nicht nur, wer Vater und eure Mutter sind, sondern was das ganze Universum ist. Es ist dieser Augenblick, der die ganze Schöpfung zusammenhält. Denn euch selbst zu erkennen bedeutet die volle Offenbarung dessen, was ewig ist - der Höchste Vater, die Mutter, der Geliebte, der Herr und Meister - das Selbst. Zum Zeitpunkt eurer Geburt wußtet ihr nicht, daß ihr geboren wurdet. Aber wenn ihr jenen Höchsten Augenblick fassen könnt, erkennt ihr plötzlich, wer ihr seid. In dem Augenblick, wenn ihr euer Selbst gefunden habt, gehört euch das ganze Universum. So wie ihr mit einem Samen potentiell unendlich viele Bäume erhaltet, ebenso müßt ihr den Einen Höchsten Augenblick erfassen, durch dessen Verwirklichung nichts mehr zu verwirklichen bleibt.

Das Gefühl des Mangels, der Leere (Abhāva) und unser wirkliches Wesen (Svabhāva) durchdringen sich beide, ja, sie sind DAS und nur DAS. Was ist dieses ‚Gefühl des Mangels', und was ist das ‚wahre Sein'? ER und nur ER. Aus dem einfachen Grund, daß es nur einen einzigen Samen gibt, der als Baum, als Same und als all die verschiedenen Vorgänge der Transformation existiert - fürwahr sie alle sind nur ER allein!

Ihr versucht, ein Bedürfnis durch etwas, was wieder ein anderes Bedürfnis erzeugt, zu befriedigen, deshalb lassen die Bedürfnisse nicht nach, und ebenso schwindet das Gefühl des Mangels nicht. Wenn sich ein Mensch dieses Mangels zutiefst bewußt wird, dann erst beginnt seine spirituelle Suche wirklich. Nur wenn dieses Gefühl des Mangels euch bewußt macht, daß es euch an Selbsterkenntnis fehlt, nur dann beginnt die wirkliche Suche. Ob ihr es das EINE nennt oder ZWEI oder das UNENDLICHE, alles, was immer jemand sagen mag, ist richtig.

Frage: „Warum erinnert man sich nicht an seine früheren Leben?"

Mā: „Aufgrund von Unwissenheit. Es mangelt an Wissen, weil es von einem Schleier verdeckt wird."

Frage: „Aber warum muß ein Schleier da sein? Nach dem Tod des Körpers existiert das Bewußtsein noch weiter, denn die eigenen Samskāras* wirken ja noch. Warum vergißt man also die Ereignisse früherer Leben, wenn die Samskāras doch weiterbestehen und man sich außerdem daran erinnern kann, was heute und gestern geschah?"

Mā: „Wenn man einmal das Königreich des Vergessens betreten hat, wird alles vergessen. Diese Welt ist der Ort des Vergessens."

Frage: „Warum muß so viel vergessen werden? Ein bißchen könnte man doch wenigstens behalten!"

Mā: „Ihr sagt doch, daß Lord Buddha über 500 seiner vergangenen Leben sprach. Habt ihr denn alles behalten, was sich vom Zeitpunkt eurer Geburt an bis heute in eurem Leben ereignete? Jeden Augenblick sterbt ihr, ohne euch dessen bewußt zu sein. Im Moment seid ihr weder ein Säugling, noch ein Kind oder ein Jugendlicher. Kaum wurde ein Baby geboren, so beginnt es von selbst nach Muttermilch zu saugen, und wenn es getrunken hat, ist es glücklich und zufrieden. Dadurch hat es bereits vollends ein Zeugnis seiner früheren Leben abgelegt. Auch heute fühlt ihr euch in ähnlicher Weise wohl und zufrieden, obwohl ihr euch nicht daran erinnert, was ihr zu jener Zeit fühltet."

Frage: „Wie kommt es, daß Samskāras weiterbestehen?"

Mā: „Durch wiederholte Einprägung. Strebt nach Gottverwirklichung, dann wird die Erinnerung an IHN automatisch auch im Augenblick des Todes kommen. Das Individuum ist

*Samskāra: wörtlich - Reinigung, Einsegnung
1) Eindrücke, Neigungen und psychische Prägungen, die jede Erfahrung im Geist hinterläßt und die oft aus früheren Leben mitgebracht wurden.
2) ein mithilfe von Mantras durchgeführtes Ritual, das bezweckt, die ursprüngliche Reinheit eines Dinges wiederherzustellen. Die verwendeten Mantras sollen die unreinen Kräfte, die das betreffende Objekt überschatten, vernichten. Ist diese Unreinheit beseitigt, so offenbart sich seine wahre Natur. Das Wort Samskāra wird auch benutzt, wenn man von der Restaurierung eines Tempels, einer Bildgestalt usw. spricht.
3) Reinigungsriten, die das Leben der Brahmanen begleiten, so wie die Verleihung der heiligen Schnur, Hochzeit, Bestattung usw., den christlichen Sakramenten entsprechend.

das, was begrenzt ist, und die Welt ist das, was ständig in Bewegung ist. Alles, was wir in der Welt der Kreatur wahrnehmen, ist eine Erscheinungsform des EINEN. Die Tatsache, daß Brahmā, Vishnu und Shiva ständig wirken, wird beim Tod offensichtlich. Solange ihr in der Welt des Vergessens umherwandert, müßt ihr zwangsläufig vergessen.

Gut, was ist nun ein Samskāra? Zum Beispiel gibt es das Samskāra eines Tempels, wobei sich das, was bereits da war, neu offenbart. Alles, was ihr tut, sei es bewußt oder unbewußt, hinterläßt einen Eindruck in eurem Geist. Auch das wird Samskāra genannt. Wer tiefer sehen kann, wird feststellen können, daß diese Prägungen oder Samskāras durch frühere Leben bedingt sind. Ein Yogī kann die Eindrücke zahlreicher vergangener Leben wahrnehmen. Man mag tausende seiner früheren Leben sehen, doch wenn die Erkenntnis aufgeht, was die Schöpfung mit ihren aufsteigenden und abfallenden Strömungen in Wirklichkeit ist, was wird man dann sehen? Man wird sehen und gleichzeitig nicht sehen, und weder wird man nicht sehen, noch sehen. Wo alles Existierende in seiner Gesamtheit offenbar wird, so nennt man es Offenbarung des SELBST, DAS, den aus Sich Selbst heraus Leuchtenden - wie ihr es auch nennen mögt.

Was auch immer auf der Welt existiert, seien es Pflanzen, Tiere oder andere Lebewesen - ihre Geburt ist fürwahr eure Geburt, und ihr Tod ist euer Tod. Auf der Ebene, wo alles in allem gegenwärtig ist, gibt es nur den EINEN und IHN allein.

Angenommen, ihr könnt ein paar eurer früheren Leben wahrnehmen, so ist eure Schau doch noch zahlenmäßig begrenzt. Wenn ihr euch an die Geschichte eurer früheren Leben erinnert, so bedeutet das, daß ihr nur um den Verlauf eurer eigenen individuellen Leben zu bestimmten Zeiten an bestimmten Orten wißt. Doch ihr erfaßt nicht eure verschiedenen Bewegungen und Zustände im ganzen Universum. Ihr seht ‚viele' - wie wollt ihr über diese Vielfalt hinausgelangen? Indem ihr euer Selbst in diesen ‚vielen' entdeckt. Wer ist dieses Selbst? ER und kein anderer. Solange ER, das SELBST, nicht offenbar ist, seid ihr begrenzt. Begrenzung bedeutet Unwissenheit, und deshalb kommt es zu Vergessen."

Frage: „Sicher wird jemand, der im Selbst gegründet wurde, die Welt vergessen?"

Mā: „Im Königreich des Vergessens vergißt man. Solange ihr euch mit dem Körper (deho) identifiziert, liegt es in eurer Natur zu rufen ‚gib, gib!' (deo, deo). Ihr sagt ‚gib!', weil es euch an etwas mangelt. Wo Mangel herrscht, gibt es zwangsläufig Irrtum und Unwissenheit, und wo Irrtum und

Unwissenheit sind, muß mit Sicherheit auch Vergessen sein. Wenn ihr inmitten all dessen Sādhanā übt, um euer Selbst zu erekennen, vielmehr wenn sich durch Gottes Gnade Sādhanā einstellt - denn Sādhanā tun zu können, ist bereits Gottes Gnade - dann erkennt man, nachdem man sich durch Schichten und Schichten von Unwissenheit durchgearbeitet hat: ‚Ich bin fürwahr das Ganze.' Ich bin - und deshalb sind auch Bäume, Blumen, ja das ganze mannigfaltige Sein überhaupt. Jede einzelne Erscheinungsform ist fürwahr Ich.

Empfinde ich mich als getrennt, so äußert sich das natürlicherweise im Gefühl des Mangels. Doch selbst in dem Zustand bin ich unendlich. Die physische Existenz des Menschen umfaßt bereits unendlich verschiedene Gefühle und zahllose Ausdrucksweisen. Ja, alle existierenden Formen sind unendlich, und ich bin ebenso unendlich. Ich sehe alle Formen und Eigenschaften als mein Selbst: so existiere ich ewig. Das habe ich nun erkannt, und auch, daß ich viele Formen besitze - unendlich viele Formen mit unendlich vielfältigen Erscheinungsweisen. Sie existieren in mir als unendliche Vielfalt, und doch bin ich sie alle. In mir existieren die verschiedenen Erscheinungsweisen, und keine einzige ist in dieser unendlichen Vielfalt ausgeschlossen. Wenn das direkt wahrgenommen wird, so offenbart sich mit Sicherheit das EINE. Wie kann das EINE von der unendlichen Vielfalt getrennt sein? Die Vielfalt existiert im EINEN und das EINE in der Vielfalt. Eben deswegen seid ihr, selbst wenn ihr 500 eurer früheren Leben schaut, noch zahlenmäßig begrenzt, denn es gibt soviel mehr als das! Wenn ihr euch selbst in all den unzähligen Formen entdeckt habt, erkennt ihr, daß der HERR in jeder von ihnen wohnt. Wenn die wahre Natur von Unendlichkeit und Endlichkeit in ihrer Fülle offenbar wird, erblickt ihr Endlichkeit im Unendlichen und das Unendliche im Endlichen. Dann vermögt ihr den Gegensatz von Sākāra (Gott als Form und Person) und Nirākāra (dem gestaltlosen, unpersönlichen Göttlichen) zu lösen. Seht, wie könnte Gottes Spiel (Līlā) weitergehen, wenn es keinen Schleier der Unwissenheit für das Individuum gäbe? Wenn man eine Rolle spielt, muß man sich selbst vergessen, das Līlā könnte ohne den verhüllenden Schleier der Unwissenheit nicht stattfinden. Folglich ist es nur natürlich, daß der Schleier da sein muß. Die Welt ist also die sinnliche Wahrnehmung einer Projektion (Srishti-Drishti). Ein abgetrenntes Individuum zu sein, bedeutet Begrenztheit, und das, was begrenzt, ist der Schleier der Unwissenheit. Das ist der Schlüssel zum Problem des Vergessens, das du angeschnitten hast.

Wenn du über frühere Leben sprichst, fühlst du intuitiv: Gab es jemals eine Zeit, in der ich nicht war? Ihr seid es, die in Begriffen von ‚vorher' und ‚nachher' sprecht, da ihr durch die Dimension der Zeit begrenzt seid. Doch in Wirklichkeit existiert so etwas wie ‚innerhalb der Zeit' und ‚außerhalb von Zeit', ‚Tag und Nacht', ‚vorher' und ‚nachher' nicht. Solange man von Zeit gefesselt ist, wird es Geburt und Tod geben. Im Grunde existiert so etwas wie Wiedergeburt nicht. Dennoch wird man sich auf einer bestimmten Stufe bestimmt an frühere Leben erinnern, doch was bedeutet schon ‚vorher' und ‚danach', wenn ich doch in alle Ewigkeit existiere?"

In Dhyāna oder Samādhi kommt ein Stadium, wo es einfach nicht möglich ist, irgendein Zweites außer dem EINEN wahrzunehmen. Ein Verhalten, das durch Dualität bedingt ist, kann da nicht vorkommen. In diesem Zustand existiert keine Bewegung, obwohl es so scheint, als sei sie vorhanden. Wie könnte da Bewegung sein? Wenn man so eine Person handeln sieht, mag jemand bemerken: „Er hat sich herabbegeben, um ein bestimmtes Werk zu vollbringen." Verliert ein Magister seine Stellung, wenn er das ABC lehrt? Es gibt einen Zustand, wo einfach nichts mehr als ‚Zweites' erscheinen kann. Einmal in den Ganges getaucht, wird man zwangsläufig völlig durchnäßt.
Wenn man im Reinen Sein gegründet ist, fällt man nicht wieder heraus. Solange dieser Zustand jedoch noch nicht vollkommen ausgereift ist, kann es gelegentlich vorkommen, daß man wieder herausfällt, doch das, was bereits verwirklicht wurde, wird einen wieder zurückholen. In diesem Stadium schwingt man zwischen zwei Richtungen, aber dennoch ist es ein wunderbarer Zustand, der nichts mehr mit Unwissenheit zu tun hat.
Die nächste Stufe ist Bhāva. Abwechselnd versinkt man und kommt wieder heraus, man taucht ein und schwimmt dann erneut wieder an der Oberfläche. Noch weiter, so vergeht selbst dieser Zustand, und man wird absolut reglos wie ein Stein. Wenn man nicht diese felsengleiche Empfindungslosigkeit erreicht, sondern immer noch ekstatische Inbrunst mit ihren Höhen und Tiefen erlebt, so ist dies noch kein vollkommener Zustand, obgleich er bereits außergewöhnlich ist. Es ist so, als ob man abwechselnd in einem kühlen Raum ist und dann wieder nach draußen in die Hitze geht. Dann aber folgt Vollendung, vollkommene und endgültige Versenkung. Hat das einmal stattgefunden, so sieht man den Verwirklichten zwar noch sich bewegen und handeln wie andere, doch tatsächlich

geht er nirgendwohin, er ißt nicht, noch nimmt er irgendetwas wahr."

Frage: „Das klingt wie ein Widerspruch in sich selbst: Er ißt und ißt doch nicht; er geht und geht doch nicht - wie ist das möglich?"

Ma: „Einmal eingetaucht, wird man einfach in einem Zustand gegründet, wo Innen und Außen einsgeworden sind. Ich esse wie ihr und gehe herum wie ihr. Wer das Gefühl hat, daß die Behauptung ‚er ißt und ißt doch nicht' ein Widerspruch ist, dessen Verwirklichung Brahmans ist bruchstückhaft. Es gibt keine Ursache für irgendeinen Widerspruch. Wie kann Einheit begrenzt sein? Durch Begrenzung würde sie aufgespalten werden. Deshalb hieß es, daß man nicht mehr von essen oder nicht essen usw. sprechen kann. Jedoch ist es z.T. schwierig zu erkennen, ob jemand schläft oder sich in Samadhi befindet. Gold und Messing sehen mehr oder weniger gleich aus. Doch wer einmal Gold berührt hat, wird zu Gold.

Wie kann jemand in Brahman-Bewußtsein unbedeutende Verschiedenheiten sehen? Aufgrund eurer begrenzten Sichtweise seht ihr Unvereinbarkeit. In Wirklichkeit kann man gar nicht von ‚Verwirklichung erlangt haben' oder ‚in Unwissenheit sein' sprechen. Wenn sich jemand ‚verwirklicht' nennt, beansprucht er damit eine bestimmte Stellung. Was bedeutet Selbstverwirklichung? Allumfassendes und unbegrenztes Wissen in jeder Hinsicht. Was du ursprünglich warst, nein, was du in Wirklichkeit bist, offenbart sich. Was für eine Ansicht auch jemand von seinem Weg oder seiner Einstellung her vorbringt, alles ist richtig. So wie ihr sagt: „Er geht ohne Füße, Er sieht ohne Augen." Solange Verwirklichung durch Ort oder Eigenschaft, durch irgendeine Form oder Erscheinungsweise begrenzt wird, sei es durch Einbeziehung oder Ausschluß derselben, ist sie nicht vollständig und allumfassend. Wenn man etwas von irgendeinem Standpunkt her ausdrückt, so sieht man es aus ebenjener besonderen Perspektive auf diese Art und Weise, denn Raum und Zeit existieren noch. Dieser Körper stellt nichts falsch dar, er spricht die volle Wahrheit. Alles ist, vom Standpunkt des jeweiligen Sprechers aus betrachtet, richtig."

Frage: „Wenn alles richtig ist, wie Du behauptest, wäre es auch richtig, wenn jemand, der Vishvanaths (Shivas) Darshan haben will, in einen Durga-Tempel ginge und sagen würde: ‚Dies ist Vishvanath'?"

Ma: „Auf einer bestimmten Ebene darf man mit Recht sagen: ‚Ja, dies ist Vishvanatha', weil es in dem Moment Vishvanatha sein wird. Der Vishvanatha, an den er eben gedacht hat, wird sich ihm genauso offenbaren, wie der Vishvanatha, der durch

Zeit und Raum begrenzt ist, denn alles ist in allem erhalten. Aber man kann auch sagen, daß sich Vishvanatha nicht in einem Durgā-Tempel befindet. Die Wahrheit kann auf vielerlei Weisen ausgedrückt werden. Es gibt alle möglichen Antworten darauf."

Frage: „Wenn alles, was irgendjemand sagt, richtig ist, warum widerlegte dann Shankaracārya, der ein Brahmajñāni (Verwirklichter in Brahmanbewußtsein) war, die Argumente seiner Gegner?"

Mā: „Wann immer irgendein Handeln notwendig ist, wird es unausweichlich stattfinden. Die Krone eines Baums enthält gleichzeitig schon seine Wurzeln*, denn die Samen befinden sich überall, da ist kein Widerspruch."

Das besondere Merkmal Shivas ist eine Transzendenz jenseits aller Veränderungen, die durch einen Leichnam (Shava) symbolisiert wird. Das bedeutet, im Tod des Todes selber, im Vergehen des Todes, liegt Unsterblichkeit, d.h. Shiva. Im Bereich von Schöpfung, Erhaltung und Zerstörung ist ER in allem gegenwärtig und erhält Selbst das Universum als Mahāvishnu. Was die verschiedenen kosmischen Funktionen betrifft, so ist ER in ihnen allen und manifestiert sich in vielfältigen Formen und als das Formlose. In jeder Form sind alle übrigen enthalten, und in dieser ganzen Vielfalt: Sieh das EINE! Wenn du eine Gestalt betrachtest, kannst du keine andere sehen, doch in jeder ist das GANZE enthalten, und jede Form offenbart das EINE. In der Leere ist Fülle, und in der Fülle ist Leere. Fürwahr, es gibt alle Arten von Möglichkeiten, doch die Wurzel ist das EINE, das Große Licht. ER ist unendlich. Selbst wenn man nur über einen Pfad spricht, wo ist da ein Ende abzusehen? Und doch scheint da ein Ende zu sein, wenn das Lebewesen nicht weiter vorankommt.

Was ist reines Sein (Sattā)? Das Selbst, der Höchste Geist - nennt es, wie ihr wollt. Das, was ihr mit verschiedenen Namen Gott (Bhagavān), Göttliche Majestät, Himmlische Herlichkeit oder Glanz nennt, ist nur ER, der EINE. Nun gut - Gott ist unwandelbar, nichthandelnd (akarta). Nur jemand, der handelt, kann ein Handelnder genannt werden. Da ER Selbst aber in allen Ursachen und Wirkungen gegenwärtig ist, wie kann

---

* Das heißt, die Baumkrone trägt bereits die Samen für die zukünftigen Bäume, in denen bereits das Wissen um die ganze Struktur des Baumes, also auch seine Wurzel - die äußerlich das Gegenstück zur Baumkrone ist - enthalten ist.

man da von IHM sagen, ER kontrolliere diese oder ER kontrolliere sie nicht? Somit handelt ER nicht. Wo aber Māyā herrscht, d.h. wo die Entfaltung Seiner göttlichen Kraft und Majestät wahrgenommen wird und wo die Natur nach festgelegten Gesetzen abläuft, wer offenbart sich da? Der EINE natürlich. Veränderlich und unveränderlich – diese einseitigen Ansichten von euch gehören zum Schleier der Unwissenheit. Ihr sprecht von IHM als handelnd oder nichthandelnd und versucht, IHN damit auf das eine oder das andere festzulegen. Von eurem Standpunkt aus ist es nur natürlich, Unterschiede wahrzunehmen. ER ist all das, wofür du IHN hältst. Du siehst IHN deinem Denken entsprechend, und wie du IHN darstellst, so ist ER.

Solange der Vorhang, der Schleier der Unwissenheit existiert, sieht und hört man zwangsläufig so begrenzt. Wie kann man erwarten, daß sich Wahrheit in ihrer Ganzheit offenbart, solange die Dunkelheit nicht beseitigt ist? Wenn der Schleier zerrissen ist, wird offenbar, daß sogar das Zerreißen des Schleiers selbst, ja alles, was irgendwo existiert oder geschieht, nur ER SELBST ist.

Fremdwörterverzeichnis

Abhāva: Gefühl des Mangels, der Leere und Abwesenheit
Adharma: negative Handlung, die Unruhe und Leid hervorruft
Adhikāra: innere Befähigung, Reife, Autorität
Ādi Shankarācārya: der berühmte Philosoph des Advaita-Vedānta, der Lehre von der Nicht-Zweiheit, welche die Einheit und göttliche Natur allen Seins lehrt.
Advaita Sthiti: Gegründetsein im Einheitsbewußtsein ohne die Möglichkeit eines Zweiten
Agra: zuallererst, zuvorderst, hauptsächlich
Aham Brahmāsmi: „Ich bin Brahman", die Eine Höchste Wirklichkeit
Ahamkāra: das Ego oder falsche Ich, welches den Körper, die Sinne, das Denkvermögen usw. fälschlicherweise für das Selbst hält.
Ahetuki Kripā: grundlose Barmherzigkeit
Ahimsa: Gewaltlosigkeit
Ajnāna: Unwissenheit über die wahre Natur des Selbst oder der Wirklichkeit. Abgesehen von der unmittelbaren Erkenntnis der Wahrheit gehört alles durch die Sinne oder den Geist aufgenommene Wissen zum Bereich von Ajnāna.
Ākāra: Form, Gestalt
Akriyā: Nicht-Handlung
Akshara: 1) das Unwandelbare 2) Lautsilbe des Alphabets 3) Aum
Akshara Brahman: 1) die unwandelbare Höchste Wirklichkeit 2) der Klang oder das Wort, das die Höchste Wirklichkeit ausdrückt
Amrita Belā: Nektarzeit, Zeit der Unsterblichkeit
Anishta: unerwünscht, übel
Antarkriyā: inneres Geschehen, innerer Vorgang
Anurāga: ewig neue Liebe
Aprakrita: überweltlich, transzendental, völlig spirituell
Ārama: Ruhe, Frieden, Freude
Āratī: Zeremonie zur Begrüßung der Bildgestalt Gottes, während der Weihrauch, Lichter, Wasser, Tücher, Blumen, Fächern mit einem Wedel etc. zu musikalischer Begleitung dargebracht werden. Sie wird gewöhnlich bei Tagesanbruch und am Abend in den Tempeln vollzogen und bildet auch den Beginn und das Ende der meisten religiösen Zeremonien.
Arjuna: einer der fünf Pāndavabrüder, dem Krishna vor der Schlacht von Kurukshetra die Bhagavad Gītā offenbarte
Āsana: Körperhaltung des Yoga, wobei jede Position einem bestimmten Bewußtseinszustand entspricht. Die Körperstellungen unterstützen die Fähigkeit zur inneren Sammlung.
Asat: falsch, unwahr, wertlos, tadelnswert

Āshram: ein Ort, an dem Wahrheitssucher zusammen unter Leitung eines Gurus leben, ähnlich einem Kloster oder einer Einsiedelei
Ati Rudra Mahāyajña: Ati = eine genau bestimmte Anzahl von Opfergaben (2.419.758) in ein heiliges Opferfeuer; Rudra = Name Gottes, auch Beiname Shivas, eine Form der Höchsten Gottheit, der Zerstörer der Unwirklichkeit, auch das Höchste Sein selbst; Mahāyajña = großes Opfer, vedische Feuerzeremonie, s.a. Yajña. - Dieses Ati Rudra Mahāyajña dauerte 11 Tage und bezweckte das Wohlergehen der ganzen Welt.
Ātmā/Ātman: Das wahre Selbst. Höchstes Sein, das die Natur von Selbst-Bewußtheit und Glückseligkeit besitzt und hinter allen Manifestationen der Schöpfung liegt.
Ātmā Darshana: Schau des wahren Selbst. Das Selbst ist Licht aus eigenem Licht und kann daher nicht durch irgendetwas anderes offenbart werden.
Ātmājñāna: Erkenntnis des wahren, unsterblichen Selbst
Ātmā-Lābha: Selbstverwirklichung
Ātmārāma: versunken in die Glückseligkeit des Selbst
Ātmāsthiti: Gegründetsein im ewigen Selbst
Avadhut: jemand, der völlig alle weltlichen Gefühle und Verpflichtungen abgeschüttelt hat und sich um keine gesellschaftlichen oder religiösen Regeln mehr kümmert.
Avatār: Herabkunft, physische Inkarnation des Göttlichen, entweder in einem Seiner Aspekte oder Kräfte oder in Seiner Fülle (Pūrna Avatāra). Der Zweck einer solchen Inkarnation ist der Schutz der Rechtschaffenen, die Vernichtung des Bösen und die Wiederherstellung der moralischen Ordnung in der Welt.
Avidyā: siehe **Ajñāna**
Avyakta: das Unmanifestierte
ayurvedisch: medizinische Methoden, die auf den heiligen Offenbarungen der Veden beruhen
Be-ārāma: ohne Freude, ohne Frieden, Leid, Unruhe
Bengali: Muttersprache von mehr als 80 Millionen Menschen in Westbengalen und Bangla Desh
Bhagavad Gītā: „Gesang des Herrn" - ein Kapitel aus dem großen religiösen Epos Mahābhāratam, in dem Gott in gestaltgewordener Form als Shrī Krishna dem Arjuna die Lehre über selbstloses Handeln erteilt. Dieses Handeln wird als Pflicht aufgefaßt, welches nicht dem Bedürfnis nach Gewinn, Anerkennung oder einem erwarteten Ergebnis entspringt, sondern frei von Zu-und Abneigung als Opfergabe an Gott ausgeführt wird.
Bhagavān: Gott, die Höchste Wirklichkeit, der alle Füllen (Reichtum, Kraft, Ruhm, Schönheit, Wissen und Entsagung)

besitzende Herr
Bhakta: Jemand, der sich Gott auf dem Pfad der Liebe (Bhakti Yoga) und des hingebungsvollen Dienstes nähert; auch allgemein: Verehrer, Anhänger, s.a. Devotee.
Bhakti: Hingabe und Liebe zu Gott
Bhajana: Verehrung, Anbetung, auch hingebungsvoller religiöser Gesang
Bhāva: 1) Seinszustand, innere Veranlagung 2) spirituelle Gemütsstimmung 3) Hingabe an das Objekt der Verehrung 4) spirituelle Ekstase
Bhāva Samādhi: Spirituelle Ekstase, zumeist gefühlsbetont, die sich für gewöhnlich auf den höheren Stufen des Bhakti-Weges einstellt.
Bhedābheda: Die Auffassung, nach der das Lebewesen quantitativ unterschieden (bheda) von Gott ist, qualitativ jedoch gleichzeitig mit Ihm eins ist (abheda=ununterschieden).
Bhoga: Befriedigung, Genuß
Bhogadeho: der Körper, den man angenommen hat, um Freuden und Leiden zu erfahren.
Bīja-Mantra: Ein Bīja-Mantra ist eine mystische Silbe, die wie ein Same ein ungeheures, spirituelles Kraftpotential enthält (bīja = Same, Keim).
Bojha: 1) Bürde, Last 2) verstehen
Brahma: siehe **Brahman**
Brahmā: das erste Lebewesen in jeweils einem Universum, welches die Körper aller weiteren Lebewesen erschafft.
Brahmacārī m./**Brahmacārinī** f.: Schüler(in), der (die) sich spirituellen Übungen und dem Dienen hingibt und striktes Zölibat einhält.
Brahmacārya: Das erste der vier Lebensstadien (die anderen sind Haushälter, Waldeinsiedler und Wandermönch), in dem der Schüler im Zölibat lebt und bei einem Meister die heiligen Schriften der Veden studiert; allgemein: Leben der Enthaltsamkeit im Streben nach dem Höchsten.
Brahmajñāna: Erkenntnis und Verwirklichung der Höchsten Ewigen und Universellen Wirklichkeit
Brahmajñāni: jemand, der die Höchste Wirklichkeit erkannt hat
Brahmaloka: das himmlische Reich Brahmās
Brahmamuhūrta: die Zeit frühmorgens etwa anderthalb Stunden vor der Morgendämmerung bis Sonnenaufgang, die besonders günstig für spirituelle Übungen ist.
Brahman: Die Eine Höchste Wirklichkeit, die sowohl ruhend als auch dynamisch ist und doch über beidem steht, das Ganze, das mehr ist als die Summe seiner Teile.
Brahmane: Jemand, der in der obersten Kaste der Priester und

Schriftgelehrten, der Hüter des heiligen Wissens, geboren wurde oder bewußtseinsmäßig geistige Reinheit verwirklicht hat und in seinem ganzen Leben und Streben ausdrückt.
Brahmasthiti: Gegründetsein in der Höchsten Ewigen Wirklichkeit
Brahmavidyā: Erkenntnis des Absoluten
Caitanya: Shrī Caitanya Mahāprabhu, erschien 1486 in Navadvīp, Bengalen, verschieden 1534 in Purī, Orissa. Er gilt als ‚verschleierte' göttliche Inkarnation oder als ‚goldener Avatār des Kali Yuga', in welchem sich das göttliche Paar Rādhā und Krishna in einer Person verkörpert. Er schenkte allen Liebe zu Gott, indem Er das gemeinsame Singen des göttlichen Namens predigte und dabei am eigenen Körper zahllose Manifestationen höchster Gottesliebe (Bhāvas) zeigte.
Caitanya Līlā: das Spiel des Höchsten Bewußtseins
Caitanya Sattā: Wirklichkeit reinen Bewußtseins
Cakra: Eines der sechs lotosgleichen feinstofflichen Energiezentren, die sich in einer Art Kette zwischen dem untersten Punkt der Wirbelsäule und dem Punkt über dem Scheitel befinden und durch die die Lebensenergie Kundalinī aufsteigt. Die Cakras repräsentieren verschiedene psychische Bereiche und Kräfte, die der Meditierende im Laufe seiner Entwicklung zu reinigen und beherrschen lernt.
Camatkara: übernormales Geschehen, was unseren Sinnen und unserem Verstand nicht faßbar ist.
Candi: Heiliger Text aus dem Markandeyā Purāna, in dem die Herabkunft der Höchsten Kraft (Mahāshakti oder die Göttliche Mutter) geschildert wird, die die bösen Mächte besiegt.
Cinmayī: rein spirituell und transzendental, durchdrungen von reinem Bewußtsein
Cit: Reines Bewußtsein, transzendentaler Geiststoff
Cit Shakti: transzendentale Bewußtseinsenergie
Citta Shuddhi: Reinigung des Geistes
Daridra Nārāyanas: Arme und Bedürftige, in deren Gestalt man Gott (Nārāyana) dient.
Darshan: Anblick, Schau. Man spricht davon, Darshan eines Heiligen, Weisen oder einer Gottheit zu erhalten, d.h. mit Seinem oder Ihrem Anblick und der Gegenwart gesegnet worden zu sein.
Deho/deha: Körper
Deo: gib!
Devotee (engl.): jemand, der sich dem spirituellen Pfad geweiht bzw. dem spirituellen Meister und Gott hingegeben hat, siehe auch: Bhakta.
Dhāma: entspricht etwa dem christlichen ‚Königreich Gottes'

und bezeichnet die rein spirituelle Welt, in der nichts Materielles mehr existiert und in der Shrī Krishnas Spiele mit Seinen Gefährten und Dienern ewig stattfinden.
Dhāranā: geistige Sammlung (wörtlich: Festhalten) auf den Gegenstand der Meditation. Solange der Strom der Aufmerksamkeit noch unterbrochen (wie z.B. tropfendes Wasser) ist, bezeichnet man dieses Stadium als Dhāranā.
Dharma: Das Gesetz des Daseins. Es bezeichnet das innere Prinzip der Religion. Das Dharma des Menschen besteht darin, seine ewige Natur bzw. Gott zu erkennen. Auch: Rechtschaffenheit, natürliche Pflicht.
Dharmashālā: Pilgerherberge
Dhautī: Yogaübung zur inneren Reinigung des Körpers, wobei man ein langes Band verschluckt und dann wieder aus dem Mund zieht.
Dhyāna: Ist die Aufmerksamkeit auf den Gegenstand der Meditation ein beständiger ununterbrochener Fluß (wie z.B. Öl), so heißt dieses Stadium Dhyāna.
Dīkshā: Einführung, Initiation in das spirituelle Leben, bewirkt durch die Gnade des spirituellen Meisters, der das Göttliche repräsentiert; Übermittlung spiritueller Kraft durch Mantra, Berührung, Anblick usw.
Dīkshā Mantra: die Klangschwingung, die man bei der Einweihung vom spirituellen Meister erhält und die man zur weiteren spirituellen Praxis benutzt.
Do ishta/du ishta: zwei Geliebte
Duniyā: die Welt, auf Dualität basierende und daher leidvolle Existenz
Durgā: Name der Göttlichen Mutter, die Gemahlin Lord Shivas
Durgā Pūjā: Zeremonielle Verehrung der Göttlichen Mutter Durg
Dushta: Verderben, Übel, Schlechtes
Ek Ātmā: Das eine, alldurchdringende, ewige Selbst
Ganesha: Der Aspekt des Göttlichen, der das Wachstum und den Fortschritt des Guten fördert und Hindernisse beseitigt (oder große Hindernisse durch kleinere Hindernisse abwendet), bzw. das Böse wiederum durch Hindernisse aufhält. Ganesha ist ein Sohn von Shiva und Pārvatī und wird für gewöhnlich mit einem Elephantenkopf dargestellt, der u.a. seine Klugheit versinnbildlichen soll.
Gati: Bewegung
Gāyatrī Mantra: Heiliges Mantra aus dem Rig Veda, welches täglich von allen Hindus der drei oberen Kasten wiederholt wird, nachdem sie die heilige Schnur erhalten haben: Om bhur bhuvah svah om tat savitur varenyam bhargo devasya dhimahi

dhiyo yo nah pracodayat.
Ghee/Ghī: gereinigte Butter, welche auch als Opfergabe bei Feuerzeremonien, für geweihte Nahrung u.ä. verwendet wird.
Gītā: siehe Bhagavad Gītā
Gopāl: Gott Krishna als spielerisches Kind und Kuhhirtenjunge
Gopīs: Kuhhirtinnen, die höchste Hingabe an Shrī Krishna entwickelt hatten und mit Ihm in Vrindāvan als vertraute Geliebte spielten. Eine Gopī symbolisiert die Seele, welche völlig transzendentale Liebe zu Gott entwickelt hat.
Govinda: ein Name Krishnas, der auch bedeuten kann „einer, der das Land, die Kühe und die Sinne erfreut"
Granthi: Knoten. Die Begrenzungen, die das Selbst überschatten, sodaß es sich gebunden fühlt, im wesentlichen das gleiche wie das Ego.
Grihastha Āshrama: zweites der vier Lebensstadien, in dem man verheiratet ist und für eine Familie sorgt.
Guna: bedeutet sowohl ‚vermehren' als auch ‚Eigenschaft'. Die drei Gunas, d.h. Erscheinungsweisen der materiellen Natur, sind Sattva - die Eigenschaft der Harmonie, des Lichts und der Bewußtheit, Rajas - Bewegung und das, was Bewegung erzeugt, sowie Tamas - Trägheit, Schwere und Dunkelheit. Solange die materielle Welt existiert, wirken und reagieren die drei Gunas ständig aufeinander und befinden sich immer in gestörtem Gleichgewicht.
Guru: Meister, spiritueller Führer und Lehrer, Repräsentant des Göttlichen, der dem Strebenden zum Eintritt in das spirituelle Leben Dīkshā (Initiation) gibt; Vertreiber der Unwissenheit.
Gurudeva: göttlicher Meister
Guru Mantra: die vom Guru erhaltene heilige Klangschwingung, die man wiederholt, um den Geist zu reinigen und Gottverwirklichung zu erlangen.
Guru Purnimā: Vollmond im Juli, der dem spirituellen Meister geweiht ist
Guru Shakti: die Kraft des Gurus
Hari: Gott. Auch Name Vishnus (Gott in Seinem Aspekt als Erhalter des Universums).
Haribhajan: Gottes Verehrung, Gottes Lobgesang
Hari Kīrtana: das Singen von Namen und vom Ruhm Gottes
Hatha Yoga: körperliche Yogaübungen, die dem Zweck dienen, den Körper zu reinigen und zu harmonisieren und damit die geistige Kontrolle und die Höherentwicklung des Bewußtseins zu erleichtern.
Havana: heilige Feuerzeremonie, siehe auch Yajna
Havana Sāmagrī: Zubehör, Material, Utensilien für eine

Feuerzeremonie
Hindi: Muttersprache von ca. 140 Millionen Menschen, die vor allem in Indiens nördlichen Provinzen Uttar Pradesh, Madhya Pradesh, Punjab, Rajasthan und Bihar gesprochen wird.
Hindu Sanātana Dharma: die ewige Religion Indiens, die auf den vedischen Offenbarungen und den Erfahrungen unzähliger Heiliger basiert.
Icchāshakti: eigener Wille, Wunsch
Ishta/Ishtadeva: wörtlich „der Geliebte, Verehrte oder Liebste", der Gegenstand des Höchsten Wunsches, die Gottheit, die unser Herz am meisten anzieht.
Īshvara: Herr und Schöpfer des Universums
Jada Bharata: Berühmter König von Indien, der sich im Alter zurückzog und als weiser Einsiedler lebte, jedoch so eine starke Anhaftung an ein Reh entwickelte, daß er im nächsten Leben als Reh wiedergeboren wurde, aber die Erinnerung an sein menschliches Leben und an den Grund seiner tierischen Geburt behielt und im Leben danach wieder ein Mensch wurde; siehe Shrīmad Bhāgavatam V,9.
Jadata: mangelnde Bewußtheit, Stumpfheit
Jagadguru: Weltenlehrer; auch religiöser Titel
Jagat: wörtlich „das, was ständig in Bewegung ist", d.h. die Welt, die ständiger Veränderung, ewigem Wechsel, unterliegt.
Jal Samādhi: Versenkung des toten Körpers in heiligen Gewässern.
Janārdana: ein Name Vishnus oder Krishnas
Janjanārdana: Gott, der Herr der Menschen
Janmāshtami: Krishnas Geburtstag am 8.Tag der dunklen Hälfte des Mondmonats Juli-August
Japa: Wiederholung eines Mantras oder eines Namens Gottes als Mittel fortwährender Erinnerung an Seine Gegenwart. Die Wiederholung, die zur täglichen Disziplin gehört, mag eine bestimmte oder unbestimmte Anzahl von Malen geübt werden. Es gibt drei Arten von Japa: laut ausgesprochen (vācika), halblaut (upamsu) und geistig (mānasa). Japa kann ohne Rhythmus oder rhythmisch ausgeübt werden, dem natürlichen Atemvorgang folgend oder auch mit Hilfe eines Rosenkranzes.
Jhulan: einwöchiges Fest, beginnend etwa vier Tage vor dem Augustvollmond, bei dem die Bildgestalten Gottes geschaukelt werden.
jī: Nachsilbe, welche Ehrerbietung ausdrückt
Jīva: Einzelseele, Individuum, Lebewesen, individuelles Bewußtsein
Jīvanmukti: Befreiung, während man noch im physischen Körper lebt

Jīvātmā: das individuelle Selbst
Jñāna: Wirkliches unmittelbares Wissen, das unabhängig von den Sinnen und dem Verstand ist, Erkenntnis des Selbst
Kālī: Die Göttliche Mutter als Zerstörerin der bösen Mächte, die vor allem in Bengalen sehr verehrt wird. Kālī hat eine dunkle Gestalt, langes schwarzes Haar und vier Arme, deren Hände ein abgeschlagenes Haupt und ein Schwert halten bzw. Gesten der Segnung und Furchtlosigkeit ausdrücken. Sie lehrt den Menschen auf diese Weise, die Ganzheit der Schöpfung in ihren guten und schreckenerregenden Aspekten anzunehmen, ja zu lieben und zu verehren, und zerstört das Vergängliche nur, um den unsterblichen Geist und die Alliebe in jedem Wesen freizulegen.
Kāma: Leidenschaft, Begehren, Lust
Karma: Handlung, Resultat der Handlung und Gesetz von Ursache und Wirkung, durch das eine Handlung unvermeidlich ihre Frucht tragen wird. Solange sich die Individuen mit dem Körper und den Handlungen identifizieren, wird Karma erzeugt; wenn man die eigene wahre Natur, das nichthandelnde, unbeteiligte Selbst erkennt, erzeugt Handlung kein Karma mehr. Es gibt drei Arten von Karma: Sanchita, Āgāmi und Prārabdha. Sanchita Karma ist der riesige Vorrat der in der Gesamtvergangenheit der Seele angehäuften Werke, deren Früchte noch nicht geerntet wurden. Das Āgāmi Karma ist das Tun, das vom einzelnen in der Zukunft ausgeführt werden wird. Das Prārabdha Karma ist das Tun, das Frucht zu tragen begonnen hat, dessen Früchte also in diesem Leben geerntet werden müssen. Das Prārabdha ist ein Teil des Sanchita Karmas, da es ebenfalls dem Handeln der Vergangenheit entstammt. Der Unterschied zwischen beiden ist der, daß das Sanchita Karma noch nicht aktiv ist, das Prārabdha jedoch bereits begonnen hat, sich auszuwirken. Das Erreichen der Selbsterkenntnis mag einen befähigen, sich des künftig Frucht tragenden Handelns (Āgāmi Karma) zu enthalten oder auch den Folgen jenes Vorrats (Sanchita Karma) zu entgehen, dessen Kräfte noch nicht aktiv geworden sind; Prārabdha aber, das begonnen hat, sich auszuwirken, muß geerntet werden.
Karma Bhoga: Handlung, Arbeit zur eigenen Befriedigung
Karma Yoga: Handlung, die zu bewußter Vereinigung mit Gott führt und die uneigennützig, ohne Anhaftung an das Ergebnis, in einer Haltung des Dienens ausgeführt wird.
Kāshtha Mauna: Völliges Schweigen, wobei man sich gänzlich aller Worte, Zeichen und Gesten enthält, reglos wie ein Stück Holz.
Kheyāl, Kheyāla: Plötzliche und unerwartete psychische

Manifestation, sei es Wunsch, Wille, Aufmerksamkeit, Erinnerung oder Wissen. Im Hinblick auf Mā: spontan aufkommender Willensimpuls, der göttlich und daher frei ist.
Khuda: Selbst
Krama: Grad, Schritt, Reihenfolge, Abstufung
Kripā: Barmherzigkeit, Gnade, Mitgefühl
Krishna: Pūrna Avatār, d.h. vollständige Inkarnation des Göttlichen, die vor etwa 5000 Jahren auf Erden erschien. Seine göttlichen Kindheitsspiele, Seine Liebe zu den Hirtenmädchen von Vraja, Sein Kampf gegen die Dämonen und Seine Offenbarung göttlicher Weisheit an Arjuna auf dem Schlachtfeld zu Kurukshetra (s.a. Bhagavad Gītā) sind noch heute ein Quell der Inspiration für den spirituellen Sucher.
Kriyā: Handlung
Krodha: Zorn
Kumārī: Die ewig unbefleckte, göttliche Jungfrau. Die Gestalt, die die Göttliche Kraft vor der Erschaffung der Welt annahm; die Mutter der gesamten Schöpfung; auch Mädchen als Personifikation der Göttlichen Mutter.
Kumārī Pūjā: Zeremonie, bei der eine Anzahl kleiner Mädchen als Verkörperungen der Göttlichen Mutter verehrt werden.
Kumbha Mela: Eines der größten religiösen Feste Indiens, das alle zwölf Jahre am Zusammenfluß von Ganges, Yamunā und Sarasvatī gefeiert wird und Millionen von Pilgern aus allen Teilen des Landes anzieht.
Kumbhaka: Einbehaltung des Atems im Körper oder den Atem ausgestoßen lassen, wobei die entgegengesetzten Bewegungen des Ein- und Ausatmens aufgehoben sind
Laghiman: Außergewöhnliche psychische Kraft, leichter als das Leichteste zu werden.
Lakshmī: Göttin des Glücks und der Schönheit, Gemahlin Vishnus
Līlā: Spiel. Bewegungen und Aktivitäten des Höchsten, die von Natur aus frei sind und keinen Gesetzen unterliegen.
Loka: Welt, Planet, Schöpfungsebene
Mahābhāva: die höchste Stufe transzendentaler Liebe zu Gott, wie sie auch durch Shrī Rādhās Hingabe an Shrī Krishna symbolisiert wird.
Mahādeva: wörtlich „großer Gott", auch Name Shivas, des Zerstörers der Unwirklichkeit.
Mahādevī: „große Göttin", Name der Göttlichen Mutter des Universums
Mahāmantra: wörtlich „großes Mantra": Hare Krishna Hare Krishna Krishna Krishna Hare Hare Hare Rāma Hare Rāma Rāma Rāma Hare Hare.

Mahā Mrityunjaya Japa: Die Wiederholung des folgenden großen Mantras, das selbst den Tod (Mrityu) besiegt (jaya): Tryambakam yajamahe sugandhim pushtivardhanam urvārukamiva bandhanān mrityor mukshīya māmritat. Das Mantra soll gute Gesundheit, Erhaltung eines von Krankheit freien Körpers, ein langes und unfallfreies Leben, Gotterfahrung, Erleuchtung und Unsterblichkeit bewirken.
Mahāprabhu: siehe Caitanya
Mahāprāna: das Höchste Leben, die Höchste Energie
Mahāpurusha: außergewöhnlich entwickeltes Wesen, großer Heiliger, Weiser oder Asket
Mahārāj: wörtlich ‚großer König', wird aber als ehrerbietige Anrede oder Titel sehr häufig für heilige Personen angewandt.
Mahāsamādhi: Endgültiges Eingehen in die Transzendenz, wonach es keine Rückkehr zum Körper mehr gibt; wenn eine erleuchtete Seele ihren Körper verläßt, sagt man, sie ist in Mahāsamadhi gegangen.
Mahāshakti: Göttliche Energie, Wille, Macht
Mahātmā: ‚große Seele'. Bezogen auf eine Person, die das Ego transzendiert hat und die Weisheit von der Einheit allen Seins verwirklicht.
Mahāvākya: eine tiefgehende Aussage des Meisters über die Einheit des individuellen Selbst mit dem universellen Selbst, wie z.B. Tat Tvam Asi – DAS bist du; Aham Brahmāsmi – Ich bin Brahman; Ayam Ātmā Brahma – Dieses Selbst ist Brahman; Prajnānam Brahma – Höchstes Wissen ist Brahman.
Mahāyoga: Höchste Vereinigung, in der jedes Einzelwesen mit jedem anderen Einzelwesen, jeder Gegenstand mit jedem anderen Gegenstand und alle Einzelwesen und Gegenstände mit dem universellen Einen verbunden sind.
Mangal Āratī: glückverheißende morgendliche Āratīzeremonie, s.a. Āratī
Manonāsha: Auflösung des konditionierten, sich getrennt wähnenden Denkvermögens, ohne welche Befreiung nicht möglich ist.
Mantra: Klang von großer Macht, klangliche Repräsentation des Ishta, d.h. einer besonderen Gottheit. Name und Form sind unzertrennlich, wenn daher der Name mit Leben erfüllt ist, muß sich die Form, die er repräsentiert, offenbaren, wenn die Übung wirklich intensiv ist. Ein Mantra ist ein Wort der Kraft, göttliche Macht durch ein Wort vermittelt.
Mantra Caitanya: lebendige Bewußtseinskraft eines Mantras; ein Mantra, welches mit Leben erfüllt wurde, d.h. das, was das Mantra repräsentiert, wird offenbar.
Mantra Dīkshā: Übermittlung spiritueller Kraft durch ein

Mantra, welches der Schüler bei der Einweihung durch den Guru erhält.
Mātājī: geliebte Mutter, verehrte Mutter
Māth: Kloster, Tempel
Māyā: die göttliche Kraft, durch welche sich das Eine verbirgt und als Vielfalt erscheint
mayī: durchdrungen, alldurchdringend, erfüllt
Moha: Täuschung, Anziehung durch Verblendung, Überschattung
Mudrā: Bestimmte Körperhaltung, welche eine besondere göttliche Kraft (Deva Shakti) ausdrückt, ohne die jene Kraft nicht wirken kann. Mudrās sind notwendig, um bestimmte Veränderungen im Geist oder Charakter zu bewirken. Oft ist auch eine bestimmte rituelle Haltung der Hände, bzw. Verschränkung der Finger gemeint, die eine bestimmte Bewußtseinsebene ausdrückt.
Muni: ein Weiser, eine selbstverwirklichte Seele
Mūrti: Bildgestalt einer Gottheit
Na-ishta: nicht der Geliebte
Nāma: Name
Nāma Japa: Wiederholung von Gottes Namen, siehe auch Japa
Nāma Sādhanā: spirituelle Übungen, bei denen die Wiederholung der Namen Gottes im Mittelpunkt steht.
Namaskāra: Ehrerbietiger Gruß; siehe auch Pranām
Nāma Yajna: „Opfer" des Namens Gottes, der zu diesem Anlaß Tag und Nacht ununterbrochen wiederholt wird.
Nārāyana: Name Vishnus, des Erhalters des Universums
Nārāyana Pūjā: zeremonielle Verehrung Nārāyanas
Nāsha: Zerstörung, Vernichtung
Na Sva: nicht das Selbst
Netī: Yogaübung zur inneren Reinigung des Körpers, indem man einen Faden durch Nase und Mund durchzieht
Neti neti: dies (ist) nicht (letztlich wirklich, d.h. beständig), das (ist) nicht (letztlich beständig) - Methode der Erkenntnis der Höchsten Endgültigen Wahrheit durch analytische Ausgliederung von allem Vergänglichen
Nirākara: das Formlose
Nirguna: das Eigenschaftslose
Nirvāna: ausgelöscht, gestorben, versunken, verschwunden; völlige Loslösung von der Materie und Vereinigung mit dem Höchsten
Nirvikalpa Samādhi: Ein Zustand, in dem das Denkvermögen nicht mehr aktiv ist und nur Reines Bewußtsein bleibt, Sich Selbst Sich Selbst offenbarend
Nishkāma Karma: Handlung, die frei von Verlangen ist,

uneigennützig und ohne Anhaftung an das Ergebnis. Nishkāma Karma reinigt Herz und Geist und erzeugt kein neues Karma.
Nitya Līlā: Gottes ewiges Spiel, in dem ER Selbst alle Rollen spielt
Nitya Vastu: das einzig wirkliche, ewige Sein
Paisa: ca. 0,25 Pfennig
Pancāmrita Snāna: zeremonielles Baden in fünf verschiedenen Substanzen (Milch, Dickmilch, Honig, Zucker und Ghee)
Pandāl: großes Zelt
Pandit: Gelehrter Brahmane, der in Sanskrit, in den Hinduschriften und in der Durchführung religiöser Riten wohlbewandert ist.
Pāpa: Sünde, Missetat
Paramātmā: Das Selbst des ganzen Universums, sowohl des Individuums als auch des Kosmos
Parama Ishta: Der Höchste Göttliche Geliebte
Parama Sthiti: im Höchsten Sein gegründet
Par Seva: Dienst an anderen
Pārvatī: Die Göttliche Mutter und Gemahlin Lord Shivas
Pati: Ehemann, Herr
Pītājī: verehrter oder geliebter Vater
Prachār: Verbreitung
Prakriti: die materielle Natur
Prāna: Lebensenergie, die den Körper aufrecht erhält und eng mit dem Geist verknüpft ist. Eins kann nicht ohne das andere funktionieren.
Pranām, Pranāma: Huldigung, Ehrerbietung, verehrende Gebärde, Verneigung. Ein Akt der Hingabe, der das Gefühl der eigenen Kleinheit angesichts der göttlichen Gegenwart ausdrückt.
Pranava: die heilige Silbe OM
Prāner Prāna: das Leben allen Lebens
Prārabdha Karma: diejenigen früheren Handlungen, welche sich im gegenwärtigen Leben auswirken müssen und nicht abgewendet werden können, das Tun, das bereits begonnen hat, jetzt Frucht zu tragen.
Prasāda: Nahrung, die einer Gottheit oder einem Heiligen dargebracht wird, wird durch ihr Annahme Prasād - gesegnete Speise - welche die Devotees danach zu sich nehmen.
Pratibimba: Spiegelung, Reflektion
Pratyaksha: klar, direkt sichtbar
Pratyaksha Mūrti: direkte Offenbarung der Form, der Gestalt
Prema: reine, vervollkommnete, transzendentale Liebe zu Gott
Pūjā: Zeremonielle Verehrung Gottes, bei der verschiedene Dinge wie Wasser, Räucherstäbchen, Obst, ein Tuch, Blumen,

Kampfer u.ä. dargebracht werden, die jeweils Aspekte von uns selbst darstellen.
Punya: gute Werke
Puraka: Einziehen des Atems
Purānas: 18 heilige Bücher, die von Vedavyāsa zusammengestellt wurden und die Schöpfung, Zerstörung und Erneuerung des Universums beschreiben sowie die Geschichte der Götter, der Vorväter, der Weltregenten und der solaren und lunaren Rassen. Die Brahmā zugeordneten Purānas sind das Brahmā, Brahmānda, Brahma-Vaivarta, Mārkandeya, Bhavishya und Vāmana Purāna; die Vishnu zugeordneten Purānas sind das Vishnu, Bhāgavata, Nāradīya, Garuda, Padma und Varāha Purāna; die Shiva zugeordneten Purānas sind das Shiva, Linga, Skanda, Agni (oder Vāyu), Matsya und Kūrma Purāna.
Pūrna Brahma Nārāyana: Pūrna - Fülle; Brahma - die eine Höchste Wirklichkeit, die sowohl ruhend als auch dynamisch ist und doch über beidem steht, das Ganze, das mehr ist als die Summe all seiner Teile; Nārāyana - Name Gottes in Seinem persönlichen Aspekt.
Pūrna Brahma Nārāyanī: Pūrna Brahma siehe oben; Nārāyanī - Name der Göttlichen Mutter
Pūrna Kumbha: Zeremonie zum Empfang eines Heiligen, bei der eine Reisplatte, auf der sich ein geschmücktes, mit einer Kokosnuß bedecktes Wassergefäß befindet, dargebracht wird.
Pūrnimā: Vollmond
Purushakāra: menschliche Bemühung im Gegensatz zu göttliche Fügung (daiva)
Rādhā: Die ewige Gefährtin Shrī Krishnas, eine Manifestation Seiner Freudenenergie
Rādhā-Krishna/Rādhā-Govinda: Das Göttliche wird in Seiner Essenz als Saccidānanda aufgefaßt (Sat=Sein; Cit=Bewußtsein; Ānanda=Glückseligkeit). In der philosophischen Literatur der Vaishnavas findet jeder dieser Aspekte seine Ergänzung in einer Shakti (Kraft): Sat hat als Entsprechung Sandhini, Cit - Samvit und Ānanda - Hlādini. Den höchsten spirituellen Wert mißt man Ānanda und Hlādini zu, die schließlich alle anderen Aspekte in sich aufnehmen und allein übrigbleiben. Sie werden durch Krishna und Rādhā verkörpert, die durch göttliche Liebe ewig miteinander verbunden sind.
Rāja Yoga: Vereinigung mit dem höchsten Selbst durch Geisteskontrolle
Rāma: Eine Inkarnation Vishnus (Gott in Seinem Aspekt als Erhalter der Schöpfung) und Held des Rāmāyana. Oft ist es einfach eine Name für Gott. Mā erklärt häufig, daß die eigentliche Bedeutung des Wortes Rāma Glückseligkeit ist.

Ramakrishna: Großer Heiliger aus Bengalen (1863-1886), der durch seine Liebe zur Göttlichen Mutter Kālī Höchste Verwirklichung erfuhr und durch seine Praxis verschiedenster religiöser Disziplinen bestätigte, wie sich das EINE ZIEL durch vielfältige Wege erreichen läßt.
Ramalīlā: Theateraufführung über das Leben Rāmas.
Rāmāyana: Neben dem Mahābhāratam bekanntestes religiöses Epos Indiens, welches das Leben Rāmas und Seiner Gemahlin Sītā beschreibt.
Rāsalīlā: Krishnas transzendentales Liebesspiel mit Rādhā und den Gopīs, das auch nicht eine Spur mit irdischer menschlicher Liebe gemeinsam hat. Es symbolisiert die Vereinigung mit dem Höchsten im Zustand von Mahābhāva, der höchsten Form ekstatischer Liebe.
Recaka: bewußtes Ausstoßen des Atems
Rishis: ‚Seher'. Man sagt, daß Rishis eine Art von Wesen sind, verschieden von Göttern, Menschen, Dämonen usw., denen Mantras offenbart werden; z.B. wurden die gesamten Veden den Rishis offenbart. Sie waren selbstverwirklichte Seelen, die zwar als Familienväter, jedoch fern von der Gesellschaft lebten.
Rishi Pantha: der Pfad der Rishis
Rudrāksha: wörtlich ‚Augen Rudras', getrocknete, röttliche Beeren des Baums Elaeocarpus Ganitrus, die auf eine Kette aufgezogen werden, welche häufig als Rosenkranz zur Wiederholung von Gottes Namen benutzt wird.
Rūpa: Form, Gestalt, äußere Erscheinungsform
Sadbhāva: reines, göttliches Streben, Aufrichtigkeit, gute Absicht oder Einstellung
Sadgati: Zustand der Glückseligkeit
Sadguru: Der vollkommene Meister, der den Weg zur Verwirklichung der Wahrheit zeigt und selbst die höchste Bewußtseinsstufe erreicht hat.
Sādhaka: Jemand, der spirituelle Übungen zum Zweck der Selbstverwirklichung übt
Sādhanā: Spirituelle Übung zum Zweck der Selbstverwirklichung
Sādhanā Līlā: ‚Spiel' spiritueller Übungen, die scheinbar ein Ziel anstreben, obwohl es in Wirklichkeit bereits realisiert ist.
Sādhu: Jemand, der sein Leben dem spirituellen Streben geweiht hat.
Sādhya: zu erlangendes Ziel
Saguna: mit Eigenschaft; wenn es sich auf Gott bezieht, bedeutet es spirituelle Eigenschaften

Sahaja Jīvan: Leben in Einklang mit den Erfordernissen der wahren Natur des Menschen, d.h. des Selbst
Sālokya: Art der Befreiung, bei der man auf den gleichen spirituellen Planeten wie der Herr gelangt
Sakāra: Form, Gestalt besitzend
Sama: Gleichheit
Samādhi: Höchste Sammlung, in der der Geist völlig auf das Objekt der Meditation konzentriert ist (Savikalpa Samādhi) oder aufhört, tätig zu sein, indem nur reines Bewußtsein übrigbleibt (Nirvikalpa Samādhi).
Samādhi-Schrein: Heiligtum oder Tempel über dem Grab eines Heiligen
Samagra: Ganzheit
Samaya: Zeit
Samīpya: Art der Befreiung, bei der man in ständiger Nähe des Herrn lebt
Samsāra: Der Kreislauf des weltlichen Lebens mit seiner unaufhörlichen Folge von Geburt und Tod. Dieses ständige Rad beruht auf der Unwissenheit über die wahre Natur des Selbst und die Gesetze des Karma, indem sich das begrenzte Ich fälschlicherweise für den Handelnden hält.
Samskāra: wörtlich ‚Reinigung, Einsegnung'
1) Ein mithilfe von Mantras durchgeführtes Ritual, das bezweckt, die ursprüngliche Reinheit eines Dinges wiederherzustellen. Die verwendeten Mantras sollen die unreinen Kräfte, die das betreffende Objekt überschatten, vernichten. Ist diese Unreinheit beseitigt, so offenbart sich seine wahre Natur. Das Wort Samskāra wird auch benutzt, wenn man von der Restaurierung eines Tempels, einer Bildgestalt usw. spricht.
2) Reinigungsriten, die das Leben des Brahmanen begleiten, so wie die Verleihung der heiligen Schnur, Hochzeit, Bestattung usw., den christlichen Sakramenten entsprechend.
3) Eindrücke, Neigungen und psychische Prägungen, die jede Erfahrung im Geist hinterläßt und die oft aus früheren Leben mitgebracht wurden; siehe auch: Vāsana.
Samudra: Ozean, Meer, See
Samyam: Disziplin, Beherrschung
Samyam Vrata: „Gelübde der Selbstdisziplin", welches auch einmal im Jahr eine Woche gemeinsam von Mā's Devotees praktiziert wird in Form von Fasten, gemeinsamen Meditationen, Rezitationen und Kīrtan sowie religiösen Vorträgen (Satsang).
Sanātana Vaidik Dharma: die ewige Religion Indiens, die auf den Offenbarungen der Veden und den Erfahrungen zahlloser Heiliger beruht.

Sandhya: 1) die Gebete, die ein Brahmane morgens, mittags und abends verrichtet 2) die Übergänge von Tag und Nacht, Morgengrauen und Abenddämmerung
Sankalpa: geistiger Vorgang, der dem eigenen Willen entspringt, Entschluß, Absicht. Reines Sankalpa ist unbeeinflußt von den subjektiven, durch Veranlagung bedingten Reaktionen des Geistes und ergibt sich aus völliger Beherrschung der geistigen Kräfte.
Sannyāsa: Letztes der vier Lebensstadien, in dem man als Bettelmönch lebt, der Familie, Besitz, Stellung und allem, woran er haftet, entsagt hat, um sich völlig dem Göttlichen hinzugeben. Technisch unterscheidet man zwei Arten von Sannyāsa: Vividisha Sannyāsa, welchem das Gefühl der Loslösung von der Welt vorausgegangen ist und Vidvat Sannyāsa, Höchstes Sannyāsa, aufgrund von Brahmanverwirklichung. Vividisha Sannyāsa wird auch Lingasannyāsa genannt, bei dem bestimmte Regeln und Disziplinen eingehalten werden müssen. Vidvat Sannyāsa jedoch ist absolute Freiheit.
Sannyāsī: Jemand, der das Entsagungsgelübde auf sich genommen hat oder von dem Entsagung Besitz ergriffen hat; siehe: Sannysa.
Sarasvatī: die Göttin der Gelehrsamkeit und Musik, Gemahlin Brahms
Sārī: die traditionelle Kleidung der Frauen in Indien
Sat: wahres Wesen, das Gute, Seiende, Beständige
Satkarma: Handlung im Einklang mit Gottes Willen, gute Handlung
Satsang: Die Gemeinschaft mit Weisen, Heiligen und Suchern der Wahrheit, entweder physisch oder geistig durch das Lesen heiliger Schriften bzw. über Leben und Lehren Heiliger; auch: religiöses Treffen.
Sattā: Sein
Satyagraha: Anhaftung an Wahrheit
Savikalpa Samādhi: Völlige Konzentration des Geistes auf das Objekt der Meditation, mit dem er auf diese Weise schließlich verschmilzt.
Sevā: Dienen, Dienst
Shabda-Brahman: Der ewige Klang, der die erste Manifestation der Höchsten Wirklichkeit ist und der ganzen Schöpfung zugrundeliegt.
Shakta: Verehrer Shaktis, der Göttlichen Mutter
Shakti: Die dynamische Energie der Schöpfung, die ihrer Natur nach Bewußtsein ist. Diese ewige, höchste Kraft wird zumeist durch die Gestalt einer Frau bzw. die Kosmische Mutter symbolisiert.

Shalagram Thākur/Shalagram Shila: ein schwarzer Ammonitstein mit besonderen Merkmalen, der im Gandakifluß in Nordindien sowie bei Muktināth in Nepal zu finden ist und Shrī Vishnu repräsentiert.
Shankarācārya: Einer der vier religiösen Führer nach der Tradition Shrī Shankaras, des Vertreters der nicht-dualistischen Vedāntaphilosophie, der vor Jahrhunderten vier Hauptklöster zur Verbreitung seiner Lehre im Osten, Westen, Norden und Süden Indiens errichten ließ.
Shāstras: die offenbarten und überlieferten heiligen Schriften des Hinduismus.
Sharīra: Körper
Shava: Leichnam
Shishya: Schüler
Shiva: (wörtlich „der Gnadenvolle, Gute") wird in Seiner Höchsten Form als immerwährende, alldurchdringende Wirklichkeit und reine Transzendenz jenseits von Zeit und Raum aufgefaßt. In Seinem gestaltgewordenen Aspekt wird Er mit der Veränderung und Auflösung des Universums in Zusammenhang gebracht, der alles Unwirkliche, alles Unwissen, zerstört.
Shiva Lingam: zumeist aus Stein bestehendes Symbol Shivas, welches die schöpferische Kraft in ihrem unsichtbaren, unmanifestierten Zustand repräsentiert
Shiva Loka: das himmlische Reich Shivas
Shivarātri: Fest zu Ehren Lord Shivas am 14.Tag der dunklen Hälfte des Mondmonats Februar/März, an dem 24 Stunden völlig gefastet wird (auch kein Wasser) und in der Nacht bis zur frühen Morgendämmerung vier Pūjās vollzogen werden.
Shora: hinweggleiten
Shrama: Mühsal, Anstrengung
Shrī: ein Wort, das vor einen Namen gesetzt wird, wenn man große Ehrerbietung ausdrücken möchte
Shrī Caitanya Mahāprabhu: siehe Mahāprabhu
Shrīmad Bhāgavatam: auch Bhagavata Purāna genannt, eins der 18 Purānas, verfaßt von Vedavyāsa, welches die Avatāras (göttlichen Inkarnationen) Vishnus beschreibt, vor allem das Leben Shrī Krishnas.
Shrī Rāmakrishna: siehe Rāmakrishna
Siddhāsana: wörtlich die „vollkommene" Yogastellung, die klassische Haltung des Hatha Yoga, während derer man so sitzt, daß die Füße nach innen gegen die Basis der wirbelsäule gepreßt werden und der linke Fuß fest in die Gabelung zwischen den beiden Oberschenkeln plaziert wird, während der rechte Fuß so über dem linken Fuß liegen soll, daß sich die rechte Ferse gegenüber der linken befindet. Der rechte Fuß

sollte zwischen dem linken Ober- und Unterschenkel eingeklemmt werden. Der linke Fuß sollte nach oben gerichtet werden, sodaß zumindest die große Zehe fest zwischen dem rechten Ober- und Unterschenkel eingeklemmt wird. Die Hände werden mit nach oben gerichteten Handflächen auf die Knie gelegt, wobei Daumen und Zeigefinger zusammengeführt und die anderen drei Finger gerade ausgestreckt werden.
Siddhis: außergewöhnliche psychische Kräfte
Sthiti: Ruhe, Zustand, Stellung
Sukshma Sharīra: feinstofflicher Körper
Supti Jāgara: Wachschlaf, d.h. der Körper befindet sich entspannt in leichtem Schlaf, während der Geist völlig wach auf der transzendentalen Ebene ist.
Sushupti: Tiefschlaf
Sva: selbst
Sva-ākara: die eigene Gestalt
Svabhāva: 1) die wahre eigene Natur
2) ursprünglicher, normaler oder natürlicher Zustand
3) die angeborenen Neigungen eines Individuums
Svadhana: eigener Besitz, Reichtum, Schatz
Svakriyā Svarasāmrit: Svakriyā = Bewegung aus Sich Selbst durch Sich Selbst in Sich Selbst, in der keine Trennung zwischen Handelndem und Handlung besteht; Svaras = der süße Geschmack des Selbst; Amrita = die dem Selbst innewohnende Unveränderlichkeit
Svamayī: durchdrungen vom Selbst
Svamudra: Sein eigener Ausdruck
Svarupa: 1) die Sache selbst, die wahre Natur
Svarupa Jnāna: Das Selbst als Wissen; Bewußtsein als innerstes Wesen des Selbst
Svarupa Prakāsha: Offenbarung des Selbst
Svasti: ein Mantra, das häufig bei religiösen Zeremonien vorkommt und Anrufungen bekräftigt: „So sei es!"
Svayam: das wahre Selbst, das Höchste Sein an sich
Svayam Bhagavān: Der Höchste Herr Selbst, der Liebe, Schönheit, Macht, Wissen, Ruhm und Entsagung in unbegrenztem Maß besitzt
Svayam Prakāsh: Offenbarung des Selbst aus Sich Selbst
Swāmī(jī): Anrede von Heiligen, Mönchen und Asketen, wörtlich ‚Herr'
Tapasyā: Mühsal und Kasteiung, die man mit der festen Absicht auf sich nimmt, spirituelle Verwirklichung zu erlangen.
Taranga: Welle

tār anga: Seine Gliedmaßen
Tat: DAS; das Ewige, Höchste
Tat Karma: Handlungen und Bestrebungen, die sich auf DAS, d.h. das Göttliche Ziel richten
Tat Sva: ES Selbst, DAS
Tattva: Tattva eines Mantras bezeichnet seine innere Bedeutung; allgemein: Wahrheit, Wirklichkeit
Thakurjī: 1) Herr des Universums 2) Gottheit 3) ein Ehrfurcht einflößender Mensch
Thālī: Metallteller
Tīlak: Zeichen der Vaishnavas aus heiligem Ton oder Lehm, womit der Devotee zwölf Stellen des Körpers mit dem Symbol des Vishnu-Tempels zeichnet und jeweils ein bestimmtes Mantra an Vishnu dabei ausspricht.
Tripundra: Drei waagrechte Linien auf der Stirn, die sich die Verehrer von Shiva und Shakti (der göttlichen Mutter) auftragen
Triputi: Die dreifältige Manifestation des EINEN innerhalb von Zeit und Raum: als Subjekt, Objekt und die Beziehung zwischen beiden - oder als Erkennender, Erkenntnis und Vorgang des Erkennens - als Liebender, Geliebter und Liebe usw.
Ushā Kīrtan: Kīrtan, d.h. religiöse Gesänge, die früh während der Morgendämmerung gesungen werde
Vāda: Lehre, These
Vairāgya: Loslösung von der Welt, Entsagung, Verzicht. Aparā Vairāgya (Entsagung der niederen Ebene) bezieht sich auf die Gegenstände des Vergnügens; Parā Vairāgya (höhere Entsagung) bezieht sich auf die Gunas, d.h. die materielle Natur überhaupt. Vairāgya wird als Feuer aufgefaßt, da in jenem Zustand schon der geringste Kontakt mit weltlichen Dingen oder Sinnesobjekten ein brennender Schmerz ist.
Vaishnava: Verehrer Vishnus, die Ihn als persönlichen, gestalthaften Gott in Seinen Inkarnationen als Shrī Krishna, Shrī Rāma u.ä. verehren.
Vāk Siddhi: die Kraft, daß sich alles erfüllt, was man sagt, und die - so heißt es - erlangt wird, wenn man mindestens 12 Jahre lang völlige Wahrhaftigkeit praktiziert hat.
Vanaprāstha: Drittes Lebensstadium, in dem sich die Eheleute zurückziehen und Kontemplation und spirituelle Disziplinen üben.
Vāsa: wohnen, sich befinden, aufhalten
Vāsanā: Geistige Neigungen, die wie Samen sind, welche die Tendenz haben, zu Handlung heranzukeimen. Sie werden verbrannt, wenn das Licht der Erkenntnis (Jnāna) aufgeht; siehe auch Samskāra (3).

Vāsana Kshaya: Auslöschung, Vernichtung von Wünschen und eingewurzelten Zu- und Abneigungen
Veda/Veden: Heilige Offenbarungen der Hindus, welche der Überlieferung gemäß nicht von Menschen verfaßt sind, sondern direkt vom Höchsten offenbart wurden und daher Shruti (Gehörtes oder Geoffenbartes) genannt werden im Gegensatz zu Smriti (Erinnertes, Überliefertes, menschliches Werk). Die vedischen Hymnen gehen auf eine Anzahl von Rishis zurück, die Seher (keine Verfasser) waren.
Vedānta: wörtlich „Ende des Veda", vor allem die Lehre der Upanishaden, der Brahma Sutras und der Bhagavad Gītā. Eines der sechs Systeme der indischen Philosophie, formuliert von Veda Vyāsa. Das Hauptthema des Vedānta ist Erkenntnis des HÖCHSTEN.
Videha: nicht verkörpert
Vigraha: Gestalt, konkrete äußere Gegenwart als Form, eine Statue, die durch Mantras oder durch die Hingabe und Anbetung des Verehrenden zur Gottheit Selbst wird.
Vikalpa: Gegenreaktion des Geistes aufgrund von hergebrachten Neigungen und Tendenzen
Viraha: Gefühl der Trennung vom Göttlichen Geliebten, nachdem man Ihm bereits begegnet ist
Virāja Homa: Wenn jemand auf dem Weg zu vollkommener Entsagung (Sannyāsa) alles, was seine Wurzel in Unwissenheit über die WIRKLICHKEIT hat, dem Feuer der Erkenntnis opfert, so wird das Viraja genannt; vi=ohne, frei von; rajas=Unreinheit. Reinigungsritus einer Person, die alles aufgegeben hat.
Virāt: das Höchste, Universelle, Göttliche
Virāt Darshan: Schau der Universellen Form, des Höchsten Göttlichen
Vishnu: Gott in Seinem Aspekt als Erhalter des Universums
Vishnuloka: Himmlisches Reich von Shrī Vishnu
Vishvanātha: Herr des Universums. Ein Name Shivas, insbesondere als Schutzgottheit der Stadt Benares.
Vrati: Jemand, der ein religiöses Gelübde abgelegt hat, Teilnehmer am Samyam Vrata
Vrindāvana: das ewige Reich göttlicher Liebe, hier auf Erden der Ort, an dem Shri Krishna Seine transzendentalen Spiele offenbarte, als Er vor 5000 Jahren erschien.
Vyarāma: Beschwerlichkeit, Leid
Yajña: Opfer, insbesondere vedische Feuerzeremonie zur Reinigung der Lebensenergie (Prāna) und der ganzen Atmosphäre. Während eines Yajñas wird zumeist ein Mantra längere Zeit wiederholt, während gleichzeitig Ghee (gereinigte Butter), Reis, oder ähnliche organische Substanzen in das Feuer

gegeben werden. Feuer (Agni) ist das vollkommenste Medium zwischen uns und den Kräften, welche die gesamte Natur lenken. Die alten vedischen Seher betrachteten das ganze Geschehen im Kosmos als ein großes Opfer und waren der Ansicht, daß die spirituelle Entwicklung des Menschen am meisten beschleunigt wird, wenn er sich mit jener kosmischen Ordnung in Einklang bringt. Somit kann der äußere Vorgang der Opferung auch zum Symbol des Verbrennens unserer niederen Natur im Feuer der Gottesliebe oder des wahren Wissens werden.

Yajñasthalī: Feuerstelle für das heilige Opferfeuer.

Yama: Beherrschung, Zügelung

Yama Rāja: der Gott des Todes, der die sündigen Seelen nach dem Tod bestraft

Yoga: Vereinigung. Der Vorgang, das individuelle Bewußtsein mit dem Höchsten zu verbinden, z.B. durch Bhakti Yoga - liebende Hingabe, Rāja Yoga - Geisteskontrolle, Karma Yoga - dienendes, uneigennütziges Handeln u.a.

Yogamāyā: die Kraft Gottes, die Ihn vor den Unwissenden verbirgt

Yogī: Jemand, der Yoga praktiziert, d.h. sich mit dem Höchsten verbinden will oder der bereits Meisterschaft darin erlangt hat.

Quellenangaben

Ananda Varta (Quarterly Journal) 1953 - 1984
Anandamayee Ma (As I Have Known Her) by Naren Chowdhuri (First Edition) 1978
Anandamayi Ma's Inscrutable Kheyāl by Anil Ganguli (First Edition) 1980
Anandamayi Ma: The Mother, Bliss-Incarnate by Anil Ganguli (First Edition) 1983
As the Flower Sheds its Fragrance - Diary Leaves of a Devotee (First Edition) 1983
Bhaiji's Twelve Precepts
From the Life of Sri Anandamayi Ma, Vol.I, by Bithika Mukerji (Second Revised Edition) 1980
From the Life of Sri Anandamayi Ma, Vol.II, by Bithika Mukerji (First Edition) 1981
Life and Teaching of Sri Ānandamayī Mā by Dr.Alexander Lipski (First Edition) 1977
Ma Anandamayi Lila - Memoirs of Hari Ram Joshi (First Edition) 1974
Matri Vani, Vol.I (Third Edition) 1972
Matri Vani, Vol.II (First Edition) 1977
Mother As Revealed To Me by Bhaiji (Fourth Edition) 1972
Mother As Seen By Her Devotees (Third Edition) 1976)
Sad Vani (Second Edition) 1975
That Compassionate Touch of Ma Anandamayee by Narayan Chaudhuri (First Edition) 1980
Words of Sri Anandamayi Ma (Second Edition) 1971

***

Sämtliche Bücher sind erhältlich bei:
Publications Division
Shree Shree Anandamayee Charitable Society,
57/1, Ballygunge Circular Road,
Calcutta-700 019, Indien

Adressen der Shrī Shrī Mā Ānandamayī Āshrams in Indien

1. Shree Shree Ma Anandamayee Ashram, Bhadaini, Varanasi-221001 U.P. (Phone: 53530) Tele: „Mataji"
2. Shree Shree Ma Anandamayee Kanyapeeth, Bhadaini, Varanasi-221001, U.P.
3. Mata Anandamayee Hospital, Shivala, Varanasi-221001, U.P. (Phone: 52591 & 52491)
4. Anandamayee Karuna, Bhadaini, Varanasi-221001, U.P.
5. Shree Shree Ma Anandamayee Ashram, Vrindaban-281121, Dist. Mathura, U.P. (Phone: 94)
6. Shree Shree Ma Anandamayee Ashram, Ashtabhuja Hill, P.O. Vindhyachal, Mirzapur, U.P.
7. Shree Shree Ma Anandamayee Ashram, Kishenpur, P.O. Rajpur, Dehradun, U.P. (Phone: Rajpur 271)
8. Shree Shree Ma Anandamayee Ashram, Kalyavan, 176, Rajpur Road, P.O. Rajpur, Dehradun, U.P., Pin: 248009.
9. Shree Shree Ma Anandamayee Sadhan Ashram, 47/A, Jakhan, Dehradun, U.P.
10. Shree Shree Ma Anandamayee Ashram, P.O. Raipur Ordnance Factory, Dehradun, U.P.
11. Shree Shree Ma Anandamayee Ashram, P.O. Kankhal (Hardwar), Dist. Saharanpur, U.P. (Phone: 575), Pin: 249408
12. Shree Shree Ma Anandamayee Ashram, Kali Mandir, P.O. Uttar Kashi, U.P.
13. Shree Shree Ma Anandamayee Ashram, Patal Devi, Almora, U.P. Pin: 263602
14. Shree Shree Ma Anandamayee Vidyapeeth, Vrindaban, Dist. Mathura. U.P.
15. Shree Shree Ma Anandamayee Ashram, Puran Mandir, P.O. Naimisharanya, Dist. Sitapur-261402, U.P.
16. Shree Shree Ma Anandamayee Ashram, Kalkaji, New Delhi-19 (Phone: 631378)
17. Shree Shree Ma Anandamayee Ashram, Agarpara, P.O. Kamarhati, Calcutta-58 (Phone: 581208)
18. Shree Shree Ma Anandamayee Ashram, P.O. Chandipur-Tarapeeth, Dist. Birbhum, West Bengal
19. Shree Shree Ma Anandamayee Ashram, P.O. Rajgir, Nalanda, Bihar. Pin: 803116
20. Shree Shree Ma Anandamayee Ashram, Main Road, Ranchi, Bihar, Pin: 834001
21. Shree Shree Ma Anandamayee Ashram, Swargadwar, Puri, Orissa
22. Shree Shree Ma Anandamayee Ashram, Bhimpura, P.O. Chandod, Baroda, Gujrat, Pin: 391105
23. Shree Shree Ma Anandamayee Ashram, Ganesh Khind Road, Poona-7, Maharashtra
24. Shree Shree Ma Anandamayee Ashram, P.O. Dhaul-china, Almora, U.P.
25. Shree Shree Ma Anandamayee Ashram, P.O. Agartala, West Tripura
26. Shree Shree Ma Anandamayee Ashram, P.O. Bairagarh, Bhopal, Madhya Pradesh.
27. Shree Shree Ma Anandamayee Ashram, P.O. Kedarnath, Chamoli, Theri-Garwal-248186, Uttar Pradesh.
28. Shree Shree Ma Anandamayee Ashram, 13, Siddheswari Lane, Dacca-17, Bangladesh
29. Shree Shree Ma Anandamayee Vidya Niketan, P.O.&Vill. Kheora, Via-Kasba, Dist. Comilla, Bangladesh

Nachwort

Die Herausgeber hatten das Glück, zwischen 1977 und 1981 auf drei Reisen wiederholt einige Wochen und Monate bei Mā verbringen und Hinweise zu ihrem geistigen Weg empfangen zu dürfen. Aus dieser Inspiration wurde 1980 die erste ausführliche deutsche Übersetzung von Mā's Aussagen in dem Buch „Worte der Glückseligen Mutter Ānandamayī Mā" und 1983 „Matri Darshan - Ein Photo-Album über Shrī Ānandamayī Mā" veröffentlicht. Seit 1981 zeigen wir außerdem in verschiedenen Städten Filme über Ānandamayī Mā.

Im Oktober 1982 bezogen wir ein Haus am Rande des Südschwarzwalds direkt an der Schweizer Grenze gelegen, das als eine Stätte für all jene Menschen dienen möchte, die sich Mā innerlich verbunden fühlen und die Weisheit der Glückseligen Mutter verwirklichen und verbreiten möchten. Interessenten oder Personen, die den Aufbau einer solchen Stätte unterstützen möchten, werden gebeten, sich mit uns in Verbindung zu setzen.

Shrī Shrī Mā Ānandamayī Bhavan
Sumitra und Candrāvalī Schang
Seegarten 12 - Tel.07744-1310
D-7894 Stühlingen

Kassetten mit Mā's Gesängen, das Buch „Worte der Glückseligen Mutter Ānandamayī Mā", das Photo-Album „Matri Darshan" und weitere spirituelle Literatur und Musik sind ebenfalls auf Anfrage direkt beim Mangalam Verlag & Versand erhältlich.

WEITERE BÜCHER AUS DEM MANGALAM VERLAG

Worte der Glückseligen Mutter Ānandamayī Mā
327 Seiten mit 19 z.T. farbigen Photos / Leinen /
ISBN 3-922477-84-4

Die in Bengalen geborene Glückselige Mutter Shrī Ānandamayī Mā (1896-1982) ist eine der wenigen Vollendeten, die bereits von Geburt an in vollem Bewußtsein ihres ewigen Selbst lebten. Sie hatte - wie es auch Yogānanda in seiner bekannten ‚Autobiographie eines Yogi' erwähnt - Erleuchtung nicht durch einen Meister, bestimmte Disziplinen oder Bücher ‚erlangt', sondern befand sich stets im natürlichen Zustand göttlichen Einsseins. Ihre bloße Gegenwart, Ihre Liebe und Weisheit inspirierten Tausende von Menschen zur Suche nach der Höchsten Wirklichkeit. Ānandamayī Mā vertrat weder einen bestimmten Yogaweg, noch beanspruchte Sie für sich, ein ‚Guru' zu sein. Auf universelle Weise riet Sie vielmehr jedem Menschen, seiner Religion oder seinem Meister aufrichtig zu folgen und lebendige spirituelle Erfahrung anzustreben, um höchste Verwirklichung zu erreichen.

Während Bücher über Ānandamayī Mā in Frankreich, den USA und Indien bereits vielen Lesern vertraut sind, stellt dieses Buch die erste umfassende Übersetzung Ihrer Aussagen in deutscher Sprache dar. Neben einer ausführlichen Lebensbeschreibung enthält es Ratschläge für zahlreiche Aspekte des inneren und äußeren Lebens.

Aus dem Inhalt: Über Ānandamayī Mā / Der Pfad zur Vollendung / Guru und Initiation / Über wirkliche Liebe und bloße Anziehung - Prema und Moha / Hingabe / Gebet / Japa - Die Wiederholung von Gottes Namen / Über Pranām - Die Verneigung vor dem Göttlichen / Meditation und Ebenen des sich öffnenden Bewußtseins / Über Gebrauch und Mißbrauch psychischer Kräfte / Schweigen / Verwirklichung / Leben in der Welt als Dienen / Kinder und Erziehung / Über Almosen und Gastfreundschaft / Ernährung / Kleidung / Schlaf / Heirat und die Rolle von Mann und Frau / Über Tod und die richtige Einstellung zu unseren Verstorbenen / Gleichnisse / Verschiedene Fragen, Antworten und Gespräche / Entsagung - Vairāgya / Gnade / Gott und Sein Spiel der Schöpfung.

Matri Darshan

Ein Photo-Album über Shrī Ānandamayī Mā
Text zweisprachig (deutsch/englisch) / 144 Seiten mit 67
ganzseitigen, teils farbigen Photos / gebunden /
ISBN 3-922477-87-9

Wenn sich das Göttliche nur in Weisheit und Entsagung offenbart, mag sich das menschliche Bewußtsein verschließen, doch schwerlich kann sich unser Herz der Schönheit, Anmut und Lieblichkeit der göttlichen Gegenwart entziehen. Das gilt auch für das vorliegende Buch über die Glückselige Mutter Ānandamayī Mā (1896-1982), in dem selten schöne Photos der Heiligen wirkungsvoll durch Ihre tiefgehenden und dennoch kurzgefaßten Aussagen ergänzt werden. Bilder und Worte vermitteln dem Betrachter den faszinierenden Eindruck einer Verwirklichung, die nur ein Mensch leben kann, der völlig im göttlichen Bewußtsein gegründet ist. Dieses Buch eignet sich sowohl als ausgewähltes Geschenk wie auch zur eigenen Besinnung!

Kṛṣṇa–Caitanya
Der Verborgene Goldene Avatar der Gottesliebe
Sein Leben und Seine Lehre

Walther Eidlitz
ca. 560 Seiten mit 10 z.T. farbigen Photos/Kartoniert
ISBN 3-922 477-86-0

Mit Caitanyas Erscheinen (1486-1533) breitete sich eine machtvolle neue Welle der Bhakti-Tradition, der liebevollen Hingabe zum personhaften Gott, über ganz Indien aus. Obwohl Caitanya Seinen vertrauten Jüngern mehrmals Seine wahre Natur als Doppelinkarnation des göttlichen Paares Radha-Krishna offenbarte, lehrte er hauptsächlich durch das eigene Beispiel, wie man reine Gottesliebe entwickelt. Er gab allen Menschen ohne Rücksicht auf Kaste, Hautfarbe oder Konfession die Möglichkeit, dieses Ziel zu erreichen, indem Er sie das gemeinsame Singen der heiligen Namen Krishnas lehrte.

Einige wunderbare Sanskritstrophen von Caitanya sind uns bis heute erhalten: „Oh Herr der Welt, ich begehre nicht Reichtum oder Jünger, nicht eine schöne Frau oder Dichterkraft. Doch möge ich von Geburt zu Geburt motivlose Liebe zu Dir, dem Herrn, haben." - „Ich bin kein Brahmane, kein Kshatriya, kein Vaishya, kein Shudra. Ich bin kein Schüler, kein Haushälter, kein Waldeinsiedler, kein Asket. Aber ich bin ein Diener der Diener der Diener Krishnas, des Herrn der Gopis, des aufschwellenden Ozeans höchster göttlicher Wonne."

Eidlitz' Werk ist eine hervorragend einfühlsame Studie über das Wesen der indischen Gottesoffenbarung und enthält eine ausgezeichnete Biographie Caitanyas, die er aus authentischen Quellen zusammengestellt hat. Die Neuauflage dieses Buches kommt einem wachsenden Interesse spiritueller Sucher nach einer unvoreingenommenen Darstellung der Bhakti-Tradition entgegen.

Aus dem Inhalt: I.Teil – Indische Gottesoffenbarung im Sinn der Shastras und der Strömung von Kṛṣṇa-Caitanya.

Das Entfaltungsspiel Gottes: Gottes Wesen / Gottes Kraft / Gottes Reich / Gottes Spiel. – Gottes Spiel auf Erden: Die Avatāras / Die Geburt des „Ungeborenen" / Kṛṣṇas Spiel als Dāmodara / Gopas und Gopīs / Rādhā im Kreise der Gopīs (das Rāsa-Spiel) / Rādhā in Trennung von Kṛṣṇa / Uddhava / Die Überlieferung der dienenden, erkennenden Liebe. – Das liebende Dienen (Bhakti): Die Entfaltung der Bhakti / Das unmittelbare Dienen durch Liebe (Rasa) / Die immerwährende Gottesliebe der Gopīs (Sthāyi-Bhāva). – Kṛṣṇa-Caitanya's Bedeutung in der indischen Gottesoffenbarung (gemäß den zeitgenössischen Quellen): Historischer Hintergrund / Caitanya's Wesen nach den Quellschriften / Zusammenfassung.

II.Teil – Auszüge aus den frühen Quellen.
Die Līlā der Kindheits- und Jugendjahre: Die Begleiter Caitanya's, die vor Ihm kamen / Geburt / Kindheit / Knabenzeit / Der junge Gelehrte / Caitanya besiegt den „Weltbesieger" / Die Līlā des Hausvaters / Initiation in Gayā. – Das Jahr des Kīrtana in Navadvīpa: Caitanya verabschiedet die Schüler / Advaita, Srīvāsa / Haridāsa / Nityānanda / Jagāi und Mādhāi / Caitanya offenbart alle Shaktis Gottes / Bestrafung Advaita's / Caitanya zeigt den Bhaktas Seine vielfache Gottesgestalt / Vidyānidhi und Gadādhara / Bestrafung des mohammedanischen Richters / Caitanya wird Sannyāsī. – Die Līlā der letzten Jahre: Caitanya kommt nach Shāntipur / Caitanya auf dem Weg nach Purī / Begnadung Sarvabhauma's / Begegnung mit Rāya Rāmānanda / Pilgerfahrt nach Südindien / Begnadung Pratāpa Rudra's / Die Bhaktas aus Navadvīpa in Purī / Caitanya wandert nochmals nach Bengalen / Auf dem Waldweg nach Vṛndāvana / Caitanya in Kṛṣṇas Hirtenland / Unterweisung Rūpa's in Prayāga / Unterweisung Sanātana's in Benares / Begnadung der Sannyāsis von Benares / Tempelreinigung / Wagenfest / Die Aufträge an Raghunātha Dāsa, Rūpa und Sanātana / Caitanyas acht Strophen der Unterweisung / Caitanya im göttlichen Wahnsinn / Auftrag an Nityānanda / Caitanya's Fortgang. – Anhang: Zeittafeln / Einteilung des Veda / Zur Sprache der Bengaliquellen / Literaturangaben und Quellenkritik / Register.

„Um den seit der Urzeit nicht mehr geschenkten Reichtum helleuchtender rasahafter Gottesliebe zu schenken, ist Hari in die Finsternis des Kali Yuga herabgestiegen. Möge Er, der voll Schönheitsglanz wie flammendes Gold erstrahlt, sich immerdar im Innersten eurer Herzen offenbaren."

Das Verborgene Feuer

Die erstaunliche Lebensgeschichte von Shriman Tapasviji Maharaj
(vormals Prinz Krishna Singh von Patiala),
einem Asketen, der 185 Jahre lebte (1770-1955)

Berichtet von T.S.Anantha Murthy mit einer Einführung von Oscar Marcel Hinze und Übersetzung sowie Kommentar von Marianne Wolfer
ca. 320 Seiten mit 14 z.T. farbigen Photos/kartoniert
ISBN 3-922 477-01-1

Dieses Buch schildert uns einen Weisen, dessen glühende Askese (Tapas) in der heutigen Zeit kaum ihresgleichen findet und uns gleichsam in die Zeit der alten Rishis versetzt. Im Laufe seiner langen Wanderschaften durch Indien erlebt Tapasviji nicht nur außerordentliche Ereignisse, sondern hat auch wiederholt Begegnungen mit Gottheiten und Geistwesen, die wir für gewöhnlich als eine von uns getrennte, schwer zugängliche oder gar mythologische Wirklichkeit auffassen.

‚Tapas' ist das zentrale Wort in diesem Buch. Es bedeutet ‚Askese', wörtlich ‚Hitze' oder ‚Glut' und bezeichnet ein ganz besonderes ‚Feuer'. Dieses Feuer befindet sich nicht ohne weiteres in unserer äußeren und inneren Natur, sondern entsteht durch eine gezielte Entfaltung der Verzichtkräfte. Tapas ist eine mächtige, läuternde Kraft, die alle körperlichen und seelischen Bereiche des Menschen durchglüht und verwandelt. Im höchsten spirituellen Sinn geübt, kann es den Menschen zur Erleuchtung führen, doch nicht jeder, der Tapas übt, ist auch ein Heiliger oder gar ein Erleuchteter - und umgekehrt muß nicht jeder Erleuchtete auch ein ausgesprochener Asket sein.

Tapasvijis außerordentliche Begegnungen mit Göttern, historischen Persönlichkeiten, ungewöhnlichen Menschen und Tieren künden von der konkreten Realität einer Welt, der das moderne Denken allzugern nur ‚innerseelischen, symbolischen' Wirklichkeitsgehalt zugesteht, um dem ‚sichtlich Unmöglichen' nicht allzu frontal gegenübertreten zu müssen. Sie zeigen, wie sehr unser Lebensraum umgeben und durchdrungen ist von höheren und niedrigeren Welten und von Bewohnern und Wesenheiten derselben, die gleichsam wie ‚vertikale Nachbarn' an unserem Alltag teilnehmen können. Über die fesselnden Abenteuer des indischen Asketen hinaus kann das vorliegende Buch somit ein Appell an den westlichen Leser sein, seine hergebrachten Vorstellungen über die Grenzen von Geschichtlichkeit, Legende und Mythologie von Grund auf zu revidieren!

Aus dem Inhalt: Gandharvas halten Tapasviji von einem Besuch in Indraloka, der Himmelswelt von Gott Indra, ab / Tapasviji trifft den über 5000 Jahre alten Weisen Dvivedi, der nur Sanskrit spricht und sich von der Somapflanze ernährt / Er erhält Shri Krishnas Darshan, der ihn aus dem Gefängnis befreit und ihm manche Male Selbst etwas zu essen bringt / Er begegnet Lord Yama (dem Herrscher des Totenreichs), Lord Shiva, Guru Nanak, Radha, Lakshmi, Gangadevi, Lord Parashurama, Lord Dattatreya und den Rishis Durvasa und Parashara / Narada zeigt ihm im Astralkörper etwas von den himmlischen Welten / Er trifft Ashvatthama, der vor etwa 5000 Jahren einer der Heerführer bei der Schlacht zu Kurukshetra und Zeuge von Krishnas Unterweisung an Arjuna war und von seinem Vater Drona die Segnung erhalten hatte, jahrhundertelang im gleichen Körper zu leben / Im Alter von 100 Jahren (er hat keine Zähne mehr, ist z.T. taub, sieht schlecht und ist gebeugt) wendet ein Mahatma eine heutzutage verschollene, ayurvedische Verjüngungskur (Kaya-Kalpa) an ihm an, die ihn wieder völig vitalisiert (neue Zähne, Haare, Bart wachsen usw.) / Diese Verjüngungsmethode wiederholt Tapasviji im Alter von 150 Jahren und von 165 Jahren nach zweimal erfolgreich (durch Photos des amerikanischen Magazins "LOOK" belegt) / Sein Leben lang nimmt Tapasviji harte Kasteiungen auf sich: Jahre lang übt er nur auf einem Bein stehend Ugra-Tapas, während er geistig ständig über Lord Krishna meditiert, bis ihm Krishna Selbst in Gestalt eines Sannyasis erscheint und ihn belehrt, solche Askese eigne sich nicht für das Kali Yuga / 24 Jahre lang praktiziert er Khade-Tapas, ein Gelübde, das beinhaltet, Tag und Nacht aufrecht zu bleiben, ohne sich zum Ausruhen, Schlafen, Meditieren oder Essen hinzusetzen, sich dabei nicht zu beeilen und seine linke Hand immer über seinem Haupt zu halten, während er ständig in die Kontemplation Krishnas vertieft ist / Ein anderes Tapas von ihm besteht darin, 7 Jahre aufrecht in einer Höhle zu stehen / Zwölf Jahre lang praktiziert er 120 Tage im Sommer Panchagni Tapas, d.h. 5 Stunden mittags an einem heißen Tag inmitten von vier Feuern und der Sonne als fünftem in Samadhi zu sitzen, und 120 Tage 12 Winter lang Jaladhara Tapas, d.h. 6 Stunden in der kältesten Zeit nachts draußen zu sitzen, während einem Hunderte von Eimern mit kaltem Wasser übergeschüttet werden und trotzdem in Gottversenkung zu verharren.

Mitteilungen eines Eremiten

Geheimnisse aus einer Schule der Meister im Hoch-Himalaya
Nachdruck aus dem Jahre 1949, 2.Auflage /
161 Seiten / kartoniert/
ISBN 3-922477-80-1

Ende des letzten Jahrhunderts reist ein junger Deutscher nach Indien und Kaschmir. Er kommt in Kontakt mit heiligen Männern und zieht sich daraufhin in ein über 8000m hochgelegenes Kloster zurück, um als Schüler von Meister Z den Weg der Initiierten zu beschreiten. Im Kloster, welches eine geheimnisvolle Bibliothek aller Wissensgebiete sowie ein Museum enthält, in dem die geistigen Fortschritte jedes einzelnen Schülers zu übersehen sind, wird ihm ein jahrelanger, intensiver Unterricht zuteil. Demut und Bescheidenheit sind die Voraussetzungen für seine Aufnahme.

Bruder Amo lernt, Körper und Seele im Wachen, Schlafen und Träumen unter die Kontrolle des Geistes zu bringen, bewußt den Körper zu verlassen und mit "Akasha", dem Ätherstoff, umzugehen, mittels dessen Vorgänge aus der ältesten Vergangenheit der Menschheit und Tendenzen der Zukunft erkannt werden können. Das geospirituelle Forschen enthüllt ihm die Prinzipien, nach denen der Schöpfer arbeitet.

Schließlich trifft er sein zweites Ich, d.h. seine frühere Frau, die bereits vor Abschluß ihrer Entwicklung in diesem Sonnensystem steht und auf ihn warten will, bis sie - beide vereint - als niemals mehr untreu werdende Diener in die Seligkeit des Herrn eintreten. Amo erkennt die Verbindungen, welche einzelne Menschen immer wieder zusammenführen.

Unterbrochen wird sein Unterricht von Zeit zu Zeit durch Fußmärsche nach Tibet und angrenzende Gebiete, wo er und seine Gefährten bestimmte Aufträge auszuführen haben. Der Leser nimmt teil an dem grandiosen Naturgeschehen auf den schneebedeckten Gipfeln des "Dachs der Welt". Er wird Zeuge, wie Bruder Amo schließlich die Meisterschaft erlangt und als Mitglied der Weißen Bruderschaft zum freiwilligen Helfer Gottes wird. Die Aufgabe der Eingeweihten besteht darin, die Menschheit durch Liebe und Beispiel, ohne zu zwingen, zur geistigen Wiedergeburt zu führen und sie davor zu bewahren, ihre Errungenschaften in den Dienst der Zerstörung zu stellen. Meister und Eingeweihte sehen in Christus Gottes Sohn und wollen nur Sein Gebot "Liebe Gott über alles und deinen Nächsten wie dich selbst!" verbreiten.

Nachdem Bruder Amo die völlige Loslösung von der Welt erreicht hat, kehrt er in die Vereinigten Staaten zurück, wo er Anfang der 40iger Jahre anonym diese Mitteilungen einer deutschen Zeitung übersendet.

Aus dem Inhalt: Ein deutscher Mystiker stellt sich der Öffentlichkeit vor / Der "Eremit" hört zum ersten Mal von "Eingeweihten" / Der Aufstieg zur Schule der "Eingeweihten" im Hoch-Himalaya / An der Stätte des Meisters Z / In der Schule der "Eingeweihten" / Der Eremit begegnet seinem "zweiten Ich" / Der Unterricht in der Schule der "Eingeweihten" / Die Meisterschaft wird erreicht / Als deutscher "Eingeweihter" hinaus ins Alltagsleben.

Indische Kindergeschichten

Aus dem Englischen übersetzt von Doris Schang
77 Seiten mit 7 Abbildungen / broschiert /
ISBN 3-922 477-08-9

Zwölf spannende Geschichten für Kinder und Erwachsene, nacherzählt aus den alten, heiligen Schriften Indiens - Shrīmad Bhāgavatam, Rāmāyana und Vishnu Purāna. Ob es um die Abenteuer und Spiele des kleinen göttlichen Hirtenknaben Krishna geht oder um den Sieg der Götter über die Dämonen, um die Belehrung des Königs durch einen weisen Einsiedler oder um die heldenhafte Liebe einer treuen Gattin - in einfacher Sprache machen uns diese Geschichten mit dem jahrhundertealten erzählerischen Erbe Indiens vertraut, das bis zum heutigen Tag die heranwachsenden Gemüter inspiriert.

Aus dem Inhalt: Die Geburt Krishnas / Die göttliche Kindheit / Krishna in den Wäldern / Die Vernichtung des Ungeheuers Aghasura und Brahmas Diebstahl / Der Sieg über den Schlangenfürst Kaliya / Krishna hebt den Govardhana-Berg empor / Die Geschichte von Prahlada/ Gopala und der Kuhhirte / Kupfer zu Gold / Die Geschichte von Shiva, dem großen Gott / Sati, die vollkommene Gattin / Die Geschichte von Uma Haimavati.

Nektar des Entzückens

Shri Hanumanprasadji Poddar

2. verbesserte Auflage / Text in Deutsch und Hindi /
43 Seiten / broschiert /
ISBN 3-922 477-03-8

Sechzehn Gedichte über die Liebe zwischen Radha und Krishna, welche gleichsam Symbole bräutlicher Liebe zwischen Gott und der Ihn liebenden Seele darstellen. Der indischen Tradition nach bilden Radha und Krishna eine ewige göttliche Einheit, die sich nur deshalb in zwei zuweilen getrennt erscheinenden Gestalten manifestiert, um sich dadurch gesteigerter Liebe zueinander zu erfreuen. Im Abendland findet diese religiöse Liebeslyrik vielleicht nur im Hohen Lied Salomons eine Entsprechung.

Bhaja Govindam

Shankara
Aus dem Englischen übersetzt von Doris Schang
Text in Deutsch, Sanskrit und lat. Umschrift / 45 Seiten / broschiert /
ISBN 3-922 477-31-3

„Bhaja Govindam" bedeutet wörtlich „Suche und verehre Gott" und bildet den sich stets wiederholenden Refrain einer Hymne der Entsagung, die vor vielen Jahrhunderten von dem berühmten indischen Vedantaphilosophen Shankara verfaßt wurde. Shankara gilt als Reformator vedischen Wissens, der Indien in einer Zeit zunehmender geistiger Spaltung wieder das Wissen um die Einheit des individuellen Selbst mit der kosmischen Allseele gab.

Jeder der 31 Verse erinnert den Leser daran, über allem weltlichen Wissen und den Ablenkungen des Lebens nicht die Suche nach Vereinigung mit seinem Ursprung zu vergessen. Die Hymne wird ergänzt von einigen Ausführungen und Anekdoten über das Leben und Werk Shankaras.

Narada's Bhakti Sutras

22 Seiten / geheftet /
ISBN 3-922 477-48-8

Dieses klassische Werk enthält die 84 Aphorismen des altindischen Weisen Narada über den Pfad der Hingabe an Gott.

Liebende Hingabe, die neben den Disziplinen der intellektuellen Unterscheidung, der Meditation und selbstloser Handlung eine vierte Möglichkeit zur Befreiung aufzeigt, wird von vielen Lehrern als der für die heutige Zeit leichteste und geeignetste Weg zur Verwirklichung erklärt.

Aus dem Inhalt: Eine Beschreibung der Höchsten Liebe / Selbsthingabe / Beispiele göttlicher Liebe / Das Aufsuchen heiliger Gemeinschaft / Vorbereitende und Höchste Hingabe / Verschiedene Arten göttlicher Liebe.

Musikkassetten

Wir führen ebenfalls eine große Auswahl von Musikkassetten mit traditionellen vedischen Rezitationen, Kirtans und Bhajans aus indischen Ashrams.
Bitte fordern Sie unseren Prospekt an!

***
Änderungen vorbehalten!

यदक्षरं परिभ्रष्टं मात्राहीनञ्च यद् भवेत् ।
पूर्णं भवतु तत् सर्वं त्वत्प्रसादान्महेश्वरि ॥

*yadaksharam paribhrashtam mātrāhīnancha yad bhavet
pūrnam bhavatu tat sarvam tvatprasādān maheshvari.*

„Oh Maheshvarī, sollte ich eine Silbe, ein Wort oder mehr ausgelassen haben, mögest Du es in Deiner Barmherzigkeit vervollständigen!"